믿음 코드 31
셀프 힐링의 비밀

THE SPONTANEOUS HEALING OF BELIEF by Gregg Braden
Copyright ⓒ 2008 by Gregg Braden
Originally published in 2008 by Hay House Inc., USA
Korean translation rights ⓒ 2013 Sigma Insight Com.
Korean translation rights are arranged with Hay House UK Ltd. through
Amo Agency Korea.
Tune into Hay House broadcasting at: www.hayhouseradio.com

이 책의 한국어판 저작권은 AMO에이전시를 통해 저작권자와 독점 계약한 시그마인사이트컴에 있습니다. 신 저작권법에 의해 한국 내에서 보호를 받는 저작물이므로 무단 전재와 무단 복제를 금합니다.

믿음 코드 31
셀프 힐링의 비밀

그렉 브레이든 지음
이봉호 옮김

SIGMA INSIGHT

저자 | 그렉 브레이든 Gregg Braden

뉴욕타임즈 선정 베스트셀러 작가인 그렉 브레이든은 과학과 영성 spirituality을 하나로 잇는 작업의 선구자로 국제적인 명성을 얻고 있다. 20년 이상 동안 시간을 초월한 비밀들을 파헤치기 위해 고산지대 마을, 인적이 드문 수도원, 그리고 잊혀진 문서들을 찾아 나섰으며, 그의 노력은 패러다임을 뒤흔드는 저서들로 결실을 맺었다. 그의 저술들은 어떠한 합리적인 의심도 뛰어넘어 믿음의 힘을 변화의 양자 언어 quantum language로서 받아들임으로써 우리가 질병을 회복시키고, 노화의 정의를 변경시키며, 현실 그 자체를 바꾸기조차 하는 힘을 가지고 있음을 우리에게 입증하고 있다.

역자 | 이봉호

- 1급 심리상담사
- 연세대학교 문과대 졸, 연세대학교 경영대학원 졸,
  KAIST테크노경영대학원 박사과정(경영공학 전공) 수학
- 매일경제신문사 기자, 국제부장, 인터넷부장, 지식부장 역임
- 매경 세계지식포럼 최초 기획자 및 사무국차장
- 일본경제연구소 객원연구원(일본 동경),
  OECD 알프레드 마샬 미디어펠로(프랑스 파리),
  세계은행 컨설턴트(미국 워싱턴)
- 스팟TV/스팟미디어 대표이사, ㈜ 티노스 Chief Spiritual Officer(현)
- 지식혁명보고서(매경 간. 공저자), 뉴밀레니엄 지식경영(매경 간. 역자)

믿음 코드 31 : 셀프 힐링의 비밀

초판 1쇄 인쇄 | 2013년 9월 5일
초판 1쇄 발행 | 2013년 9월 10일

발행자 | 김혜련
발행처 | (주)시그마인사이트컴
　　　　서울특별시 마포구 대흥동 276-1 경총회관 3층 (우)121-726
　　　　전화 : (02)707-3330,　팩스 : (02)707-3185
　　　　http://www.sigmainsight.com
등　록 | 1998년 2월 21일 (제10-1549호)

값 20,000원

* 기업 · 개인 직접주문 : 시그마인사이트컴(전화 : (02)707-3330)
* 독자 여러분의 의견을 기다립니다.(e-Mail : book@sigmainsight.com)

ISBN 978-89-88092-49-1　03320

첫 호흡을 하는 순간 우리 인간에게는 우주의 위대한 힘이 불어넣어진다. 그 힘은 우리 마음 속에 있는 가능성을 현실로 바꾼다. 그러나 삶 속에서 그 위대한 힘을 완전히 일깨우기 위해서는 자기 자신을 생각하는 방식에 변화가 필요하다. 믿음^{belief}의 변화 말이다.

음향이 한 방울의 물을 통해 움직이면서 눈에 보이는 파동들을 일으키는 것처럼, 인간의 '믿음 파동' $^{belief\ wave}$은 삶에서 경험하는 육체와 치유^{healing}, 풍요로움, 그리고 평화 혹은 질병, 결핍, 고통이 되기 위해 우주를 구성하는 양자성분$^{quantum\ stuff}$을 통해 파문처럼 퍼져 나간다.

파동의 패턴을 바꾸기 위해 소리를 조정할 수 있는 것처럼, 우리 인간은 삶 자체를 포함하여 자신이 소중히 간직하고 있는 모든 것을 보존하거나 파괴하는 믿음을 조정할 수 있다.

원자들로부터 세포들에 이르기까지 세상에 있는 모든 것이 우리 인간의 믿음과 하나가 되기 위해 변하고 있다. 이 같은 세상에서 우리는 오직 자기 자신을 어떻게 생각하느냐에 의해서만 제한을 받는다.

이 책은 우리 인간이라는 존재가 위대한 사랑, 가장 깊은 치유 그리고 가장 심오한 기적들로부터 결코 분리될 수 없는 믿음 그 이상도 그 이하노 아니라는 사실을 알 수 있도록 그리고 그 놀라운 힘을 받아들일 수 있도록 쓰여졌다.

| 차례 |

알리는 말씀 _ 8
서문 _ 10

제1장 새로운 실재관 : '우주는 의식의 컴퓨터이다' 32
A New View of Reality : The Universe as a Consciousness Computer

제2장 '믿음은 과학이다' : 우주는 어떻게 90
프로그래밍되는가?
Programming the Universe : The Science of Belief

제3장 뇌에서 마음으로 : 인간의 '믿음 공장'은 156
누가 운영하는가?
From Brain to Mind : Who's Running Our Belief Factory?

제4장 당신은 무엇을 믿는가? 190
삶의 핵심에 있는 가장 큰 질문
What Do You Believe? : The Great Question at the Core of Your Life

제5장 삶의 비밀코드를 안다면 삶의 규칙을 선택할 ·········· 232
  수 있다 : 잘못된 패러다임을 파괴하라
  If You Know the Code, You Choose the Rules : Shattering the
  Paradigm of False Limits

제6장 믿음을 치유하라 : 현실 프로그램을 다시 ··············· 270
  작성하는 법
  The Healing of Belief : How to Rewrite Your Reality Code

제7장 우주에 관한 유저 가이드 ································· 320
  A Users' Guide to the Universe

감사의 글 _ 352
주석 _ 356
역자 후기 _ 366

| 알리는 말씀 |

　이 책의 저자는 의사의 자문 없이 신체적, 감정적 혹은 의학적 문제들을 위한 치료의 한 형태로서 어떠한 기법의 사용을 직접적 혹은 간접적으로 의학적 자문을 하거나 처방하지 않는다. 저자의 의도는 독자가 정서적 그리고 영적 웰빙에 대한 추구를 하는 데 있어서 도움이 되는 일반적인 특성에 관한 정보만을 제공하는 것이다. 독자가 이 책 안에 담겨 있는 어떠한 정보를 스스로 이용하는 경우, 그것은 독자의 헌법상의 권리이므로, 저자와 출판사는 독자의 행위들에 대한 그 어떠한 책임도 지지 않는다.

진정으로 사랑하는 것이 강렬하게 끌어당긴다면 네 자신을 그것에 맡겨라.
- 루미Rumi(통용기원 1207년-1273년), 수피Sufi 시인

    선구자적인 물리학자 존 휠러John Wheeler는 언젠가 이렇게 말했다. "만약 하루를 지내면서 이상한 무엇인가를 발견하지 못했다면, 그날을 제대로 마친 것이 아니다."1)
    한 장소에서 세상을 그저 바라만 보는 행위가 다른 곳에서 벌어지는 일을 변화시켰다는 사실을 발견하는 것은 과학자에게 있어서 매우 놀라운 일이다. 그러나 그것은 바로 새로운 물리학이 지금 우리에게 보여 주고 있는 것이다. 1935년 노벨 물리학상 수상자인 알버트 아인슈타인Albert Einstein은 '원거리 유령 작용' spooky action at a distance이라는 말로 그러한 양자 효과들quantum effects의 불안정성을 인정했다. 저명한 물리학자인 보리스 포돌스키Boris Podolsky와 나탄 로젠Nathan Rosen과 공동으로 쓴 논문에서 아인슈타인은 이렇게 말했다. "실체reality에 관해 합리적으로 정의를 내릴 경우, 그 누구도 이 '원거리 유령 작용' [아인슈타인은 양자역학이 근본적으로 비국소적(nonlocal)인 특성을 갖고 있으며, 한 곳에 가해진 교란은 다른 곳에 즉각적으로 영향을 미침을 증명했다. 그는 이를 '원거리

유령 작용'이라고 불렀다. 역자주]을 받아들이지 않을 것이다."[2]

  오늘날 우주도 마찬가지지만, 인간의 사고방식에 대한 거센 혁명의 불길을 당긴 것은 바로 이러한 기이한 변칙적 현상들이다. 20세기 중반 이후 과학자들은 현실이 작동하는 방식과 관련해서 '양자적 기묘함' quantum strangeness이 무엇을 의미하는지 알기 위해 고군분투했다. 예를 들면 인간의 의식 consciousness이 삼라만상의 구성 요소인 양자 에너지에 영향을 미친다는 것이 사실로 증명됐다. 이 사실은 세상에 대해 인간이 가지고 있는 믿음 속에 있던 제약들을 제거할 수 있는 길을 열어 주었다. 이러한 예상치 못한 결과들은 이제 더 확실하게 입증되고 있다. 인간의 의식이 삼라만상의 구성 요소인 양자 에너지에 영향을 미친다는 사실은 다른 증거들과 동떨어져 있는 예외적인 현상 이상의 무엇인가를 암시하고 있다. 이제는 그것이 얼마나 더 대단한 것인지가 문제이다.

  양자 물리학 실험에 영향을 미치는 '관찰자 효과' observer effect라는 것이 실제로 우리가 살고 있는 현실에도 작용할까? 만약 그렇다면 우리는 이렇게 물어야 한다. "그러한 효과들은 그 현실 안에서 살고 있는 인간이란 존재의 정체성에 대해 말해 주고 있는 것일까?" 두 가지 질문에 대한 대답은 그렇다는 것이다. 새로운 과학적 발견들이 암시하고 있는 것들이 바로 그 대답이다. 그것들은 또한 내가 이 책을 쓴 이유이기도 하다.

세상에 관객들은 없다

  인간이 그저 세상을 관찰하는 중이라고 생각할지도 모르는 동안,

실제로 어떤 것을 단순히 '바라보는 것'은 불가능하다는 것을 과학자들은 증명했다. 실험실에서 실험 중인 양자 입자나, 육체의 치유로부터 직업과 인간관계에서의 성공에 이르기까지 인간의 주의력의 초점이 그 어떤 것에 맞춰지든 간에, 인간은 자신이 보고 있는 것에 관해 어떤 기대와 믿음을 가지고 있기 마련이다. 때때로 우리는 이러한 예측들preconceptions을 자신의 의식 속에서 알고 있기도 하지만 일반적으로는 그렇지 않다. 우리가 관심을 집중시키고 있는 것의 일부가 되는 것은 인간의 이러한 내적인 경험들 때문이다. '바라봄'을 통해 인간은 바라보고 있는 것의 일부가 된다.

휠러의 말로 이야기하자면, '바라봄'은 인간을 '참여자'participator로 만든다. 그 이유는 무엇일까? 어느 한 순간 특정한 장소에 주의력을 집중시킬 때 인간에게는 의식이 필요하다. 그리고 의식의 광대한 장field에는, 인간이라는 존재가 끝나고 나머지 우주 삼라만상들의 시작점을 알려 주는 분명한 경계선이 없는 것처럼 보인다. 이러한 방식으로 세상을 생각해 보면, 어째서 고대인들이 모든 것은 연결되어 있다고 믿었는지를 명백하게 알 수 있게 된다. 에너지에 관해서도 마찬가지다.

인간은 우주 만물의 생성 과정의 참여자인 것이다. 이 같은 사실에 대한 과학자들의 계속적인 탐구를 통해 드러난 새로운 증거는 분명한 결론을 보여 주고 있다. 바라보고 있는 동안 우리 인간의 내부에서 나타나는 것, 즉 생각들, 느낌들 그리고 믿음들을 바꿈으로써 우리 자신을 둘러싸고 있는 세상을 우리가 바꾸는 상호작용을 하는 현실 안에서 살고 있다는 결론 말이다.

● 시사점 : 질병의 치유로부터 수명, 직업 그리고 인간관계의 성공,

'삶'에서 경험하는 모든 것은 우리 인간의 믿음과 직접적으로 연결되어 있다.
- 요점 : 삶과 인간관계를 변화시키고, 육체를 치유하며, 가족과 국가에 평화를 가져오기 위해서는 믿음을 사용하는 방법을 단순하지만 정확하게 변화시켜야만 한다.

지난 3백 년 동안 사람들은 과학이 옳다고 믿어 왔다. 이런 사람들에게는 인간의 내적 경험이 현실에 영향을 미칠 수 있다고 생각하는 것조차도 이단이다. 바로 그 생각이 전통적으로 과학과 영성spirituality, 그리고 세상과 인간을 분리시키는 것을 무의미하게 만들고 있다. 예를 들어 그동안 사람들은 자기 자신을 어떤 분명한 이유도 없이 상황들이 그저 '벌어지는' 한 장소에 있는 수동적인 희생자로 여겨 왔다. 그러나 새로운 과학은 이제 우리 인간에게 삶의 주도자라는 위치를 차지하게 해주고 있다.

그 위치에서 우리는 우리 자신이 바로 '현실을 만들어 가는 건축가'라는 사실을 확인시켜 주는 명백한 증거들을 발견한다. 이 같은 확인을 통해 우리는 질병을 무용지물로 만들고, 전쟁을 과거에나 있었던 것으로 만들어 버릴 힘을 가지고 있다는 것도 깨닫는다. 위대한 꿈들을 현실로 만드는 열쇠가 갑자기 우리 손이 미치는 곳에 있게 된 것이다. 모든 것이 우리 인간에게 되돌아온다. 인간은 어디에서 우주와 하나가 될까? 우리 인간은 삶에서 무엇을 하고 있는 것일까?

믿음 코드 1
과학적 실험들은 우리 인간이 주의력을 집중시킬 경우 현실 자체를 바꿀 수 있다는 것을 보여 주고 있다. 이와 함께 우리 인간이 상호작용을 하는 우주 안에서 살고 있다는 것을 암시하고 있다.

무엇이 이 같은 질문들에 대답하는 것보다 중요할 수 있을까? 이 혁명이 우리의 삶에 대해 암시하는 것을 이해하는 것, 그리고 그것이 의미하는 바를 발견하는 것보다 무엇이 더 중요할 수 있을 것인가? 역사 이래 가장 큰 위기들이 인간의 생존을 위협하는 오늘날의 세상에서 개인적 관심들은 중요하지 않을 수 있다.

과학의 잘못된 가정들

인간이란 무엇인가에 대한 생각의 혁명은 거의 100년 전부터 시작됐다. 그러나 그것은 일상적인 삶을 사는 사람들에게는 잘 인식되지 않았다. 빡빡한 일정, 복잡한 인터넷 상의 관계 그리고 리얼리티 TV와 같은 초고속적인 삶 속에서 그 혁명은 변화를 일으키고 있다. 그러나 그 혁명은 일부 사람들에게 있어서 그것이 시작됐다는 것조차 알아차리지 못했을 정도로 포착하기 어려운 차원에서 일어나고 있는 중이다.

예를 들어 당신은 아마도 조간 신문에서 그 혁명에 관해 읽어 본 일이 없을 것이다. 당신이 그 현실의 본질을 이해하기 위해 연구하고 있는 과학자가 아니라면 '현실'에 대한 이 같은 의문은 주간 임원회의 혹은 사무실 휴게실에서의 대화의 주제가 되기 쉽지 않을 것이다. 그런 사람들에게 이 혁명은 '측정 범위를 넘어서는' 규모로 기록되는 엄청난 지진과 비슷하다. 이 혁명은 가장 신성시되어 온 몇 가지 과학적 확신들을 완전히 파괴해 버리고 있다. 이 혁명의 영향들은 실험실, 교실 그리고 교과서들 안에서 마치 끊임없이 이어지는 음속 폭음 sonic boom 처럼 이어지고 있다. 이 혁명이 시작됨에 따라 오랜 믿음들과 심지어 그동안 이룩한 모든 것들이 고통스러운 재평가를 요구받고 있다. 뿐만 아니라 이 혁명은 낡은 가르침이 통용되는 대로에서 우리를 벗어나도록 만들고 있다.

이러한 실재reality에 대한 혁명적 사고방식은 조용한 것처럼 보일지도 모른다. 그러나 그것이 인간의 삶에 초래하는 변화transformation는 과거의 그 어떤 것과 비교할 수 없는 힘을 가지고 분출됐다. 왜냐하면 우리가 3백 년 동안 믿어 왔던 우주와 우주 안에서의 인간의 역할을 설명하는 '사실들'이 결함을 가지고 있다는 결론이 도출됐기 때문이다. 그 사실들은 이제 틀린 것으로 밝혀진 두 가지 가정에 근거하고 있다.

- 잘못된 가정 1 : '물체들' 사이의 공간은 비어 있다. 새로운 과학적 발견은 우리에게 이 가정이 사실이 아니라는 것을 말해 주고 있다.
- 잘못된 가정 2 : 인간의 감정emotion과 믿음belief이라는 내적 경험들은 육체 밖의 세상에 아무런 영향을 미치지 못한다. 이 가정 역시 완전히 틀렸다는 것이 입증됐다.

선도적이며 권위 있는 학술지에는 기존 패러다임을 붕괴시키는 과학적 실험 결과들이 잇달아 발표되고 있다. 그 실험들은 우리 인간이 물체들 사이의 빈 공간을 채우고 있는 '지성적인 에너지 장' intelligent energy field에 둘러싸여 있다는 사실을 증명하고 있다. 또 다른 과학적 발견들은 의심할 여지없이 지성적인 에너지 장이 - 스스로 재정렬을 함으로써 - 인간의 가슴heart에 근거를 두고 있는 감정과 믿음을 통해 인간과 반응을 하고 있다는 것을 보여 주고 있다. 이것이 모든 것을 변화시키는 혁명의 본질이다.

1687년에 "자연철학의 수학적 원리"Philosophiae Naturalis Principia Mathematica라는 아이작 뉴턴의 논문이 발표되면서 뉴턴의 물리학 법칙은 공식화되었다. 그러나 이 혁명이 시작된 것은 인간의 능력과 한계를 규정했던 뉴턴의 물리학 법칙의 토대가 잘못되었거나 적어도 불완전하다는 것을 의미한다. 뉴턴의 물리학 법칙이 받아들여진 이후로 모든 과학의 토대는 '인간은 삼라만상의 구성에 있어서 하찮은 존재'라는 믿음이었다. 과학은 인간에게 삶과 현실이라는 방정식의 요소에서 빠지라고 통고했던 것이다!

가장 큰 삶의 위기에 직면한 경우에 우리가 사랑하는 사람들이나 우리 스스로를 도울 힘이 없다고 느끼는 것이 이상하지 않은가? 세상이 너무나 빠르게 변할 때, 우리가 그저 아무것도 할 수 없다고 느끼는 것이 아주 놀랍지 않은가? 그런데 갑자기 개인적인 능력과 한계는 물론 집단적인 현실 문제에 이르기까지 모든 것을 우리 인간이 쉽게 좌지우지할 수 있게 된 것이다. 그것은 인간이 만들어 낸 문제들을 극복하려면 우리가 누구인가를 재발견해야 한다고 강요하고 있는 것과 같다. 이와 함께 새로운 과학적 발견이 촉발시킨 혁명은 인간의 의식 자체라는 새로운 세계에 대해 관심을 가질 것을 요구하고 있다.

이 책을 읽는 당신이 이 혁명에 있어서 강력한 열쇠를 쥐고 있는 이유는 무엇일까? 이 혁명이 전적으로 지금 이 순간 당신과 내가 이제 막 하려고 하는 무엇인가에 토대를 두고 있기 때문이다. 따로 또 같이, 개인적이거나 집단적으로, 의식적이거나 무의식적으로 사람들은 자신에 관해 생각하는 방식과 세상에 관해 옳다고 믿는 것을 선택하고 있다. 우리 인간이 가지고 있는 믿음은 일상의 경험으로 나타나며, 우리를 둘러싸고 있다.

개인적 건강과 인간관계로부터 전 세계적인 전쟁과 평화에 이르기까지 인간의 삶의 모든 현실이 우주만물의 원재료인 양자성분 quantum stuff을 만들어 내는 '믿음의 파동' belief wave이라는 것을 과학적 이해의 혁명은 암시하고 있다. 그것은 세상, 인간의 능력과 한계, 그리고 우리 자신에 관해 우리가 받아들이고 있는 것과 모두 관련되어 있다.

부정할 수 없는 사실들

당신은 이렇게 말할지 모른다. "그래. 이 모든 것을 전에 들어 본 적이 있어. 그런데 우주가 어떤 식으로든 인간의 개인적 믿음들에 의해 영향을 받고 있다고 말하는 것은 순진한 소리야. 어쩌면 오만한 소리일지도 몰라. 그것이 그렇게 단순할 수는 없다고." 20년 전이라면 통상적인 과학적 세계관을 통해 훈련받은 과학자인 나도 당신과 똑같은 의견이었을 것이다.

새로운 과학적 발견들이 입증하고 있는 것을 시험해 보지 않을 경우, 전통적인 세계관을 가진 사람들은 인간의 내적 믿음들이 무엇인가를 할 수 있다는 것을 전혀 인정하지 않고 있다. 이런 세계관에서는 인간의 믿음이 할 수 있는 것은 아무것도 없는 것처럼 보인다. 우수 자체가 인간의 믿음에 의해서가 아니라 스스로 변한다고 생각하고 있기 때문이다. 현실을 왜곡시키는 연구 결과들이 선도적인 기술 관련 학술지를 통해 발표되기도 한다. 그러나 그 결과들이 나타내는 의미가 가지고 있는 힘은 흔히 '과학화' scientification라는 용어를 통해 과학을 잘 모르는 사람에게는 이해하기 어렵게 만들어지고 있다.

바로 이 지점이 혁명이 시작되는 곳이다. 갑자기 인간이 세상의 강력한 일부라는 사실을 알려 주는 과학적 언어가 필요 없게 됐다. 매일매일의 삶은 인간이 세상의 일부라는 것을 보여 주고 있다. 그러나 내가 우리 인간에게 필요하다고 믿는 것은 인간의 힘을 세상에서 벌어지는 일들에 적용시키는 열쇠들이다.

미래 세대들은 우리 시대를 지구라는 행성의 상황들이 우주를 어떻게 작동시키는지를 발견해 낸 시대로 평가할 것이다. 뿐만 아니라 그들은 우리 시대를 우주에 대한 인간의 상호작용적 역할을 처음으로 강요받았던 전환점으로 볼 것이라고 나는 생각한다. 지난 3백 년 동안 과학은 인간을 삶에 있어서 무력한 희생자라고 되풀이하여 설명해 왔다. 그러나 새로운 과학은 그와는 정반대라는 사실을 가르쳐 주고 있다. 1990년대 말과 2000년대 초의 연구들은 다음과 같은 사실들을 밝혀냈다.

- 사실 1 : 우주, 세상 그리고 인간의 육체는 '공유된 에너지 장' shared field of energy으로 만들어져 있다. 그 에너지 장은 20세기에 과학적으로 공인됐다. 그리고 지금은 장field, 양자 홀로그램quantum hologram, 신의 정신mind of God, 자연의 정신nature's mind 그리고 신의 매트릭스[3]divine matrix[저자는 우리 몸과 세계와 우주의 만물을 잇는 근원적인 에너지 망, 모든 것을 거울처럼 보여 주는 에너지 장을 신의 매트릭스라고 명명하고 있다. 역자주] 등의 명칭들로 불리고 있다.
- 사실 2 : 신의 매트릭스의 장에서 물질적으로 연결되었다가 분리된 '삼라만상' things은 얽힘[4]entanglement[물리학자들은 상호작용하는

여러 물체들의 양자상태 간에 발생하는 양자역학적 현상을 얽힘이라고 부른다. 이 현상은 물체들이 공간적으로 아무리 멀리 떨어져 있더라도 나타날 수 있으며, 관측 가능한 물리계 간의 상호작용이다. 양자역학에 따르면, 측정하기 전까지는 두 입자의 상태를 알 수 없다. 하지만 측정을 한다면, 그 순간 한 계의 상태가 결정되고 이는 즉시 그 계와 얽혀 있는 다른 계의 상태까지 결정하게 된다. 이는 마치 정보가 순식간에 한 계에서 다른 계로 이동한 것처럼 보인다. 역자주]으로 알려진 현상을 통해 여전히 연결되어 있는 것처럼 움직인다.

- 사실 3 : 인간의 DNA는 시간과 공간의 법칙을 무시하는 것처럼 보이는 방식으로 신의 매트릭스에서 일어나는 일에 직접적으로 영향을 미친다.[5]
- 사실 4 : 인간의 믿음(그리고 믿음을 둘러싸고 있는 느낌과 감정)은 신의 매트릭스에서 벌어지는 것에 영향을 미치는 DNA를 직접적으로 변화시킨다.[6]
- 사실 5 : 우리가 육체와 세상에 관한 믿음을 변화시킬 때 신의 매트릭스는 그 변화를 인간의 삶의 현실 속으로 옮긴다.[7], [8]

인간의 마음mind 속에 있는 이러한, 그리고 이와 비슷한 발견들을 보면서 우리는 아마도 모든 것을 가장 잘 보여 주는 질문을 해야만 한다. 즉, *인간은 육체와 세상을 만들어 내고, 수정할 수 있는 본질적 능력을 가지고 태어났는가?* 라는 질문 말이다. 만약 그렇다면 우리는 보다 더 난해하기까지 한 질문을 기꺼이 제기해야만 한다. 즉, *틀림없이 삶, 세상, 그리고 우리 종족들까지 위협당하고 있는 상황에서 인간의 힘을 사용하기 위해 우린 인간은 어떠한 책임을 가져야만 하는가?*

이제 시작할 시간이다

우주가 어떻게 작동하는지 그리고 우주 안에서의 인간의 역할에 관해 알아야만 할 모든 것을 우리는 분명하게 알지 못한다. 새로운 연구들은 이런 부분에 대해 분명히 더 위대하게 밝혀낼 것이다. 그러나 또 다른 몇 백 년을 기다려야 할 것이며, 여전히 모든 해답들을 찾아내지는 못할 것이다. 과학자들은 계속해서 우리가 많은 시간을 가지고 있지 않을지도 모른다고 입을 모으고 있다.

케임브리지대학 우주물리학 교수인 마틴 리스Martin Rees 경과 같은 과학계의 강력한 오피니언 리더들은 주요한 조치[9]가 없는 경우 인간이 21세기에 살아남을 확률은 단지 50%에 불과하다고 말하고 있다. 인간은 항상 맞서 싸워야 할 자연 재해들 속에 있었다. 그러나 리스가 '인재'라고 부르는 새로운 차원의 위협들도 마찬가지로 심각하게 고려해야만 한다.

"지구 행성을 위한 기로"(2005년 9월)라는 주제로 과학 저널 사이언티픽 아메리칸Scientific American의 특별호에 기고된 최근의 연구들은 리스의 경고를 그대로 되풀이하고 있다. "향후 50년은 – *이제 인류 역사에 있어서 독특한 시기로 접어들고 있는*[저자 강조] – 인류가 자신을 위해 가능한 가장 훌륭한 미래를 보장할 수 있는지를 결정하는 가장 중요한 시기가 될 것"이라고 말이다.[10]

전 세계적인 건강과 에너지 소비로부터 지속 가능한 라이프스타일에 이르기까지 각 분야의 전문가들이 논문들을 통해 밝힌 대체적인 합의는 다음과 같다. 만약 인간이 다음 세기들까지 생존하기를 기대한다면, 우리는 지금과 같은 에너지를 이용하는 방식, 기술의 방향 그리고 지속적으로 팽창하는 인구를 지속시킬 수 없다는 것이다.

적어도 부분적으로는 그 논문들이 명확하게 밝히고 있듯이, 부족해지고 있는 자원에 대한 확보경쟁 때문에 꿈틀거리고 있는 세계 전쟁이라는 위협은 이러한 모든 문제들을 복잡하게 만들고 있다. 하버드 대학 생물학자인 윌슨E. O. Wilson은 우리 시대의 독특성에 대해 가장 잘 묘사하고 있는 것처럼 보인다. 그는 그것을 다음과 같이 밝히고 있다. 즉, 우리는 자원과 시대의 문제들을 해결하는 능력이 그 한계점까지 다다르게 되는 시간의 '병목' 속으로 막 진입하려 하고 있다.

그러나 전문가들로부터 울려 퍼진 희소식도 있다. "만약 의사결정권자들이 문제해결의 틀을 적절하게 잡을 수 있다면, 인류의 미래는 평범한 수천 가지 의사결정들에 의해 안전하게 될 것이다. 가장 중요한 진전들은 흔히 평범한 문제들 안에서 이루어진다."[11]는 것이 그것이다. 의심할 것도 없이 가까운 미래에는 우리 각자에게 수많은 선택들이 요구될 것이다. 그렇지만 가장 심오한, 그리고 아마 가장 단순한 것은 우리가 누구이며, 새로운 과학이 우주에 있어서의 인간의 위치에 관해 입증한 것을 기꺼이 받아들이는 결정이 될 것이라고 나는 생각한다.

만약 의식 자체와 의식에 관한 인간의 역할이 현실이 어떻게 작동하는가에 관한 이론들에서 빠진 부분을 연결시키는 고리들이라는 강력한 증거가 받아들여진다면, 모든 것들은 바뀔 것이다. 그러한 변화 속에서 우리 인간은 새롭게 시작할 수 있을 것이다. 그것이 우리가 보고 경험하는 모든 것으로부터 우리 자신을 분리시키기보다는 그 일부로 만들 것이다.

그리고 이 혁명이 아주 강력한 이유는 바로 이 때문이다. 이 혁명은 인류 모두에게 '우주의 공식' 안으로 당장 돌아가라고 전하고 있다. 이 혁명은 또 우리 시대의 가장 커다란 위기들을 미래 세대의 문제로 방치하거나, 단순히 운명이라고 생각하지 말라고 말한다. 이 혁명은 그러한 문제들을 해결하는 역할을 우리 인간에게 맡기고 있다. 인간이 물질 자체의 원자들을 재정렬시키는 힘을 가지고 있는 '현실reality을 만드는 건축가'라면, 무슨 문제가 풀릴 수 없을 것이며, 또 어떤 해결책이 우리 인간의 능력 밖에 존재할 수 있겠는가?

선택할 수 있는 힘이 변화를 가져오는 힘이다

우리 시대의 도전들에 대처하기 위해 인간 내부에 있는 무엇인가를 믿는다는 기대는 일부 사람들에게는 약간 불안한 것일 수 있다. 우리 인간 외부 세상의 과학과 기술에 의존하는 것과는 반대로 말이다. 여기서 흔히 제기되는 의문은 "우리 인간은 그렇게 강력하고, 그렇게 필요한 무엇인가를 하는 것을 어떻게 배워야 하는가?"이다. 그 질문은 또 다른 질문을 동반한다. "만약 그것이 미래의 방식이라면 우리는 그것을 어떻게 배워야 하며, 어떻게 빨리 배워야 하는가?"라는 것이다. 아마도 이 두 가지 질문에 대한 가장 훌륭한 답변은 20세기 철학자이며 시인인 칼릴 지브란Kahlil Gibran의 말일 것이다.

고전이 된 예언자The Prophet라는 책에서 지브란은 위대한 재능을 갖는다는 것과 위대한 재능의 힘이 이미 우리 안에 있음을 아는 것에 대한 의미를 상기시켜 주고 있다. 그는 다음과 같이 말하고 있다. "그 누구도 당신에게 이미 당신이 자신의 지식의 새벽에 반쯤은 잠든 채 누워 있는 것 이외에 다른 무엇인가를 보여 줄 수 없다."[12] 1923년 첫 출간 때부터 지금까지 여전히 멋진 이 말을 통해 지브란은 우리가 이미 알고 있지 못하는 것은 배울 수 없다는 것을 말해 주고 있다. 우리 인간은 믿음의 사용법을 이미 알고 세상에 태어났다.

그래서 이 책은 작게는 '현실의 코드' code of reality를 다시 쓰는 것을 배우는 것에 관한 책이다. 그리고 크게는 우리가 그 능력을 이미 가지고 있다는 사실을 받아들이는 것에 관한 책이다. 고대의 수피[이슬람교의 신비주의자들. 8세기경부터 나타났으며, 12~13세기 이후 많은 교단이 조직되었다. '신비적'이라는 뜻의 아랍어인 '수피'는 초기 이슬람의 금욕주의자들이 입고 다니던 모직 옷에서 유래한다. 역자주] 시인인 잘랄 앗딘 알 루미Jala ad-Din ar-Rumi[13세기 페르시아의 신비주의 시인이자 이슬람 법학자. 역자주]를 포함한 과거의 많은 신비론자들에 의해 탐구되었던 그 어떤 것처럼 말이다. 루미는 이렇게 말하고 있다. "인간은 얼마나 이상한 존재들인가? 어둠의 근저에 있는 지옥 속에 앉아서 불멸을 두려워하고 있으니."[13] 그 위대한 신비론자는 이 세상에서 인간의 불가사의한 상황의 아이러니를 그렇게 묘사하고 있는 것이다.

한편에서 인간은 삼라만상things이 그 어떤 분명한 이유도 없이 그저 생겨난 세상에서 살고 있는 연약하고 무능한 존재라는 이야기를 듣고 있다. 다른 한편에서 가장 오래되고 소중하게 간직되어 온 영적spiritual 전통들은 우리 안에 살아 있는 힘, 세상에 있는 그 어떤 것도 건드릴 수 없는 힘이 있다고 말해 주고 있다. 그 힘을 통해 삶의 가장 어두운 순간들을 극복해 낼 희망이 생겨난다. 뿐만 아니라 인생에 있어서 어려운 시기들은 단지 나쁜 일들이 더 이상 발생할 수 없는 곳으로 이끄는 여행의 한 부분일 뿐이라는 사실에 대한 확신이 다시 생겨난다. 사랑했던 사람들의 고통을 목격하거나, 때때로 세상 속에서 지옥처럼 보이는 것에 대한 고통을 나눌 때, 우리가 혼란스럽고, 무력하게 느끼고 때로는 화마저 나는 것은 놀라운 일이 아니다.

과연 우리는 어느 쪽일까? 우리 인간은 우리가 통제할 수 없는 사건들의 희생자들인가? 아니면 우리는 이제 막 우리가 이해하기 시작한, 내부에서 잠자고 있는 능력들을 품고 있는 강력한 창조자들인가? 그 답은 과거의 가장 심오한 비밀들 가운데 한 비밀의 진실을 드러낼지도 모른다. 그것은 또한 오늘날 과학적 토론들에 있어서 가장 커다란 몇 가지 논쟁의 초점이기도 하다. 그 이유는? 두 가지 질문에 대한 답은 동일하다. 그렇다는 것이다.

그렇다. 우리 인간은 때로는 환경의 희생자들이다. 그렇다. 우리 인간은 때때로 바로 그 환경들의 강력한 창조자들이다. 이 두 가지 역할 중에 어떤 것을 경험하느냐는 우리가 삶에서 *믿음에 바탕을 둔 선택들*을 하느냐, 아니냐에 의해 결정된다. 신 같은 힘을 가지고 있는 '인간의 믿음'이라는 것을 통해서 우리 인간은 우리를 완전히 둘러싸고 있는 에너지 매트릭스 안에서 살고 있는 삶 속에서 자신이 믿고 있는 것을 현실로 만드는 신성한 능력을 부여받고 있다.

어째서 이 책인가?

2007년에 출간된 *신의 매트릭스* The Divine Matrix를 쓰는 동안, 기적들을 받아들이는 데 있어서 인간의 역할은 그 책의 전체적인 메시지 안에 있는 보충 내용과 같이 쉽게 사라질 수 있다는 것을 나는 깨닫게 됐다. 믿음이라는 말을 설명하는 것과 믿음이 어떻게 인간을 자신의 삶의 설계자가 되게 하는가는 또 다른 책을 필요로 할 것이다.

이 책에서 당신은 과거에 자신을 제한했을지도 모르는 잘못된 믿음을 치유하는 법을 발견할 것이다. 이와 함께 당신은

- 당신의 육체 안의 질병을 완전히 바꾸는 믿음들을 확인할

것이며
- 당신의 삶에서 지속성이 있으며, 잘 유지되고, 확대될 수 있는 인간관계들을 만들어 내는 믿음들을 배우게 될 것이고
- 당신의 삶, 가족, 사회 그리고 세상에 평화를 가져오는 믿음들을 발견하게 될 것이다.

평화, 인간관계 그리고 치유healing가 각각 다르게 보일지도 모르지만, 그것들은 모두 동일한 원리에 근거를 두고 있다. 즉, 믿음이라는 '말'과 우리 인간이 믿고 있는 것에 관한 '느낌'이라는 원리에 근거를 두고 있다.

본질적으로 믿음에 대한 탐구는 아주 개인적인 여정이다. 인간은 자신들의 믿음을 문화, 종교적 가르침, 가족 그리고 친구들이라는 보다 큰 집단적인 믿음들에 맞추는 길을 찾고 있다. 그러나 우리 각자는 자신의 믿음들에 관해 약간 다른 생각들을 가지고 있다. 그러한 경험 때문에 아마도 그런 생각들을 하는 사람들만큼이나 믿음이 무엇인가에 대해서도 많은 의견들이 있을 것이다.

이 책의 간결한 7개 장 전체에서 나는 당신 자신, 당신 삶 그리고 당신의 세상에 관해서 새롭게, 가능한 한 매우 다르게 생각하는 길로 초대하려 한다. 일부 사람들에게 있어서 삼라만상을 이렇게 보는 방식은 그들이 배웠던 모든 것에 대한 도전이 될 것이다. 또 다른 사람들에게 그것은 자아 발견을 위한 새로운 길을 시작하기에 충분한 호기심을 불러일으킬 것이다.

앞으로 얻게 될 정보로부터 기대할 수 있는 것을 미리 아는 것은 중요하다. 만약 당신이 나를 좋아한다면, 여정을 시작하기 전에 행선지가 어디인지를 알기 원할 것이다. 그 이유 때문에 나는 이 책이

무슨 내용을 담고 있으며, 무슨 내용을 담지 않았는가를 정확하게 서술했다.

이 책은 과학책이 아니다. 세상에 대한 인간의 관계성을 다시 생각하도록 하는 선도적인 과학에 관한 내용을 공유할 것이다. 그러나 이 작업은 학교에서 사용하는 과학 교재 혹은 기술 저널의 형식이나 표준들을 따르기 위해 쓰여지지 않았다.

이 책은 전문가에 의해 평가를 받은 연구 논문이 아니다. 이 책의 각 장이나 모든 내용은 물리학, 수학 혹은 심리학과 같은 단일 연구 분야의 안목을 통해 세상을 보는 권위 있는 위원회 혹은 선택된 '전문가' 패널들의 장시간에 걸친 검토 과정을 거치지 않았다.

이 책은 잘 연구되고 잘 기록된 안내서이다. 세상 속에서 우리 자신을 볼 수 있는 방법을 알려 주는 실험들, 사례연구들, 역사적인 기록들 그리고 개인적인 경험들이 읽기 편한 방식으로 쓰여졌다.

이 책은 과학과 영성spirituality의 전통적인 경계선들을 넘어설 때 성취되는 한 사례이다. 이 책은 물리학, 화학, 혹은 역사처럼 인위적으로 분리되고 고립된 자연관을 통해 우리 시대의 문제들을 살펴보지 않는다. 이 책은 우리 시대의 최고의 과학적 지식과 시간을 초월한 과거의 지혜라는 두 가지를 삶에 있어서 인간의 역할은 무엇인지를 이해하기 위해 함께 살펴봄으로써 둘 사이에 존재하는 틈을 연결시킬 작정이다. 그렇게 하는 목적은 우리가 보다 나은 세상을 만들어 내는 데 이 지식을 적용할 수 있을지 모르기 때문이다. 또 그렇게 하는 과정에서 우리 자신에 대해 보다 많은 것을 발견할지도 모르기 때문이다.

'믿음코드 31 : 셀프 힐링의 비밀' (원제는 믿음의 자연치유 Spontaneous Healing of Belief)은 하나의 목적을 가지고 쓰여졌다. 그 목적은 희망이 없고 무기력하게 느끼도록 만들고 있는 세상에서 우리가 다시 할 수 있다는 희망과 가능성의 메시지를 나누는 것이다.

우리는 진정으로 진실을 원하는가?

인도의 수피 루미는 현실과 인간의 관계성에 호기심을 불러일으키는 본성을 다음과 같이 구체적으로 묘사했다. "우리는 거울이며 거울 속의 얼굴이다. 우리는 달콤한 냉수이며 그 냉수를 담고 있는 물병이다." 예수는 우리 안에 있는 것을 내놓음으로써 우리 자신을 구할 수 있을 것이라고 말했다. 예수와 비슷하게 루미는 우리 인간이 끊임없이 현실을(때로는 의식적으로 또 때로는 무의식적으로) 만들어내고 있으며, 우리가 만들어 낸 것을 경험하는 동안에도 그렇게 하고 있다는 것을 상기시키고 있다. 다른 말로 하자면 우리 인간은 예술가임과 동시에 예술작품인 것이다. 이 말은 우리가 오늘의 삶을 수정하거나 바꿀 수 있는 힘을 가지고 있다는 것을 암시한다. 또한 오늘의 삶을 내일에는 어떻게 새롭게 만들어 낼 것인가를 선택할 수 있는 힘을 우리 인간이 가지고 있다는 것을 암시한다.

어떤 사람들에게는 이러한 힘을 불어넣어 주는 비유들은 용기를 북돋는 새로운 세계관이다. 그러나 다른 사람들에게는 오래 지속된 전통적인 가정들의 근간을 뒤흔드는 것이다. 저명한 과학자들은 인간이 사실상 우주 안에 있는 강력한 창조자들이라는 사실을 밝혀냈다. 그러나 그들 과학자들이 자신들의 연구결과가 시사하는 바를 인정하기 꺼려하는 것은 흔히 있는 일이다.

나는 이 같은 아이러니를 강연에 참가한 청중들에게 이야기한다. 그럴 경우 그것은 영화 '어퓨굿맨'에서 나오는 고전적인 대사를 연상하게 하는 반응과 함께 받아들여진다. 1992년 개봉되어 큰 반향을 불러일으켰던 이 영화 속에서 미군 관타나모만 기지의 부대장 나탄 제세프 대령(잭 니콜슨 분)이 다니엘 카페 중위(톰 크루즈 분)로부터 법정 조사를 받을 때, 그는 기지 내에서 의문사한 미군 병사에 관한 진실을 밝히라고 요구받는다. 그는 자신의 대답이 법정 안에 있는 사람들에게 모욕적이라는 것을 인정한다. 그러면서도 제세프는 다음과 같은 대사로 답변한다. "당신들은 진실을 감당할 수 없을 것이다!"

역사상 우리 시대가 직면하고 있는 가장 커다란 도전은 어쩌면 다음과 같은 것일지도 모른다. *우리 인간이 자신에게 발견하라고 스스로 요구한 진실을 과연 감당할 수 있을까?* 우리는 과연 우주 안에서 인간이라는 것은 무엇이며, 인간의 실존이라는 것이 의미하는 역할을 받아들일 수 있는 용기를 가지고 있는가? 만약 그렇다라고 답한다면, 우리는 우리 자신의 변화를 통해 세상을 변화시킬 수 있다는 것을 알게 됨에 따라 감당해야 할 책임도 역시 받아들여야만 한다.

많은 사람들이 품고 있는 증오, 이별, 그리고 두려움이라는 '믿음들'이 상상할 수 있는 것보다 더 빠르게 인간의 육체와 세상을 파괴할 수 있는 것을 우리는 이미 보아 왔다. 아마도 우리 인간에게 필요한 모든 것은 우리 자신이 실제로 자신의 경험의 건축가라는 위대한 진실을 인식하기 위하여 자신에 대해 생각하는 방식을 약간 바꾸는 것일지도 모른다. 우리 인간은 자신의 가장 깊은 곳에 있는 믿음들을 우주라는 양자 캔버스 위에 그려내는 우주적 예술가들이다. 과거의 파괴적인 믿음들을 치유와 평화라는 삶을 긍정하는 믿음들로 변형시킴으로써 우리가 오늘은 물론 미래의 세상을 함께 바꿀 수 있는 기회들은 무엇일까?

우리는 어쩌면 우리 자신에게 이 질문을 더 이상 길게 묻지 말아야 할지도 모른다. 믿음의 힘에 관한 새로운 과학적 발견들은 우리가 그 답을 이제 막 찾아내고 있다는 것을 암시하고 있기 때문이다.

뉴멕시코 타오스에서 그렉 브레이든

제**1**장

새로운 실재관 :
'우주는 의식의 컴퓨터이다'

A New View of Reality : The Universe as a Consciousness Computer

"우주의 역사는 계속 작동 중인 거대한 양자컴퓨터의 처리결과이다.
우주는 양자컴퓨터Quantum Computer이다."
– 세스 로이드Seth Lloyd, MIT 교수 겸 실현 가능한 양자컴퓨터의 설계자

"아주 먼 옛날 위대한 프로그래머가 존재 가능한 모든 우주들을
작동시키는 프로그램을 그의 대형 컴퓨터에 짜 넣었다."
– 유르겐 슈미트후버Jürgen Schmidhuber, 인공 지능의 개척자

우리는 우리가 믿고 있는 것을 바탕으로 삶을 살고 있다. 이 말이 진실인가를 생각해 볼 때, 우리는 즉시 놀라운 현실을 깨닫는다. 즉, 삶 속에서 실제로 하고 있을지도 모르는, 다른 어떤 것보다도 소중하게 여기고, 꿈꾸고, 이루며, 완성하는 모든 것의 기초foundation는 행동보다 앞서는 믿음belief이라는 것이다.

매일 세상을 맞이하기 위해 치르는 아침의 관례적인 일에서부터 삶을 보다 편리하게 만들어 주는 발명들, 전쟁에서 삶을 파괴하는 기술에 이르기까지 개인적인 습관, 사회적 관습, 종교적인 의식 그리고 전체 문명은 우리 인간의 믿음을 바탕으로 하고 있다. 인간의 믿음이라는 것은 우리의 삶을 살아가는 방식을 위한 틀을 제공해

주고 있다. 과거에 인간의 내적 경험들을 무시했던 연구 분야들은 이제 인간을 둘러싸고 있는 세상에 대한 인간의 느낌이라는 것이 세상 속으로 퍼져 나가는 힘이라는 사실을 보여 주고 있다.

> **믿음 코드 2**
> 인간은 세상, 자기 자신, 자신의 능력들과 한계들에 관해 자신이 믿고 있는 것을 바탕으로 삶을 살고 있다.

이런 방식으로 과학은 우리에게 가장 소중히 여겨지는 영적인, 그리고 근원적인 전통들을 추적하고 있는 중이다. 그 전통들은 항상 우리 인간이 믿음 속으로 받아들이고 있는 것의 반영reflection 그 자체가 세상이라고 가르치고 있다.

이미 인간 내면에 있는 그러한 힘에 접근하면서 믿음이 삶에 있어서 중요하다고 말하는 것은 틀린 말이다. 우리들의 믿음이 바로 삶이다! 믿음은 삶이 시작하는 곳이며, 삶을 유지시키는 방법이다. 인간의 면역 반응과 육체를 통제하고 균형을 잡아주는 호르몬에서부터 뼈, 기관, 그리고 피부를 치유하는, 심지어 삶을 이루어 가는 능력에 이르기까지 인간의 믿음이 하는 역할은 양자 생물학quantum biology과 양자 물리학quantum physics이라는 새로운 지식의 최전선에서 중요한 위치를 차지하고 있다.

만약 인간의 믿음이 그렇게 많은 힘을 가지고 있다면, 그리고 우리가 우리 자신이 믿고 있는 것을 바탕으로 삶을 살고 있다면, 다음과 같은 질문이 반드시 나올 것이다. *과연 인간의 믿음은 어디로부터 생기는 것인가?* 그 대답은 아마 당신을 놀라게 할 것이다.

약간의 예외는 있지만 믿음이라는 것은 과학, 역사, 종교, 문화 그리고 가족이 우리에게 이야기하는 것으로부터 시작된다. 다른 말로 하자면, 우리의 능력과 한계의 핵심은 *다른 사람들이* 우리에게 말하는 것을 토대로 만들어진다는 것이다. 이 깨달음은 우리 자신에게 반드시 물어야 하는 다음 질문에 이르게 한다.

만약 우리 삶이 우리 자신이 믿고 있는 것을 근거로 하고 있다면, 그러한 믿음들이 틀렸을 경우 어떻게 할 것인가?

만약 우리가 몇 세대, 몇 세기 혹은 수천 년에 걸쳐 다른 사람들이 형성한 잘못된 한계들과 틀린 가정들에 속에 얽매인 채 삶을 살고 있다면 어찌할 것인가?

예를 들면 역사적으로 인간은 공간, 원자^{atom} 그리고 DNA의 '법칙들'에 의해 제한을 받으며, 한순간에 사라지는 삶의 하찮은 점들에 불과하다는 말을 우리는 들어 왔다. 이 같은 견해는 우리 인간이 이 세상에서 머무는 동안 어떤 것에도 영향을 미치지 못할 것이라는 사실을 암시한다. 또한 우리가 사라졌을 때 우주는 결코 우리의 부재를 알지 못할 것이라는 사실도 암시한다.

이런 말이 어쩌면 약간 가혹하게 들릴지라도, 우리들이 보편적으로 가지고 있는 생각은 오늘날 그것이 맞는 말이라고 생각하도록 조건화되어 있는 것과 크게 다르지 않다. 흔히 삶의 가장 커다란 도전에 직면할 경우, 작고 무력하다고 느끼게 하는 것은 바로 이러한 믿음들이다.

만약 인간이 그러한 것 이상의 존재라면 어떻게 할 것인가? 우리 인간이 정말로 그렇게 보이지 않지만, 매우 강력한 존재라는 것이 가능할까? 만약 우리 인간이 무기력한 꿈 같은 상태 속으로 빠지게 한 상황들 때문에 잊어버렸던 능력, 가장 자유분방한 꿈들을 뛰어넘는 능력들을 가지고 이 세상에 태어난 놀라운 가능성을 대표하는 존재들이라면 어떻게 할 것인가?

예를 들어, 만약 우리 인간이 질병을 회복시키는 힘을 가지고 태어났다는 사실을 발견했다면 우리의 삶은 어떻게 달라질까? 만약 우리가 세상의 평화, 삶의 풍요, 그리고 자신의 수명을 선택할 수 있다면 어떻게 할 것인가? 만약 우주 자체가 우리 인간의 것이라는 사실을 잊었을 정도로 오랫동안 숨겨져 왔던 인간의 힘에 의해 직접적으로 영향을 받는다는 사실을 발견했다면 어떻게 할 것인가?

그러한 근본적인 발견은 모든 것을 변화시킬 것이다. 그것은 우리 자신, 우주 그리고 우주 안에서의 인간의 역할에 관해 우리가 믿고 있는 것을 바꿀 것이다. 그것은 바로 우리 시대의 선도적인 발견들을 통해 입증되고 있는 것이기도 하다.

수세기 동안 이 세상에서의 삶의 의미를 전통적으로 규정했던 제한들을 받아들이는 것을 거부한 사람들이 있었다. 그들은 인간이 수수께끼 같은 탄생을 통해 세상에 나온다는 것을 믿지 않았다. 그들은 그러한 기적 같은 출현과 똑같이 불가사의하게 이 세상을 떠날 때까지 괴로움, 고통, 그리고 고독함 속에서 삶을 살기 위한 것이라는 생각을 받아들이지 않았다.

위대한 진실에 대한 갈망 때문에 그들은 위험을 무릅쓰고 자신들을 길들이는 경계선들을 뛰어넘었다. 그들은 그늘 자신을 고립시켰다. 친구들, 가족 그리고 사회로부터 말이다. 그리고 그들이 세상에 내해 배웠던 것에서 손을 뗐다. 정말로 손을 뗐다. 그들이 그렇게 하자 삶에서 소중하고 아름다운 무엇인가가 생겨났다. 그들은 다른 사람들을 위한 가능성들의 문을 여는 새로운 자유를 스스로 발견했다. 우리 시대에서도 마찬가지지만, 그러한 발견들은 모두 다음과 같은 질문을 용감하게 던짐으로써 시작됐다. *만약 우리의 믿음이 틀렸다면 어떻게 할 것인가?*

다음은 요가 수행자인 요기yogi에 관한 이야기이다. 요가 수행이라는 것은 인간이란 진실로 무엇인가를 말해 주는 자유를 발견하는 가능성에 자신을 완전히 맡기는 것이다. 그러나 어디서도 찾을 수 없는 곳에 있는, 춥고 축축한 동굴 속에서 우리가 살아야 할 필요는 없다는 것이 나의 개인적인 믿음이다. 나는 또한 우주 안에서 인간은 과연 무엇인가를 알기 위해 내 자신 속으로 몰입함으로써 시작되는 개인적인 자유를 느끼고 있다. 우리가 그러한 몰입을 할 때, 자신에 대해 생각하는 방식으로부터 사랑하는 방식에 이르기까지 모든 것이 변할 것이다. 그것들은 반드시 변해야만 한다. 왜냐하면 이러한 보다 깊은 깨달음을 통해 우리가 변했기 때문이다.

이 모든 것들은 인간이 믿고 있는 것으로 귀착된다.

이치에 맞는 말이라고 하기에는 너무나도 간단해 보일지도 모른다. 그러나 나는 우주가 정확하게 이러한 방식으로 작동하고 있다고 확신한다.

확정된 기적

서기 11세기에 티베트의 위대한 요가 수행자 밀라레파Milarepa[시다(Siddha)라고 불리는 티베트 최고의 성자들 가운데 가장 유명하고 가장 사랑받는 인물. 역자주]는 자신의 육체를 지배하기 위해 개인적인 칩거를 시작했다.

그 칩거는 그가 84세의 나이로 사망할 때까지 지속된 여정이었다. 그는 이미 젊은 시절 티베트의 혹독한 겨울 추위 속에서 육체를 따듯하게 만들기 위해 '정신적 심장' psychic heart을 활용하는 힘을 습득했다. 그뿐만 아니라 그는 기적처럼 보이는 요가 능력을 많이 체득했다.

그는 마을의 적들의 손에 자신의 가족과 친구들을 잃는 참을 수 없는 고통을 당했다. 그래서 그는 보복과 복수를 위해 자신만의 신비한 기술들을 사용했다. 그는 많은 사람들을 살해했으며, 자신의 행위에 대한 의미를 찾기 위해 투쟁을 했다. 어느 날 그는 자신이 요가적이고 심령적인 능력이라는 천부적 재능을 잘못 사용했다는 것을 깨달았다. 그래서 그는 보다 높은 경지의 요가를 통달함으로써 자신을 치유하기 위해 은둔에 들어갔다. 밀라레파는 곧 외부 세상과의 접촉이 필요 없다는 것을 깨달았다. 그는 은둔자가 되었다.

처음에 갖고 있던 음식을 다 소비한 후에 그는 자신의 동굴 근처에 있는 메마른 식물로부터 얻은 영양분으로 지냈다. 몇 년 동안 그가 먹은 것은 티베트 고원지대 사막의 건조하고 광활한 공간에서 자라는 쐐기풀이 전부였다. 충분한 음식, 의복, 혹은 내적 집중력을 방해하는 친구도 없이 밀라레파는 몇 년 동안 거의 아무것도 없는 상태로 살았다. 유일하게 만났던 사람은 그를 격리시킨 동굴을 발견한 어쩌다 지나치는 순례자들이 전부였다. 우연히 그를 발견했던 순례자들은 놀랄 만한 광경을 전해 주었다.

은둔생활을 처음 시작했을 때 입었던 작은 의복은 날씨의 풍파에 길기갈기 찢겨져서 그는 사실상 벌거벗은 상태가 되어 있었다. 영양섭취 부족 때문에 그는 살아 있는 장발의 해골처럼 말랐다. 그의 피부는 엽록소 과다섭취로 인해 어두운 초록색으로 변해 있었다. 그는 마치 걸어 다니는 유령처럼 보였다! 자신에게 가했던 박탈은 비록 극단적이긴 했지만 그를 요가 통달이라는 목표에 이르게 했다. 서기 1135년 사망하기 전에 밀라레파는 물질적인 세상으로부터의 자유로움을 증거로 남겼다. 과학자들이 그저 불가능하다고 말할 수밖에 없는 기적의 형태로 말이다.

1998년 봄 티베트로 향하는 단체 순례에서 나는 밀라레파의 동굴과 그가 남긴 기적을 볼 수 있도록 해주는 루트를 선택했다. 나는 그가 물리학 법칙을 파기했던 장소를 보고 싶었다. 그 장소는 인간의 제한된 믿음들로부터 자유롭게 해주는 곳이기 때문이었다.

그 여행이 시작된 지 19일 만에 나는 위대한 요가수행자의 은둔처에 도착했다. 그가 거의 9백 년 전에 서 있었던 바로 그 장소에 말이다. 얼굴을 동굴 벽에 거의 댄 체로 나는 밀라레파가 남긴 기적을 바로 뚫어지게 바라보고 있었다.

밀라레파의 동굴은 길을 아는 사람들만이 찾아갈 수 있는 장소들 중의 하나이다. 그곳은 티베트에서 간편한 소풍을 하는 동안 그저 우연하게 만날 수 있는 그런 곳이 아니다. 나는 1980년대 나의 요가수행 선생이었던 시크교 신비론자로부터 그 유명한 요가수행자에 관해 처음 들었다. 몇 해 동안 나는 밀라레파가 모든 세속적인 소유물을 포기한 수수께끼를 연구했다. 이와 함께 티베트 중부 지역의 신성한 고원지대를 순례한 그의 여정 그리고 신비론에 몰입한 그가 발견한 것도 연구했다. 그 모든 연구가 이 순간 나를 그의 동굴 안에 이르게 했던 것이다.

나는 나를 둘러싸고 있는 부드럽고 시커먼 벽을 경의에 찬 눈으로 바라보았다. 그리고 그렇게 오랫동안 이런 좁고 어둡고 격리된 장소에서 생활한다는 것이 어떤 상황이었을까를 상상했다. 밀라레파는 고독 속에서 평생 동안 스무 곳 정도의 다른 은둔처에서 기거했다. 그러나 지금 다른 동굴과는 구별되는 이 특별한 동굴에서 그는 한 제자와 만나고 있었던 것이다.

자신의 요가의 경지를 나타내기 위해 밀라레파는 회의론자들이 결코 복제하지 못한 두 가지 위업을 이뤄냈다. 첫 번째는 동굴에 있는 바위를 통해 울려 퍼지는 음속 폭음과 같은 '충격파' shock wave를 만들어 냈을 정도의 속도와 힘으로 자신의 손을 허공 속으로 움직이는 것이었다. (나도 그렇게 해보았지만 행운은 따르지 않았다.) 두 번째 위업은 내가 지구 절반의 거리를 여행하면서 거의 15년 동안 기다렸던, 세상에서 가장 높은 곳을 향한 19일 동안의 등반에 순응했던 것이다.

물질 세계의 한계들에 대한 자신의 지배력을 증명하기 위해 밀라레파는 동굴 벽 어깨 높이 정도의 위치에 손을 펴서 댔으며 앞에 있는 바위 안으로 손을 계속해서 밀었다. 마치 벽이 존재하지 않는 것처럼 말이다. 그렇게 했을 때 그의 손바닥 아래의 돌은 부드럽고, 가변성이 높은 것처럼 되었다. 그리고 모든 사람들이 볼 수 있을 정도로 깊은 손도장을 남겼다. 이러한 경이로운 일을 목격한 제자가 똑같이 하려고 했을 때, 그 대가는 손만 다치는 좌절이었다고 기록되어 있다.

나는 손바닥을 펴서 밀라레파의 손도장 흔적에 올려 놓았다. 그러자 수백 년 전부터 그 자리에 있던 요가 수행자의 손의 모양 안에서 나의 손가락들에는 마치 요람에 들어가 있는 듯한 느낌이 전해졌다. 겸손해지면서 동시에 영감을 주는 느낌 말이다. 내 손에 얼마나 딱 들어맞았는지 그 손도장의 신뢰성에 대한 내 의심은 금방 사라졌다. 곧바로 나의 생각들은 그 사람 자체로 향했다. 나는 그가 그 바위와 동화가 되었을 때 그에게 무슨 일이 벌어졌는지 알고 싶었다. 그는 무엇을 생각하고 있었을까? *그의 느낌은 어땠을까?* 우리에게 두 가지 '물체'(그의 손과 바위)는 같은 시간에 같은 장소를 차지할 수 없다는 물리적 '법칙'을 그는 어떻게 거부했을까?

나의 의문들을 예상하고 우리 티베트 통역자인 찐라(가명)는 질문을 하기도 전에 대답을 했다. 그는 사무적인 말투로 이렇게 말했다. "그는 믿음을 가지고 있습니다. 게쉐geshe(티베트어로 위대한 스승)는 자신과 바위가 하나라고 믿습니다." 20세기의 가이드가 마치 게쉐가 이 공간에 우리와 함께 있는 것처럼 현재형 시제로 9백세의 요가 수행자에 대해 말하고 있는 방식에 나는 매혹되었다. "그는 명상을 통해 자신이 바위의 일부라는 사실을 깨닫습니다. 그 바위는 그를 막을 수 없습니다. 게쉐에게 이 동굴은 벽이 아닙니다. 그래서 그는 마치 그 바위가 존재하지 않는 것처럼 자유롭게 움직일 수 있습니다."

"그는 스스로 그의 경지를 터득했다는 것을 입증하기 위해 이 손도장을 남겼나요?" 내가 물었다.

"아닙니다." 찐라가 답했다. "게쉐는 어떤 것도 자신에게 입증할 필요가 없습니다. 그 요가 수행자는 이 장소에서 오랫동안 살았습니다. 그러나 우리는 단지 손도장만을 보고 있습니다." 나는 낮은 동굴 속 어딘가에 다른 표시들이 있는지 둘러보았다. 우리 가이드가 옳았다. 나는 아무것도 찾지 못했다. "바위 안에 있는 손도장은 게쉐를 위한 것이 아닙니다." 우리 가이드가 말을 이었다. "그것은 그의 제자를 위한 것입니다."

그것은 완벽하게 들어맞았다. 밀라레파의 제자들이 구전이나 다른 선생들이 일어날 수 없다고 말했던 무엇인가를 자신의 스승이 한 것을 보았을 때, 그것은 무엇이 가능한지에 관한 믿음들을 새롭게 할 수 있도록 도왔다. 그는 자기 자신의 눈으로 스승의 경지를 보았다. 그는 그 기적을 개인적으로 목격했다. 그때 그 경험은 그의 마음 속에 자리잡은 현실의 '법칙들'에 의해 자기 자신이 제한받거나 구속되지 않는다는 사실을 알려 주었다.

그러한 기적을 자신의 눈으로 확인한 밀라레파의 제자는 한 가지 딜레마에 직면했다. 모든 사람들이 자신이 가지고 있는 믿음의 제한으로부터 스스로를 자유롭게 만드는 선택을 하는 데 있어서 겪게 되는 딜레마 말이다. 그는 스승이 만든 기적에 대한 개인적 경험을 자신의 주변 사람들이 믿고 있었던 것과 조화시켜야만 했다. 그들이 받아들였던 우주의 작동원리를 설명하는 '법칙들'과 자신의 경험을 조화시켜야만 했다.

그 딜레마는 이렇다. 그 제자가 살던 시대의 가족, 친구, 그리고 사람들의 세계관은 한 가지 방식의 우주와 만물의 작동 원리만을 받아들이라고 요구했다. 그것은 동굴 벽의 바위는 인간 육체에 장애물이라는 믿음을 포함하고 있었다. 그러나 그 제자는 그러한 '법칙들'에 예외가 있다는 것을 이제 보았다. 세계를 보는 두 가지 방식이 완전히 옳다는 것은 아이러니였다. 각각의 방식은 한 사람이 어떤 쪽을 선택하느냐에 달린 문제였다.

나는 스스로에게 물어 보았다. *그와 똑같은 일이 오늘날 우리의 삶에서 일어날 수 있는 것은 아닐까?* 이러한 의문은 과학적 지식과 기술적 진보라는 불빛에 비추어 보면 당치 않은 소리로 들릴지 모른다. 그러나 현대 과학자들은 비슷한 아이러니를 이야기하기 시작하고 있다. 그들은 요가의 기적들이라는 증거 대신 양자 물리학의 언어를 통해 그렇게 하고 있다. 우주와 우주 안의 모든 것은 인간의 믿음과 인간이 세상의 현실이라고 생각하는 의식consciousness 그 자체의 힘 때문에 존재하고 있다고 과학자들은 말하고 있다. 흥미로운 것은 인간의 내적 경험들과 세상 사이의 관계를 더 많이 이해하면 할수록 이러한 이야기는 더욱 더 이치에 맞는 말이 된다는 것이다.

밀라레파의 동굴에 관한 이야기는 한 사람이 자신과 세상의 관계를 발견하기 위한 여정을 보여 주는 훌륭한 사례이다. 그러나 우리는 동일한 진실을 발견하기 위해 우리 자신을 동굴 속으로 은둔시킬 필요는 없다. 뿐만 아니라 피부색이 녹색으로 바뀔 때까지 쐐기풀을 먹을 필요도 없다. 지난 150년 간의 과학적 발견들을 통해 이미 의식과 현실, 그리고 믿음 사이에 연관성이 존재한다는 것이 입증되었기 때문이다.

삶에 의미 있는 방식으로 그 연관성을 적용할 수 있는 힘을 우리 인간이 갖게 될 때 생기는 책임감을 우리 인간은 기꺼이 받아들일 수 있을까? 오직 앞으로 벌어질 일을 통해서만 우리는 이 질문에 우리가 어떻게 대답했는가를 알게 될 것이다.

우리가 알지 못하는 일들이 있다는 것을
우리는 알고 있다

2002년 6월 벨기에 NATO 사령부에서 도널드 럼스펠드 미국 국방부장관이 기자회견을 가졌다. 그는 911 사태 이후 수집된 첩보와 정보의 현황에 관해 설명하면서 다음과 같은 유명한 말을 했다. "알려진 것은 알려져 있다. 우리가 알고 있는 것은 알고 있다. 우리는 또한 알려지지 않은 것이 알려져 있다는 것을 알고 있다. 즉, 우리는 우리가 알지 못하고 있는 몇 가지 일들이 있다는 것을 알고 있다.

그러나 알려지지 않은 것 또한 알려지지 않고 있다. 그것은 우리가 모르고 있다는 것을 우리가 모른다는 것이다."[1]

그의 정치적 발언을 일상적인 말로 풀어보면, 럼스펠드는 다음과 같이 말하고 있었던 것이다. "우리는 모든 정보를 가지고 있지 않으며, 우리는 우리가 그것을 가지고 있지 않다는 것을 알고 있다." 이제는 유명해진 이 연설은 대 테러 전쟁을 위한 정보를 수집하는 미국 정보기관을 향한 것이었다. 그러나 오늘날 과학적 지식의 상태에 관해서도 이와 똑같이 말할 수 있다.

과학은 엄청난 수수께끼들을 푸는 데 성공적이었다. 그러나 우리 시대의 몇몇 위대한 정신적 지도자들은 과학의 언어가 불완전하다고 말하고 있다. 2002년 네이처 퍼블리싱 그룹Nature Publishing Group의 한 저널은 과학적 방법론의 효력에 관해 다음과 같이 언급하고 있는 편집인 소견을 실었다. "비록 그것이 가장 정확하고 통찰력이 깊을지라도 본질적으로 과학은 자신을 설명하는 데 있어서 불완전하다. 그러나 과학 자체의 자동 수정self-correcting은 우발적으로 잘못된 경로로 가는 것으로부터 자신을 구하고 있다."[2] 비록 과학적 생각들의 '자동 수정'은 언젠가는 일어나겠지만 때때로 그렇게 하는 것은 수백 년이 걸리기도 한다. 마치 우주가 명백하게 존재하고 있는 에너지장에 의해 연결되어 있느냐 아니냐에 관한 논쟁처럼 말이다.

> **믿음 코드 3**
> 과학은 하나의 언어이다. 인간과 우주, 육체 그리고 만물이 어떻게 작동하는가를 설명하는 많은 언어 중의 하나이다.

이러한 한계는 물리학 혹은 수학과 같은 단일 학문 분야에서만 특별한 것은 아니다. 예를 들면 20세기 의사이자 시인인 루이스 토마스Lewis Thomas는 실제 삶에 있어서 "과학의 모든 분야는 불완전하다"고 말했다. 그는 "(과학의 모든 분야에서) 지난 2백 년 동안 이룩된 어떤 기록들일지라도 그것은 여전히 과학의 아주 가장 초기적인 단계에 머무르고 있다"3)고 단언했다. 과학적 지식에 빈틈gap이 있는 것은 과학 자체의 짧은 역사 때문이라고 생각했다.

널리 인정되고 있는 것처럼, 삼라만상은 어째서 각각의 고유한 방식으로 존재하는가를 설명하는 인간의 과학적 능력에는 커다란 빈틈이 있다. 예를 들어 물리학자는 과학의 언어를 사용함으로써 자연과 우주의 네 가지 근원적인 힘들을 성공적으로 확인했다고 믿고 있다. 중력gravity, 전자기electromagnetism 그리고 약한 핵력weak nuclear force[중성자 등의 자연붕괴를 일으키는 힘이다. 자연붕괴는 핵 자체가 불안전할 때 그 불안전함을 이기지 못하고 부서지는 것을 뜻한다. 핵붕괴 과정에는 감마선이라는 강력한 빛과 엄청난 에너지가 발생된다. 역자주]과 강한 핵력strong nuclear force[쿼크와 쿼크 간에 결합을 가능하게 하는 힘이다. 원자핵 1fm(=10^-15m) 속의 짧은 거리에서만 작용하고 양성자들의 반발력을 이겨내도록 쿼크 간에 작용하는 강력은 글루온이라는 힘 매개입자를 통해서 전달되는 것으로 생각되고 있다. 역자주] 네 가지 힘 말이다. 우리는 마이크로 회로에서부터 우주선에 이르는 기술에 이러한 힘들이 적용된다는 것을 잘 알고 있다. 그러나 우리는 또한 그 힘들에 대해 여전히 불완전하게 이해하고 있다는 것도 알고 있다. 우리는 확신을 가지고 그렇게 말할 수 있다. 왜냐하면 과학자들은 이러한 네 가지 힘들을 우주의 작동 원리에 관한 단 하나의 설명, 즉 통일장이론unified field theory[현재 알려진 모든 자연의 힘의 형태와 상호관계를 하나의 통일된 물리이론으로 통합하는 이론. 역자주]으로 통합시킬 수 있는 길을 여전히 발견해내지 못하고 있기 때문이다.

초끈이론superstring theory[1984년 퀸메리대학의 물리학자 마이클 그린(Michael Green)과 캘리포니아 공과대학 존 슈바르츠(John Schwarz)가 제창한 이론으로 우주의 최소 단위가 양성자 · 중성자 · 전자 · 쿼크 같은 둥그런 형태가 아니라, 이보다 훨씬 작으면서도 끊임없이 진동하는 아주 가느다란 끈(string)이라고 간주하는 이론. 소립자의 특성(질량과 힘 전하)은 전적으로 끈의 진동패턴에 의해 좌우된다. 진폭이 클수록, 파장이 짧을수록 끈의 에너지는 커지게 된다. 진동이 격렬한 끈일수록 에너지가 크고, 진동이 줄어들면 에너지도 작아진다. 즉 무거운 입자는 그 입자를 이루는 끈이 격렬하게 진동하고 있으며, 가벼운 입자들은 끈이 상대적으로 부드럽게 진동한다는 뜻이다. 한 입자의 질량은 그 입자가 행사할 수 있는 중력의 크기를 결정하는데, 끈의 진동패턴과 중력 사이에는 직접적인 상호관계가 있다는 말이다. 또한 아주 중요한 사실은 끈의 다양한 진동패턴들 중의 하나가 중력의 매개입자인 중력자에 정확하기 대응된다는 것이다. 이로서 초끈이론은 표준모델이 다루지 못했던 중력까지도 하나의 통일된 체계 속에 담는 만물의 이론으로 주목받고 있다. 역자주]과 같은 새로운 이론들은 궁극적으로 해답을 찾을 것이다. 그러나 비판가들은 해답이 반드시 필요한 훌륭한 질문을 던졌다. 1970년의 끈이론string theory은 결국 1984년에 초끈이론superstring theory으로 공식화되었다. 그러나 이 이론들은 모두 20년 이상 전에 나타난 것이었다. 만약 이러한 이론들이 제대로 작동한다면 왜 그것들은 여전히 '이론들'인가? 지구상에 수백 명의 석학들이 존재하며 우리는 인류 역사상 가장 위대한 컴퓨터 계산 능력을 갖추고 있다. 그럼에도 불구하고 왜 초끈이론은 네 가지 자연의 힘을 우주의 작동 원리를 설명하는 단 하나의 이론 속으로 통합하는 데 실패했단 말인가?

　의심할 깃도 없이, 이것은 아인슈타인을 숙을 때까지 괴롭혔던 가장 큰 숙제들 중의 하나였다. 1951년 자신의 친구인 모리스 졸로비네Maurice Solovine에게 쓴 편지에서 이 위대한 이론 물리학자는 좌절감을 다음과 같이 털어놓았다. "통일장 이론을 팽개쳐버렸네. 그 이론은 수학적으로 풀기가 너무나 어려워서 나의 모든 노력에도 불구하고 어쨌든 그것을 증명해 낼 수 없었지."[4]

오늘날의 과학이 모든 해답을 가지고 있지 못하다는 사실은 놀라운 일이 아닐지도 모른다. 지난 세기 양자 물리학이 발견한 내용들은 인간과 우주의 작동 원리를 이해하는 데 있어서 놀랍고도 획기적인 길에 다다르게 했다. 이 새로운 사고 방식은 거의 3백 년 동안 과학이 사람들에게 믿으라고 요구했던 것을 사실상 공공연히 반박할 정도로 아주 급진적이다. 그래서 양자 물리학의 새로운 발견들은 과학자들에게 우주의 작동 원리에 대한 그들의 가정들을 재고할 것을 강요했다. 어떤 면에서는 과학자들은 원점으로 되돌아가야만 했다. 아마도 과학적 사고의 가장 커다란 전환은 물질 그 자체, 즉 삼라만상의 구성 요소가 일반적으로 생각됐던 방식으로 존재하지 않는다는 깨달음일 것이다.

예를 들어 기존의 물리학에서는 원자들과 같이 '물질들'things로 이루어진 우주는 다른 물질들과 구별된다고 생각됐다. 이와 함께 원자들은 우주에 별로 영향을 미치지 못한다고 생각됐다. 그러나 양자 이론들은 우주와 인간의 육체가 그저 결정된 것들이라기보다는 '가능성들' possibilities이라고 보고 있다. 그리고 양자 이론들은 우주와 인간의 육체가 세상을 만들어 내기 위해 상호작용을 하고 있으며 끊임없이 변하는 에너지 장으로 만들어져 있다고 말하고 있다. 이 사실은 우리에게 중요하다. 왜냐하면 인간이 우주와 상호작용을 하는 에너지의 일부이기 때문이다. 삼라만상everything을 변화시키는 것은 이러한 사실에 대한 인간의 자각awareness이다.

우리 인간이 창조를 이루어 내는 에너지의 춤 속에 휩싸여 있다는 사실을 깨달을 때, 그 깨달음은 인간의 정체성에 대한 믿음, 우주의 정체성에 대해 항상 생각해 왔던 것, 그리고 세상의 작동 원리에 대한 우리의 믿음을 변화시킨다. 아마도 가장 중요한 것은 그 깨달음을 통해 인간의 역할이 수동적인 관찰자가 아니라 삼라만상의 구성요소와 동일한 물질과 상호작용하는, 변화의 강력한 주체자라는 것을 우리가 알게 된다는 것이다. 그리고 그 물질의 원천에 대한 견해도 매우 빠르게 변하고 있다.

미립자, 가능성 그리고 의식 : 양자적 현실 Quantum Reality에 대한 소고

질서와 조화가 있는 체계로서의 우주 cosmos에 대한 뉴턴의 역학적 견해는 다음과 같다. 즉, 뉴턴의 역학적 견해는 천지만물 universe의 움직임은 이미 알려져 있으며 그리고 매 순간 그 움직임이 예측될 수 있는 미립자 particles라는 관점에서 형성된 것이다. 그것은 마치 당구대 위에 있는 당구공들과 같다. 만약 우리가 한 당구공이 다른 공을 칠 때 (속도, 각도 그리고 기타 등등) 한 공의 힘을 설명하는 정보를 가지고 있다면, 맞은 공이 어디로 어떻게 움직일지를 예측할 수 있어야만 한다. 그리고 만약 그 공이 움직이는 도중에 다른 공들을 친다면, 부딪힌 공들이 어디로 얼마나 빠르게 움직이는지도 알게 된다. 여기서 우리가 간파해야 할 핵심은 다음과 같다. 우주에 관한 유물론적인 견해인 뉴턴의 역학적 견해는 삼라만상이 세상에서 가장 작은 단위의 물질로 이루어져 있다고 본다는 사실이다.

양자 물리학은 우주를 다르게 보고 있다. 최근 몇 년 동안 과학자들은 우주와 인간 육체의 핵심을 형성하는 양자 에너지 quantum energy의 이상하고 때로는 기적 같은 움직임을 입증할 수 있는 기술을 개발했다. 예를 들면 다음과 같다.

- 양자 에너지는 두 가지 다른 형태로 존재할 수 있다. 눈에 보이는 미립자들particles 혹은 눈에 보이지 않는 파동들waves의 형태로 말이다. 그 에너지는 여전히 각각의 형태에 존재하며, 우리가 그것을 단지 한 가지 형태로 알도록 하고 있다.
- 양자 미립자는 한 장소에만 있을 수 있으며, 동시에 두 곳의 장소에도 존재할 수 있다. 혹은 심지어 동시에 여러 장소에 있을 수도 있다. 그러나 흥미로운 사실은 그 장소들이 물리적으로 아무리 멀리 떨어져 있을지라도 미립자는 마치 여전히 연결되어 있는 것처럼 움직인다는 것이다.
- 양자 미립자들은 시간적으로 다른 시점에서 서로 소통하는 것이 가능하다. 양자 미립자들은 과거, 현재, 그리고 미래라는 시간 개념에 의해 제한받지 않는다. 하나의 양자 미립자에게는 그때가 지금이며 거기가 여기이다.

이 같은 사실들은 매우 중요하다. 왜냐하면 적절한 조건들이 주어졌을 때, 마치 기적과 같이 움직일 수 있는 양자 미립자들과 똑같은 것으로 우리 인간이 만들어져 있기 때문이다. 그렇다면 의문은 바로 이것이다. 즉, 적어도 오늘날 우리가 알고 있는 과학의 '법칙들'에 의해 양자 미립자들이 제한을 받지 않는다면, 그리고 인간이 양자 미립자와 똑같은 미립자들로 만들어졌다면, 과연 우리 인간은 양자 미립자들과 마찬가지로 기적과 같은 일을 할 수 있을까? 질문을 다음과 같이 바꿔보자. 양자 미립자들의 움직임은 물리학자들의 과학적 한계들을 입증하는 '이례적인 것'이라고 부르는 것일까? 아니면 그것은 정말로 우리 인간에게 다른 무엇인가를 보여 주는 것일까? 이러한 미립자들이 보여 주고 있는 시공간 속에서의 자유는 우리 인간의 삶에서도 가능한 자유를 우리에게 보여 주고 있는 것일까?

자신들의 믿음이 가지고 있는 제약을 초월했던 사람들에 관한 모든 연구, 문서 그리고 직접적인 경험을 추적한 나는 주저 없이 이러한 질문들의 답을 분명한 '예스'라고 믿는다.

믿음 코드 4
인간을 이루고 있는 미립자들이 서로서로 끊임없이 커뮤니케이션을 하고 있는 상태라면, 동시에 두 곳의 장소에 존재할 수 있다면, 그리고 현재에 이루어진 선택들을 통해 과거를 바꿀 수도 있다면, 우리 인간도 마찬가지로 그렇게 할 수 있다.

인간과 개개의 미립자들의 유일한 차이점은 인간은 수많은 미립자들로 만들어졌다는 것이다. 그리고 인간과 미립자들은 그동안 '빈 공간'으로 여겨졌던 곳들을 채우고 있는 물질을 통해 연결되어 있다. 이제 막 우리가 이해하기 시작한 그 물질은 수수께끼 같은 모습의 에너지로 밝혀졌다. 이 이상한 에너지에 대해서는 최근 주류 과학계도 인정을 했다. 이에 따라 우주 속의 인간을 새롭게 보는 전체론적인 길[생명 현상의 전체성을 강조하고, 전체는 단순히 부분의 총합으로서는 설명할 수 없다는 이론. 전체는 부분에 선행하고 부분의 상호 관계에 의존하는 동시에 부분을 통제한다고 보는 이론. 역자주]이 열리고 있다.

양자 이론의 아버지로 불리는 막스 플랑크Max Planck는 1944년 물질적 세계에 대해 청사진을 제공하는 에너지 '매트릭스'matrix[구성 성분들을 행과 열로 배열한 집합체. 역자주]가 존재한다고 선언함으로써 세상을 놀라게 했다.[5] 바로 이 순수 에너지 매트릭스에서 삼라만상은 시작된다. 별들과 DNA의 탄생으로부터 가장 내밀한 인간 관계, 국가 간의 평화 그리고 개인적인 치유까지 말이다. 과학자들이 그것을 무엇이라고 불러야 할지 의견의 일치를 보이지 못할 정도로 그 에너지 매트릭스는 너무나 새로운 것이다. 그러나 주류 과학계는 이 매트릭스의 존재를 기꺼이 수용했다.

몇몇 사람들은 그것을 그저 '장' field이라고 부르고 있다. 다른 사람들은 기술적인 냄새를 풍기는 '양자 홀로그램' quantum hologram 으로부터 거의 영적으로 보이는 '신의 정신' mind of God, '자연의 정신' nature's mind 이라는 명칭들에 이르기까지 다양한 범주의 용어로 부르고 있다. 나는 그 장의 증거와 역사에 대해 서술한 2007년 출간한 책에서 그것을 신의 매트릭스 Divine Matrix라 칭했다. 그 이유는 그 장이 가지고 있는 과학과 영성 spirituality 간의 가교적 작용을 반영하기 위해서였다. 플랑크의 매트릭스가 실제로 존재한다는 사실이 실험적으로 입증됨에 따라 그동안 잃어버렸던 인간의 믿음, 상상 그리고 세상에서 목격되는 기적을 일으키는 기도와 같은 영적인 경험들을 이해할 수 있는 열쇠가 이제 우리에게 제공되고 있다.

물질적 세계에 대해 청사진을 제공하는 에너지 '매트릭스' matrix가 존재한다는 플랑크의 선언이 그렇게 강력한 의미를 갖는 이유는 인간의 육체, 세상, 그리고 우주에 있어서의 인간의 역할에 대한 우리의 사고 방식을 완전히 바꿔버렸기 때문이다. 그동안 과학자들은 인간을 이미 존재하고 있는 우주에서 짧은 순간을 스쳐 지나가는 '관찰자들'에 불과하다고 말해 왔다. 그러나 플랑크의 선언은 인간이 과학자들이 간단히 묘사하고 있는 것 이상의 존재라는 것을 의미한다. 삼라만상이 모두 참여하는 관계성을 분석함으로써 플랑크의 실험들은 이제 인간이 우주의 파동들과 미립자들에게 직접적으로 영향을 미치고 있다는 것을 입증했다. 간단히 말하자면, 우주가 인간의 믿음에 반응한다는 말이다. 최근 인류역사상 가장 위대한 석학들 사이에서 역사상 가장 격렬한 논쟁들이 벌어지고 있다. 그 논쟁의 핵심은 인간을 수동적인 관찰자라기보다는 강력한 창조자들이라고 생각해야 한다는 것이다. 그 논쟁의 결과는 분명히 정말 깜짝 놀라운 것이다.

예를 들어 아인슈타인은 자신의 자서전적 글의 인용 어구에서 인간은 우주 전체에 영향을 미치지 못하며, 만약 인간이 우주의 작은 부분이라도 이해할 수 있다면 행운이라고 믿는다고 말했다. 그는 "인간 존재들과는 독립적으로 존재하며, 면밀한 조사나 고찰을 통해서도 기껏해야 부분적으로만 접근할 수 있는, 위대하고 영원한 수수께끼와 같이 우리 앞에서 서 있는"[6] 세상에서 인간은 살고 있다고 말했다.

이 같은 아인슈타인의 관점은 오늘날 많은 과학자들로부터 널리 지지를 받고 있다. 그러나 이와는 대조적으로 아인슈타인의 동료이자 프린스턴대학 명예 물리학 교수인 존 휠러John Wheeler는 우주에 있어서 인간의 역할에 관해 아주 다른 견해를 제시하고 있다. 그는 자신의 실험을 통해서 인간의 의식consciousness은 아주 중요할 뿐만 아니라 인간은 실제로 창조적인 우주, 다른 말로 하자면 '참여하는 우주' participatory universe 안에서 살고 있을지도 모른다고 믿게 됐다.

자신의 믿음을 입증하면서 휠러는 "어딘가에서, 그리고 어느 정도의 시간 동안 관찰하고 있는 사람들을 포함하지 않는 우주를 상상조차 할 수 없다. 왜냐하면 우주의 구성 요소들이 관찰자 관여observerparticipancy라는 행위들이기 때문이다."⁷⁾라고 말하고 있다.

이 얼마나 큰 사고의 전환인가! 이것은 인간과 세상의 관계성에 관한 완전히 혁명적인 해석이 아닐 수 없다. 휠러는 우리 인간이 자신을 둘러싸고 있는 세상을 단순히 바라보는 것은 불가능하다고 말하고 있는 것이다. 인간은 결코 관찰자가 될 수 없다. 왜냐하면 우리가 관찰을 할 때 우리는 창조를 하며, 창조된 것을 수정하기 때문이다. 때때로 인간의 관찰 행위의 결과는 거의 탐지될 수 없다. 그러나 다음 장에서 발견하게 될 것처럼 때때로 그것은 탐지할 수 있다. 탐지 여부와는 상관없이 지난 세기의 과학적 발견들은 세상을 관찰하는 인간의 행동이 그 자체로 창조의 행위라고 말하고 있는 것이다. 그리고 그 창조행위를 하고 있는 것은 바로 인간의 의식이다.

이러한 과학적 발견들은 더 이상 인간을 그저 관찰하고 있는 세상에 아무런 영향을 미치지 못하는 구경꾼으로서 생각할 수 없다는 휠러의 주장을 지지하는 것처럼 보인다. 우리가 영적, 그리고 물질적 풍요, 인간 관계와 직업 경력, 깊은 사랑과 위대한 성취들과 두려움과 이러한 모든 것들의 결여 등으로 '삶'을 바라볼 때, 우리는 어쩌면 가장 진실된, 그리고 때로는 가장 무의식적인 믿음의 거울mirror of belief을 정면으로 바라보고 있는 중인지도 모른다.

삶의 설계자

우리 인간은 믿음이라는 것을 통해 현실과 상상할 수 있는 모든 것을 연결시킨다. 인간의 가장 간절한 소망들과 위대한 꿈들, 우주를 우주로 만드는 삼라만상에 생명을 부여하는 것은 우리 인간이 자신에 관해 진정으로 믿고 있는 것으로부터 나오는 힘이다. 비록 우주 전체는 너무 커서 생각조차 할 수 없을 정도인 것처럼 들리겠지만 아무래도 상관없다. 인간은 자신과 일상 세상을 그저 생각만 함으로써 시작할 수 있다.

당신과 지금 있는 방의 관계성을 한번 생각해 보라. 그리고 그 생각을 하는 동안 이러한 질문들을 자신에게 던져보라. *내 방에 나는 어떻게 도착했는가?* 그리고 어떻게 시간, 공간, 에너지, 그리고 물질이 바로 이 순간에 있는 당신에게로 신비롭고 소중한 방식으로 통합되는지 생각해 보라. 그리고 다시 물어보라. *이것은 그저 우연인가?*

당신이란 존재는 그저 이 순간에 생물학, 에너지, 그리고 물질이 어쩌다 우연히 하나로 통합된 것인가? 만약 이 질문에 대한 당신의 대답이 *아니오!* 라면 당신은 정말로 다음과 같이 말하고 있는 것이다. 만약 당신이 진정으로 당신 자신을 시간, 공간, 그리고 에너지의 우연한 사건 이상의 무엇이라고 믿는다면, 그렇게 많은 '양자 가능성들' quantum possibilities 중에서 하나를 선택하지 않았음에도 불구하고 가능성들이 엄청나게 많은 이 세상에서 당신이 자신을 발견할 것이라고 정말 생각하기 때문인가?

매일매일 나타나는 현실에서 우리 자신이 중심적인 역할을 한다는 사실을 인정하는 것은 인간이 우주의 핵심과 상호작용을 하고 있는 중이라는 것을 인정하는 것이다. 그러한 일이 가능하기 위해서는 우리는 또한 다음과 같은 사실을 깨달아야만 한다.

우리가 다른 진로나 새로운 관계의 시작을 선택하거나 혹은 생명을 위협하는 질병의 치유를 선택할 경우, 실제로 우리는 '현실 코드' code of reality를 다시 쓰고 있는 것이다. 만약 매일 모든 순간에 우리가 내리는 모든 결정들의 결과에 대해 생각해 보면, 하찮게 보이는 우리의 선택들이 어떻게 우리 개인적 삶을 훨씬 넘어서는 곳까지 영향을 미치는 결과들로 나타나는지가 분명해진다. 모든 경험이 이전 경험의 결과 위에 쌓이고 있는 우주에서는 *모든 것이* 없어져서는 안 된다는 사실은 명백하다. 거기에는 어떠한 '헛된' 선택들은 없다. 왜냐하면 우주에서는 모든 사건과 결정이 필요하기 때문이다. 삼라만상의 각각의 구성 요소는 반드시 다른 요소들이 뒤따라 일어날 수 있기 전에 반드시 존재해야 할 곳에 존재해야만 한다.

> **믿음 코드 5**
> 인간의 믿음은 우주에 있어서 사건들의 흐름을 변화시킬 수 있는 힘, 실제로 시간, 물질, 공간, 그리고 그들 안에서 벌어지는 사건들을 중단시키고 방향을 바꿀 수 있는 힘을 가지고 있다.

예를 들면, 갑작스럽게 공항에서 길을 잃어버린 어떤 사람을 돕기로 한 선택, 혹은 그럴 만한 이유가 없는 사람들에게 분노를 폭발시키기 전에 그 분노의 원인에 대해 이해하려는 의지는 새로운 의미를 가진다. 각 선택은 단지 우리의 삶뿐만 아니라 세상 너머에도 영향을 미칠 물결의 파문을 일으킨다.

그렇다면 지금 이 순간 당신이 이곳에 존재하기 위해 당신이 태어나기 전 그 어느 때부터인가 일어나야만 했었던 모든 일들에 관해 생각해 보라. 우주의 탄생과 함께 나타난, 수를 헤아릴 수 없을 만큼 많은 우주진star dust의 미세한 미립자들에 대해 생각해 보라. 그러한 미립자들이 어디에 있었는지 심사숙고해 보라. 그리고 그것들이 어떠한 방식으로 지금 당신의 '존재'가 되기 위해 함께 모였는지 생각해 보라. 그런 생각을 하는 동안 당신은 *어떤 지성적인 힘*some intelligent *force*이 여기 이 책에 있는 단어들을 읽고 있은 바로 이 순간 *당신의* 미립자들을 함께 붙들어 놓고 있다는 사실이 너무나 명백하다는 것을 발견하게 될 것이다.

바로 그 힘이 인간의 믿음이라는 것을 아주 강력하게 만들고 있다. 만약 우리 인간이 그 힘과 의사소통을 할 수 있다면 우리는 이 세상에서 '우리'를 구성하고 있는 미립자들의 움직이는 방식을 변화시킬 수 있다. 우리는 우리 자신의 '현실 코드'를 다시 쓸 수 있다.

이제 점점 많은 수의 주류 과학자들이 우주의 작동방식과 상상할 수 없을 정도로 먼 옛날 사람들의 거대한 컴퓨터 시뮬레이션 결과, 문자 그대로 가상 현실virtual reality 간의 유사성들을 도출해 내고 있다. 그들은 우리 인간의 일상 세계를 1987년 처음 방송된 TV 시리즈 *스타트랙 – 넥스트 제너레이션*에서 '홀로데크'holodeck[홀로데크란 그 속에 들어간 사람이 혼잡한 도시나 울창한 숲 등 자신이 원하는 어떤 현실도 홀로그램 시뮬레이션으로 불러낼 수 있게 해주는 장치이다. 스탠퍼드대학 윌리엄 틸러 교수는 우주 또한 모든 생명체들의 총합체에 의해 창조된 일종의 홀로데크라고 여기고 있다. 역자주]와 매우 흡사한 방식으로 작동하는 시뮬레이션으로 여기고 있다. 이 시뮬레이션은 그 현실 조건들을 지배하기 위한 목적으로 그 현실보다 큰 현실 안에서 만들어진 경험이다.

이런 생각을 한 걸음 더 발전시켜 보자. 만약 태곳적부터 오늘날까지 돌아가고 있는 이러한 현실 프로그램reality program의 규칙들을 이해한다면, 우리는 과거에 우리를 다치게 했던 두려움, 전쟁 그리고 실병을 바꾸는 방법을 알 수 있을 것이다. 이렇게 생각하면 삼라만상은 아주 새로운 의미를 갖게 된다. 이러한 말들은 어쩌면 이론일 뿐이며 공상과학소설처럼 들릴지도 모른다. 그러나 그것은 단지 우주에 관한 새롭고 강력한 생각으로부터 직접적으로 비롯된 결과들 가운데 하나일 뿐이다.

우선 현실이 하나의 프로그램reality as a program이라는 생각을 검토해 보도록 하자. 우주 전체라는 엄청난 것이 어떻게 하나의 컴퓨터가 출력한 결과물이 될 수 있을까?

다음에 이어지는 내용들은 쉽게 이해할 수 있기 때문에 어쩌면 당신은 놀랄지도 모른다.

의식 컴퓨터consciousness computer 로서의 우주

1940년대에 최초의 컴퓨터를 개발한 것으로 인정받은 콘라드 추제Konrad Zuse는 우주의 작동 방식에 대한 통찰력을 가지고 있었다. 그 통찰력을 통해 그는 우주에 있어서 인간의 역할에 관한 새로운 관점을 제공하기도 했다. 초기 컴퓨터 작동 프로그램들을 개발하던 중에 그는 소설 속에서나 나올만한 것처럼 들리는 질문을 던졌다. 그 질문은 결코 중요한 과학적 가능성이 될지도 모른다는 생각에서 비롯된 것은 아니었다.

추제의 질문은 간단했다. 우주 전체가 무엇이든지 가능하게 만드는 코드를 가지고 있는 커다란 컴퓨터처럼 작동하는 것이 가능할까? 혹은 아마도 더욱 황당하기까지 한 질문을 생각해 냈다. 그는 우주적인 컴퓨터 처리작업cosmic computing을 하는 기계장치가 끊임없이 우주와 우주 안의 삼라만상을 만들어 내고 있는 것은 아닌지, 다른 말로 하자면, 인간이 양자 에너지quantum energy 자체로 만들어진 엄청나게 커다란 컴퓨터가 작동시키고 있는 가상 현실virtual reality을 살고 있는 것은 아닌지 궁금해 했다. 이러한 질문은 분명히 생명과 진화라는 생각에서부터 종교의 토대에 이르기까지 모든 것을 뒤흔드는 결과를 초래할 엄청난 것이었다. 또한 그것은 1999년 대히트를 친 영화 *매트릭스The Matrix*를 만들어지게 했다.

추제는 분명히 자신의 시대를 앞선 사람이었다. 30년 후 그는 이러한 생각들을 자신의 책 *계산하는 우주Calculating Space*에서 정밀하게 가다듬었다. 이와 함께 현실과 일상 생활에 관한 사람들의 생각에 혁명을 가져온 사건들을 추진하기 시작했다.[8] 남들을 압도하는 이 통찰력이 어떻게 형성됐는가에 대해 언급하면서 추제는 자신이 만들고 있던 기계들과 우주의 기계장치 사이의 연관성을 어떻게 생각하게 되었는지 이렇게 묘사했다. "[벌어진 일들과 그 일들이 벌어지게 만든 것 사이의 관계성인] 인과관계에 대해 깊게 관찰하는 도중에 나는 갑자기 우주가 거대한 계산하는 기계gigantic calculating machine가 아닐까 하는 생각이 떠올랐다."[9]

우주를 보는 이런 방식의 핵심은 바위나 나무, 바다, 혹은 당신과 나를 포함하여 *삼라만상*이 모두 정보information라는 사실이다. 어떤 정보가 모든 것을 함께 처리한 프로세스의 결과물일 수 있는 것처럼 우주는 사실 오래 전부터 시작된 매우 커다란 프로그램의 결과물이다. *누가? 그리고 왜?* 그런 프로그램을 짰는가는 분명히 핵심적인 질문이다. 그러나 추제는 그것이 어떻게 가능할 수 있는가에 더 관심을 가졌다. 비록 그의 질문들은 적절했지만, 그의 이론들을 실험할 기술은 지금 우리에게도 마찬가지지만 그 당시 쉽게 찾을 수 없었다.

최근 몇 년 간 새로운 발견들을 통해 과학자들은 추제가 처음 했던 질문들을 다시 검토해야만 하게 됐다. 추제가 해명할 수 없었던 지점을 찾아낸 많은 과학자들은 이제 그와 동일하게 생각하고 있으며 동일한 질문을 던지고 있다. *인간은 가상 시뮬레이션*virtual simulation *안에서 살고 있는가?* 만약 그렇다면 우주와 우주 안의 삼라만상은 어마어마한 우주적 프로그램 안에 있는 무엇인가가 우주와 우주 안의 삼라만상을 가상 시뮬레이션 안에 집어넣었기 때문에 우주와 우주 안의 삼라만상이 되었으며, 그 안에 있는 것이다. 그리고 그 안에 들어 있다는 것은 인간을 포함한 삼라만상이 물체들이라기보다 정보로 만들어진 '디지털 현실' digital reality 속에서 살고 있는 중이라는 것을 의미할지 모른다.

2006년 실현 가능한 양자 컴퓨터quantum computer를 처음 설계한 세스 로이드Seth Lloyd는 디지털 우주digital universe라는 아이디어를 *"만약 그렇다면?"* 이라는 의문에서 *"바로 그것이다"* 라는 발언으로 한 단계 더 격상시켰다. 디지털 물리학digital physics이라는 새로운 분야에 대한 연구를 바탕으로 그는 이처럼 새롭게 등장한 현실을 바라보는 관점에 관한 자신의 입장을 분명히 밝히고 있다. "한마디로 우주의 역사는 거대하고 계속 작동 중인 양자 컴퓨터 작업quantum computation"이라고 그는 단언했다.[10] 자신의 이 같은 말에 관해 사람들이 믿지 않을 경우에 대비해서 로이드는 자신이 발견한 것들을 분명하게 설명하고 있다. 우주는 양자 컴퓨터와 *비슷할 것*이라고 그는 말하지 않았다. 그 대신 그는 지난 2000년 동안 등장한 현실에 관한 가장 급진적인 설명을 우리에게 제시했다. "우주는 양자 컴퓨터*이다*[저자강조]"[11]라고 말이다. 로이드의 관점에서 보면, 존재하는 모든 것은 우주 컴퓨터의 산출물이다. 그는 "컴퓨터 작업이 진행됨에 따라 현실이 전개된다"고 설명하고 있다.[12]

> **믿음 코드 6**
>
> 실제처럼 보이고 느껴지는 시뮬레이션 프로그램을 작동시킬 수 있는 것과 똑같이 연구결과들은 우주 그 자체가 태곳적부터 존재하고 있는 거대한 시뮬레이션 – 하나의 컴퓨터 프로그램 – 일지도 모른다고 말하고 있다. 만약 그렇다면 그 프로그램 코드program's code를 아는 것은 현실 그 자체의 규칙들을 아는 것이다.

와! 얼핏 생각해도 우리는 그 가능성이 암시하는 바의 중대성에 마음이 흔들리는 것을 알 수 있다. 그런 후 우리는 자세히 살펴보고, 깊은 숨을 내쉬며, 느긋하게 앉아서 이렇게 말할지도 모른다. "음… 이것은 정말로 말이 되네. 진짜로 말이 되네. 그것이 정말로 세상이 작동하는 방식일지도 몰라!" 그 이유는 일상적인 세상의 원자들atoms과 컴퓨터 세계의 정보information 간의 비교가 아주 잘 맞아떨어지기 때문이다.

원자들atoms을 데이터data로 생각하기

그러한 비교를 하기 위해 컴퓨터에 관한 상식적인 내용을 잘 살펴보기로 하자. 크기에 상관없이, 단순하든 정교하든 상관없이, 모든 컴퓨터는 제대로 작동하기 위해 필요한 언어를 가지고 있다. 우리에게 친숙한 데스크톱 혹은 랩톱 컴퓨터의 경우 그 언어는 비트bits라고 불리는 숫자들의 패턴들을 바탕으로 한 코드code이다. 그 코드는 '이진수들' binary digits로 되어 있는, 보다 긴 문장을 축약한 컴퓨터 전문 용어이다.

그리고 '이진수'는 모든 정보가 우주를 우주가 되도록 만드는 양극들polarities을 축약해 표현한 1과 0, 켜짐on과 꺼짐off의 패턴들로서 코드화된다는 것을 의미한다. 양극에는 단지 두 가지 선택만이 존재하기 때문에 비트의 코드는 이진법의 언어라고 불린다. 물질과 에너지를 생각하는 가장 기초적인 방식에 있어서 이진법의 언어는 모든 것을 표현할 수 있다. 물질과 비물질, 양성과 음성, 예와 아니오, 남성과 여성 등등. 비트 자체의 경우 그것은 1과 0이다. 1은 '켜짐'을 나타내며 0은 '꺼짐'을 상징한다. 이진법 코드는 이처럼 단순하다.

그러나 비트들이 이렇게 단순한 개념에 기초를 두고 있기 때문에 많은 힘을 가지고 있지 않을 것이라고는 생각하지 말라. 그와는 반대로 이진법 언어는 우주에서 가장 강력한 것일지도 모른다. 그것은 삼라만상이 존재하는 것으로 보이게 하는 방법을 나타낸다. 즉, 삼라만상은 존재하거나 혹은 존재하지 않는다. 이 언어는 우주 공용어universal language이다. 놀랍게 들리겠지만, 우주인들을 달까지 안내하는 것에서부터 오일 교환 시점을 알려 주는 자동차 안의 컴퓨터까지 모든 컴퓨터들은 1과 0의 다양한 조합으로 만들어진 코드를 기초로 하고 있다.

이러한 비트의 코드는 미 항공우주국NASA이 1972년 우주를 항해 중인 우주선 파이오니아 10호로 메시지를 보내는 데 사용했을 정도로 우주에서도 통용되고 있다. 그 아이디어는 만약 지능을 가진 생명체가 축구공 크기의 이 우주 탐사기를 발견하기만 하면, 그 이진법으로 된 언어가 그들에게 우리 인간이 우주의 작동방식을 이해하고 있는 생물의 종이라는 사실을 말해 줄 것이라는 생각에서 비롯된 것이었다.

1983년 파이오니아 10호는 지구로부터 명왕성을 지나 태양계를 벗어난 최초의 인공 물체가 되었다. 딥 스페이스 네트워크DSN : Deep

Space Network[미 항공우주국 NASA가 운영하는 국제우주탐사망. DSN은 유인 또는 무인 우주탐사 임무와 관련하여, 미 항공우주국(NASA)에 의해 사용되는 정교한 데이터 통신 시스템이다. DSN의 주 터미널은 캘리포니아주의 파사데나에 있는 제트추진연구소(JPL) 본부에 위치하고 있다. DSN을 위해 지구 둘레를 따라 거대한 원 모양의 경사면 위에 동일한 간격으로 띄어진 세 개의 주요 안테나가 설치되어 있다. 세 개 모두 광범위한 무선 주파수대에서 신호를 송수신하는 데 사용될 수 있도록, 커다란 포물면을 갖는 접시형 안테나이다. 안테나 한 개는 캘리포니아에, 다른 하나는 스페인에, 그리고 또 하나는 오스트레일리아에 있다. 안테나들은 기존에 사용 중인 모든 우주선들이 거의 항상 감시되고, 제어되며, 그들과 통신이 유지될 수 있도록 하기 위해 위치가 정해진다. 이것은 지구 궤도 위성과 행성 간 우주선 둘 모두 지축에 따라 정한 것이다. DSN 장비에 의해 송수신되는 신호들에는 위성제어 및 원격측정, 전자우편(텍스트, 그래픽, 비디오, 프로그램 및 사운드 파일들이 첨부될 수 있다), 우주선과의 통신, 그리고 멀리 떨어져 있는 천체 객체들로부터 발산되는 무선 주파수 등이 포함된다. 역자주]의 센서를 통해 그 작은 탐사기가 우주 공간 깊은 곳으로 돌진하면서 마지막으로 보낸 희미한 신호를 포착한 것은 2003년 1월 22일이었다. 비록 35년이 지나면서 추진동력이 약해졌지만 과학자들은 파이오니아 10호가 2백 만 년 후에 도착할 것으로 예상되는 알데바란Aldebaran[지구로부터 68광년 떨어져 있는 황소자리에서 가장 밝은 오렌지색의 별. 겨울 하늘에 빛나며, 빛의 밝기는 0.8등급. 역자주] 성운을 향해 여전히 손상되지 않은 채 정상비행 중이라고 믿고 있다. 그곳에 도착하면 파이오니아 10호는 지구에서 가져간, 이진법 숫자로 만들어진 명함을 우주적 언어로 전하게 될 것이다.

모든 컴퓨터가 일을 처리하는 데 이진법적 언어를 사용하는 것과 똑같이, 우주라는 컴퓨터도 마치 비트를 사용하고 있는 것처럼 보인다. 그러니 창조의 비트bits of creation는 1과 0이 아니라 삼라만상이 만들어진 재료인 원자들atoms인 것처럼 보인다. 현실의 원자들은 물질로서 존재하거나 혹은 존재하지 않는다. 그 원자들은 여기에 있기도 하면서 여기에 없기도 하다. 즉, '켜짐'이거나 '꺼짐'이다.

최근 한 인터뷰에서 세스 로이드는 우주를 원자들이라기보다는 비트로서 생각하는 것의 아이러니를 다음과 같이 밝혔다. 자신의 어린 딸과 대화를 나누면서 그는 딸에게 우주를 프로그램하는 것이 어떻게 가능한지를 설명했다. 그러나 그의 딸은 "아니에요. 아빠, 삼라만상은 원자들로 이루어져 있어요. 빛light만 빼고 말이에요."[13]라고 답변했다.

어떤 관점에서 보면 그녀는 절대적으로 옳다. 로이드는 그것을 인정하면서 다른 관점도 제시했다. "조이, 네 말이 맞다. 그러나 그러한 원자들도 역시 정보란다. 원자들이 정보의 비트를 나르는 것으로 생각할 수 있지 않을까? 아니면 비트의 정보가 원자들을 나르는 것으로 생각할 수 있을지도 모르지. 그 둘을 분리할 수는 없단다."[14]

> **믿음 코드 7**
> 우주를 하나의 프로그램으로 생각할 때 원자들은 우리에게 친숙한 컴퓨터 비트가 하는 방식과 똑같이 작동하는 정보의 '비트'에 해당한다. 원자들은 '켜짐'on의 경우 눈에 보이는 물질matter이며 '꺼짐'off의 경우 눈에 보이지 않는 파동waves이다.

질문 : 우주는 무엇을 컴퓨터로 처리하는가?
답변 : 우주 그 자체를 처리한다

로이드는 의식consciousness이 정보라는 것과 그 의미에 대한 탐구작업과 관련하여 또 다른 인터뷰를 한 적이 있다. 그 인터뷰에서 로이드는 우주를 하나의 컴퓨터로 생각할 때 제기되는 다음과 같은 전형적인 질문에 대해 답변할 것을 요구받았다. *우주 전체와 우주 안의 삼라만상이 정말로 하나의 아주 커다란 양자 컴퓨터의 일부라면 그렇게 된 목적은 무엇인가? 우주는 무엇을 컴퓨터로 처리하는 것인가?*

사람들에게 잊혀진 채 수도원 속에 숨어 있는 위대한 현인을 찾기 위해 히말라야의 눈 덮인 산봉우리 속을 몇 주 동안 도보로 여행한 후에나 겨우 들을 수 있을 것으로 기대할 만한 것과 유사한 방식으로 로이드는 대답했다. 그의 대답은 단순했다. 그러나 그것이 의미하는 바는 장대했다. 로이드의 대답은 우리가 마치 위대한 현인이 은둔해 있는 그러한 장소에서 발견했을 법한 답변을 떠올리게 한다. "[우주는] 그 자체를 컴퓨터 처리하고 있다. 우주는 당신이 오렌지 주스를 마실 때 그것의 흐름을 컴퓨터 처리하거나 당신 세포들 속 모든 원자들의 위치를 컴퓨터 처리한다. 그러나 우주가 고려하고 있는 중요한 주안점은 미미해 보이는 원자들의 진동vibrations과 충돌collisions에 관한 것이다."15) 우리는 다른 원자와 충돌하는 한 원자가 우리 인간의 삶을 엄청나게 다르게 만들지 않을 것이라고 믿을지 모른다. 그렇지만 결국 항상 그렇게 된다. 그렇지 않은가? 어쩌면 그럴지도 모르고 그렇지 않을지도 모른다.

로이드의 설명은 우리에게 다시 한번 생각해 보기를 권하고 있다. 그는 자신이 '물질과 빛의 춤' dance of matter and light이라고 명명한 현상이 어떻게 *우주와 우주 안의 삼라만상*을 만들어 내는 힘을 가지게 되었는지를 우리에게 일깨워 주고 있다. 프로그래밍 유니버스 Programming the Universe라는 책에서 그는 원자들이 다른 원자들과 부딪히는 단순한 움직임이 어떻게 삼라만상에 영향을 미칠 수 있는지를 설명하고 있다. "우주 속에 있는 미립자들 간의 모든 상호작용은 에너지뿐만 아니라 정보도 전달한다. 다른 말로 하자면 미립자들은 단순히 충돌하는 것이 아니라 컴퓨터 처리작업을 하고 있는 것이다. 컴퓨터 처리작업이 이루어짐에 따라 현실이 전개되는 것이다."[16] 우주의 실체에 관해 이렇게 생각할 경우, 우리 인간은 진정한 의미에서 물질을 건드리는 에너지, 운동, 그리고 물질이 함께 추는 거대한 우주적인 춤의 산물이라는 것이다.

1980년대에 들어서 존 휠러는 아주 똑같은 방식으로 '정보로서의 우주' universeas information에 관한 생각을 하고 있었다. 그는 이렇게 설명했다. "우주의 삼라만상은 – 모든 미립자, 모든 힘의 장, 시공 연속체(4차원 공간) 자체조차도 – 그 기능, 그 의미, 그 전체적인 실체 existence가 이진법적 선택인 비트에서 비롯된다. 우리가 현실이라고 부르는 것은 예/아니오 질문들을 던지는 것으로부터 생겨난다."[17] 다른 말로 하자면, 휠러는 우주와 생명을 '존재' 하는 것으로 만드는 '삼라만상' 이라는 것은 실제로는 정보information이며 양극성polarity을 띤, 거의 존재하지 않는 점들이라고 말하고 있었다. 모든 것은 결국은 정반대의 상태로 된다. 즉, 플러스와 마이너스, 남성과 여성, 켜짐과 꺼짐처럼 말이다.

가상 우주virtual universe는 어떻게 작동하는가?

휠러가 제안한 것처럼 만약 우주의 미립자들이 정보의 컴퓨터 비트와 같고, 로이드의 말처럼 '우주가 양자 컴퓨터' 라고 하자. 그럴 경우 삼라만상은 코드code에서 비롯된다는 것을 안다는 사실이 과연 *무엇을 의미할 수 있을 것인가*라는 질문은 이제 무엇을 *의미하는가*로 바뀌었다. 앞으로 보게 될 것이지만, 삼라만상이 코드에서 비롯된다는 사실에 대한 증거는 인간이 일종의 모의실험적 현실simulated reality 속에서 살고 있을 확률이 훨씬 더 높다는 것을 암시하고 있다.

우리 앞에는 이제 그러한 강력한 가능성을 향한 문이 열렸다. 그 문을 통해 이런 식의 생각을 계속 펼쳐 그 가능성들을 한 걸음 더 나아가게 해보자. '모의실험적 현실' 속에서 우리 인간은 삼라만상을 가능하게 만드는 '코드'를 사용하고 있는 것인가? 인터넷 연결 혹은 워드 프로세서의 코드를 업그레이드할 수 있는 것처럼 우리 인간의 삶, 치유, 평화, 그리고 일상적인 현실의 프로그램을 업그레이드할 수 있을까? 그러한 가능성은 우리의 흥미를 자아내기에 충분하다.

예를 들어 이런 관점에서 보면 기적이란 것들은 과학의 '한계들'을 피해서 돌아가는 프로그램들이다. 때때로 그저 '우연하게 일어나는 것' 처럼 보이는 불행한 사고들과 기괴한 사건들은 컴퓨터 프로그램들의 일시적인 결함 때문이다. 이러한 의문들은 모두 더 심오한 의문들로 향한 문을 열어 놓는다. 또 그런 의문들과 함께, 빠른 시간 내에는 답을 얻지 못할지 모르는 다음과 같은 수수께끼들로 향한 문도 열리고 있다.

- 우주 컴퓨터 시뮬레이션cosmic computer simulation을 시작한 프로그래머는 누구인가?
- 우주의 설계자cosmic architect라는 아이디어는 신God이라는 아이디어와 관계가 있을까?
- 의식 컴퓨터는 얼마나 오랫동안 운영되어 왔을까?

- 시간과 생명의 '시작'과 '끝'은 실제로 무엇을 의미하는가?
- 인간이 죽는다면, 인간은 그저 그 시뮬레이션에서 떠나는 것이며, 가상 현실virtual reality 밖의 영역에서 계속 존재하는 것일까?

이런 것들은 모두 훌륭한 의문이기는 하다. 그러나 그것들은 또한 이 책 안에서 올바로 평가할 수 있는 범주 밖에 있다. 그리고 또 하나의 추가적인 의문이 존재한다. 그것에 대한 대답은 아마도 다른 수수께기 같은 의문들을 해결할지도 모른다. 그 질문은 바로 *그 모든 것은 어떻게 작동하는가?* 라는 것이다.

앞서 언급했던 것처럼 우리는 우주의 생성에 관해 연구를 할 수 있다. 또 다른 수 백 년 동안 어떻게 여기에 다다랐으며, 어떻게 모든 해답들을 여전히 얻지 못하고 있는지에 대해 연구할 수 있을 것이다. 그러한 조사는 분명히 의미 있는 일이기는 하다. 그러나 오늘날 우리 인간 세계가 직면하고 있는 긴급한 문제들을 해결하는 데에는 별 도움이 되지 않을 것이다. 전 세계적인 전쟁의 위협과 그 전쟁에 핵무기들이 관련될 실제 가능성, 이미 개발된 약으로는 치료가 불가능해 보이는 바이러스들로 인한 새로운 질병의 출현, 그리고 급격한 기후변화 결과로서 이미 시작된 가뭄과 기아에 의해 초래된 고통을 우리는 겪고 있다. 그러나 우리가 그러한 문제들을 해결하기 위한 행동에 나서기 전까지 우리가 우주의 비밀의 극히 일부를 이해하기 위해 또 다른 100년을 보내야 하는 것은 분명히 사치이다.

분명히 바로 지금이 인간의 생존과 미래를 위협하는 문제들을 해결하기 위해 우주의 작동 원리에 관하여 우리가 알고 있는 것을 적용해야 할 때이다. 그리고 그것은 모두 인간의 우주적 믿음 코드cosmic belief code에 대해 이해함으로써 시작된다. 우리가 그 코드의 언어를 터득할 때, 우리는 그것을 질병의 치유와 회복에서부터 성공적인 인간관계, 그리고 국가들 간의 평화로운 협력에 이르기까지 우리 삶 속에 있는 모든 것을 위해 사용할 수 있다.

그러나 우주 전체를 끊임없이 작동하고 있는 컴퓨터 프로그램으로 생각하는 것은 헤아릴 수 없을 정도로 광대하다. 그 생각은 너무나도 크고 복잡해서 어디서부터 시작되는지를 아는 것 자체만으로도 영원이라는 시간이 걸릴 수 있다. 새로운 연구 분야가 어쩌면 실마리를 가지고 있을지도 모른다. 만약 그렇다면 우리는 우리가 이미 알고 있는 것이 그것과 비슷하다는 점을 이용함으로써 수수께끼를 풀 수 있다. 그리고 그것은 어쩌면 우리가 가능하다고 생각했던 것보다 훨씬 더 간단할지도 모른다.

몇 가지 좋은 패턴들에 근거한 전체 우주

지난 3백 년 동안의 과학은 인간의 일상 세계인 현실에 관해 똑같은 결론에 도달했다. 즉, 삼라만상은 궁극적으로 동일한 성분 same stuff 으로 만들어졌다는 결론 말이다. 멀리 떨어져 있는 별들의 먼지로부터 당신과 나에 이르기까지 궁극적으로 '존재하는' 삼라만상은 ('존재할 수 있는') 광대한 양자 에너지 수프 soup[양자 물리학에서는 빅뱅 직후 우주 상태는 엄청난 고온에 의해 쿼크 등과 같은 미립자들의 운동에너지가 너무 커서 뭉쳐지지 않고 어시럽게 뒤섞여 있는 상태라고 생각하고 있으며 이를 수프와 같은 상태라고 빗대어 말하고 있다. 역자주]에서 생겨난다. 그리고 그것은 자신의 모습을 드러낼 때 틀림없이 자연의 법칙들이 따르는 예측 가능한 패턴들로 나타난다.

물은 그러한 현상의 완벽한 예이다. 두 개의 수소 원자가 하나의 산소 원자와 결합해서 H_2O 한 분자로 되는 경우 그들 사이의 결합의 패턴은 항상 동일하다. 그것은 항상 104도라는 동일한 각도를 형성한다. 그 패턴은 예측 가능하다. 그것은 신뢰할 수 있으며 그렇기 때문에 물은 항상 물이다.

그것은 단지 패턴의 문제일 뿐이다.

따라서 우주가 어떻게 하나의 커다란 컴퓨터로서 작동하는가와 우리가 무엇을 우리 자신에게 묻고 있는가라는 질문은 우주의 에너지가 어떻게 패턴들을 만들어 내는가라는 질문과 같다. 여기가 바로 인간의 일상 세계와 우주를 설명하는 난해한 수수께끼들이 유사성을 가지고 있는 지점이다.

추제가 우주를 하나의 컴퓨터로 생각하기 시작했을 때, 그의 관심은 우주가 어떻게 자신의 실험실에 있는 컴퓨터와 동일하게 작동하고 있는 것처럼 보이는가에 맞춰져 있었다. 우주와 추제가 만든 컴퓨터의 유사성은 그에게 작동방식뿐만 아니라 정보를 처리하는 방식도 비슷하지 않을까 의심하도록 만들었다. 그래서 그는 우주에서 자신의 컴퓨터와 동등한 기능들을 찾기 시작했다.

비트라는 것은 컴퓨터가 처리하는 가장 작은 정보 단위이다. 이것을 근거로 그는 원자 - 기본적인 특성들을 내포하고 있는 가장 작은 물질 단위 - 를 비트에 해당하는 것으로 생각했다. 이런 관점에서 보면 우리가 우주 안에서 보고, 느끼고, 만질 수 있는 모든 것은 '켜짐'의 상태에 있는 원자들로 만들어진 물질이다. 우리가 보지 못하는 모든 것, 보이지 않는 (가상의) 상태에 존재하는 것들은 '꺼짐'의 위치에 있는 것이다.

"위에서 그러하듯 아래서도 그러하다. 아래에서 그러하듯 위에서도 그러하다."as above, so below; as below, so above 라는 격언은 전자electron가 돌고 있는 궤도를 아는 것을 통해 태양계 전체의 궤도들을 이해하게 해준다. 이와 똑같이 추제가 한 유추는 우리가 현실 그 자체를 이해하는 데 있어서 큰 영향을 미칠지도 모르는 강력한 비유를 제공하고 있다. 추제의 유추는 훌륭하다. 아마 가장 중요한 것은 그것이 효과적이라는 것이다.

"생명, 우주, 그리고 삼라만상에 관한 컴퓨터 과학자의 견해"라는 제목으로 1996년에 발표된 논문에서 스위스 달레 몰레Dalle Molle 인공지능연구소의 유르겐 슈미트후버Jürgen Schmidhuber는 추제의 아이디어들을 가다듬었다.[18]

우주가 아주 오랫동안 운영되어 온 태곳적 현실 프로그램의 결과물일 가능성을 탐구하는 데 있어서 슈미트후버는 먼 옛날 한 위대한 지성intelligence이 '모든 가능한 우주들'all possible universes을 만들어 내는 프로그램을 시작했다는 가정하에 시작했다. 의도적으로 나는 그가 결론에 도달하기 위해 사용한 복잡한 방정식들을 다루지 않았으며, 논쟁이 진행 중인 것과 관련된 부분은 이 책에서 생략했다.

그의 이론은 삼라만상이 한순간에 확정된 정보량을 가지고 시작됐다고 가정하고 있다. 이 가정을 바탕으로 그는 "특정한 시점의 우주의 상태는 셀 수 있는 비트라고 서술할 수 있다"고 말하고 있다. 그의 두 번째 가정은 "우주는 많은 우주들 가운데 하나"[19]라고 결론지으면서 이것이 왜 우리에게 중요한지를 설명하고 있다. 다른 말로 하자면, 하나의 시뮬레이션이 그런 것처럼 우주는 오늘날까지 남아 있으며 실체가 파악될 수 있고, 설명될 수 있는 일정량의 정보 - 일정수의 원자들(비트)과 함께 시작됐다는 것이다. 우주의 작동 방식과 관련된 이 생각은 얼마나 강력하고 호기심을 불러일으키는 사고방식인가! 만약 실제로 추제, 슈미트후버 그리고 다른 사람들이 설명하는 것처럼 삼라만상이 정말로 정보 information라면, 우리 인간은 우주라는 의식 컴퓨터의 어느 부분에 해당할까?

'준비된 제자에게 스승은 나타난다'는 불교의 격언을 들어 본 적이 있을 것이다. 이 격언과 아주 똑같이 우리는 아이디어가 준비되면 그것을 탐구하는 기술이 실현된다는 것을 깨닫는다. 기술은 일반적으로 필요한 때에 반드시 나타난다. 역사는 적절한 수학공식, 적절한 실험들 그리고 적절한 컴퓨터 칩이 신기하게도 새로운 패러다임의 조각들을 인간의 삶에 유용할 무엇인가에 합치기 위해 필요로 하는 바로 그때 출현한다는 사실을 보여 주고 있다. 그러한 새로운 통찰력들의 필연적인 결론은 그러한 통찰력들이 일단 모습을 나타내면 결코 되돌아가지 않는다는 것이다.

'컴퓨터로서의 우주'라는 이론들에서도 똑같은 일이 일어났다. 추제와 같은 공상가들은 어쩌면 1940년대 이전부터 그렇게 생각하고 있었을지도 모른다. 그러나 그가 살던 시대에는 그러한 급진적인 아이디어들을 탐구하기 위한 수학적 계산은 전혀 가능하지 않았다. 모든 것이 변한 것은 30년이 지난 후였다. 자연과 인간의 육체로부터 전쟁과 주식시장에 이르기까지 모든 것에 대한 인간의 사고방식을 영원히 바꾼 새로운 분야가 느닷없이 출현했다. '프랙탈 수학' fractal mathematics이 바로 그것이다.

1970년대 들어서 예일대학 교수인 브누어 만델브로Benoit Mandelbrot는 실제적인 세상의 기본적인 형성 구조를 보는 방법을 개발했다. 그 구조는 패턴들로 이루어진다. 좀 더 자세히 말하자면, 패턴 속의 패턴, 패턴 속의 패턴 속의 패턴 등등으로 말이다. 그는 삼라만상을 보는 자신의 새로운 방법을 프랙탈 기하학fractal geometry[프랙탈이라는 말은 IBM의 Thomas J. Waston 연구센터에 근무했던 프랑스 수학자 브누어 만델브로 박사가 1975년 '쪼개다'라는 뜻을 가진 그리스어 '프랙투스'에서 따와 처음으로 만들었다. 프랙탈은 자기 자신과 닮은 도형을 반복하여 얻을 수 있는 구조를 의미한다. 역자주] 혹은 그냥 프랙탈이라고 불렀다.

만델브로가 프랙탈 기하학을 발견하기 이전의 수학은 세상을 설명하기 위해 유클리드 기하학을 활용했다. 그것은 자연 그 자체가 하나의 공식으로 정확하게 표현되기에는 너무나도 복잡하다는 믿음이다. 그 때문에 우리들 대부분은 선, 사각형, 원 그리고 곡선을 사용하여 자연nature을 그저 어림짐작하는 기하학을 배우면서 자랐다. 우리는 또한 배운 것을 이용하여 나무나 산맥을 표현하는 것은 불가능하다는 것을 알고 있다. 우리가 처음으로 그린 나무가 막대 사탕처럼 보이는 것은 정확하게 바로 이 이유 때문이다.

자연은 나무, 산, 그리고 구름을 만드는 데 있어서 완벽한 직선이나 곡선을 사용하지 않는다. 그 대신 자연은 전체로서 합쳐질 때 산, 구름, 그리고 나무가 되는 조각들fragments을 사용한다. 프랙탈에서 각 조각들은 아무리 작더라도 그것이 속하는 보다 큰 패턴과 유사하다. 만델브로가 자신의 간단한 공식을 컴퓨터 프로그램으로 만들어 실행시켰을 때, 그 결과물은 사람들을 놀라게 했다. 자연 세계에 있는 모든 것들을 다른 작은 조각들과 매우 흡사하게 보이는 작은 조각들로 간주하고, 그 조각늘을 결합시켜 보다 큰 패턴이 되게 함으로써 만들어지는 이미지들은 자연을 흉내 낸 것 이상이었다.

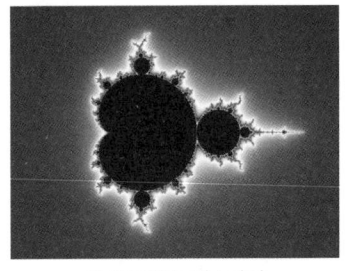 

ⓒ 플로릭/드림스타임   ⓒ 투풍가토/드림스타임

[그림 1] 1970년대 브누어 만델브로는 컴퓨터 프로그램을 설계해서 왼쪽에 보이는 것과 같은 프랙탈 이미지를 처음으로 만들어 냈다. 그 후 과학자들은 프랙탈 기하학이 오른쪽 나뭇잎과 같은 자연의 가장 복잡한 패턴들까지도 모방해 낼 수 있다는 사실을 발견했다. 이러한 발견은 자연과 우주가 태곳적부터 시작된 거대한 양자 프로그램(quantum program)에 의해 만들어진 그러한 패턴들의 산출물일지도 모른다는 사실을 암시한다.

그것들은 자연과 *아주* 똑같이 보였다. 그리고 그것은 만델브로의 새로운 기하학이 우리에게 세상에 관해 보여 주고 있던 바로 그것이다. 자연은 똑같지는 않지만 비슷한 패턴들 안에서 스스로를 만들고 있다. 이런 종류의 유사성을 묘사하는 용어가 바로 *자기유사성*self-similarity이다.

하룻밤 사이에 프랙탈을 이용하여 대륙의 해안선에서부터 초신성supernova이 폭발하는 모습에 이르기까지 모든 것을 복제하는 것이 가능해졌다. 그것을 가능하게 만든 열쇠는 꼭 맞는 공식 – 꼭 맞는 프로그램을 발견하는 것이었다. 그리고 이것이 바로 우주를 태곳적으로부터 지금까지 계속해서 작동하고 있는 양자 프로그램quantum program의 산출물이라고 다시 생각하도록 만든 아이디어였다.

믿음 코드 8

자연은 원자들atoms을 원소와 분자들, 바위, 나무 그리고 우리 인간에 이르기까지 삼라만상이라는 우리가 알고 있는 패턴들로 만드는 데 있어서 아주 간단하고 자기유사성이 있으며 반복되는 패턴들 – 프랙탈 – 을 이용하고 있다.

ⓒ MT로머/드림스타임

ⓒ 지그/드림스타임

ⓒ 대런W/드림스타임

ⓒ 할리오/드림스타임

[그림 2] 자연 속의 프랙탈 사례. 우측 아래는 그래픽으로 묘사된 우리 태양계의 모습. 좌측 아래는 원자의 물리적인 모델. 자기유사성이 있는 반복되는 패턴들을 보여 주고 있는 두 개의 이미지는 모두 매우 작은 것으로부터 아주 큰 것에 이르기까지 단지 크기만 다를 뿐 우주를 묘사하는 데 활용될 수 있다.

만약 우주가 상상할 수 없을 정도로 오랜 기간 동안 작동하고 있는 컴퓨터 프로그램의 산출물이라면, 그 컴퓨터는 우리가 자연이라고 보고 있는 프랙탈 패턴들을 만들어 내는 중이어야만 한다. 인류 역사상 처음으로 이 새로운 수학은 *어떻게* 그런 프로그램이 가능한가라는 의구심을 제거했다. 우주라는 의식 컴퓨터는 우리가 비트라는 전자적electronic 결과물을 스크린 상에서 보는 것과 마찬가지로 원자들을 사용해서 바위, 나무, 새, 식물 그리고 심지어 우리 인간을 만들어 내고 있는 것이다.

우주의 프랙탈 열쇠

우주에 관한 프랙탈 관점은 원자 하나로부터 우주 전체에 이르기까지 모든 삼라만상이 그저 몇 가지 자연적인 패턴들로 이루어져 있다는 것을 암시한다. 그것들은 결합하고, 반복되어, 보다 큰 형태들로 이루어져 간다. 그렇지만 그렇게 되는 동안 삼라만상은 아무리 복잡한 형태가 될지라도 여전히 몇몇 단순한 패턴들로 축소될 수도 있다.

이 아이디어는 확실히 매력적이다. 실제로 그것은 멋지다. 우주를 '프랙탈 실재'fractal reality로 보는 아이디어는 아주 서로 상이한 과학과 철학이라는 학문을 우주의 형성이라는 위대하고 멋진 스토리 속으로 함께 엮어 넣는다. 그리고 우리가 과거에 가지고 있던 지식의 인위적인 구분artificial separation을 뛰어넘는다. 우주에 대한 프랙탈 관점은 너무나도 완벽해서 예술가, 수학자, 철학자 그리고 물리학자들이 자신들의 분야에서 가장 열망하고 있는 균형balance과 대칭symmetry이라는 미학적 특질들까지도 설명할 수 있다.

이런 사고방식이 가지고 있는 보편성 때문에 물리학자 존 휠러의 다음과 같은 예언자적 주장은 실현됐다. "분명히 미래의 어느 날 우리는 아주 간단하게, 아주 아름답게, 우리 모두가 서로에게 '아, 이 밖의 다른 어떤 것일 수 있겠는가!' 라고 이야기할 수밖에 없게 될 정도로, 모든 것의 핵심 아이디어를 파악하게 될 것이다."[20]

> **믿음 코드 9**
> 만약 우주가 반복되는 패턴들로 이루어져 있다면, 크기가 작은 무엇인가를 이해하는 것은 크기가 광대한 비슷한 형태들을 이해하기 위한 결정적인 길을 제공한다.

우주의 프랙탈 모델은 많은 다른 사고방식들의 요구사항들을 수용하고 있으며 동시에 다른 중요한 이점을 가지고 있다. 그 이점은 우주의 내부 작용 바로 그것을 해결하는 열쇠를 가지고 있다는 것이다.

만약 작은 데스크톱 컴퓨터가 우주의 작동방식을 흉내 낸 프랙탈 아이디어들에 근거를 두고 있다면, 하드 디스크에 정보를 저장하고 다운로드 받는 것을 배우고 있을 때, 그것은 실제로 우리가 자신에게 *현실*이 어떻게 작동하는가를 가르치고 있는 것이다. 만약 그렇다면, 우리는 궁극적으로 우주를 작동하게 만든 '위대한 설계자의 정신' mind 바로 그것에 대한 통찰을 얻을 수 있다. 혼자서 간단한 게임을 하거나, 친구들에게 이메일을 보내면서 시간을 보내는 데 이용하는 컴퓨터는 우리가 상상했던 것보다 훨씬 더 그럴지도 모른다. 당신의 데스크 위에 있는 소형 컴퓨터가 실제로 우주 안의 가장 커다란 수수께끼를 여는 열쇠를 가지고 있는 것이다.

크거나 작거나 컴퓨터는 항상 컴퓨터다

컴퓨터들은 20세기 중반에 갑자기 등장한 이래 크기와 처리속도에서 놀라운 진화를 이룩했다. 그러나 또 다른 측면에서 보면 그것들은 거의 변화하지 않았다. 컴퓨터 크기가 방 전체를 차지하든, 손바닥에 딱 맞는 사이즈로 작아졌든 간에 모든 컴퓨터들은 공통적인 무엇인가를 가지고 있다.

예를 들자면, 크기와 상관없이 컴퓨터는 항상 결과물을 만들어 내기 위해 하드웨어, 운영시스템 그리고 프로그램들을 필요로 한다. 그러나 '인간의 현실'이라는 것을 새롭게 살펴보기 위해서는 컴퓨터의 이러한 부분들이 실제로 무엇을 하는지를 제대로 이해하는 것이 중요하다.

하나의 전자 컴퓨터의 각 부분들에 대해 간략히 설명하고 각각의 역할에 관해 말하자면 다음과 같다. 비록 설명들 그 자체는 과도하게 단순화되었지만, 그것들은 우리에게 전자 컴퓨터의 프랙탈을 보다 커다란 우주의 작동들과 비교할 수 있게 해줄 것이다. 그들의 유사점은 매우 흥미롭다. 그 공통점이 틀릴 가능성은 전혀 없다.

컴퓨터의 *산출물*은 컴퓨터가 작동한 결과이다. 컴퓨터의 하드웨어를 구성하고 있는 비트, 칩들, 그리고 회로들 안에서 일어나는 모든 처리작업들은 차트, 그래프, 문자 그리고 그림들로 나타나는 정보로서 눈에 보이도록 만들어지고 있다. 그 산출물은 프로젝터를 통해 화면 위에서 보여지고, 종이 위에 프린트되며, 모니터 상에 나타나거나 이 모든 것이 동시에 이루어질 수 있다.

운영시스템operating system은 하드웨어와 소프트웨어의 연결고리이다. 이것을 통해 프로그램으로부터 입력된 것은 컴퓨터의 칩, 메모리, 그리고 저장장치와 직접 통할 수 있는 복잡한 언어 - 기계어 - 로 번역된다. 그것이 우리에게 친숙한 매킨토시 혹은 윈도우 플랫폼이건, 특별한 작업들을 위해 개발된 특수 컴퓨터이건 간에, 운영시스템은 우리가 키보드를 쳐서 입력한 명령어를 컴퓨터가 이해하게 한다.

프로그램들programs은 우리가 인간의 언어로 작성한 명령어들을 결과적으로 컴퓨터 자체의 프로세서들과 소통하는 복잡한 언어로 번역한다. 예를 들면, 우리가 무엇인가를 해내기 위해 컴퓨터에 설치한 워드, 파워포인트, 포토샵, 그리고 엑셀 등이 이에 해당한다.

예외적으로 특수한 형태의 컴퓨터들이 있기는 하지만, 대체적으로 앞에서 기술한 바와 같이 세 가지 기본 구성 요소들은 현존하는 거의 모든 컴퓨터에 적용된다. 이러한 원리들을 우주를 컴퓨터로 보는 생각에 적용할 때 인간의 *의식자체*는 운영시스템이 된다. 마이크로소프트의 윈도우 혹은 애플의 매킨토시 운영시스템들은 컴퓨터의 입력과 전자기술 간의 연결고리가 된다. 이와 똑같이 인간의 의식은 인간의 입력을 삼라만상의 구성성분stuff과 연결시킨다.

이것은 강력한 유사성을 가지고 있다. 그리고 만약 우리가 쓰고 있는 컴퓨터가 실세로 보다 큰 규모로 작동하고 있는 우주의 원리를 흉내 내고 있다면, 그것은 우리에게 두 가지 중요한 것을 말해 주고 있는 것이다.

1. 첫째, 모든 점에서 확실하지만 어떤 컴퓨터일지라도 운영시스템은 고정되어 있다. 그것은 변하지 않는다. 다른 말로 표현하면, 운영시스템은 운영시스템 바로 '그것이다'. 그래서 컴퓨터가 다른 무엇인가를 하기 원할 때 우리는 운영시스템을 바꾸지 않아도 된다. 그 대신 운영시스템 안으로 입력되는 것을 바꾸면 된다.
2. 이러한 사실은 우주의 작동방식을 이해하기 위한 두 번째 중요한 열쇠가 된다. 인간의 현실을 변화시키기 위해서는 고정되어 있지 않은 한 가지만 바꾸면 된다. 즉, 프로그램들 그 자체 말이다. 우주에 있어서 그 프로그램들은 우리가 '믿음들'beliefs이라고 부르는 것이다. 삼라만상에 대해 이와 같은 사고방식으로 접근할 경우 인간의 믿음은 현실을 프로그램 하는 소프트웨어(믿음-웨어belief-ware)가 된다.

우리에게 친숙한 컴퓨터와 우주 사이의 유사성들을 요약해 보자. [그림 3]은 우리에게 우주를 형성하는 구성 요소들에 대해 어떻게 접근해야 하는가에 관한 강력한 실마리를 제공해 준다.

전자 컴퓨터와 (컴퓨터로서의) 우주의 비교		
기능	전자 컴퓨터	우주 컴퓨터
기본 정보 단위	비트	원자(atom)
산출물	그림, 차트, 문자, 그래프 등	현실(reality)
운영시스템	윈도우, 매킨토시, 유닉스 등	의식(consciousness)
프로그램	워드, 엑셀, 파워포인드 등	믿음(beliefs)

[그림 3] (의식 컴퓨터로서의) 우주와 전자 컴퓨터 모두에서 산출물을 바꾸는 방법은 운영시스템이 인식하는 프로그램들을 통해서 가능하다.

> **믿음 코드 10**
> 인간의 믿음은 현실의 패턴들을 만들어 내는 '프로그램'이다.

매일 우리 인간은 우주의 의식에 믿음이라는 명령어를 문자 그대로 입력한다. 우주의 의식은 우리 인간의 개인적 그리고 집단적 지시들을 건강, 인간관계성의 수준, 그리고 세계의 평화라는 현실로 전환한다. 우리 인간은 우주의 현실을 바꾸는 가슴 속의 믿음을 만들어 내는 방법을 4세기경에 잃어버렸다. 그러나 그것은 가장 소중하게 지켜져 온 유대-크리스천 전통들로부터 전해 온 위대한 비밀로 숨겨져 있다.

도마 복음서gospel of Thomas는 강력한 믿음의 한 좋은 예를 보여 주고 있다. 도마 복음서는 예수의 말씀을 기록한 소수의 문서로 인정되고 있다. 그러나 여전히 논란을 일으키고 있는 이 그노시스Gnosis[그노시스는 '지식'을 뜻하는 그리스어로 물질적이지 않으며 따라서 보이지 않는 영적인 것을 뜻한다. 이러한 '지식'을 개인적으로 이해하면 인간은 육체를 초월하여 구원을 얻을 수 있다는 믿음을 가지고 있었던 헬레니즘 시대에 유행했던 종파의 하나로 기독교와 다양한 지역의 이교 교리(그리스, 이집트 등)가 혼합된 모습을 보였다. 역자주] 시대 문서에서, 예수는 이 세상에서 사는 방법에 관해 설명을 하고 있다. 예수는 생각thought과 감정emotion이 하나로 되는 것이 어떻게 우리 인간의 현실을 실제로 변화시킬 수 있는 힘을 만들어 내는지를 설명하고 있다. "너희가 눌[생각thought과 감정emotion]을 하나로 만들 때, 너희는 사람의 아들들이 될 것이며, 너희가 '산이여 물러가라'라고 말하면 산은 물러갈 것이다"[21]라고 예수는 말하고 있다.

믿음의 힘과 자신의 믿음에 관해 느끼는 힘은 오늘날 세상에 남아 있는 가장 장엄하고, 원초적이며, 고립되고, 세상과 멀리 떨어져 있는 장소들에 보존되어 있는 지혜의 핵심이기도 하다. 티베트 고원에 있는 사원, 이집트 시나이 반도와 페루 안데스 산맥 남쪽으로부터 아메리카 대륙 전반에 흩어져 있는 원주민들에게 전래된 가르침에 이르기까지 인간의 믿음의 힘과 그 힘을 삶 속의 강력한 힘으로 연마시키는 방법은 소중한 비밀로 보존되어 왔다.

이쯤 해서 당신은 어쩌면 내가 20년 이상 전에 항공과 방위 산업에서 근무하는 시니어 컴퓨터시스템 디자이너로서 스스로에게 궁금해 하던 다음과 같은 질문을 당신 자신에게 묻고 있을지도 모른다. *만약 인간의 믿음의 힘이 그렇게 강력하다면, 그리고 만약 우리 인간 모두가 자신 안에 이 힘을 가지고 있다면, 왜 모든 사람들은 자신들이 그 힘을 가지고 있다는 것을 알지 못하는가? 왜 우리는 매일같이 그 힘을 이용하지 않는 것일까?*

나는 그 답을 전혀 기대하지 못한 곳에서 발견했다. 뉴멕시코 북부의 고지대 사막에 있는 원시마을을 둘러보는 여행을 안내하는 젊은 원주민 가이드의 이야기에서 말이다.

평범하게 보이는 곳에 숨겨진 비밀

"중요한 것을 숨기는 가장 좋은 방법은 평범하게 보이는 곳에 그것을 두는 것이다."

이 말은 1991년 8월 무더운 오후 타오스 푸에블로[미국 남서부지역에 사는 푸에블로 인디언들의 부락. 역자주]로 향하는, 먼지가 자욱한 길 건너편에서 들려온 말이었다. 나는 20세기의 가장 영감을 주는, 창의적인 인물들 가운데 몇몇 사람들이 매력을 느꼈던 장소를 탐험하기 위해 그날을 비워 두었다. 안셀 아담스Ansel Adams[(1902년 2월 20일~1984년 4월 22일) 미국 캘리포니아주의 요세미티 계곡을 찍은 흑백사진 작품들로 유명한 미국의 사진작가. 역자주]와 조지아 오키프Georgia OKeefe[(1887년 11월 15일~1986년 3월 6일) 미국의 화가. 거대한 꽃 그림으로 유명하며 1928년 뉴멕시코를 방문한 후 광활하고 황량한 풍경에 사로잡혀 이사를 하여 1970년 중반까지 뉴멕시코의 전경과 꿈결 같은 풍경을 그렸다. 역자주]로부터 D. H. 로렌스[(1885년 9월 11일~1930년 3월 2일) 영국의 소설가, 시인, 문학평론가. 역자주]와 짐 모리슨Jim Morrison(록그룹 더 도어스의 멤버)에 이르기까지 이 고지대 사막의 신비함과 아름다움은 예술가들의 삶과 그들의 작품을 변화시켰다.

그러한 호기심을 불러일으키는 말이 어디서 들려오는가를 확인하기 위해 나는 목소리가 들려오는 방향으로 고개를 돌렸다. 길 건너편에는 멋진 아메리카 원주민 남자를 따르는 작은 규모의 여행자 그룹이 있었다. 그는 푸에블로의 가장 큰 광장을 가로지르며 여행자들을 안내하고 있었다. 그 젊은 가이드가 설명하고 있는 것을 듣기 위해 가까이 다가갔을 때, 나는 곧바로 그 광장의 중앙 부분을 향해 걸어가고 있는 여행자 무리의 일부가 되었다. 걷고 있는 동안 그룹 가운데 한 여성이 가이드에게 테와Tewa족(타오스 원주민들은 강을 따라 자라는 붉은 버드나무를 근거로 자신들을 그렇게 불렀다)의 영적인 믿음에 관해 질문을 던졌다.

"당신은 여전히 여기서 옛날 방식들을 수련하고 있나요? 아니면 그린 것들을 외부인늘에게 보이지 않게 감춰두고 있나요?"

"옛날 방식들이요?" 가이드가 되물었다. "옛 의술 같은 것을 말씀하시는 건가요? 이곳에 여전히 병을 고치는 인디언 마술사medicine man가 있는지 물으시는 건가요?"

이제 나는 그가 누구인지 알았다. 5년 전 처음으로 이곳 인디언 부락으로 들어섰던 나도 똑같은 질문을 던졌다. 나는 곧바로 이 지역 사람들의 영적인 치료가 민감한 주제이며, 가까운 친구들이나 부족 구성원들 외에는 공개적으로 나눌 수 없는 어떤 것이라는 사실을 발견할 수 있었다. 그러한 질문이 나왔을 때, 주제가 갑자기 바뀌거나 그저 무시된다는 것을 알아차리는 것은 이상한 일이 아니다.

그러나 이날은 그 두 가지 상황이 벌어지지 않았다. 우리 가이드는 대답이라기보다는 더욱 아리송한 수수께끼로 들리는 모호한 답변을 했다. "결코 그렇지 않습니다. 이곳에는 더 이상 병을 고치는 인디언 마술사가 있지 않습니다. 우리는 현대의학과 함께 20세기에 살고 있는 현대인들입니다."라고 그는 말했다. 그런 뒤 그는 그 질문을 한 여성의 눈을 바로 쳐다보면서 방금 전에 나를 그 그룹으로 이끌었던 말을 되풀이했다. "중요한 것을 숨기는 가장 좋은 방법은 평범하게 보이는 곳에 그것을 두는 것이지요."

그가 그 말을 입 밖으로 내뱉었을 때, 나는 그의 눈이 깜빡이는 것을 볼 수 있었다. 그는 '공식적으로' 마술사가 더 이상 치료를 하지는 않지만, 그들의 지혜는 현 세계로부터 안전하고 손상되지 않은 채, 그리고 보호를 받으면서 남아 있다는 사실을 그녀에게 알려 주고 있었던 것이다.

이제 내가 질문을 던질 차례였다. "이전에 그렇게 말하는 것을 들은 적이 있습니다. '평범하게 보이는 곳'에 중요한 것을 숨긴다는 것이 정확히 무엇을 의미하는지요? 도대체 어떻게 하는 겁니까?"

그가 대답했다. "제가 말씀드렸던 것과 똑같이 우리의 방법은 땅과 지구의 방법입니다. 우리의 치료술에는 비밀이 없습니다. 당신 자신이 누구이며, 자신과 땅과의 관계성을 이해하면, 당신은 그 치료술이 이해되실 겁니다. 옛 방식은 당신 주변 모든 곳에 있지요." 그는 말을 이었다. "이제 여러분들에게 보여드릴 것은…."

갑자기 그 가이드는 몸을 돌려서 우리가 방금 들어왔던 푸에블로 부락 입구를 향해 발걸음을 되돌리기 시작했다. 왼편으로 향하면서 그는 내가 이전에 보았던 것과는 다른 한 건물을 향해 걸어가기 시작했다. 우리가 길을 벗어나 오래된 것처럼 보이는 담벼락을 따라 걸어갔을 때, 오래된 인디언 요새의 두꺼운 버팀목들과 4백 년 전에 지어진 교회 - 가톨릭 교회 - 종탑이 분명한 건물 사이에 있는 십자로처럼 생긴 곳이 나타났다.

가이드가 그 문을 열고 안으로 들어가도록 몸짓을 했을 때 우리가 놀라는 모습을 보이자 그는 웃음을 터뜨렸다. 그곳은 오래됐지만 아름다웠다. 나는 주 출입문 앞에 서서 아직도 탑들 안에 매달려 있는 종들의 실루엣을 감싸고 있는 뉴멕시코의 짙푸른 하늘의 광채를 포착하려고 카메라를 들어올렸다.

스페인의 정복자들이 뉴멕시코 북부의 황야에 처음 도착했을 때, 그들은 자신들이 발견한 것에 대해 마음의 준비가 되어 있지 않았다. 기대했을지도 모르는 원시인 부족과 임시 거처 대신에 그들은 이미 뛰어나게 앞선 문명을 발견했던 것이다. 잘 닦여진 도로들과 (우스개 소리로 오늘날의 거주민들이 미국 최초의 콘도미니엄이라고 부르는) 다층 주택, 수동식 태양열 온냉방, 그리고 전체 거주민들의 폐기물이 전혀 발생하지 않는 재활용 시스템이 갖춰져 있었다.

초기 푸에블로 부락민들은 천년 이상 동안 그들에게 그 땅과 조화롭게 살게 했던 강한 정신적 숭고함spirituality을 실천하고 있었다. 그러나 탐험가들이 등장한 후에 그 모든 것은 빠르게 변했다. 가이드의 설명은 이러했다. "우리는 이미 종교를 가지고 있었습니다. 그러나 스페인 사람들이 기대하고 있었던 것은 아니었지요. 우리의 종교는 기독교가 아니었습니다. 비록 우리의 믿음에는 여러분들이 '현대적' 종교에서 찾아볼 수 있는 동일한 생각들이 많이 있었습니다만, 스페인 사람들은 이해하지 못했습니다. 그들은 자신들이 믿었던 것을 우리에게 받아들이라고 강요했지요."

그것은 초기 푸에블로 거주민들에게는 어려운 상황이었다. 그들은 간단히 모든 것을 꾸려서 또 다른 계곡으로 이주할 수 있었던 유목민들이 아니었다. 그들은 뜨거운 여름 사막으로부터 자신들을 보호해 주고, 고지대의 가혹한 겨울 바람으로부터 자신들을 따듯하게 감싸주는, 영구적으로 거주할 수 있는 집들을 가지고 있었다. 그들은 자신들이 믿고 있었으며 천년 동안 이어져 내려 온 전통들로부터 등을 돌릴 수 없었다. 그렇다고 스페인 탐험가들의 신을 진정으로 감싸 안을 수도 없었다.

"선택은 분명했습니다." 우리 가이드는 말을 이었다. 그의 조상들은 탐험가들의 종교에 순응해야만 했다. 그렇지 않으면 모든 것을 잃을 수밖에 없었다. 그래서 그들은 타협점을 찾았다. 놀라운 창의성을 발휘하여 그들은 스페인 사람들을 만족시킨 언어와 관습들 속에 자신들의 믿음을 숨겼던 것이다. 그렇게 함으로써 그들 자신의 땅, 문화 그리고 과거를 온전하게 지켰다.

나는 낡은 널빤지 문들을 고정시키고 있는 징들을 손가락 끝으로 훑어보았다. 그 작은 교회 안으로 우리가 들어섰을 때, 바깥 쪽 푸에블로의 부산한 소리들은 사라졌다. 남아 있는 것이라고는 4백 년 된 이 성스러운 장소의 고요하고 조용한 공기뿐이었다. 성역 주변을 둘러보았을 때, 나는 페루와 볼리비아의 커다란 성당들 안에서 보았던 것과 어딘가 친숙하고 비슷한 기독교의 상징적 이미지들을 볼 수 있었다. 그러나 여기는 무엇인가 달랐다.

　우리 가이드가 침묵을 깼다. "스페인 사람들은 그들의 창조주를 '신' God이라고 불렀습니다. 그들의 신은 우리 인디언들의 창조주와 아주 똑같지는 않지만 많이 비슷합니다. 우리는 우리의 위대한 영혼 Great Spirit을 그와 똑같은 이름으로 부르고 있지요. 교회가 인정한 성인들은 우리가 경의를 표하고 기도를 드리는 영혼들 spirits과 비슷했습니다. 우리에게 곡식과 비, 그리고 생명을 가져다주는 어머니 대지 Mother Earth를 그들은 '마리아' Mary라고 불렀지요. 우리는 우리들의 믿음을 그들의 이름으로 대체했습니다." 이 교회가 과거에 내가 보았던 교회들과 약간 다르게 보인 이유는 그렇게 설명이 되었다. 겉으로 드러난 상징들 속에는 보다 깊은 영성 spirituality과 다른 시대의 진실된 믿음들이 숨겨져 있었던 것이다.

　과연 그렇군! 하고 나는 생각했다. 그것은 여자 성인들의 옷 색깔이 일년 내내 바뀌는 이유를 설명해 주었다. 그들은 계절에 맞추기 위해 그렇게 하고 있다. 겨울에는 흰색, 봄에는 노란색 등등으로 말이다. 그리고 그것은 '아버지 태양' Father Sun과 '어머니 대지' Mother Earth의 이미지들이 제단 위에 있는 성인들 뒤에서 살며시 드러나고 있는 이유이다.

　우리 가이드는 얼굴에 함박 웃음을 띤 채 말했다. "보세요. 제가 말씀을 드렸지요. 우리 전통들은 여전히 여기에 존재합니다. 4백 년이 지난 후에도 말입니다!" 그의 목소리는 목재가 드러난 아치형 천장 밑 비어 있는 공간을 통해 울려 퍼졌다. 그가 그 공간 뒤쪽에 있는 코너를 돌아 나에게 걸어왔을 때, 그는 자신이 의미했던 바를 분명히 설명했다. "그 상징들을 아는 사람들에게는 결코 그 어느 것도 사라지지 않았습니다. 우리는 여전히 계절들에 경의를 표하기 위해

마리아의 옷을 갈아입히고 있죠. 우리는 여전히 생명의 영혼spirit of life 을 지니고 있는 꽃들을 사막에서 가져오고 있습니다. 그것은 모든 사람들이 볼 수 있도록 평범하게 보이는 곳에 숨겨진 채 모두 여기 에 있습니다."

나는 그 가이드를 좀 더 잘 알게 된 것 같은 느낌이 들었다. 4세기 전 모든 것을 바꿨던 그의 부족들이 어떻게 했어야만 했는지는 상상할 수 없었다. 그들의 전통을 다른 종교로 감추기 위해서 그들이 해야만 했던 힘과 용기뿐만 아니라 창의력에 대해 새로운 존경심이 느껴졌다. 이제야 한 시간 전에 들었던 수수께끼 같은 말이 이해가 됐다. 중요한 무엇인가를 숨기는 가장 좋은 방법은 그 누구도 거기에 있으리라고 예상하지 못하는 곳에 그것을 두는 것이다. 모든 곳에 everywhere 말이다.

자신들의 영적 믿음을 현대 종교의 전통이라는 베일로 싸서 숨기고 있는 타오소 푸에블로의 사람들처럼 우리 인간도 위대한 비밀을 숨겼다는 것이 가능할까? 인간의 진정한 믿음이라는 단순한 것이 정말로 신비한 전통들, 세상의 종교들, 전체 민족들을 만들었을 정도로 그렇게 큰 힘을 가지고 있었던 것이 가능할까? 원주민의 지혜가 평범하게 보이는 다른 나라 사람들의 전통 속에 숨겨졌던 것처럼 우리 인간들은 우주에서 가장 강력한 힘을 그와 똑같은 방식으로 숨겼을까? 이 모든 질문들에 대한 답은 동일하다. *그렇다!* 이다.

인간의 비밀과 감춰진 푸에블로 마을 사람들의 종교 사이의 차이점은 원주민 자신들이 무엇을 4세기 전부터 숨겨 왔는지를 기억하고 있었다는 것이다. 문제는 바로 이것이다. *우리 인간은 과연 그러한가?* 아니면 무엇인가 다른 일이 발생했는가? 우리 인간은 믿음의 힘을 너무나도 오랫동안 숨겨두어서 그것이 평범하게 보이는 곳에 남아 있는데도 불구하고 망각했을까?

어떻게 그러한 강력한 지식이 그렇게 오랫동안 잃어버려질 수 있었을까? *왜* 그것이 애초에 숨겨지게 되었을까? 이러한 의문에 관해서는 많은 설명들이 있을 수 있다. 그러나 인간의 삶에 있어서 믿음의 힘을 일깨우는 첫걸음은 믿음의 힘이라는 것이 무엇이며, 어떻게 작동하는지를 정확하게 이해하는 것이다. 그렇게 하면 우리는 바로 이른바 '양자' quantum의 선물, 즉 우주를 프로그래밍할 수 있는 비밀의 능력을 우리 자신에게 주게 될 것이다!

제2장

'믿음은 과학이다' : 우주는 어떻게 프로그래밍 되는가?

Programming the Universe : The Science of Belief

"우주는 마음에 의해 창조된 거대한 홀로그램에 지나지 않을지도 모른다."
— 데이비드 봄David Bohm(1917-1992), 물리학자

존재하는 것처럼 보이는 것은 그것이 존재하는 것처럼 보이는
사람들에게만 존재한다.
— 윌리엄 블레이크William Blake(1757-1827), 시인

    우리 인간이 물리학과 생물학의 '법칙'을 쉽게 다룰 수 있게 되고, 자연을 지배할 수 있다는 확신이 들었을 바로 그때 모든 상황은 변했다. 그렇게 되자 갑자기 원자들이 더 이상 작은 태양계처럼 보이지 않는다. 이와 함께 DNA는 우리가 그동안 생각해 왔던 언어가 전혀 아니라는 소리도 들린다. 그리고 이제 우리는 우리 자신이 세상에 영향을 미치지 않으면서 세상을 단순히 관찰하는 것이 불가능하다는 것을 알게 되었다.
    프린스턴대학 물리학자 존 휠러는 이렇게 말하고 있다. "우리는 이런 낡은 생각을 가지고 있었다. 즉, *저기 밖에out there*[저자 강조] 우주가 있으며, 이곳에 관찰자인 인간이 두께 6인치 판유리 조각을 통해 우주로부터 안전하게 보호를 받으면서 존재한다."[1] 무엇인가를 그저

바라보는 행위가 실제로 바라보고 있는 것을 어떻게 변화시키는지를 보여 주는 20세기 말의 실험에 대해 언급하면서 휠러는 이렇게 말하고 있다. "이제 우리는 양자 세계quantum world에서 전자electron와 같은 아주 작은 물체를 관찰하기 위해서 그 판유리를 부셔야만 한다는 사실을 알고 있다. 우리는 그렇게 해야만 한다. 이제 옛말이 되어 버린 관찰자observer는 교과서에서 바로 삭제되어야만 하며, 참여자participator라는 새로운 단어를 집어넣어야만 한다."2) 다른 말로 하자면, 새로운 과학적 발견들은 우리 인간이 자신을 둘러싸고 있는 세계 속에서 바라보는 삼라만상everything에 대한 능동적인 기여자contributor라는 사실을 보여 주고 있다. 바로 과거의 영적spiritual 전통들이 우리 인간이란 무엇인가에 대해 말했던 것과 똑같이 말이다.

그러한 발견들의 등불 아래서 우리는 이제 세상에 대한 인간의 믿음들 가운데 어느 것이 진짜이며 어느 것이 가짜인지, 무엇이 작동하고 무엇이 작동하지 않는지를 구별해 내야만 하는 교차점에 서 있다. 그런 구별은 흥미롭게도 과학과 영성이 어디에서, 어떻게 인간의 삶과 부합하는지도 새롭게 이해하게 해준다는 사실이다.

한때 과학이 그렇게 많은 경의심을 가지고 신성시했던 것과 인간이 무엇인가를 지켜본다면 그 지켜보고 있는 것을 바꿀 수 있다는 사실을 말해 주는 양자 물리학을 근거로 과학과 영성을 구분 짓는 경계선은 매우 불투명하게 됐다. 그리고 과학계가 믿음의 힘을 아주 회의적으로 바라보았던 것은 바로 이 때문이다.

우리는 지금 믿음이라는 것과 같이 '보이지 않는 힘들'invisible forces이라는 힘에 관해 이야기하고 있다. 그러나 많은 과학자들의 입장에서 보자면 그런 이야기는 과학을 다른 모든 것과 분리시키는 선을 넘는 일이었다. 아마도 종종 그 선을 이미 넘어서 버린 후에나 그

선의 존재에 대해 알게 될 정도로 그 선은 정의를 내리기에 너무나 난해하다는 것이 정확한 이유일지도 모른다. 전통적으로 과학과 영성을 분리시켜 왔던 경계선들을 엄격하게 적용하지 않음으로써 궁극적으로 보다 위대한 지혜의 힘을 발견할 수 있다는 것이 내 개인적인 믿음이다. 새로운 과학적 발견들은 인간의 의식이 육체의 세포들로부터 세상의 원자들에 이르기까지 삼라만상에 영향을 미치고 있다는 것을 밝혀 주고 있다. 이러한 새로운 발견들과 함께 믿음이라는 것은 분명히 오늘날 가장 선구적인 과학적 탐구 분야가 되고 있다. 흥미롭게도 그 탐구 분야는 또한 과학, 확신[faith] 그리고 영성이 모두 공통적인 토대를 가지고 있는 지점이다.

인간의 육체를 변화시키는 믿음들

학창시절 나는 내가 무엇을 생각하고, 느끼고, 혹은 믿는지에 상관없이 나를 둘러싼 세상은 영향을 받지 않는다는 교육을 받았다. 내가 아무리 사랑, 두려움, 분노 혹은 동정심에 휩싸였을지라도 나의 내적 경험들은 '진짜'가 아니었기 때문에 세상은 결코 직접적으로 그런 경험들의 영향을 받지 않을 것이라는 말을 들었다. 그 대신 나의 내적 경험들은 그저 내 두뇌 속에서 저절로 불가사의하게 일어나는 것이었다. 그것은 우주의 전체적인 시스템 속에서는 하찮은 것에 지나지 않았다.

앞서 언급했던 것처럼 새로운 장르의 과학적 연구는 이 같은 견해를 영원히 바꾸어 버렸다. 이스라엘 르호봇 소재 와이즈맨[Weizmann] 과학연구소가 1998년 발표한 다음과 같은 연구결과의 제목은 그 모든 것을 말해 주고 있다. "논증된 양자 이론Quantum Theory Demonstrated : 관찰observation은 현실에 영향을 미친다." 과학적 결론이라기보다는 오히려 철학자의 가설처럼 들리는 어구로 그 논문은 우리 인간이 현실을 그저 바라보는 것을 통해 현실에 어떻게 영향을 미치는가를 서술하고 있다.³⁾ 이 놀라운 사건은 의사들과 과학자들로부터 성직자들과 예술가들에 이르기까지 혁신가들의 주목을 끌었다.

그 결과들은 명확했다. 그 시사점들은 깜짝 놀랄 만한 것이었다. 그 연구들은 우리 인간이 세상과 생명을 만들어 내는 것들에 의해 차단되어 있지 않으며 육체의 세포들로부터 세상과 그 너머에 있는 원자들에 이르기까지 긴밀하게 연결되어 있다는 것을 입증하고 있다. 감정과 믿음으로 드러나는 의식이라는 인간의 경험은 그 긴밀한 연결을 가능하게 하고 있다. 우리 인간이 그저 세상을 바라보는 행위는 - 우주를 구성하고 있는 미립자들에 대해 우리의 자각awareness을 집중시킬 때, 우리가 갖게 되는 감정과 믿음을 투사하는 행위는 - 우리가 바라보고 있는 동안 그러한 미립자들을 변화시킨다.

이런 발견들을 고려할 경우, 자연스럽게 과거 일상적인 삶에 있어서 했던 관찰과 오늘날의 현실은 어떤 연관성이 있는가라는 의문이 생기게 된다. 우리는 이미 인간의 관찰이 초래하는 결과들을 목격했다. 그러나 우리는 단지 우리가 보고 있는 중이었다는 사실을 인식하지 못한 것은 아니었을까? '참여자' participator라는 인간의 역할이 질병에서 자연스럽게 회복되거나 기적처럼 치유되는 것과 같은 수수께끼들을 실명할 수 있지 않을까? 그리고 만약 그렇다면 관찰과 현실의 이러한 연관성들은 인간 자체의 웰빙welbeing에 관해 무엇을 말해 수고 있는가?

다음에 소개되는 상황 자체는 가정된 것이다. 의사들이 정기적으로 지켜보고는 있지만 의약적 치료 없이 이루어진 치유를 설명하는 '합리적인' 이유를 찾을 수 없다는 이유로 무시하도록 의학적으로 훈련받았던 것들 가운데 몇 가지 실제로 있었던 사례들로부터 합성해서 만들어진 것이다. 그러나 우리가 보게 되겠지만 *거기에는 과학적 이유가 존재한다*. 그리고 이러한 자연치유들spontaneous healings을 '기적'으로 폄하하고 있는 과학이 그런 치유들이 일어난 이유를 설명하는 메커니즘을 실제로 제공하고 있다.

미국 동부 해안의 한 큰 도시 어딘가에 있는 가상의 병원 안의 가상의 식당에서 두 명의 의사가 점심식사를 하면서 자신들의 환자들 가운데 한 명에게 일어났던 성공적이며 불가사의한 치유에 관해 논의를 하고 있다. 그것은 *성공적*이었다. 왜냐하면 여성 환자의 다리에서 비정상적으로 자라던 암 조직이 갑자기 사라졌기 때문이다. 그것은 불가사의한 것이었다. 그들은 그녀에게는 그 병을 낫게 할 새로운 처치가 이루어지고 있는 중이라고 말했다. 그러나 실제로 그녀가 투여 받은 전부는 착색제를 섞은 수돗물이었기 때문이다.

그녀는 비슷한 상황의 다른 환자들과 함께 무작위로 선택되어 새로운 '획기적인' 치료법이 적용될 것이라는 말을 들은 이중 맹검 double-blind[실험환자와 의사 양쪽에 치료용 약과 플라시보(placebo: 새로 개발된 약을 시험하거나 환자에게 심리적 효과를 주기 위한 약)의 구별을 알리지 않고, 제3자인 판정자만이 그 구별을 아는 상황에서 이루어지는 의료실험. 역자주] 대상에 속해 있었던 환자였다. 몇몇 사람들은 진짜 약을 받았으며 다른 사람들에게는 착색된 물만 주어졌다. *이 연구의 핵심은 모든 환자들에게 치료가 끝날 때 그들의 병이 치유될 것이라고 말해졌다는 것이다*. 그 환자의 경우 그 착색염료는 24시간 내에 사라졌다. 그것이 사라졌을 때 그녀의 병도 역시 없어졌다.

한 의사는 인간의 믿음의 힘에 대한 회의론자이고, 다른 의사는 그 힘을 믿고 있었다. 이제 두 사람이 점심을 먹으면서 벌인 기적에 관한 논쟁을 들어보기로 하자.

믿는 의사 : 이 얼마나 놀라운 치유인가! 오전 일과가 환상적으로 마무리되었네. 우리가 한 모든 것은 스스로의 회복을 믿도록 그 여성을 돕는 것이었지. 우리가 그렇게 했을 때, 그녀의 믿음들은 그녀의 육체에게 명령하는 지시들이 되었고, 육체는 그녀의 믿음이라는 지시를 받았지. 그녀의 육체는 어떻게 하는지를 정확하게 알았고, 스스로 치유를 했네.

회의적인 의사 : 잠깐만. 너무 앞서 나가지 말게. 스스로를 치유했던 것이 그 여성이었다는 사실을 자네는 어떻게 *아는가*? 치유 방법을 알았던 것이 그녀의 육체였다는 사실을 자네는 어떻게 *아는가*? 혹시 그녀의 병은 그냥 심신 상관적psychosomatic[정신질환의 여러 가지 증상이 신체증상으로 발현되는 현상. 역자주] 원인으로 시작된 것일지도 모르잖아. 만약 이 환자의 경우가 그렇다면, 우리는 단순하게 심리적 병을 치료했을 뿐이야. 암 세포들이 치유된 것은 부차적인 결과라고.

믿는 의사 : 바로 맞아. 그것이 전체 포인트일세. 새로운 연구들은 우리가 치료하고 있는 많은 신체적 질환이 심리적 경험들 – *육체를 프로그램 하는 잠재의식적인 믿음들* – 의 결과라는 것을 입증하고 있네. 우리가 방금 치료한 병은 환자의 내적 경험의 표현, 즉 *그녀의 믿음*이었네.

회의적인 의사 : 만약 그것이 옳다면, 우리 의사들에게 남겨진

부분은 *무엇이지*? 우리는 신체적 병이 아니라 심리적 병을 치료하고 있는 건가?

믿는 의사 : 바로 그거네!

회의적인 의사 : 음… 그게 모든 것을 바꾸겠는 걸! 나에게는 환자는 중요하지 않고, *우리*가 치유를 하는 사람들일 때가 더 좋았다고 생각하네.

믿는 의사 : 지금 자네는 전체적인 포인트를 정말 놓치고 있네. 우리는 결코 치유를 하고 있는 중이 아니었어! 그것은 단지 이제 우리가 환자들이 자신의 믿음과 육체의 관계를 다시 연결시키도록 속이는 플라시보placebo 효과[약효가 전혀 없는 거짓 약을 진짜 약으로 가장, 환자에게 복용하도록 했을 때 환자의 병세가 호전되는 효과, 즉 특정하게 유효 성분이 많이 들어 있는 것처럼 위장하여 복용하게 한 후 유익한 작용을 나타내도록 하는 효과. 역자주]가 존재한다는 사실을 인정하는 것일세. 환자들은 여전히 치유를 하는 중이지.

회의적인 의사 : 아, 그래… 그래… 맞아… 알았네….

인간의 믿음은 치유력을 가지고 있는 것으로 오랫동안 알려져 왔다. 논쟁은 치유를 하는 것이 믿음 그 자체인가 아닌가에 초점이 맞춰지고 있다. 또 믿음이라는 경험이 궁극적으로 회복으로 이어지는 생물학적 프로세스를 촉발시키는지 아닌지에 모아지고 있다. 문외한들에게 그렇게 세세하게 따지는 것은 어쩌면 너무 시시콜콜 따지는 것처럼 들릴지도 모른다. 의사들은 일부 환자들이 자신의 믿음을 통해 스스로를 치료하는 이유를 정확하게 설명할 수 없다. 그러나 그 결과는 여러 차례 문서로 기록됐기 때문에 최소한 우리는 육체 스스로의 치료repairing와 치유healing를 일으켰던 환자의 믿음 사이에는 상관관계correlation가 있다는 사실을 받아들여야만 한다.

치유하는 믿음 : 플라시보 효과

1955년 보스턴 매사추세츠 제너럴 호스피탈의 마취과 과장인 H. K. 비처Beecher는 "파워풀 플라시보"[4]powerful placebo라는 제목의 기념비적인 논문을 발표했다. 이 논문에서 비처는 환자들의 3분의 1이 본질적으로 아무런 조치도 받지 않은 상태에서 치유된 것을 증거로 제시했다. 이와 함께 20건 이상의 임상 사례들에 관한 자신의 견해를 밝혔다. 이 현상을 설명하는 데 사용된 용어가 바로 플라시보 반응placebo response, 혹은 더욱 널리 알려진 바와 같이 플라시보 효과placebo effect였다.

라틴어인 플라시보는 초기 기독교에서 예배를 드릴 때 읽는 성경 시편 116장 9절의 일부로서 사용되었다. 시편의 이 구절은 플라시보 도미노 인 레지오네 비보룸Placebo Domino in regione vivorum으로 시작한다. 그 구절은 "나는 생명이 있는 땅에서 여호와를 기쁘게 할 것이다"[5] [개역개정판 한글성경에는 "내가 생명이 있는 땅에서, 여호와 앞에서 행하리로다"로 되어 있음. 역자주]라는 의미이다. 비록 이 구절의 라틴어와 오리지널 히브리어 번역과 관련해 일부 논쟁이 있기는 하지만, 플라시보라는 단어 자체는 영향을 받지 않고 있으며, 일반적으로 "나는 기쁘게 할/될 것이다"I will/shall please로 번역되고 있다.

환자들에게 실제로 입증된 치유 특성들이 없는 무엇인가가 투여되기는 하지만, 유익한 치료절차 혹은 치유력이 있는 약제를 투여받고 있다고 환자들이 믿도록 하는 치료 행위가 바로 플라시보이다.

플라시보는 설탕 알약 혹은 일반적인 식염수처럼 단순하거나, 수술하는 동안 아무런 조치가 취해지지 않지만 진짜 외과수술처럼 하는 복잡한 것일 수 있다. 다른 말로 하자면, 환자들이 의학적 연구에 참여하기로 동의했지만, 그들은 그 연구에서 자신들의 역할이 무엇일지에 대해서는 정확하게 알지 못한다. 플라시보 효과를 테스트하기 위해서 그들은 마치, 절개 그리고 봉합을 포함한 수술의 모든 경험을 겪게 된다. 비록 실제로는 아무것도 추가되거나, 제거되거나 변화되지는 않지만 말이다. 그 어떤 인체 기관들도 치료되지 않는다. 그 어떤 종양들도 제거되지 않는다.

> **믿음 코드 11**
> 우리 인간이 삶에 있어서 진실이라고 *믿는* 것은 아마도 다른 사람들이 진실로 받아들이는 것보다 더욱 강력할지 모른다.

여기서 중요한 것은 환자들이 무엇인가 치료행위가 자신에게 행해졌다고 *믿는다*는 것이다. 의사와 현대 의학에 대한 그들의 신뢰를 근거로 자신이 경험한 것이 자신의 병을 낫게 하는 데 도움이 될 것이라고 *그들은 믿는다*. 그들의 믿음이 존재하는 한 그들의 육체는 *마치 실제로 약을 복용했거나 진짜 수술을 받은 것처럼* 반응한다.

비처는 그가 살펴본 환자들의 약 3분의 1이 플라시보에 양성 반응을 나타냈다고 보고했다. 그러나 다른 연구들에서는 환자들이 처치를 받은 병에 따라 그러한 반응의 비율은 더 높은 것으로 나타났다. 예를 들면 편두통과 사마귀 제거의 경우 높은 성공률을 나타냈다. 2000년 뉴욕 타임즈에 실렸던 한 기사로부터 발췌한 다음과 같은 글은 플라시보 효과가 얼마나 강력할 수 있는가를 보여 주고 있다.

40년 전 레오나르드 콥Leonard Cobb이라는 시애틀의 젊은 심장학자는 그 당시 협심증에 일반적으로 행하던 수술을 하면서 유례없는 한 시도를 했다. 그 당시 의사들은 흉부를 조금 절개하고 심장으로 향하는 혈액의 양을 증가시킬 목적으로 두 개의 동맥을 묶었다. 그 시술방식은 매우 보편화되었으며 환자의 90퍼센트가 그것이 도움이 됐다고 보고했을 정도였다. 그러나 흉부 절개는 했지만 동맥들을 묶지 않았던 플라시보 수술과 그것을 비교했을 때 콥의 가짜 수술들도 똑같이 성공적이라는 것이 입증됐다. 내유동맥 접합internal mammary ligation이라고 알려진 이 치료법은 곧 사용하지 않게 됐다.[6]

2004년 5월 이탈리아대학 투린 메디컬 스쿨의 과학자들이 의료 상황에 있어서 믿음의 치유력을 조사하는 전대미문의 연구를 실시했다. 그 연구는 환자들의 증상을 완화시키기 위해 도파민dopamine[뇌에서 분비되는 신경전달물질과 호르몬으로 이용되는 물질로, 쾌락과 행복감, 몰입 및 의욕에 관련된 감정을 느끼게 한다. 역자주]을 모방해 만들어진 약제들을 투여하는 것으로 시작됐다. 여기서 중요한 것은 그런 약제들이 육체 안에 머무르는 시간은 짧으며, 그 효과는 단지 60분 정도 지속된다는 사실이다. 그 효과들이 사라지면 증상들은 다시 나타난다. 24시간 후 환자들은 뇌의 화학적 상태를 정상적인 수준으로 회복시키는 물질을 투여 받을 것이라고 믿으면서 의학적 조치를 밟았다. 그러나 실제로 그들에게는 아무런 효과를 주지 못하는 단순한 식염수가 주어졌다.

조치를 마친 후 환자들의 뇌를 전자장치로 촬영한 결과는 기적이라고 할 정도로 놀랄 만한 것을 보여 주고 있었다. 환자들의 뇌 세포들은 그 조치에 대해 마치 자신의 증상들을 완화시키는 약제를 받은 것처럼 반응했다. 그 연구의 주목할 만한 특징에 관해 연구팀 리더였던 파브리지오 베네데티Fabrizio Benedetti는 이렇게 말했다. "그것은 단일 뉴런neuron[신경계를 이루는 기본세포. 역자주] 차원에서 최초로 그것[플라시보]을 확인한 것입니다."[7] 투린대학이 발견한 것들은 밴쿠버에 있는 브리티시 컬럼비아대학의 한 연구팀이 이전에 실시했던 연구들의 결과를 뒷받침했다. 그 연구에서 플라시보 효과들은 그 조치들을 받은 환자들의 뇌의 도파민 수준들을 실제로 높일 수 있었다는 것이 밝혀졌다. 자신의 연구들을 이전 것들과 연계시키면서 베네데티는 "우리가 관찰했던 변화들도 도파민의 분비에 의해 역시 유발됐다"[8]고 분석했다.

심리학의 '아버지'로 알려진 윌리엄 제임스William James 박사가 자신이 환자들에게 적용하도록 훈련받은 의료행위를 결코 실제로 하지 않았던 것은 어쩌면 바로 이 효과 때문이었을지 모른다. 1864년에 쓴 한 논문에서 그는 왜 진정한 치유력이 의료적 처치에 관한 것이 아닌지를 밝혔다. 그는 자신의 의료행위가 환자들에게 환자들 자신에 관한 느낌을 갖도록 돕는 방법과 관련이 있는 것 같다는 생각을 왜 했는지에 관해 다음과 같이 분명히 밝히고 있다. "[의학에 관한] 나의 첫 인상은 의학 안에는 많은 속임수가 있다는 것이었다. 무엇인가 긍정적인 것이 때때로 이루어지는 외과 수술을 제외하면 의사는 다른 어떤 것에 의해서라기보다 환자와 가족 앞에 그가 서 있다는 정신적 효과의 혜택을 받고 있다는 것이다."[9]

인류가 생존해 왔던 만큼 그렇게 오랜 시간 동안 고통을 경감시키고, 질병을 치료하려는 시도들이 있어 왔다. 치유의 역사는 8천 년 전 이상까지 거슬러 올라간다. 그러나 '현대' 의학은 단지 20세기에서 시작된 것으로 여겨지고 있을 뿐이다. 과거에 사용되었던 많은 치료법들은 어쩌면 유효성이라는 점에서는 특별한 것이 많지 않았다고 간주하는 것이 가능하다. 만약 이것이 맞는다면, 플라시보 효과는 어쩌면 실제로 과거에 이루어졌던 치유들의 많은 부분을 설명할 수 있다. 뿐만 아니라 플라시보 효과는 인류를 현대에 이르기까지 살아남도록 돕는 핵심적인 역할을 했을지도 모른다.

만약 긍정적인 믿음들이 실제로 질병을 회복시키고 인간의 육체를 치유하는 힘을 가지고 있다면, 우리는 반드시 우리 자신에게 다음과 같은 명백한 질문을 던져야만 한다. *부정적인 믿음은 얼마나 큰 피해를 가져오는가?* 나이에 대해 어떻게 생각하느냐가 늙어가는 방식에 실제로 영향을 미치는가? 인간의 건강을 축하하기보다는 인간이 병들어 있다고 말해 주는 폭탄세례 같은 언론 메시지의 결과들은 무엇인가? 이러한 질문들에 대한 답변들은 우리를 둘러싸고 있는 세상과 친구, 가족에게서 쉽게 찾을 수 있다.

예를 들면 2001년 9월 11일 발생한 소위 911 테러 이래 미국인들은 안전하지 않은 세상에서 살고 있다고 믿도록 길들여졌다. 그 사건 이후에 정신건강의 불안과 관련된 문제들을 포함하여 미국인들의 일반적인 불안의 수준이 같은 기간 동안 증가했다는 사실은 별로 놀라운 일이 아니다. 2002년 발표된 연구들은 911 테러 사건의 정신적 외상을 의미하는 트라우마에 노출된 개인의 35퍼센트가 외상 후 스트레스 장애post-traumatic stress disorder[신체적인 손상과 생명의 위협을 받은 사고에서 정신적으로 충격을 받은 뒤에 나타나는 질환. 일상 생활에서 경험할 수 있는 사건에서 벗어난 사건들, 이를테면 천재지변, 화재, 전쟁, 신체적 폭행, 고문, 강간, 성폭행, 인질사건, 소아 학대, 자동차, 비행기, 기차 등에 의한 사고, 그 밖의 대형사고 등을 겪은 뒤에 발생한다. 증상이 나타나는 시기는 개인에 따라 다른데, 충격 후 즉시 시작될 수도 있고 수일, 수주, 수개월 또는 수년이 지나고 나서도 나타날 수 있다. 증상이 1개월 이상 지속되어야만 외상 후 스트레스 장애라고 하고, 증상이 한달 안에 일어나고 지속 기간이 3개월 미만일 경우에는 급성 스트레스 장애에 속한다. 역자주]로 발전할 위험성을 가지고 있다고 지적했다.[10] 그로부터 5년 후에 고등학교 시절 미국 최악의 테러 공격을 처음으로 경험했던 학생들의 불안 관련 치료 수요가 늘어나기 시작했을 때 그 가능성은 현실이 되었다.

2007년 3월 예일 메디컬 그룹은 미국 불안장애협회ADAA에 의해 실시된 연구결과를 발표했다. 그 논문은 911 테러를 목격했던 연령층이 나이가 들어가면서 정신질환 병력을 가지고 대학에 진학하는 학생들의 숫자가 911 이후 늘어나는 추세를 나타내고 있다고 밝혔다.[11] 안전과 웰빙이라는 *긍정적인 믿음들*은 인간에게 바람직하다는 것을 우리는 직감적으로 알고 있다. 그러나 이러한 통계수치는 우리가 이미 어렴풋이 알고 있던 것을 확증하고 있는 것처럼 보인다. 즉, 생에 대한 긍정적인 믿음들이 인간을 치유할 수 있는 것과 마찬가지로, 돌발적인 대사건과 정신적 충격trauma으로 인한 *부정적인 믿음들*도 역시 인간을 헤칠 수 있다는 것 말이다. 다음은 의학적 관점에서 본 증거이다.

앞으로 보게 될 사례에서 감지된 위험이 진짜일지 혹은 아닐지는 모른다. 그렇지만 자신들이 스트레스를 조장하는 불안전한 세상에 살고 있다는 것이 학생들의 믿음이다. 오늘날 미국에서 학생들은 특별한 대비책도 없는 전반적인 위협이 존재한다는 말을 끊임없이 듣고 있다. *뿐만 아니라* 그들은 그 위협이 많은 것들에 영향을 미치는 상황 속에 처해 있다고 생각하고 있다. 즉, 대항할 수도 없으며 또 도피할 곳도 없는 '공격-도피'fight or flight[유기체가 급작스런 위험에 직면했을 때 신체가 나타내 보이는 위기반응. 그 상황을 타개하기 위해 공격히거나 도피하는 두 가지 반응을 나타내게 된다. 역자주]의 림보 상태limbo state[꿈에서 헤어나오지 못하는 혼수상태. 역자주] 말이다.

전문가들은 실제적인 위협이 어느 정도로 존재하는가에 대해 논쟁을 벌일 수 있다. 그러나 여기서 핵심은 우리가 안전하지 않다고 느끼고 믿는다면, 인간의 육체는 마치 위협이 진짜 있는 것처럼 반응한다는 사실이다. 우리는 마음 속으로 *아, 여기는 비교적 안전한 세계이군* 이라고 하지만, 권위자들이 '조심하라'고 말하는 것을 들어왔다는 것이 사실이다. 이렇듯 2001년 9월 이래 미국 사회가 '안절부절 못하고 있는 것'은 놀라운 일이 아니다.

위험한 믿음들 : 노세보 효과 nocebo effect

인간에게 치유 동인 healing agent 이 주어져 있다는 믿음은 육체를 살아 있게 하는 긍정적인 화학적 상태를 증진시킬 수 있다. 이와 똑같이 만약 우리가 목숨이 위협받는 상황 속에 있다고 믿는다면 그 반대현상이 벌어질 수 있다. 이러한 상태가 바로 *노세보 효과* nocebo effect 이다. 많은 기념비적인 연구들은 이 효과가 상반된 방향에서 작용하지만 플라시보의 효과만큼 똑같이 강력하다는 것을 의심할 여지없이 입증했다. 보스턴 소재 브릭햄 여성 병원의 정신과 의사인 아서 바스키 Arthur Barsky 에 따르면, 그가 '의료적 처치의 결과에 있어서 핵심적 요소'[12)]라고 부른 것이 그 역할을 제대로 하는 것은 환자들의 기대 – 의학적 처치가 환자들에게 효과가 없거나 해로운 부작용을 니다내게 될 것이라는 믿음 – 이다.

환자들에게 과거에 효과적이었던 것으로 입증된 의학적 처치가 취해졌을지라도, 만약 환자들이 그것이 자신에게 효과가 별로이거나 전혀 없다고 믿는다면 그 믿음은 부정적인 효과를 강력하게 나타낼 수 있다. 나는 몇 해 전에 호흡 기관에 문제를 가지고 있는 사람들에 관한 보고를 담은 실험에 관해 읽은 적이 있다. (나는 또한 *내가 실험 대상이었던 사람들 중에 하나가 아니어서 행복하다고 생각한 것도 기억한다.*) 그 실험들에서 연구자들은 기관지 천식을 앓고 있던 것으로 알려진 실험대상자들에게는 화학적 자극제라고 알려 주었지만 실제로는 증기를 쏘여 주었다. 그것은 실제로 단지 안개처럼 보이는 식염수였다. 그렇지만 실험 참가자들의 거의 절반이 호흡장애를 일으켰으며 몇몇 사람들은 아주 심한 천식발작을 경험했다! 연구자들이 다른 치유 물질로 처치를 하고 있다는 이야기했을 때 실험대상자들은 즉시 회복됐다. 그러나 실제로 새로운 처치는 똑같이 단지 식염수를 투여한 것뿐이었다.

*꿀, 진흙, 구더기 그리고 다른 의학적 불가사의: 민간 요법과 어리석은 미신 배후의 과학*이라는 제목의 책에서 로버트, 미셸 루트-번스타인은 이런 예상치 못한 효과를 다음과 같은 말로 요약하고 있다. "노세보 효과는 진짜 의학적 처치에 대한 육체의 반응을 긍정적인 것에서 부정적인 것으로 바꿀 수 있다."[13]

물리학자들은 실험을 하는 동안 관찰자들의 기대가 실험 결과에 영향을 미친다는 사실을 발견했다. 이와 비슷하게 "자, 우리는 이러한 처치를 *시도할* 것이며, 어떤 결과가 나올 것인지 살펴보게 될 것입니다. *아마* 그것은 약간 도움이 될 것입니다."라는 의사의 말은 그 처치의 성패를 가를 수 있다. 한 의학적 처치가 효과적이지 않을지도 모른다는 의사의 아주 사소한 언급조차도 그 처치의 성공에 파괴적인 결과를 초래할 수 있는 것은 바로 이 이유 때문이다. 실제로 그것은 환자를 사망에 이르게 할 정도로 파괴적일 수 있다. (국립 심장, 폐, 혈액 연구소 NHLBI로 알려져 있는) 국립 심장연구소의 감독하에

1948년 실시된 유명한 프래밍햄 심장 연구Framingham Heart Study는 바로 그러한 효과의 위력을 잘 보여 주고 있다.[14]

그 연구는 매사추세츠 프래밍햄에 거주하고 있는 30세에서 62세 사이의 남녀 5,209명을 대상으로 실시됐다. 이 조사의 목적은 오랜 기간에 걸쳐 그때까지 알려지지 않은 심장 질환의 요소들을 파악하기 위해 인구 전체의 다양한 실태를 추적하기 위한 것이었다. 그 프로그램은 1971년 모집단에 속하는 어린이들을 대상으로 두 번째 연구가 실시됐다. 그 후 그 조사의 최초 실험대상자들의 손자들로 구성된 세 번째 그룹을 모집하기 시작했다.

2년에 한번씩 참가자들은 연구를 통해 확인되었던 위험 요소들에 대한 평가를 받았다. 연구 대상 그룹은 다양한 생활 패턴을 가진 사람들의 광범위한 대표적인 단면을 보여 주고 있었다. 연구 참가자들이 그렇게 다양했지만, 참가자들의 믿음이 심장 질환의 발생에 있어서 중요한 역할을 했다는 사실을 발견한 것은 연구자들에게 놀라운 것이었다. 그 연구로부터 추출된 많은 통계수치의 하나는 *심장 질환에 걸리기 쉽다고 믿고 있던 여성들이, 비슷한 위험 요소들을 가지고 있지만 그런 믿음을 가지고 있지 않았던 사람에 비해 사망할 확률이 거의 네 배에 달했을* 정도로 상관관계가 있다는 것을 보여 주었다.[15]

의학은 *왜* 이런 효과가 존재하는지 완전하게 이해하지 못하고 있다. 그러나 의심할 여지없이 인간이 육체와 삶의 질에 관하여 믿고 있는 것과 실제로 일어나는 치유 사이에는 부정할 수 없는 연결고리가 존재한다는 것은 분명하다. 그 효과는 거기서 그칠까? 인간의 믿음의 힘은 육체 내부에 한정되는가 아니면 그것을 넘어 더 나아가는가? 만약 넘어선다면, 그 효과는 과거에 우리가 '기적들' 이라고 불렀던 일들을 설명할 수 있을까?

세상을 변화시키는 믿음들

믿음에 관한 이론들은 흥미롭고 그 실험들은 우리를 확신시키고 있다. 그러나 인간의 삶에 있어서 인간의 믿음이 행하는 역할을 받아들일지라도 나는 내가 받은 과학적인 훈련 때문에 여전히 무엇인가 실제적인 것을 보고 싶어 하고 있다. 그 이론들이 의미 있게 현실에 적용되는 것 말이다.

*신의 매트릭스*라는 책에서 내가 언급했듯이, 광범위한 지역에 영향을 미치는 집단적 감정과 믿음의 가장 강력한 사례들 가운데 하나는 1982년 시작된 이스라엘과 레바논 간의 전쟁기간 동안 실시된 대담한 실험이다. 연구자들은 그 기간 동안 한 집단의 사람들에게는 단순히 마음 속으로 평화를 생각하거나 평화가 이루어지는 것을 '위해' 기도하는 대신 평화가 그들 마음 속에 이미 존재한다고 믿도록 하면서 육체 안에서 평화를 '느끼도록' 훈련시켰다. 이 특별한 실험을 위해 참가한 사람들은 그러한 느낌을 얻기 위해 초월명상TM: Transcendental Meditation으로 알려진 명상의 한 형태를 이용했다.

특정한 날, 정해진 시간에 이들은 중동 국가의 전쟁으로 파괴된 지역 전반에 걸쳐 배치됐다. 그들이 평화를 느끼고 있는 동안 테러주의자의 활동들은 멈췄다. 또 사람들에 대한 범죄행위들의 비율이 내려갔다. 뿐만 아니라 병원 응급실을 찾은 환자들의 숫자도 감소했고, 또 교통사고의 발생도 줄었다. 그러나 참가자들의 느낌들이 달라졌을 때 통계수치들은 역전되었다. 이 연구는 이전 연구들이 발견한 내용들을 입증했다. 작은 비율의 사람들이 자신 안에서 평화를 얻었을 때 평화는 그들 주변의 세상에 반영되었던 것이다.

그 실험들은 평일과 휴일 그리고 음력 날짜까지 고려되었다. 또 그 자료들은 연구자들이 평화의 경험이 세상에 반영되기 위해서 얼마나 많은 사람들이 그 경험을 함께 느껴야 하는지를 계산해 낼 수 있을 정도로 일관성이 있었다. 그 숫자는 전체 인류의 1퍼센트의 제곱근에 해당한다. 이 공식은 우리가 예상한 것보다 작은 수치를 산출해 내고 있다. 예를 들면 1백만 명이 거주하는 한 도시의 경우 그 숫자는 약 1백 명에 해당한다. 세계에는 60억 명이 살고 있으니 그 숫자는 8천 명 이하이다. 이 계산은 단지 그 프로세스를 시작하는 데 필요한 최소한의 숫자를 표시하고 있다. 평화를 느끼는 데 더 많은 사람들이 관여하면 할수록 그 효과는 더욱더 빠르게 나타나게 될 것이다. 이 연구는 중동 지역에 있어서 국제적인 평화 프로젝트로 알려지게 되었으며, 그 결과는 마침내 1988년 저널 오브 컨플릭트 레졸루션 Journal of Conflict Resolution을 통해 발표됐다.[16]

분명히 보다 많은 탐구가 마땅히 이루어져야겠지만, 이러한 연구 및 동종의 연구들은 우연이라고는 말할 수 없는 효과가 존재한다는 것을 보여 주고 있다. 인간의 가장 깊은 믿음들의 특징은 분명하게 그것이 인간 외부 세상에 영향을 미치고 있다는 것이다. 이러한 관점에서 보면 육체의 치유로부터 국가들 간의 평화 그리고 사업, 인간관계, 직업의 성공, 결혼의 실패와 가정의 파괴 등 모든 것은 우리 자신의 반영 reflection, 우리 자신이 살면서 경험한 것들에 부여한 의미의 반영들로 간주되어야만 한다.

역사적으로 볼 때 인간이 가슴과 마음으로 믿는 것이 육체에 영향을 미칠 수 있다고 말하는 것은 삼라만상을 보는 매우 다른 방식이다. 그것은 엄청나게 확장된 방식이다. 심신$^{mind/body}$ 관계를 전문적으로 다루는 많은 사람들에게조차 인간의 믿음들이 자신의 육체뿐만 아니라 세상에도 영향을 미칠 수 있다고 암시하는 것은 아주 불가능하다. 그러나 또 다른 사람들에게 있어서 그것은 전문분야이다.

전체론적인 세계관을 제기했던 사람들에게 믿음의 보편적인 힘$^{universal\ power}$은 그들이 이미 알고 있던 것과 완전하게 일치되고 있다. 그 힘은 모든 사람들에게 삶의 고통, 괴로움, 그리고 결핍을 변화시킬 수 있는 능력을 제공하고 있다. 우리 자신이 선택함으로써 그렇게 할 수 있는 능력을 말이다.

가장 큰 - 어떤 이들에게는 아마도 가장 황당한 - 역설들 가운데 하나일지도 모르지만, 믿음의 힘이 발휘될 수 있도록 하기 위해서는 만족시켜야만 할 하나의 조건이 있다. 즉, 우리 인간은 *믿음이 삶에 있어서 힘을 가지고 있기 때문에 믿음 자체를 믿어야만 한다는 것이다.* 때때로 믿음 자체를 믿어야만 한다는 바로 이러한 조건이 이 주제를 심각하게 고려하는 것을 어렵게 만들고 있다.

인간의 삶에 있어서 기적적인 치유들이 가능하다. 또 인간의 삶에는 '의미 있는 우연의 일치들'^{synchronicities}[공시성 또는 동시성이란 뜻으로 스위스의 심리학자인 칼 융이 사용한 용어. 같은 시간대에 다른 일이 동시에 벌어지는 묘한 상황을 말한다. 역자주]이 가득 차 있다. 그러나 우리는 그러한 것들에 대해 마음을 열어야만 하며 그들이 부여하는 혜택을 받아들이기 위해 그들을 기꺼이 인정해야만 한다. 다른 말로 하자면 *그것들을 믿기 위해서 우리에게 이유가 필요한 것이다.* 바로 그것이 믿음, 확신, 그리고 과학의 차이점이 나타나는 곳이다.

> **믿음 코드 12**
> 믿음의 힘power of belief을 우리 자신의 삶 속으로 보내기 위해서는 그것을 인정해야만 한다.

믿음, 신뢰, 그리고 과학

오늘날 우리는 믿음belief, 신뢰faith, 그리고 과학이라는 세 가지 중요한 인지 방법이 세상의 현실에 부딪혀 시험을 받고 있는 극히 중요한 시기를 맞이하고 있다. 무엇이 참인지를 어떻게 아는가라는 질문을 받았을 때, 우리는 일반적으로 세상을 보는 방법들 중 하나 또는 몇 가지 조합에서 비롯된 가정들에 근거하여 답하고 있다.

과학은 사실들과 증거라는 분명한 특징들을 가지고 있다. 그러나 믿음과 신뢰 사이의 차이점은 때때로 그렇게 분명하지 않다. 사실 사람들은 흔히 이 두 가지 단어를 뒤섞어 사용하고 있다. 아마도 매우 중요한 차이점을 드러내는 가장 좋은 방법은 예를 통한 설명일 것이다.

만약 내가 마라톤을 한 경험이 있고 어떤 사람이 가까운 미래에 마라톤을 완주할 수 있는지에 관해 묻는다면 나의 대답은 '예스'일 것이다. 그 대답은 과거에 내가 마라톤을 완주했다는 *사실*과 미래 어느 시점에 또다시 그렇게 할 수 있을 것이라는 나의 믿음에 근거할 것이다. 이것에는 의심할 아무런 이유가 없다. 이 예에서와 마찬가지로 나는 마라톤을 완주할 나의 능력을 *믿고 있다*고 말할 수 있으며, 그 믿음은 내 자신의 직접적인 경험이라는 증거에 근거하고 있다.

이제 일주일 후에 마라톤 대회 주최측으로부터 우편물을 받을 것이며, 그들이 처음부터 나에게 알려 주어야만 했지만 잊어버린 중요한 정보 하나를 그 우편물에서 발견한다고 치자. 그것은 마라톤 결승선이 해발 1만4천 피트 이상인 콜로라도주 콜로라도 스프링스 파이크 피크Colorado Springs Pikes Peak의 정상이라는 사실이다. 이런 경우 나는 전혀 다른 상황에 처하게 된 것이다.

내가 과거에 42.195킬로미터의 마라톤 풀 코스를 *달렸으며*, 그것을 성공적으로 *완주했던* 것은 사실이다. 그러나 그렇게 높은 고도에서 마라톤을 한 적이 없었다는 것 또한 사실이다. 그래서 이제 나는 이 마라톤을 성공적으로 완주할 수 있는 근거를 갖고 있지 못하다. 비록 내가 할 수 없을 것이라고 믿을만한 이유는 없지만, 그저 나는 전에 그런 곳에서 마라톤을 결코 해본 적이 없기 때문에 성공적으로 완주할 수 있을 것인가를 의심해야만 하는 것이다. 나의 의심은 *신뢰*faith에 근거하고 있다. 왜냐하면 성공을 뒷받침하는 직접적인 근거를 내가 가지고 있지 않기 때문이다.

이것은 어쩌면 바보 같은 예처럼 보일지도 모르지만, 그것은 신뢰와 믿음의 차이점을 잘 보여 주고 있다. 믿음은 증거evidence를 바탕으로 한다. 어떤 것에 대한 우리의 신뢰도 마찬가지로 어쩌면 증거를 가지고 있을지도 모르지만, 여기서 가장 중요한 점은 신뢰는 반드시 갖고 있지 않아도 된다는 것이다. 신뢰하고 있는 사람에게 증거는 불필요하다.

우리는 흔히 종교적인 맥락 안에서 신뢰와 믿음 사이의 차이점에 관해 이야기를 듣는다. 예를 들면 어떤 사람들에게 있어서 신의 존재는 물을 것도 없이 사실이다. 그들은 증거proof가 필요 없으며 단순히 전능하신 신Almighty이 현존한다는 신뢰faith를 가지고 있다고 그들은 주장한다. 그러나 다른 사람들의 경우 그들이 느끼는 것 속에 신^{God}에 대한 직접적인 증거가 없어 신의 존재를 사실로서 받아들이기 어렵다는 것을 알고 있다. 그 실증이라고 여기는 것을 찾기 위해 그들은 자신들의 생을 투자하기를 좋아하거나 심지어 목숨까지 던지기도 한다. 그러나 그것은 그들이 기대하는 형태로 나타나지 않을지도 모른다. 그래서 이런 사람들에게 신에 관한 증거는 파악하기 어려우며, 그들은 증거 없이 신을 믿는다는 것을 자신에게 허용할 수 없다.

그러나 동시에 신$^{the\ Divine}$에 대한 추구는 물질의 가장 작은 미립자들로부터 가장 멀리 떨어져 있는 은하에 이르기까지 삼라만상 속에서 과학이 밝혀낸 질서와 아름다움을 부정할 수 없는 지성적인 우주$^{intelligent\ universe}$의 증거로 생각하도록 이끌고 있다.

흥미롭게도 현대에 있어서 *신뢰*와 *믿음*은 심지어 *미리엄-웹스터 온라인 사전*조차도 그 단어들을 정의하기 위해 두 단어를 서로 사용하고 있을 정도로 뒤섞여서 사용되고 있다. *신뢰*라는 단어의 어원은 '신뢰하다'$^{to\ trust}$라는 의미인 라틴어 *피데레*^{fidere}이다. 그것은 '증거가 없음에도 불구하고 무엇인가를 확고하게 믿음^{belief}'[17]이라고 정의되고 있다. 이 사전은 *믿음*을 *신뢰*의 동의어로 인정하지만, 매우 중요한 차이가 드러나게 정의하고 있다. *믿음*이란 '*특히 실험의 증거에 근거를 두었을 때*[저자강조] 어떤 말 또는 존재 혹은 현상으로 나타나는 현실이 참이라는 확신^{conviction}'[18]이다.

앞서 언급했던 것처럼 과학을 신뢰 혹은 믿음으로부터 구별시키는 것은 사실들^{facts}이다. 사실들은 변할 수 있고 새로운 조건들이 발견되었을 때 종종 변하기도 한다. 그러나 *과학*의 정의는 '*특히 과학적 방법론을 통해 얻어지고 시험된 지식 혹은 일반적인 법칙들의*

작동 또는 일반적인 진리들을 포함하는 지식 체계system of knowledge' 19)로 널리 받아들여지고 있다.

이러한 정의를 고려할 경우, 인간의 믿음이라는 힘을 지속적이고, 반복할 수 있으며, 배울 수 있는 경험으로서 탐구하는 것은 하나의 과학이다. 달리 말하자면, 만약 우리가 그 탐구를 하나의 특정한 방식으로 착수하고 그 특정한 방식을 믿는다면, 특정한 결과를 예상할 수 있다. 믿음에 관해 이렇게 생각할 경우 우리는 그것을 과학으로 간주할 수 있다.

과학으로서의 믿음이라는 수수께끼를 푸는 것은 어쩌면 인간이 현대에서 발견할 수 있는 중요한 것 가운데 하나일지도 모른다. 그것을 통해 누구나 알고 있는, 오랫동안 세상을 파괴시켰던 고통과 괴로움의 조건들을 변화시키는 힘이 인간에게 주어졌다는 사실을 알게 될지도 모른다.

여기서 열쇠는 인간의 믿음을 이해하는 방법을 찾아내는 것이다. 우리는 이미 알고 있으며 설명하기 쉬운 어떤 것 – 컴퓨터 구조와 같은 것 속에서 믿음에 대해 인식하는 방법을 발견해야만 한다. 만약 믿음을 의식consciousness의 프로그램이라고 개념화할 수 있다면, 우리는 그 방법을 발견할 수 있다.

제1장에서 우리는 우주 자체가 믿음들을 프로그램으로 사용하고 있는 하나의 커다란 컴퓨터처럼 작동할 가능성에 대해 탐구했다. 우리는 이미 컴퓨터가 어떻게 작동하는지 알고 있다. 그리고 우리는 이미 컴퓨터의 프로그램들이 어떻게 작동하는지도 알고 있다. 마찬가지로 그러한 비교를 위한 틀도 이미 마련되어 있다. 자 이제, 한 발자국 더 내디뎌서 다음 단계로 나아가 보도록 하자. 인간의 믿음이 정말로 얼마나 큰 프로그램인지, 그리고 어떻게 우리 인간이 우주

라는 컴퓨터에게 명령을 내리는 새로운 믿음 – 프로그램들을 만들어 낼 수 있는지에 대해 정확하게 살펴보도록 하자.

믿음의 정의

믿음처럼 단순한 무엇인가가 그와 같은 힘을 가지고 있는 이유들에 관해서는 몇 권의 책으로 쓰여질 수 있을 것이다. 이 책은 그 출발점이다. 앞에서 우리는 믿음이 사실들을 바탕으로 하지 않는 신뢰 이상의 것이라는 것을 살펴보았다. 믿음은 단순한 합의와 타협의 범위를 넘어선다. 이 책의 목적을 위해 우리는 *믿음*을 '인간의 마음과 몸, 두 가지 모두에서 일어나는 하나의 경험'으로 정의할 것이다. 특별히 '마음mind 속에서 진실인 생각과 가슴heart 속에서 진실인 느낌이 서로 융합된 것을 우리가 받아들이는 것acceptance'이 바로 믿음이라고 정의할 것이다.

> **믿음 코드 13**
> 믿음은 가슴 속에서 우리가 *느끼는 것은 진실*이라는 것과 더불어 마음 속에서 우리가 *생각하는 것은 진실*이라는 것을 받아들임으로부터 생겨나는 확신certainty으로 정의된다.

믿음은 우리가 이해하고, 나누고, 또 변화의 잠재적 동인agent으로 개발할 수 있는 보편적인universal 경험이다. 믿음이 무엇이며, 어떻게 우리들의 믿음을 강력한 내적 기술로서 이용할 수 있는가를 설명하기 위한 근거는 다음과 같다.

믿음은 하나의 언어이다. 그렇지만 그것은 그저 보통의 언어가 아니다. 고대로부터 내려온 전통들과 현대 과학 모두다 인간의 믿음이 우주를 만드는 바로 그 '구성 요소' stuff 라고 설명하고 있다. 말이나 외적인 표현 없이 우리가 '믿음'이라고 부르는, 어떠한 힘도 가지고 있지 않는 것처럼 보이는 경험 experience 이 육체와 세상이라는 양자 물질과 소통을 하는 바로 그 언어이다. 인간의 가장 깊은 믿음들 앞에서 오늘날 알려진 생물학, 물리학, 시간 그리고 공간이라는 것은 옛 이야기가 된다.

믿음은 개인적인 경험이다. 모든 사람들은 믿음들을 가지고 있다. 각 개인들의 믿음의 경험은 서로 다르다. 믿은 방식들에는 옳고 그름이 없으며, 반드시 그래야 하거나 그렇지 않아야 하는 것은 없다. 태곳적부터 전해 내려오는 비밀스러운 육체적 자세는 없으며, 신성한 손과 손가락 동작도 없다. 만약 그러한 것들이 있다면, 믿음의 힘은 육체와 지체를 자유자재로 작동시킬 수 있는 사람들에게만 국한될 것이다.

  마찬가지로 믿음은 인간이 마음 속에서 생각하는 것 이상이다. 그것은 책, 제의, 실습, 혹은 다른 사람의 연구가 진실이라고 말하는 것 이상이다. 믿음은 우리가 목격했고, 경험했던 것, 혹은 우리 스스로가 안 것을 *우리가 받아들이는 것이다.*

믿음은 개인적인 힘이다. 인간의 믿음은 우리 인간이 선택하는 모든 변화를 위해 필요한 모든 힘을 가지고 있다. 인간의 면역 체계, 줄기 세포들, 그리고 DNA에 치유 명령을 보내는 힘, 가정과 사회, 혹은 전 세계에서 벌어지는 폭력을 종식시키는 힘, 그리고 인간의 가장 깊은 상처를 치유하는 힘, 가장 큰 기쁨에 새 기운을 불어넣는 힘,

그리고 문자 그대로 일상적인 현실Reality을 만들어 내는 힘까지도 가지고 있다. 믿음을 통해 인간은 우주에서 유일한 가장 강력한 힘이라는 선물을 받고 있다. 선택을 통해 우리의 삶, 육체, 그리고 세상을 변화시키는 능력 말이다.

믿음의 힘을 파악하기 위해서는 기초적인 차원으로부터 믿음을 이해할 필요가 있다. 즉, 믿음은 정확히 어떻게 형성되며, 육체 어디에 믿음이 있는지를 이해할 필요가 있다. 믿음은 느낌들feelings과 밀접하게 연관되어 있지만, 단순한 분노 혹은 기쁨과는 약간 다르게 작용하는 범주에 속한다. 우리가 이 미묘하지만 강력한 차이를 알아차리면, 믿음이 더 이상 인간에게 도움이 되지 않을 때 우리가 어떻게 우리의 믿음을 변화시키면 좋은가를 분명히 알 수 있게 된다.

믿음의 해부학

우리 자신의 믿음이 우리를 둘러싼 세계에 영향을 미치기 위해서는 다음 두 가지 일들이 제대로 작동해야만 한다.

1. 첫째, 인간의 내적 경험들이 육체 밖으로 전달되기 위해서는 인간의 믿음들을 실어 나르는 무엇인가 – 매개체 – 가 존재해야만 한다.
2. 둘째, 인간의 믿음은 물리적 세계에서 무엇인가를 하는 힘을 가지고 있어야만 한다. 다른 말로 하자면, 인간의 믿음은 무엇인가 일으키기 위해 우주를 구성하는 원자들을 재배열해야만 한다.

의심할 여지없이 새로운 과학적 발견들은 인간의 믿음이 이러한 두 가지 특질 모두를 가지고 있다는 사실을 보여 주고 있다.

과학적 발견들과 영적 원리들spiritual principles 모두 세계와 인간 사이의 공간(우리가 과거에는 비어 있다고empty 생각했었던) – 우리가 그것을 무엇이라고 부르거나 어떻게 그것이 정의되든 상관없이 – 은 결코 비어 있지 않다는 사실을 인정하고 있다. 20세기 초기 알버트 아인슈타인은 인간을 둘러싸고 있는 우주라는 공간 속에 존재하고 있다고 확신했던 수수께끼 같은 힘에 관해 언급을 했다. 우리가 특별한 우주적 관점에서는 일별할 수 없을지라도 현실reality이라고 생각하고 있는 것 이상의 무엇인가가 존재하고 있다는 것을 암시하면서, 아인슈타인은 "자연Nature은 우리에게 오직 사자의 꼬리tail of the lion만을 보여 주고 있다"고 말했다. 아름다우면서도 웅변적이지만 이 말은 전형적인 아인슈타인의 우주관이었다. 그는 자신의 우주cosmos에 대한 비유를 다음과 같이 정교화시켰다. 즉, "어마어마한 크기 때문에 비록 사자는 한꺼번에 자기 자신을 드러낼 수 없을지라도 사자가 그것[꼬리]에 속한다는 사실을 나는 의심하지 않는다."[20]

제1장에서 서술한 바와 같이 새로운 발견들은 '아인슈타인의 사자'가 바로 빈 공간을 채우고 있으며, 물리학자 막스 플랑크Max Planck가 삼라만상을 서로 연결시키는 매트릭스라고 설명했던 힘force이라는 사실을 보여 주고 있다. 이 매트릭스는 인간의 믿음이라는 내적 경험들과 인간을 둘러싸고 있는 세계 사이를 잇는 통로를 제공하고 있다. 오늘날 현대 과학은 플랑크의 매트릭스를 다음과 같이 설명하고 있다. 즉, 모든 순간에 모든 곳에 이미 있으며, 빅뱅big bang과 함께 시작된 시간 이래 계속 존재하고 있었던 에너지의 한 형태가 바로

매트릭스다.

이러한 에너지 장의 존재는 인간의 삶에 있어서 믿음의 힘에 직접적으로 영향을 미치는 두 가지 원리를 암시하고 있다.

1. 첫 번째 원리는 삼라만상이 신의 매트릭스 *안에* 존재하기 때문에 삼라만상은 서로 연결되어 있다는 것이다. 만약 삼라만상이 연결되어 있다면, 한 장소에서 인간이 행하는 것은 다른 장소들에서 일어나고 있는 것에 반드시 영향을 미쳐야만 한다. 그 영향은 어쩌면 엄청나게 크거나 혹은 작을지도 모른다. 그 핵심은 한 장소에 있는 인간의 내적 경험이 세상의 또 다른 장소에 영향을 미치는 힘을 가지고 있다는 것이다. 이 힘은 물리적 효과들physical effects을 만들어 내는 것도 포함하고 있다.

2. 두 번째 원리는 신의 매트릭스가 홀로그램 형태로 되어 있다는 것이다. 즉, 그 에너지 장의 어떤 한 부분은 그 장 안에 있는 모든 것을 포함하고 있다는 것이다. 이것은 우리가 거실에 앉아서 지구 반 바퀴 거리에 떨어져 있는 사랑하는 사람의 치유healing가 *마치 이미 이루어진 것처럼* 믿을 때, 우리 믿음의 본질essence of our belief은 이미 그 목적지에 존재하고 있다는 것을 의미한다. 다른 말로 하자면, 우리가 우리 자신의 안에서 일으킨 변화들은 이미 모든 곳에 존재한다. 매트릭스 안의 청사진처럼 말이다. 그러므로 우리의 책무는 작게는 우리의 좋은 소원들이 또 다른 사람이 위치하고 있을지도 모르는 곳에 이르도록 하는 것일 수 있으며, 크게는 우리의 믿음을 통해 우리가 만들어 내고 있는 가능성들에 새로운 생명을 불어넣는 것이다.

"좋소. 삼라만상을 함께 묶고 있는 에너지의 장이 존재하며, 우리 인간이 그 장의 일부라고 칩시다. 이 장을 통해 삼라만상이 연결되어 있다는 것이 직관적으로는 이해가 되지만, 그 연결이 어떻게 이루어지는가에 대해 여전히 정확하게 설명하지 못하고 있다는 사실은 어떻게 할 것입니까?"라고 당신을 말할 것이다.

이 점이 바로 지난 1백 년 간의 과학적 발견들이 세상에 대한 인간의 믿음이 세상에 실제로 효과를 미칠 수 있다는 것을 입증하는 것이다. 믿음의 효과는 에너지의 패턴들을 근거로 하고 있다. 삼라만상을 이루고 있는 동일한 에너지로 말이다. 우리가 일상의 세상을 이러한 에너지의 패턴들로 환원시켜 보면, 갑자기 인간이 현실을 변화시키는 힘을 가지고 있다는 말은 그저 이치에 들어맞는 정도가 아니라 아주 많이 들어맞는다.

믿음의 파동들waves : 원자들의 언어language of atoms로 말하기

[그림 4]는 에너지, 현실이라는 원자들atoms of reality, 그리고 믿음 사이의 일반적인 연관성을 설명하는 흐름도flowchart이다. 이 흐름도는 우리가 각 요소를 보다 세밀하게 탐구할 개요가 될 것이다. 또 탐구가 완료된 후 인간의 삶에 있어서 유용한 방식으로 그것을 모두 하나로 묶기 위한 스케치가 될 것이다.

분명히 과학은 인간의 믿음이 *어떻게* 현실에 영향을 미치는가에 관한 모든 해답들을 가지고 있지 못하다. 만약 과학이 그 해답들을 가지고 있었다면, 우리는 분명하게 매우 다른 세상에서 살고 있을 것이다. 그러나 과학이 우리에게 확실하게 말해 주고 있는 것은

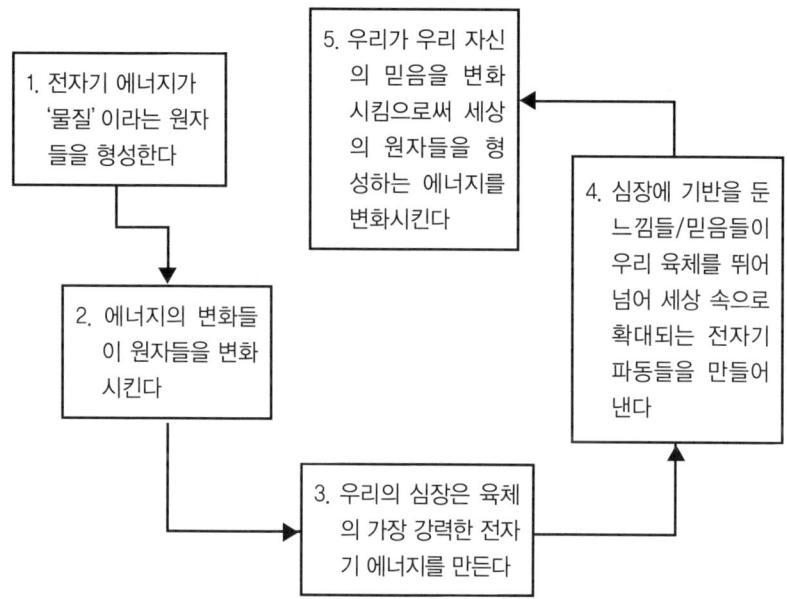

[그림 4] 인간의 믿음과 물리적 세상 속에서 그 믿음이 만들어 내는 변화들 사이의 관계를 도표로 나타내는 흐름도

인간의 심장heart은 육체 내의 기관들organs과 소통하는 전자기 장electrical and magnetic field의 핵심에 자리잡고 있다는 것이다. 연구들은 또한 인간의 심장의 장들heart fields이 육체 내부에만 국한되지 않는다는 사실을 입증하고 있다. 사실, 그 장들은 인간의 육체 밖 최대 약 2.5미터까지 퍼져 나가고 있는 것으로 측정되었다.[21]

심장 연구자들에게 인간의 심장과 같은 강력한 기관의 전자기 장이 왜 약 2.5미터로 국한되는지를 물어보았을 때 그들의 대답은 그러한 장을 측정하기 위해 그들이 사용한 측정장비 한계 때문이라는 것이었다. 대부분 그들은 그 장이 물리적인 심장이 자리잡고 있는 장소를 뛰어넘어 수 마일까지 확장된다고 털어놓았다.

1993년 하트매쓰HeartMath 연구소에 의해 발표된 논문은 인간의 감정들emotions 안에 암호화된coded 정보가 심장이 뇌에게 육체 안에서 어떤 화학물질들을(호르몬, 엔도르핀, 그리고 면역 증강자와 같은 것들) 정해진 시간에 생성하라는 명령을 내리는 데 있어서 핵심 역할을 하고 있음을 밝혀냈다.[22] 보다 정확하게 말하자면, 인간의 감정들은 뇌에게 그 순간 *인간이 필요하다고 믿는 것*을 이야기하는 것이다. 심장/뇌 소통communication의 효과는 공개적인 문헌에 잘 기록되어 있으며, 진보적인 의학계에서는 일반적인 사실로 받아들여지고 있다.

그러나 그렇게 잘 파악되지 않은 것은 정확히 어떻게 인간의 믿음들이 물리적 세계를 변화시킬 수 있는지에 관한 것이다. 우리는 심장/믿음/현실에 있어서 이러한 명백한 '단절' disconnect이 우리 시대를 가장 흥분시키는 발견들, 즉 그러한 학문분야들의 근본적 원칙들을 무효화시켰던 발견들보다 뒤떨어져 있는 생명과학들life sciences 때문에 나타나는 것임을 알게 될지도 모른다.

모든 과학이 따라야만 할 지식의 계층구조hierarchy of understanding가 존재한다. 그리고 그것은 간단히 말하자면 다음과 같다. 또 다른 분야와 기초 과학의 가정들에 토대가 되는 한 과학 분야가 변하면, 그 기초적인 과학에 의존하고 있는 모든 것은 역시 바뀌어야만 한다. 예를 들면 화학chemistry은 물리학에 기초를 두고 있다. 또한 생물학은 물리학에 기초를 두고 있는 화학의 원칙들을 바탕으로 하고 있다. 이러한 서열을 염두에 두고 과학적 이해라는 관점에서 오늘날 우리가 어디에 위치하고 있는가를 살펴보기로 하자.

20세기 초 이전 아이작 뉴턴 시대의 과학적 세계관은 '물질들' things 및 물질들의 다른 '물질들'과의 관계성을 토대로 하는 기계적인 견해였다. 그러나 그 모든 것들은 1925년 우주에 대한 양자적 견해가 수용됨으로써 달라졌다. 갑자기 우주가 완전하게 예측 가능한 기계장치machine라기보다는 가능성들probabilities로서 존재하는 에너지 장field of energy으로 생각되기 시작했다.

여기서 중요한 것은 물리학 법칙들이 변했다면, 그 법칙들에 의존한 다른 모든 과학적 실행들도 마찬가지로 변했어야만 했다는 사실이다. 일부는 그랬다. 수학이 달라졌다. 화학도 달라졌다. 그러나 생물학과 생명과학들은 그렇지 않았다. 그래서 오늘날 많은 생명과학자들은 여전히 삼라만상에 대한 기계적인 견해를 토대로 연구하고 있으며, 가르치고 있다. 우주, 세계 그리고 인간의 육체를 다른 에너지와 상호작용하는 에너지의 끊임없는 춤perpetual dance of energy이 펼쳐지는 장들fields로 보지 않은 채로 말이다. 브루스 립턴Bruce Lipton 박사와 같은 과학자들의 선구자적인 연구와 *믿음의 생물학*The Biology of Belief이라는 그의 책 덕분에 그러한 상황은 이제 달라지고 있다.

원자들의 언어

과학자들은 생명과 현실에 관한 전통적인 모델을 가지고 어떻게 인간의 믿음이 세상에 영향을 미치는지를 이해하기 위해 고심을 하고 있다. 그러는 사이에 에너지와 에너지의 상호작용으로서의 삼라만상에 대한 새로운 과학적 견해는 기존의 견해와 어떻게 다른가에 대한 궁금증을 불러일으키고 있다. 이러한 관점으로 삼라만상을 보기 시작하면, 우리가 가지고 있던 과거의 제약들은 즉시 무용지물이 된다. 이러한 관점에서 보면 인간의 믿음들이 물질적 세계를 변화시키는 메커니즘이 분명하게 드러난다. 그것은 우리 인간이 물질 자체를 어떻게 생각하느냐와 관계가 있다.

'새로운 물리학'에 관한 수업을 들어본 적이 없거나 그것에 근거를 둔 책을 읽은 적이 없다면, 원자에 대한 새로운 아이디어는 당신을 놀라게 할 것이다. 그것은 태양계의 축소판처럼 다른 물체들 주위를 도는 물체의 기계적인 모델이 아니다. 양자 원자quantum atom는 어떤 한 순간에 에너지가 한 장소 혹은 다른 장소에 집중될 수도 있는 가능성에 기초를 두고 있다(그림 5). 여기서 중요한 것은 그 에너지가 부분적으로 전자기적 장들electrical and magnetic fields로 이루어진다는 사실이다. *인간의 뇌의 생각들thoughts과 인간이 심장의 믿음들 속에서 만들어 내는 똑같은 전자기적 장들* 말이다. 다른 말로 하자면, 우리가 느낌feelings과 믿음이라고 알고 있는 보편적인universal 경험들은 인간이 자신의 경험들을 전자기적 파동들electrical and magnetic waves로 바꾸는 육체의 능력을 의미하는 명칭들이다.

이것은 아주 흥미로운 대목이다. 한 원자의 전기적 혹은 자기적 장들 가운데 하나 - 또는 둘 다 - 가 변하면, 원자는 변한다. 즉, 그것은 원자가 그 자체를 물질로 표현하는 방식뿐만 아니라 움직이는

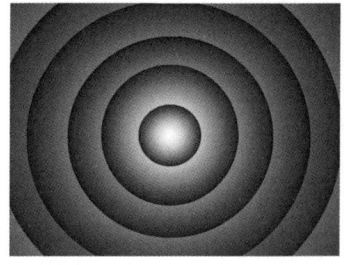

ⓒ 대런W/드림스타임

[그림 5] 원자를 '물체'로 보는 기존의 기계적 모델(좌)과 원자를 준위들zones 속의 에너지가 집중된 상태로 보는 새로운 양자 모델(우)을 보여 주는 그림

방식도 바꾼다. 그리고 원자가 변하면, 인간이 살고 있는 세상도 역시 변한다.

자기장magnetic field에 의한 원자의 에너지 변화는 1896년에 처음 인정된 현상이다. 이 현상을 발견한 노벨상 수상자인 피에터 제만Pieter Zeeman[(1865년 5월 25일 ~ 1943년 10월 9일) 네덜란드인 물리학자. 역자주]의 이름을 딴 제만 효과Zeeman effect는 자기장 내에서 물질을 구성하는 성분이 변형되는 현상을 말한다. 이 현상에 대해 분명하고 직접적인 표현으로 고전물리학 교과서는 다음과 같이 언급하고 있다. "외적인 자기장 안에 놓였을 때 원자의 에너지는 변한다."[23)][1896년 피에터 제만은 불꽃 내에 있는 나트륨의 황색 D선이 강한 자기장 내에서 넓어지는 것을 최초로 관찰했다. 자기장이 빛에 미치는 영향에 대한 이론에 대해서 초기의 연구를 한 피에터 제만의 스승 H. A. 로렌츠는 원자 내의 전자의 진동에 의해서 빛이 생겨나며 자기장에 의한 전자의 진동에 따라서 방출되는 빛의 주파수가 영향을 받으리라는 가정을 했다. 이와 같은 가정은 제만의 연구에 의해서 확인되었고 후에 양자역학에 의해서 수정됐다. 양자역학에 의하면 빛의 스펙트럼선은 한 에너지 상태에서 다른 에너지 상태로 전이할 때 방출된다. 제만효과에 힘입어 물리학자들은 원자의 에너지 준위결정과 원자의 종류를 각 운동량을 이용하여 확인할 수 있었다. 역자주]

1913년, 발견자인 요하네스 슈타르크Johannes Stark[독일의 물리학자. 뮌헨 공과대학을 졸업하고, 아헨 공과대학, 그라이프스발트 뷔르츠부르크 대학 교수, 국립 물리기술연구소장을 역임하였다. 1905년 양극선에 있어서의 도플러 효과를 알아내고, 1913년 양극선을 이용하여 '슈타르크 효과'를 발견하였다. 양자 이론에 공헌하여, 1919년 노벨 물리학상을 받았다. 역지주]의 이름을 딴 슈타르크 효과Stark effect[복사하고 있는 원자·이온·분자들에 강한 전기장이 가해졌을 때 스펙트럼선이 분리되는 현상. 역자주]로 알려진 비슷한 현상은 자기장에서 이루어졌던 제만 효과와 동일한 현상이 전기장에서 발생한다는 것을 기록하고 있다.[24)] 제만 효과와 슈타르크 효과는 매우 흥미롭다. 왜냐하면 그 효과들은 모두 인간의 심장을 근거heart-based로 하는 믿음의 힘을 이해하는 열쇠가 되기 때문이다.

하트매스 연구소에 의해 실시된 연구들은 심전도EKG에 의해 측정된 심장 신호의 전기적 강도는 뇌전도EEG에 의해 측정된 인간의 뇌로부터 나오는 전기적 신호보다 60배 이상 높으며, 심장의 자기장은 뇌의 자기장보다 5천 배나 강하다는 것을 증명했다.[25] 여기서 중요한 것은 각각의 장이 원자들의 에너지를 변화시키는 힘을 가지고 있다는 사실이다. 그리고 믿음이라는 인간의 경험 안에서 *우리가 두 가지 에너지 장을 모두 만들어 낸다*는 사실이다!

우리 인간이 육체 안에서 심장 중심의 믿음들을heart-centered beliefs 형성한다는 것은 물리학적 언어로 무엇을 의미하는 것일까? 그것은 우리가 에너지 파동인 믿음을 전자기적 표현으로 만들어 낸다는 것이다. 그것은 인간의 심장에 한정되지 않으며, 피부와 뼈들과 같은 신체적 장애물에 의해 제한되지 않는다. 따라서 인간은 분명히 인간의 언어와는 다른 언어를 통해 매일 매 순간 자신을 둘러싸고 있는 세상에 대해 '말을 하고 있는' 중이다. 인간의 심장의 믿음-파동들belief-waves이라는 언어를 통해서 말이다.

인간의 심장은 육체 *안에서* 생명의 혈액을 이동시키는 펌프 역할을 한다. 뿐만 아니라 인간의 심장은 믿음과 물질belief-to-matter 간의 통역자 역할도 하고 있다. 심장은 인간의 경험, 믿음, 그리고 상상의 지각들perceptions을 육체를 넘어서 세상과 소통하는 암호화된 파동들의 언어coded language of waves로 바꾼다. 철학자이자 시인인 존 매켄지John Mackenzie가 다음과 같은 말을 한 것은 이것을 의미했던 것일지도 모른다. "실제로 존재하는 것what is real과 비현실적인 것what is imaginary을 정밀하게 구별하는 것은 불가능하다. 존재하는 모든 것들은 비현실적imaginary이다."[26]

> **믿음 코드 14**
> 인간의 믿음은 심장heart에서 표현되며, 심장에서 인간의 경험들은 물리적 세계physical world와 상호작용하는 전자기적 파동들electrical and magnetic waves로 바꾸어지고 있다.

그렇다면 이 모든 것은 무엇을 의미하는가? 요점은 간단하다. 그러나 그것이 품고 있는 뜻들은 심오하다.

세상을 바꾸는 바로 그 에너지 장들은 인간의 가장 깊은 믿음들을 유지하고 있는 불가사의한 기관organ에 의해 만들어진다. 아마도 육체와 물질의 원자들을 변화시키는 힘이 우리 인간을 다른 것들과 차별적인 존재로 만드는 영적 특질들과 오랫동안 연관되어 온 한 곳, 즉 심장 안에 집중되어 있다는 사실은 결코 우연의 일치가 아닐지도 모른다.

우리를 제외하고 누구나 알고 있는 위대한 비밀!

'시크릿'The Secret과 '우리가 도대체 아는 게 무엇인가?'What the Bleep Do We Know?[윌리엄 인츠가 자신의 양자 물리학과 의식에 관한 저서를 일반인들에게 친숙하게 소개하기 위해 제작한 비상업용 다큐멘터리 영화로 2004년 개봉되어 엄청난 반향을 불러일으켰다. 역자주]와 같은 책과 영화는 언론들로부터 많은 주목을 받았다. 그 책과 영화에서 다루어진 "인간은 어떻게 '생각'thought을 이용하는가"라는 주제는 아주 큰 화제가 되기도 했다. 그러나 흥미롭게도 느낌과 감정^{emotion}이라는 것과 관련된 경험들은 거의 부차적 주제가 되고 있으며, 때로는 모두 다 평가절하되고 있다. 그러한 경험들이 이야기될 때, 느낌과 감정이라는 것은 흔히 뒤섞여 사용되곤 한다. 그리고 그러한 것들은 애매하며 정의하기 어려운 막연한 경험으로서 합쳐져 버린다.

나의 어머니와 나는 몇 년에 걸쳐 여러 차례 이것에 관한 대화를 한 적이 있었다. 나의 어머니는 내가 기억해 낼 수 있는 것보다 훨씬 많이 다음과 같이 말했다. "나는 항상 느낌과 감정이 동일한 것이라고 생각했단다." 사람들이 일반적으로 그렇게 말하는 것은 놀라운 일이 아니다. 예외 없이 역사적으로 세상을 설명한다고 믿겨졌던 지식의 두 원천인 과학과 영성은 모두 생명의 방정식$^{equation\ of\ life}$에서 느낌과 감정이라는 힘을 완전하게 배제했던 것처럼 보인다.

예를 들자면 현대 성경의 전통적인 번역판에서 그노시스파^{Gnostic}[그리스어로 '신비적이고 계시적이며 밀교적인 지식 또는 깨달음'을 뜻하는 그노시스(gnosis)로부터 따온 것으로 정통파 기독교인들과의 가장 큰 차이점은 믿음이 아니라 앎(그노시스)이 구원의 수단이라고 여겼다. 역자주]의 도마 복음서처럼 생각과 감정이 가지고 있는 힘에 관하여 알려 주는 문서들이 4세기에 성경을 편집하는 동안에 '분실된' 것과 동일한 것들이라는 사실은 어쩌면 그저 우연의 일치가 아닐지도 모른다. 이러한 문헌들은 가장 중요하게 지켜져 온 유대 – 기독교적 가르침들에서는 빠져 있지만 다른 영적 전통에서는 그렇지 않다.

1980년대 중반 국방 산업분야에서 일하는 과학자로서 나는 현대 문명에 의해 조금도 어지럽혀지지 않은 장소들에서 이러한 가르침들 가운데 가장 잘 보존된 사례들을 발견할 수 있을 것이라고 생각했다. 바로 그러한 가르침들을 찾으려고 나는 이집트 게벨 무사[이집트 카이로에서 약 4백 킬로미터 떨어진 시내산의 주봉으로 해발 2,285미터이며 모세의 산으로 알려져 있다. 역자주]와 페루 안데스 산맥에 있는 수도원들로부터 중국과 티베트 중앙의 고원지대에 이르기까지 오늘날 지구상에 남아 있는 가장 멀리 떨어져 있고 격리된 사원들 중의 몇몇 곳을 찾아갔다. 인간의 삶에서 느낌이라는 것이 가지고 있는 힘에 대한 직접적인 설명을 들었던 것은 1998년 한 청명하고 추운 아침이었다.

티베트 고원의 하루하루는 여름임과 동시에 겨울이다. 머리 바로 위에 태양이 떠있으면 여름, 그리고 히말라야 산맥의 들쭉날쭉한 봉우리들 뒤로 햇빛이 사라져 버리면 겨울이 되기 때문이다. 차가운 바닥 위에 앉았을 때, 내 피부와 태곳적부터 있었던 돌들 사이에는 마치 아무것도 없는 것처럼 느껴졌다. 그러나 나는 그 자리를 떠날 수 없다는 것을 알고 있었다. 그날이 내가 지구 반 바퀴나 되는 여정에 소규모 집단의 사람들을 나서도록 한 이유를 확인하는 날이었기 때문이었다.

14일 동안 우리는 해발 4천9백 미터에 이르는 고도에 몸을 적응시켜야만 했다. 의자를 붙들면서 또 서로서로 붙잡기까지 하면서 우리가 탄 낡은 버스가 물에 휩쓸려간 다리들을 엉금엉금 기다시피 건너고, 길이 없는 사막을 헤매는 동안 우리는 그 소중한 순간에 바로 그곳 – 산기슭에 숨겨져 있는 8백 년 된 수도원 – 에 도착하기만을 바라면서 버텨야만 했다.

나는 내 앞에 연꽃처럼 앉아 있던 아름답고 시간 개념이 없는 것처럼 보이는 남자의 두 눈에 온 신경을 집중시켰다. 그 수도원의 원장에게 말이다.

통역자를 통해 나는 그에게 순례기간 내내 만났던 모든 수도자들에게 했던 것과 똑같은 질문을 던졌다. 이렇게 시작했다. "기도하는 모습을 보고 있자니, 실제로 무엇을 하고 있는 중인지 궁금합니다. 당신은 하루에 14시간에서 16시간 동안 가락을 붙여 소리를 내고 노래를 하는 듯이 보이며… 내 눈에는 종들, 주발, 공, 차임, 무드라 mudra[손과 손가락으로 표현하는 수많은 상징적 모양. 역자주], 만트라mantra[힌두교와 불교에서 신비하고 영적인 능력을 가진다고 생각되는 신성한 말(구절·단어·음절). 역자주]가 보입니다. 당신의 내면에서는 무슨 일이 벌어지고 있는 중인가요?"

통역자가 수도원장의 대답을 전해 주었을 때, 하나의 강력한 느낌 sensation이 내 몸 전체로 파문처럼 퍼졌다. 그리고 나는 그것이 우리가 이 장소에 와야만 했던 이유라는 것을 깨달았다. 그의 대답은 다음과 같았다. "당신은 결코 우리 기도를 본 적이 없습니다. 왜냐하면 기도는 보여질 수가 없기 때문이지요." 그는 무거워 보이는 양털 법복을 가지런히 하면서 말을 이었다. "당신이 보았던 것은 우리가 육체 안에서 느낌을 만들어 내기 위해 한 행위일 뿐입니다. *느낌이 바로 기도입니다.*"

수도원장의 명쾌한 대답은 나에게 큰 충격을 불러일으켰다. 그의 말은 2천 년 이상 전에 고대 그노시스파의 기독교적 전통들 안에 기록된 생각들과 맥을 같이하고 있었던 것이다. 요한복음에 관한 초기 번역본(예를 들면 16장 24절[지금까지는 너희가 내 이름으로 아무것도 구하지 아니하였으나 구하라 그리하면 받으리니 너희 기쁨이 충만하리라. 개역개정성경한글판. 역자주])에서 우리는 성취된 소망들에 의해 둘러싸여짐(즉, 느낌)으로써 기도가 이루어지는 권능을 부여받았다. 수도원장이 다음과 같이 제안했던 것처럼 말이다. "*그저 구하라. 그러면 네 응답을 받으리라.*" 우리의 기도가 응답을 받기 위해서 우리는 소망의 긍정적인 특성과 늘 함께 나타나는 의구심을 초월해야만 한다. 불신uncertainty을 극복하는 힘에 관한 간결한 가르침을 따름으로써 도마복음은 기적을 일으키는 느낌들을 만들어 내는 방법을 설명하는 예수의 정확한 가르침instructions을 보존하고 있다.

20세기 중반 이러한 가르침들은 이집트 나그 함마디 문서Nag Hammadi library[1945년 12월, 남부 이집트의 나그 함마디 지역에서 발견되었다. 이 13권의 파피루스 뭉치 속에는 모두 52편의 글이 들어가 있었으며 중복된 것을 제외하면 모두 45편이었다. 이것은 당시로부터 1600년 전, 예수가 제자들에게 전한 비밀스러운 가르침이 쓰여 있는 것으로 알려져 있다. 역자주]의 일부로서 발견됐다. 서로 다른 두 곳 이상의 장소에서 비슷한 가르침들을 우리가 받게 된 것이다. 그 가르침들은 우리의 생각과 감정이라는 것을 하나의 강력한 힘으로 통합하라고 요구하고 있다. 예를 들면 도마복음 48장에는 "만약 둘 [생각과 감정]이 한 집 안에서 서로 화평해지면make peace with each other, 그들이 산에게 '물러가라'라고 말할 것이요, 그러면 산은 물러갈 것이다."27)

도마복음 106장은 이와 놀랍도록 비슷하며 이러한 가르침을 되풀이하고 있다. "네가 그 둘을 하나로 만들면… 네가 '산아 물러가라!' 라고 말하면, 산은 물러갈 것이다."28)

수도원장이 2천 년이나 된 오래된 가르침의 핵심내용을 반복하고 있었을 정도로 그 가르침들이 변함없이 남아 있었다면, 그것은 어쩌면 오늘날 우리에게 여전히 유용할지도 모른다. 수도원장과 나그 함미디 두루마리 문서늘 모두 거의 똑같은 언어로 기도의 형태와 서구 세계에서는 거의 잊혀져 온 위대한 비밀에 대해 말하고 있다. 그것에 관한 우리 인간의 믿음과 느낌은 기적들의 언어language of miracles이다.

제2장 '믿음은 과학이다' : 우주는 어떻게 프로그래밍되는가? 129

감정emotion, 생각 그리고 느낌 : 개별적이지만 연관된 경험들

만약 우리가 심장을 바탕으로 한 믿음의 힘이 세상에 관해 말해 주는 것을 제대로 파악할 수 있다면, 우리의 삶은 완전히 새로운 의미를 갖게 된다. 우리 인간은 볼 수도 이해할 수도 없는 수수께끼 같은 세력들forces의 희생물들이라기보다 현실의 건축가가 된다. 그러나 그렇게 되기 위해서 우리는 어떻게 인간의 믿음이 우주에게 말하는가를 이해해야만 한다. 뿐만 아니라 어떻게 인간의 믿음을 바꿈으로써 우주와의 대화를 변경할 수 있는지에 대해서도 이해를 해야만 한다. 우리가 이것을 이루어 내면, 우리는 틀림없이 우주를 프로그래밍할 수 있을 것이다. 그리고 그 모든 것은 생각, 느낌, 그리고 감정이라는 것으로 우리가 알고 있는 세 가지 개별적이지만 연관된 경험들을 이해함으로써 시작된다.

[그림 6]은 인도 고대 언어인 산스크리트로 쓰여진 고대의 신비로운 문장에서 유래한 것이다. 이 도표는 인간의 육체 안에서 심장에 바탕을 둔 느낌들과 믿음들을 만들어 내기 위해 생각과 감정을 어떻게 이용할 수 있는지를 보여 주고 있다. 이 그림의 핵심은 차크라chakras('회전하는 에너지 수레wheels of energy들'을 의미하는 산스크리트 용어)라고 불리는 육체 에너지 중심들의 위치이다. 산스크리트 체계에서 머리 끝에서부터 내려오는 위쪽 세 가지와 척추 맨 밑에서 올라오는 아래쪽 세 가지 사이에는 차이가 있다. 이러한 차크라 그룹들이 인간의 믿음을 만들어 내는 데 있어서 부여받은 역할은 인간의 생명을 책임지는 일을 위한 중요한 열쇠이다.

인간의 생각들, 느낌들, 그리고 감정들 사이의 관련성을 이해하

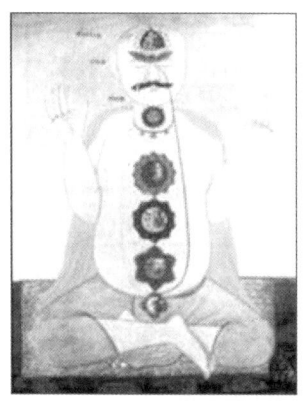

[그림 6] 인간 육체의 백회혈(crown)으로부터 회음부(perineum)까지 수직적으로 이어지는 차크라 체계를 형성하는 7개 에너지 중심들의 집중상태를 나타내는 그림. 이 그림은 고대 산스크리트 필사본에서 유래된 것이다.

면, 우리는 인간의 믿음이 어떻게 세상에 영향을 미치는 힘을 가지게 되는가를 인식하게 된다. 신체적 차원에서 각 에너지 중심은 내분비 시스템의 기관들 가운데 하나에 연결되어 있는 반면, 에너지 차원에서 차크라들[힌두교와 탄트라 불교 일부 종파에서 정신적인 힘과 육체적인 기능이 합쳐져 상호작용을 하는 초점으로 여기는 곳. 인간의 신체에 있는 8만8천 개로 추정되는 차크라들 가운데 6개의 중요한 차크라가 대략 척수를 따라 위치해 있고 다른 하나는 두개골 최상부에 위치해 있다는 것으로 보고 있다. 역자주]은 인간의 생명 안에서 서로 다른 역할들을 수행하고 있다. 다음에 이어질 부분에서 나는 감정emotion, 생각, 그리고 느낌을 구분하여 규정할 것이며, 그런 후 현실이라는 것으로 나타나는 인간의 내적 경험들을 형성하기 위해 그것들이 어떻게 함께 하는지를 자세히 살펴볼 것이다.

감정emotion이란 무엇인가

창의성creativity과 관련이 있는 아래쪽 세 가지 차크라들은 공통적으로 인간의 감정이라는 경험과 연관성을 가지고 있다. 이러한 중심들을 순수 에너지로 생각해 본다면, 그것들은 인간이 삶에서 가질 수 있는 단 두 가지 기본 감정들, 즉 사랑과 사랑의 반대로 우리가 생각하는 그 무엇을 대표한다. 이러한 말이 언뜻 보기에는 이상하게 들릴 수 있다. 마찬가지로 이러한 정의는 우리가 과거에 감정들이라고 생각했을지도 모르는 기쁨, 증오, 그리고 평화라는 것들이 실제로는 감정들이 작용한 후 나타나는 느낌들feelings이라는 사실을 보여 주고 있다.

인간은 모두 삶에 있어서 사랑이라는 경험을 가지고 있다. 그리고 인간은 모두 독특하기 때문에, 이러한 경험들도 마찬가지로 독특하다. 그래서 우리가 사랑과 반대되는 경험을 말할 때, 그것은 각 사람들마다 각기 다른 것들을 의미할 수 있다. 어떤 사람들에게 그것은 두려움이라는 경험이며, 다른 사람들에게 그것은 증오라는 경험일 수 있다. 그러나 그것을 무엇이라고 부르든 간에, 가장 깊은 가르침들의 핵심은 사랑이라는 것과 사랑의 반대 경험이라는 것은 실제로는 동일한 것의 두 가지 측면들이며, 동일한 힘, 즉 감정의 양 극단이라는 것이다.

감정은 인간의 삶을 움직이게 하는 힘의 원천이다. 사랑 혹은 두려움은 저항의 벽들을 뚫고 나아가게 하는 추동력driving force이며, 목표들, 꿈들, 그리고 소망들로부터 우리 자신을 떼어놓은 장애물들을 뛰어넘도록 하는 추진력이다. 엔진의 힘이 쓸모가 있기 위해서는 반드시 활용되어야만 하는 것과 똑같이, 감정이라는 힘은 우리 인간의 삶에 있어서 자기 자신을 섬기도록 반드시 주파수가 맞춰져야 하며 집중되어야만 한다. 우리가 분명한 방향을 가지고 있지 않다면, 우리의 감정들은 흩어지고 혼란스럽게 될 수 있기 때문이다. 오로지 감정을 바탕으로 삶을 살아가는 사람들에게 종종 일어나는 극적인 일drama과 혼란chaos을 우리는 알고 있다.

이러한 두 가지 감정들은 삶에 있어서 힘의 원천이지만, 의심할 여지없이 양날의 칼을 지닌 축복mixed blessing일 수도 있다. 인간의 감정들은 인간에게 도움을 줄 수 있다. 그렇지만 그것들은 인간을 파괴시킬 수 있다. 우리가 어떤 경험을 가지는가는 감정들을 활용하고 그것들에게 방향을 제시하는 능력에 의해 결정된다. 그리고 이 부분이 바로 생각의 힘power of thought이라는 것을 고려해야 할 지점이다.

생각thought이란 무엇인가

생각이라는 것들은 인간 육체의 위쪽 세 가지 에너지 중심들 – 논리logic와 소통communication과 관련된 차크라들 – 과 연관되어 있다. 감정은 하나의 힘의 원천인 반면, 생각은 정확한 방법으로 감정에 집중함으로써 감정을 리드하는 안내 시스템guidance system이다. 그래서 비록 인간의 생각은 중요하기는 하지만, 그것 자체는 별로 힘을 발휘하지 못한다. 공학적인 용어로 말하자면, 생각들은 인간의 삶에 있어서 실제로 존재하며 벌어지고 있는 상황들의 벡터 에너지vector energy[방향과 크기를 모두 포함하고 있는 에너지. 역자주](실제적인 힘actual force)가 아니다. 그것은 하나의 가능한 상황을 둘러싸고 있는 스칼라 에너지scalar energy[크기민을 가시고 있는 에너지. 역자주](잠재적인 힘potential force)로 여겨질 수 있다. 생각은 일종의 충격완화를 위한 안전장치safety buffer이다. 인간의 마음mind 속을 지나가는 모든 생각이 바로 현실로 나타나는 것을 제어할 필요가 있기 때문이다. 다음 통계수치들이 시사하고 있는 것처럼 생각이라는 것은 정말로 훌륭한 장치이다.

몇 년 전 미국 국립과학재단^{NSF}은 이와 관련된 연구결과를 발표했다. 연구에 따르면 평균적인 사람은 한 시간에 1천 가지 가량의 생각들을 하는 것으로 나타났다. '깊게 생각하는 사람들' $^{deep\ thinkers}$로 여겨지느냐 아니냐에 따라 달라지기는 하지만, 사람들은 매일 적게는 1만2천 가지, 많게는 5만 가지의 생각들을 할 수 있다. 호기심 때문에 때때로 나는 친구들과 직장 동료들에게 그들이 생각하고 있는 것을 나에게 알려 달라고 요청한다. 그 경우 나는 그들이 생각하는 많은 것들은 자신들에게 간직되길 바라는 것들에 관한 것이라는 사실을 바로 발견한다! 다행스럽게도 그냥 스쳐 지나가는 생각들의 대부분은 그냥 있을 수 있는 것, 있게 될지도 모르는 것, 있었던 것을 순간적으로 언뜻 알아차리는 정도의 것들이다.

느낌^{feeling}이란 무엇인가

감정^{emotion}이 없는 생각은 그저 생각에 불과하다. 그것은 좋거나, 나쁘거나, 옳거나 혹은 틀리거나 하지 않다. 생각은 단독으로 어떤 것에 영향을 미치지 못한다. 그저 마음 속에 있는 하나의 가능성을 상상하는 것이 생각이다. 즉, 시간 속에서 정지된 – 해롭지 않고, 상대적으로 무능할 수 있는 것의 씨앗^{seed}이다.

생기를 불어넣는 감정이라는 연료가 없는 생각을 *바람*^{wish}이라고 부른다. 선의에서 나온 것일 수 있지만, 인간의 바람은 대개 육체 혹은 세상에 영향을 미치지 못한다. 우리가 그것들을 일깨우기 전까지는 말이다.

[그림 7]이 보여 주고 있듯이, 우리가 생각들을 마음 속에서 아래쪽 에너지 중심들로부터 나오는 감정이라는 힘과 결합시킬 때, 느낌들

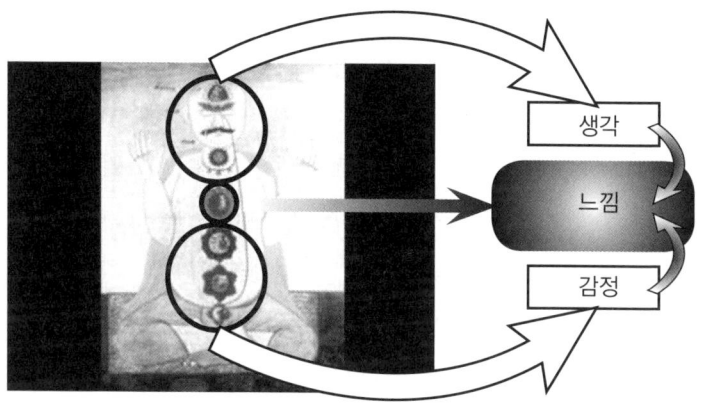

[그림 7] 우리가 생각들을 그 생각들에 관한 사랑 혹은 두려움이라는 감정과 결합시키면, 느낌들이 만들어진다. 느낌들은 '생각과 감정의 결합'으로 정의된다. 그것들은 인간의 믿음들의 토대이며 인간의 심장 안에서 형성된다.

feelings이 만들어진다. 따라서 느낌이라는 것은 인간이 생각하는 것과 그 생각에 활력을 불어넣는 사랑 혹은 두려움이라는 연료의 결합이다. 이것이 바로 느낌이라는 것의 정의이다. 느낌과 감정은 이런 차이점이 있다.

물론 비록 사랑과 두려움이라는 두 가지 기본적인 감정들만이 존재하지만, 우리는 무한한 종류의 느낌들을 경험할 수 있다. 단지 몇 가지만 예로 들어보자면, 화anger, 연민compassion, 분노rage, 질투jealousy, 감사gratitude, 불신disbelief, 그리고 평안peace 등등이다. 공학적 용어로 말하자면, 느낌들은 에너지의 벡터 형태vector form이다. 다른 말로 하자면 느낌이라는 것들은 행동하는 힘을 가지고 있으며, 어떤 일들을 정말로 이루어지게 할 수 있다. 따라서 인간의 느낌들은 세상을 변화시킬 수 있는 것이다.

믿음 : 특별한 종류의 느낌

믿음은 느낌의 한 형태이다. 우리가 어떤 것에 관한 믿음을 가지고 있을 때, 우리는 대개 그것에 관한 하나의 느낌을 - 흔히 하나의 강한 느낌 - 가지고 있다. 이 말이 맞는지 틀리는지는 사람들에게 가장 깊은 믿음들이 불타오르게 하는 도덕적 근원들moral roots과 관련된 주제에 대한 느낌들을 서로 이야기해 보라고 하면 금방 밝혀진다.

사형, 줄기세포 연구, 학생들에게 창조론 혹은 진화론을 가르치는 것, 그리고 안락사assisted suicide는 모두 우리에게 그것의 옳고 그름에 관해 강한 느낌들이 들게 하는 주제의 예들이다. 이러한 주제들에 관해서 우리는 자기 자신의 진실된 입장을 항상 의식하고 있지 않을지도 모른다. 그러나 그런 주제들에 대한 대화를 나눌 때 우리가 어떤 감정적인 반응emotional response을 나타내는가는 가장 요란한 시대적 논쟁거리들에 관한 우리 자신의 입장은 무엇인가를 알려 주는 훌륭한 척도이다. 어떤 형태로든 인간의 느낌들은 자신이 믿고 있는 것에 근거하고 있다.

예들 들어 무엇이 우리가 매일매일 느끼는 화, 연민 그리고 슬픔과 믿음을 구별시키는가를 설명하기 위해, 그러한 느낌들이 어떻게 만들어지는지 보다 자세히 살펴보도록 하자.

공감을 존중하기 Honoring the Vibe

우리는 느낌을 사랑 혹은 두려움이라는 단 두 가지 가능한 감정들 중의 하나에 의해 불러일으켜지는 생각들의 결과로 정의했다. 믿음을 하나의 특별한 경우로 만드는 것은 믿음이 때때로 어떤 생각들 없이 생겨나는 것처럼 보이는 것이다. 최소한 우리가 의식적으로 알고 있는 어떤 생각들 없이 말이다.

> **믿음 코드 15**
> 믿음들, 그리고 믿음들에 관해 우리 인간이 가지고 있는 느낌들은 인간의 현실을 이루는 양자 구성 요소quantum stuff에게 '말을 거는' 언어이다.

사람들은 자신이 잘못된 시간과 잘못된 장소에 있다는 확신처럼 느닷없이 '생겨나는' 듯한 믿음을 경험한다. 그런 믿음이 왜 생기는지에 관한 명백한 이유가 없을지도 모른다. 그러나 우리는 그런 믿음이 분명히 있다는 것을 그냥 안다. 그리고 우리가 믿음을 가지고 있는 순간 그 믿음을 존중하는 것은 일반적으로 그렇게 하는 것이 그 순간 우리가 할 수 있는 최선이기 때문이다. 우리는 그런 시간이 지난 후 안전한 환경 안에서 그 당시 '내적 경보장치'inner alarm가 울렸던 이유를 되돌이켜 살펴볼 수 있다. 그럴 경우 그 당시의 믿음이 전형적인 느낌들을 만들어 내는 사랑 혹은 두려움이라는 감정들 너머에 있는 무엇인가에 의해 촉발됐다는 사실을 쉽게 발견한다. 그 무엇인가는 우리가 육체 진실body truth, 육체 공명body resonance, 혹은 그저 알기 쉽게 공명resonance이라고 말하는 공감vibes이라는 힘이다.

가장 단순한 형태의 공명은 두 가지 물체들 간의 에너지의 교환을 의미한다. 공명은 각각의 '무엇인가'가 상대편과 균형에 이르도록 하는 것을 허용하는 쌍방향 경험이다. 공명은 우리가 선호하는 텔레비전과 리디오 방송국에 채널과 주파수를 맞추는 것에서부터 다른 사람이 우리 눈을 똑바로 바라보며 "당신을 사랑합니다"라고 말할 때 생기는 잊을 수 없는 느낌에 이르기까지 모든 것에서 커다란 역할을 하고 있다. 무엇을 믿는다는 인간의 경험은 사람들 사이에서 일어나는 공명이며, 우리가 직면하는 사실들facts이다.

공명이 무엇인가를 분명하게 파악하기 위해서, 방 안의 반대편에 놓여 있는 두 개의 기타가 공유하는 진동vibration의 예를 살펴보도록 하자. 한 기타의 맨 아래쪽 선이 튕겨지면, *두 번째 기타의 같은 선이 진동하게 될 것이다.* 비록 그 기타는 그 방의 다른 쪽에 놓여 있고 아무도 물리적으로 그것을 건드리지 않지만, 그 기타는 첫 번째 기타에 계속해서 반응을 나타내고 있다. 왜냐하면 그 두 기타는 특별한 종류의 에너지를 공유할 수 있는 똑같은 능력을 가지고 있기 때문이다. 이 경우 에너지는 그 방의 공간을 가로질러 움직이는 파동의 형태로 존재한다.

그리고 이것이 바로 우리가 삶에서 믿음이라는 것을 경험하는 방식이다.

인간은 같은 공간에서 서로 꼭 들어맞기 위해 주파수가 맞춰진 두 개의 기타는 아니다. 그러나 인간은 육체의 주파수를 조절하여 특별한 종류의 에너지를 공유하는 능력을 가지고 있는 에너지의 존재들이다. 우리가 보고 있는 어떤 곳에, 들려오는 말들에, 혹은 그밖에 어떤 방식으로든 우리가 경험하는 무엇인가에 우리가 주의를 기울이면, 우리의 육체는 그 경험의 에너지에 반응한다. 그 에너지가 우리와 *함께* 공명하면, 우리는 보았거나 들었던 것이 '참'true이라는 것을 말해 주는 육체 중심적 반응을 나타내게 된다. 적어도 그 순간에 있어서는 그렇게 반응한다. 이것이 육체 진실body truth을 매우 흥미롭게 만드는 것이다.

정보 혹은 경험이 *프랙탈*fractal인가 아닌가는 이와 같은 종류의 진실의 본질은 아니다. 경험의 에너지에 공명을 느끼는 사람은 그것을 *진실*이라고 믿는다. 그리고 그 순간, 그것은 그 사람에게 있어서 진실*이다*. 개인의 과거 경험, 지각들perceptions, 판단들, 그리고 조건형성conditioning은 그 경험을 그 사람이 그 순간에 느끼게 만든다.

이와 똑같이 흥미로운 것은 동일한 사람이 일주일 후에 같은 상황에 직면할 경우, 그 상황이 더 이상 그 사람과 공명하지 않는다는 것이다. 그가 그 상황에 공명하지 않기 때문에 그것은 그에게 더 이상 진실이 아니다. 그 이유는 그 사람의 지각여과장치filters of perception들이 변했기 때문이다. 이 때문에 그 사람은 자신이 일주일 전에 진실이라고 믿었던 것을 더 이상 믿지 않는다.

육체 진실body truth이라는 경험은 많은 경우 자신이 방금 경험했던 것과 공명하는 중이라는 것을 알려 주는 신체적 감각들physical sensations에 대한 느낌으로 나타난다. 소름 돋는 것, 이명, 그리고 얼굴, 흉부 상부, 팔에 나타나는 홍조 등은 육체 진실이 드러난 것들이다.

작동하는 공명Resonance in Action

공명은 쌍방향 경험이다. 공명은 무엇인가가 한 사람에게 진실일 때 그것을 그에게 말해 주는 것이다. 뿐만 아니라 공명은 또한 우리가 잠재적으로 해로운 상황에 처해 있을 경우, 우리에게 경고를 해 주는 방어 기제defense mechanism이기도 하다. 예를 들면 소문난 '범죄의 뒷골목'에 들어섰다는 것을 알았을 때, 우리는 실제로 잘못된 때에, 잘못된 장소에 있는 것처럼 느낄 수 있다. 우리 육체는 이것을 *안다*. 그리고 그 결과 몸 안에서 마치 무엇인가가 갑자기 모든 에너지를 빨아들이고 있는 것 같은, 가볍고 전반적으로 약해지는 육체적 증상이 나타난다. 또한 경험 또는 정보가 아주 충격적일 경우 마치 피가 갑자기 빠진 것처럼 얼굴이 창백해지고, 공격-도피 반응을 일으킬 준비를 하게 하면서 식은 땀을 흘리는 극단적으로 약해지는 상태가 될 수도 있다.

흥미롭게도 사람들은 흔히 거짓말에 직면하거나 혹은 최소한 자신의 육체가 진실이 아니라고 느끼는 정보에 직면할 경우 이와 동일한 반응을 나타낸다. 우리는 단순히 모든 사실들을 인지하지 못하거나, 사실들을 부정확하게 인지할 수 있다. 그러나 여기서 핵심은 우리가 그 사실들을 거짓이라고 의심하는 경우, 우리 육체가 그 순간 우리 자신이 경험하는 것에 반응한다는 것이다. 누군가가 분명하게 진실이 아닌 무엇인가에 대해 이야기하는 것을 들을 때, 우리는 우리 육체 안에서 흔히 '거짓말 탐지기' bullshit detector라고 불리는 긴장감을 느낀다.

그 긴장감은 항상 그 순간에 알 수 있는 사실들에 근거하고 있지는 않을지도 모른다. 그러나 다른 사람들이 우리에게 이야기하는 것에 대한 본능적인 반응은 연애 관계에 있어서 의심이 가는 정숙하지 못한 행위로부터 먹어도 '해롭지 않은' 첨가물들과 지방분들이 있다는 것을 알려 주는 과자 성분 표시 라벨을 읽는 것에 이르기까지 다양한 상황에 있어서 매우 귀중한 도구가 될 수 있다.

최근 나의 가족들은 '해충 방제사'가 어느 날 우리 집 문 앞에 나타나 어떤 벌레들로부터 이웃집 사람들을 보호하려고 살충제를 우리 마당에 뿌릴 때 이런 경험을 했다. 그들은 그 화학물질이 동물들과 사람들, 그리고 (나는 항상 똑같이 사람들이라고 생각했던) 어린이들에게까지 '해롭지 않다'는 것을 우리에게 말했다. 그러나 그들은 우리에게 애완동물들과 아이들을 잔디밭에 가지 못하도록 하며, 하룻동안 맨발로 잔디를 밟지 말고, 집안으로 들어가기 전에 모든 사람들의 신발 바닥을 닦으라고 지시했다.

비록 나는 그 살충제와 제조회사에 대해 알아 보지 않았으며 그의 고용주가 말했던 것을 진지하게 믿었던 해충 방제사를 의심할 아무런 이유가 없었지만, 본능적으로 나는 내가 들은 이야기가 틀렸다는 것을 알았다. 내 말의 요지는 "만약 그 화학물질이 정말로 그렇게 '안전'하다면, 왜 그렇게 조심해야 하는가?"라는 것이었다.

급하게 인터넷을 검색한 후 나의 의심은 확신으로 변했다. 살포될 예정인 살충제는 그 어느 것도 좋지 않았으며 다양한 질병들을 유발시킬 수 있는 성분으로 되어 있었다. 그것은 거의 마치 제품이 뿌려진 일주일 후에 마당에서 머리가 셋 달린 개미들이 생겨나지 않는 한, 그 물질은 사용해도 괜찮다고 그 회사가 믿고 있는 것과 같은 것이다!

여기서 핵심은 경험들이 옳은지 아닌지를 판단하기 위해 우리가 그 경험들에 관해 생각할 필요가 없다는 것이다. 우리 몸이 이미 그 답들을 알고 있기 때문이다. 몸은 사람들 모두가 익숙한 신호들에 반응한다. 그리고 경험은 무엇이 삶에 있어서 믿을만한지를 알려 준다. 또 그 무엇인가를 언제 받아들이거나 혹은 받아들이지 않을지를 우리에게 알려 주는 것도 경험들이다. 문제는 *우리가 몸이 말해 주는 것을 들을 지혜 혹은 용기를 가지고 있는가?* 이다.

새로운 도약을 하기 전에 살펴보아야 할 것

때때로 우리는 실제로 경험을 하기 전에, 그 경험이 옳은지 아닌지를 우리 자신에게 말해 주는 본능적인 느낌들을 활용할 수 있다. 그것은 어떤 것에 관해 미리 생각할 수 있다는 이점을 가지고 있다. 어떤 일이 아직 단지 가능성일 뿐일 경우, 우리는 그것을 마음 속에서 그려볼 수 있으며, 장단점을 조사하기 위해 모든 각도에서 그것을 체크할 수 있다. 과학자들은 인간이 이런 방식의 추론을 위해 사고 능력들을 사용하는 유일한 생명의 형태라고 믿고 있다. 그것은 아마 믿음들에 관해 생각할 수 있는 인간의 능력이 아주 강력한 인간 본성의 일부분이라는 명확한 근거일지도 모른다.

2004년에 발표한 논문에서 매사추세츠 공과대학(MIT) 뇌인지과학과 조교수인 레베카 색스Rebecca Saxe 박사는 인간이 믿고 있는 것들에 대해 추론reasoning을 적용하는 능력은 '다른, 비슷한 구조를 갖춘 종류의 논리적 추론보다 일찍 발달하며 보다 오랫동안 저항에 견딘다'는 사실을 보고했다.[29]

우리는 생각, 느낌, 그리고 감정이라는 것을 실제로 어떤 상황에 직면하기 전에 그 상황을 모의 실험하는 수단이라고 여길 수 있다. 그렇게 하면 우리는 이러한 개별적이지만 연관되어 있는 경험들을 잘 이용할 수 있는 방법을 가지게 될 수 있다. 우리가 상상하는 것들을 사랑하는지 아니면 두려워하는지 정확하게 결정하면 우리가 생각 속에서 만들어 낸 것들이 실현될 것인지 아닌지, 그리고 된다면 언제 될 것인지를 선택할 수 있다. 다른 말로 하자면, 인간의 마음은 마치 모의실험장치들simulators과 같으며 모의실험의 실행주체는 인간의 생각들thoughts이다. 생각들은 우리에게 주어진 상황이 벌어지기 전에 그 상황을 받아들일 수 있게 하며, 그리고 그 상황이 가지고 있을 수 있는 모든 가능성들을 받아들일 수 있게 한다. 상황에 대한 사전 검토가 중요한 이유는 우리가 행동하기 전에 행동들의 결과와 결말을 조사할 수 있기 때문이다.

　엔지니어로서 기업에 근무할 당시, 연애관계에 빠지게 될지도 모르는 경우 자신의 생각들을 이와 같은 방식으로 사용했던 한 친구가 있었다. 그가 의식적으로 그렇게 했다는 것은 아니다. 내가 그 과정을 지켜보았던 시기 동안 연애관계에 관한 그의 상상은 습관적이고, 무의식이었을 정도로 아주 오랫동안 계속됐던 것처럼 보였다. 그가 시나리오들을 마음 속으로 받아들였던 방법과 결과적으로 자신이 처하게 될 곤경들을 받아들이는 방법에 나는 매료되었다.

　예를 들어 가능성 있는 새로운 연애 대상자를 만난 지 불과 몇 분 지나지 않았지만 그는 마음 속으로 그들의 관계가 어떨 것인지 그리고 그 관계가 어떻게 될 것인지를 상상하곤 했다. 모든 사람들도 이런 일들을 어느 정도까지는 할 수 있다. 그러나 그는 자신의 가능성들을 극단적인 상태까지 몰고 갔다.

　세미나나 컨퍼런스의 점심 휴식시간 동안이나 혹은 어떤 때는 식료품 가게 계산대에서 기다리는 동안에 그는 강력하게 끌리는 느낌을 불러일으키는 여성을 만나기도 했다. 그가 그런 이야기를 나에게 했을 때, 나는 그 다음에 무슨 일이 벌어졌는지 충분히 예상할 수 있을 정도로 그를 잘 알았다. 그들의 첫 조우가 이루어진 후 얼마 지나지 않아서 다음과 같은 일이 벌어지곤 했다.

　그가 새롭게 알게 된 사람과 몇 마디를 주고 받았을 경우 그의 마음은 갑자기 이 여성과 함께 하는 삶이 어떨 것인지에 관한 모든 가능성들을 탐구하면서 미래로 달려나간다. 그들은 어쩌면 일년 또는 그 이상 기간 동안 데이트를 했었을 것이며 그 후 결혼을 했을 것이다. 그리 오래되지 않은 후에, 그들은 가족으로서의 삶을 시작할 수 있었을 것이다. 정확히 말하자면, 그들이 함께 시작한 새로운 컨설팅

사업이 서로를 위한 시간을 낼 수 없게 할 정도로 많은 시간을 거리에서 허비하게 만들기 전까지는 말이다. 그러나 그 후, 그들은 그들의 나이에 현실적으로 얼마나 오랫동안 그러한 빈도로 여행을 할 수 있었을까? 그렇기 때문에 그들은 그저 그런 상황을 받아들여야만 했고 유모와 함께 여행을 해야만 했다. 그리고 그 상황은 아마도….

나는 일어날 수 있는 가능성들에 관한 내 친구의 추측에 귀를 기울였다. 그가 갑자기 그 백일몽에서 깨어나서, 약간 부끄러운 듯이 나를 바라보며, 마음 속에서 그가 만난 지 20분이 채 되지 않은 한 여성과 함께 한 일생 전체에 관해 서술했을 뿐이라는 것을 깨닫기 전까지는 말이다! 이 이야기의 핵심은 내 친구의 생각들 하나하나가 그의 삶의 현실이 되었다면, 상황들은 매우 이상하고 매우 빠르게 되었을 것이라는 사실이다. 인간 모두는 잠재적인 시나리오와 논리적 결과들에 관해 생각하는 자신의 능력을 활용하지만, 다행스럽게도 우리는 보다 의식적으로 그리고 나의 엔지니어 친구보다 훨씬 덜 강렬하게 그렇게 하고 있다.

생각, 소망, 확언 그리고 기도

확언affirmation이라는 경험은 생각이라는 힘이 어떻게 작동하는가를 보여 주는 완벽한 예이다. 나는 모든 일상 생활에서 확언을 활용하는 사람들을 알고 있었다. 그들은 무엇인가 휘갈겨 쓴 종이 쪽지들을 욕실 거울, 자동차 계기판 위, 직장에 있는 자신의 컴퓨터 스크린 위에 덕지덕지 붙여 놓고 있었다. 그들은 그 말들을 매일 수백 번, 때로는 수천 번 되풀이하곤 한다. 예를 들면 다음과 같은 말들을 중얼

거리면서 말이다. "나의 완벽한 배우자가 지금 나타나고 있다." 혹은 "나는 지금 부유하다. 그리고 모든 과거, 현재 그리고 미래의 내 모습도 그러하다." 이따금 나는 그들에게 그들의 실행에 관해서 그리고 그들의 확언이 정말로 효과적이었는지에 관해 물어보곤 한다. 때때로 그것은 효과적으로 작동을 했지만 보통 그렇지 않았다.

나의 친구들의 확언이 실패한 것처럼 보였을 때, 나는 그들에게 이유가 무엇인지를 묻곤 했다. 그들이 믿고 있었던 것이 실패의 이유였을까? 그들의 실패 이유에 대한 설명에는 공통적인 맥락이 있었다. 확언들이 효과적이지 않았던 사례의 경우, 그것들을 활용한 사람은 그 말들을 단순히 반복적으로 말할 뿐이었던 것이다. 즉, 그 말들의 근저에는 아무런 감정emotion이 없었다. 새로운 조건이 삶에 있어서 현실이 되기 위해서는, 마치 그것이 이미 이루어진 것처럼 사랑의 힘power of love이라는 것으로 그 확언을 불타오르게 해야만 한다. 그리고 그것이 확언이 효과적인 것이 되기 위한 핵심요소이며, 바람wish과 공허한 생각empty thought과 확언을 구분 짓는 것이다.

생각들thoughts과 바람들wishes

앞서 지적했듯이, 생각이라는 것은 그저 가능한 것 혹은 어떤 주어진 상황에서 그렇게 될 수 있는 것에 관한 마음 속의 이미지이다. 인간관계와 치유healing로부터 그 사이에 있는 모든 것에 이르기까지 말이다. 우리의 생각을 불타오르게 하는 사랑 혹은 두려움이라는 에너지가 없을 경우, 생각은 힘을 가지지 못하며 그저 생각 자체로 머무른다. 이 장 앞 부분에서 서술한 치유 사례들의 경우에 있어서 한 개인이 회복된다는 것은 어떤 모습일 것이며, 그 사람의 삶은 어떻게 변할 것인가라는 아이디어idea는 생각이라는 것의 한 예이다. 치유가 어디에서 시작되는가는 중요하지만, 생각만으로는 치유를 촉발시키기에 충분하지 않다.

감정이라는 것이 생명을 불어넣지 않은, 하나의 생각이 활기를 띠었으면 하는 욕구desire 혹은 희망hope은 *바람wish*이다. 그것은 단순히 가능한 것의 이미지일 뿐이다. 바람을 현실 세계에서 이루어지게 하기 위해 필요한 감정이라는 것이 없을 경우, 바람은 바람으로 끝나게 된다. 그것은 가능성의 상태인 채로 몇 초, 몇 년, 혹은 평생에 걸쳐 지속될 수 있다. 바로 그 시점에서 멈춘 채로 말이다.

사례 : 치유가 성공할 것이라고 단순히 희망하고, 바라거나 말하는 것은 실제 상황에 영향을 미치지 못할 수 있다. 이런 경험들 속에서 우리는 아직 바람을 현실로 만드는 믿음 - 우리가 육체 안에서 *진실이라고 느끼는 것*과 *진실이라고 생각하는 것*을 한 묶음으로 받아들임으로써 나타나는 확신certainty - 에 도달하지 못했기 때문이다.

확언affirmations과 기도prayers

감정이라는 힘이 불어넣어진 하나의 생각은 그것에 활기를 불어넣는 느낌이라는 것을 만든다. 느낌이 생겨날 때, 우리는 기도뿐만 아니라 확언도 만들어 낸다. 확언과 기도는 모두 느낌이라는 것을 바탕으로 하고 있다. 그리고 보다 정확하게 말하자면, 마치 결과가 이미 일어난 것 같은 느낌을 바탕으로 하고 있다. 연구들은 우리의 느낌이 보다 명확하고 보다 구체적일수록 성공적인 결과를 얻을 수 있는 가능성이 더욱 더 커짐을 보여 주고 있다.

'느낌이 기도' 라는 것을 떠올리게 하는 수도원장의 말이 그렇게 강력한 이유는 바로 이 때문이다. 그 말은 5천 년도 넘게 변함없이 남아 있는 일련의 가르침들로부터 얻어진 것이다.

사례 : 성공적인 치유의 확언 혹은 기도는 완성된 *결과로부터 나온* 느낌을 바탕으로 한다. 그 느낌은 마치 치유가 이미 이루어진 것 같은 느낌이다. 이미 일어난 것에 대한 감사gratitude를 통해, 우리는 느낌이 반영된 변화들을 삶에서 만들어 낸다.

믿음 : 의식의 프로그램들programs of consciousness

"그대가 보는 모든 것은, 비록 그것이 밖으로 드러난 듯 보이지만, 실은 안에, 그대의 상상 안에 있는 것. 유한한 이 세상은 단지 그 그림자일 뿐이다."[30) 이러한 시 구절로 시인 윌리엄 블레이크William Blake는 매일 매 순간 우리 각자 안에 있는 살아 있는 힘을 상기시켜 주고 있다. 비록 단어들은 바뀌었지만, 블레이크가 우리에게 말하고 있는 것과 수세기 전 불교에서 전해 내려오는 말의 유사성은 분명하다.

그들의 말처럼 만약 "현실이라는 것은 인간의 마음이 집중하는 곳에만 존재하며", 또 우리 인간이 경험하는 모든 것이 "비록 그것이 밖에 있는 것처럼 보일지라도, 인간의 내면에 있다"면, 분명히 인간의 믿음이라는 것은 인간의 경험을 결정짓는 프로그램들programs이다.

19세기와 20세기 초에 걸쳐 살았던 윌리엄 제임스William James[1842년~1910년. 미국의 철학자·심리학자로 프래그머티즘 철학의 확립자로 알려져 있다. 역자주]는 자신의 시대에 있어서 가장 영향력 있는 사람들 중의 한 사람이었나. 현대의 만능 교양인Renaissance man이었던 그는 심리학자가 되기 전에 이미 인간의 삶에 있어서 의식과 믿음의 역할에 관한 자신의 견해를 아주 분명하게 밝힌 바 있었다. 1904년에 발표한 "'의식'은 존재하는가?"Does 'Consciousness' Exist?라는 논문에서 그는 때때로 의식을 가지고 있는 상태에서 인간이 경험하는 것은 무형intangible이며 "하나의 생각으로 나타난다"³¹⁾고 서술하고 있다. 그러나 다른 시기에 그는 인간이 경험하는 것은 삶에서 현실로 나타나는 하나의 '일' thing이 된다고 말하고 있다. 후자의 일이 이루어질 때, 실제적인 사실actual fact를 만들어 내는 것은 인간의 믿음의 힘이라고 그는 말하고 있다.

나는 믿음이라는 것에 대한 정의와 믿음의 작동 원리를 보여 주는 예들을 제시했다. 그러나 믿음이라는 것은 우리 인간의 경험들 가운데 가장 파악하기 어려운 것 중의 하나로 남아 있다. 또 그 때문에 믿음은 변화시키기 가장 어려운 대상들 중의 하나일지도 모른다. 우리가 무엇인가를 진정으로 믿는다면, 우리는 그것에 관한 느낌을 갖게 된다. 그 느낌은 하나의 직관instinct 혹은 본능적인 반응gut reaction이라고 불린다. 믿음에 변화를 이루어 내기 위해 가장 중요한 것은 인간의 믿음이 깊은, 아니 보다 더 근원적인 차원 속에 우리 자신에 대해 기록을 하고 있다는 사실에 주목하는 것이다. 우리가 믿음이라는 것을 경험하기 위해 믿음을 자세하게 이해할 필요는 없다. 그러나 우리 삶에 있어서 믿음의 힘을 이용하려 한다면, 믿음이라는 것이 어떻게 작동하는지를 반드시 알아야만 한다.

만약 우리가 믿음이라는 것을 '우주 프로그래밍 코드'라고 생각한다면, 그리고 만약 우리 삶에 있어서 작은 프로그램들이 정말로 우주의 보다 큰 프로그램들의 축소판들(프랙탈들fractals)이라면, 컴퓨터 프로그램이 어떻게 설계되는가를 안다면 믿음이라는 것들이 어떻게 형성되는가도 또한 이해할 수 있을 것이다. 그렇다면 마치 우리 인간을 단순한 프로그램으로 간주하고 우리 자신을 탐구함으로써 그것을 시작해 보자. 그렇게 할 경우 막연한 개념이었던 믿음은 우리가 탐구작업을 할 수 있는 모습과 형태를 갖추게 된다! 이를 통해 우리는 내적 경험들이 외부 세계에 어떻게 영향을 미치는지 정확하게 볼 수 있다. 이 탐구작업을 통해 얻을 수 있는 보다 중요한 것은 우리 인간의 가슴이 바라는 것들을 삶의 현실로 나타나게 하는 원리를 발견할 수 있다는 것이다.

컴퓨터 프로그램의 목적은 원하는 작업들이 이루어지도록 하는 것이다. 우리가 *믿음*이라는 것을 하나의 프로그램으로 생각하기 시작한 이상 그것을 분명하게 밝히는 것은 중요하다. 우리는 완전히 새로운 믿음을 만들어 내려 하거나 기존에 있던 믿음을 변화시키려고 할 수 있다. 그렇게 하기 위해서는 우리가 바라는 것이 무엇인지에 대해 절대적인 확신을 가지고 있어야만 한다. 애매한 믿음은 의심할 것도 없이 애매한 결과를 가져다줄 뿐이기 때문이다.

프로그램들은 복잡하거나 단순할 수 있다. 어떤 프로그램들은 문자 그대로 수백 만 줄의 컴퓨터 코드를 포함하고 있다. 반면에 또 다른 프로그램들은 그저 세 마디 정도로 짧을 수 있다. 그러나 크기에 관계없이 모든 프로그램들은 동일한 기본적 요소를 가지고 있다. 그 기본적인 요소는 프로그램을 띄우고(*시작*), 그 프로그램에 할 일을 지시하고(*작동*), 그리고 프로그램에게 작업이 끝났다(*완료*)는 것을 말하는 명령어들commands이다.

실제로 하나의 프로그램이 짜여지기 전에, 컴퓨터 프로그래머들은 흔히 자신이 완성하기 바라는 것을 개괄적인 언어로 윤곽을 잡는다. 그것은 진짜 프로그램 그 자체가 아니기 때문에, 흔히 *가상 프로그램*pseudo program이라고 불린다. 학교에 제출하는 보고서의 경우 개요에는 보고서의 요점들이 기술되며, 탐구될 아이디어를 위한 계획도가 담겨 있는 것과 똑같이, 가상 프로그램은 그 프로그램이 완성하게 될 핵심 요소들을 담고 있다.

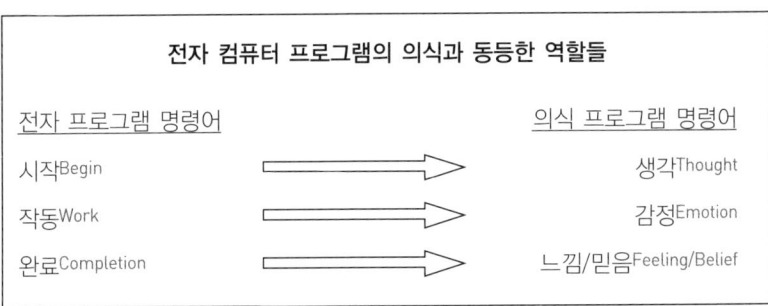

[그림 8] 컴퓨터 프로그램들에 있어서의 세 가지 일반적인 요소들과 우주라는 의식 프로그램들에 있어서 그와 동등한 역할을 하는 요소들의 비교

우리의 목표는 전자 프로그램에 관하여 이미 알고 있는 것을 '의식의 프로그램'을 이해하기 위해 활용하는 것이다. 이런 목표를 위해 생각, 느낌, 그리고 감정이라는 것을 컴퓨터 소프트웨어의 해당 요소들에 비추어 살펴보도록 하자. [그림 8]에서 우리는 인간의 내적 경험들이 인간의 의식 안에서 컴퓨터에 해당하는 요소들이 하는 것과 동일한 역할을 어떻게 수행하는지를 알 수 있다.

시작 명령어 The Begin Command

전자 컴퓨터의 시작 명령어는 하나의 프로그램을 작동시키는 것이며 작업들을 계속하게 하는 것이다. 그 명령어는 어떤 상징들에 부여된 가치와 그 컴퓨터가 한 과업을 몇 번이나 수행할 것인지를 포함하여, 프로그램이 작업을 수행하기에 필요한 모든 정보를 제공하는 특별한 말 statement 이다.

생각이라는 것을 통해서 우리는 실제로 경험하기 전에 하나의 경험을 탐구하는 데 필요한 모든 것들을 불러 모을 수 있다. 예를 들어 새로운 인간관계를 맺을 것인지 아닌지를 생각하고 있을 때, 우리는 결론을 내리는 데 있어서 도움이 되는 모든 정보들을 수집할 수 있다. 만약 그것이 연애 관계라면, 우리는 서로가 생각하는 진로들이 어긋나는지 아닌지를 살펴보기 위해 상대방의 특질, 그 사람이 꿈꾸는 인생, 목표, 그리고 욕망들을 미리 확인할 수 있다. 우리는 상대방이 어디에서 어떻게 살고 싶은지, 그리고 상대방의 삶에 있어서 직업과 아이들의 우선 순위를 어떻게 설정하고 있는지에 관해 질문을 던질 수도 있다.

이러한 인간의 정보 수집과 가치 판단은 전자 컴퓨터의 시작 명령어와 같다. 정말로 훌륭한 음식을 만들기 위해서는 필요한 모든 재료를 준비해야 하는 것처럼, 생각이라는 것은 인간의 믿음 프로그램이 시작되기 전의 필수불가결한 단계이다.

작동 명령어들 The Work Commands

작동 명령어는 컴퓨터 프로그램에게 할 일을 말해 주는 것이다. 작동 명령어는 시작 명령어가 유용하고 의미 있는 방법으로 모아서 확인한 정보에 의미를 부여한다. 인간의 감정이라는 것은 전자 컴퓨터의 작동 명령어와 동의어이다.

마음 속에 떠올리는 일들에 관한 사랑과 두려움이라는 인간의 감정은 그것들에게 생기를 불어넣는 것이다. 연애에 관한 앞의 예에서, 사랑은 파트너에 대한 자신의 생각들을 불타게 하는 감정 - 작동 명령어 - 이라고 가정해도 좋을 것이다. 그것은 우리가 경험하는 느낌들과 믿음들을 규정하는 새로운 인간관계가 삶에 가져다주는 가능성들에 대한 우리 자신의 사랑이다. 새로운 파트너 혹은 그 사람의 꿈들에 대한 우리 자신의 애정 깊은 열망들과 서로 공통점을 가지고 있는 꿈들, 목표들, 욕망들이 삶 속에서 현실이 되게 만드는 일들을 시작하게 한다.

완료 명령어 The Completion Command

의식 프로그램의 경우 완료 명령어는 한 작업 과정의 종료라기보다는 시작이다. 그것은 모든 조각들이 한 자리에 모여, *완료된 형태가 된*, 우리 인간이 믿음을 통해 만들어 낸 것이 삶에서 현실로 나타날 때 어떤 모습이 될 것인가를 결정하는 기본 틀template이 된다. 인간의 심장은 완성된 믿음들을 육체를 뚫고 나가 세상 속으로 정보를 실어 나르는 파동들waves로 변환시킨다. 이 때문에 우리가 믿고 있는 것은 우주를 이루는 양자 구성 성분에게 '이야기를 하는' 언어가 된다. 따라서 인간의 느낌이라는 것은 전자 컴퓨터 프로그램의 완료 명령어와 동의어이다.

다시 한번 분명하게 말하지만, 이것은 모든 것을 끝나게 하는 '완료'가 아니다. 사실, 인간의 믿음 프로그램의 완료는 정반대의 일을 한다. 그것은 새로운 믿음이 형성되는 프로그램이 완료되어 이제 그 결과물이 나타날 수 있으며, 현실이 된다는 것을 알려 준다. 앞에서 살펴본 예에 적용시켜 보면, 완료라는 것은 마치 인간관계가 이미 자리를 잡은 것 같은, 마치 파트너와 새로운 여정을 이미 시작한 것 같은 느낌에 해당한다.

전자 컴퓨터의 작동방식을 이해할 수 있다면, 느낌과 믿음이라는 것을 의식 프로그램들로 생각하는 것은 어렵지 않다. 우리 인간이 바로 그 의식 프로그램들을 만들어 내고 있기 때문에, 우리는 의식 프로그램을 만드는 프로그래머가 된다. 우리는 어떤 생각들이 의식 프로그램의 명령어들이 될지, 그리고 어떤 감정이 생각들에게 생기를 불어넣을 준비가 되어 있는지를 선택할 수 있다. 믿음-웨어$^{belief-ware}$라는 인간의 내적인 프로그램 때문에, 우리 인간은 분명히 자신의 삶을 설계하고 만드는 건축가가 된다.

그 모든 것은 마음이라고 부르는 신비한 영역, 인간의 경험들이 바로 이 순간이 영구적으로 기록되는 인간의 마음 속에서 시작된다.

제**3**장

뇌에서 마음으로 :
인간의 '믿음 공장'은 누가 운영하는가?

From Brain to Mind : Who's Running Our Belief Factory?

"인간의 잠재의식적인 마음은 그 어떤 유머 감각도 가지고 있지 않으며, 농담도 하지 않고, 현실과 상상, 혹은 이미지의 차이를 구별할 수 없다."
―로버트 콜리어(1885-1950), 동기부여 저술가

"현실what is real과 상상what is imaginary은 정밀하게 지속적으로 구별될 수 없는 것이며… 존재하는 모든 것들은… 상상의 산물이다."
― 존 S. 매켄지(1860-1935), 철학자

앞에서 우리는 어떻게 현대적인 컴퓨터의 원리들이 인간의 의식을 이해하는 데 도움이 되는지를 살펴보았다. 새로운 과학적 연구들은 그와 동일한 유추가 인간의 뇌와 마음의 수수께끼 같은 관계를 푸는 데 크게 기여할 수 있다는 것도 보여 주고 있다. '설명된 의식' Consciousness Explained이라는 획기적인 저서에서 보스턴 터프스대학 인지과학연구센터의 공동대표인 다니엘 데네트Daniel Dennett는 뇌를 '하나의 컴퓨터'로 생각할 수 있으며, 그렇게 생각함으로써 우리는 인간이 어떻게 정보를 이용하는지를 이해하기 위한 강력한 비유metaphor를 갖게 된다고 말하고 있다.[1] 데네트의 비유는 과학이 뇌에 관해 말해 주는 것과 인간이 뇌를 통해 경험하는 것 사이에 있는 미지의 영역이라는 의미로 '테라 인코그니타' terra incognita 라고 그가 부른 곳을 항해하는 데 반드시 필요한 것을 제공하고 있다.

일반적으로 현대적 컴퓨터의 '아버지'라고 불리는 수학자 존 폰 노이만John von Neumann은 언젠가 인간의 뇌가 280퀸틸리언(280×10^{18}) 비트의 메모리를 저장할 수 있다는 계산결과를 내놓은 적이 있었다. 인간의 뇌는 그렇게 놀라운 양의 데이터를 저장할 수 있을 뿐만 아니라 오늘날 그 어떤 초고속 컴퓨터들보다 더 빠르게 그 데이터를 처리할 수 있다.[2] 이 사실이 중요한 이유는 인간의 믿음들과 그 믿음들이 어디에서 생겨나는지를 결정하는 데 있어서 필요한 삶의 정보 수집과 처리, 저장 방법을 알 수 있게 해주기 때문이다.

1970년대 실시된 연구들은 인간의 경험에 관한 기억들이 뇌 안의 특정한 장소에 국한되어 있지 않다는 것을 밝혀냈다. 예를 들어 신경과학자 칼 프리브람Karl Pribram[오스트리아 출신의 미국 신경외과 의사로 수많은 원숭이 실험을 통해 그동안 학계에 알려진 것과는 전혀 새로운 인식 이론을 제시했다. 그는 망막이나 시각피질에서 결코 이미지가 투사되거나 형성되지 않으며, 본다는 지각작용이 뇌의 특정 부위에서 이루어지는 것처럼 보이지만 실제로는 뇌 전체에 걸쳐 이루어진다는 것을 밝혀냈다. 뿐만 아니라 기억은 뇌의 어느 특정 부위, 즉 해마나 측두엽에 저장되는 것이 아니라 뇌 전체에 광범위하게 분산된다고 주장했다. 역자주]의 혁명적인 연구는 뇌 기능들이 그때까지 생각되었던 것보다 훨씬 더 광범위하게 이루어진다는 것을 입증했다. 프리브람의 연구가 발표되기 전까지는 의식적이든 잠재의식적이든 특정한 종류의 기억과 그러한 기억들이 지장되는 상소 사이에는 일대일의 상관관계가 있다고 믿어졌다. 즉, 특정한 기억은 뇌의 특정한 장소에 저장된다고 믿었던 것이다.

문제는 프리브람 이론이 연구실 실험에서는 성공적이지 않았다는 것이었다. 실험들은 한 기능들을 담당하고 있다고 믿었던 뇌의 부분들이 제거됐을지라도 실험대상 동물들은 그 기능에 관한 기억을 유지하여 삶을 계속한다는 것을 보여 주었다. 다른 말로 하자면, 인간의 기억들과 뇌의 물리적 공간 사이에는 직접적인 상관관계가 없다는 것이다. 뇌와 기억에 대한 기계적 견해는 옳은 것이 아니었다는 것이 분명했다. 무엇인가 다른 일이 벌어지고 있었던 것이다. 수수께끼 같으면서도 놀라운 것으로 밝혀진 그 무엇인가가 말이다.

연구를 하는 동안 프리브람은 뇌가 기억들을 저장하는 방식과 홀로그램hologram이라는 패턴들을 통해 20세기 중반에 개발된 정보 기억장치 사이에 유사성이 있다는 것을 알아차렸다. 만약 당신이 홀로그램을 설명해 달라고 누군가에게 요청을 한다면, 그 사람은 아마 그것을 빛에 직접 노출되었을 때 표면 이미지가 갑자기 3차원으로 보이는 특별한 종류의 사진이라고 설명할지도 모른다. 이러한 이미지들을 만들어 내는 프로세스는 레이저 광선을 이용하는 방식을 포함하고 있기 때문에 그 사진의 형상은 필름 표면 전체에 분산되어 담긴다. 홀로그램 필름을 전형적인 카메라 필름과 다르게 만드는 것은 '분산성' distributedness이라는 특성이다.

이런 방식으로 홀로그램의 모든 부분은 비록 크기는 작지만 원래 보여졌던 것과 똑같은 전체 이미지를 담고 있다. 이것이 바로 홀로그램의 정의이다. 그것은 '무엇인가'의 각각의 부분이 전체 이미지를 담을 수 있게 하는 프로세스이다. 자연nature은 홀로그램 방식으로 이루어져 있으며, 정보를 공유하기 위해 이 원리를 이용하여 – DNA 안에서 이루어지는 돌연변이적 치유와 같은 – 의미심장한 변화들을 신속하게 만들어 내고 있다.

그렇기 때문에 우리가 우주를 은하계들로, 인간을 원자들로, 혹은 기억들을 단편들로 나눌지라도 원리는 동일하다. 즉, 각각의 조각은 전체를 반영하고 있다. 단지 보다 작은 크기로 말이다. 이것이 바로 홀로그램의 매력이자 힘이다. 홀로그램의 정보는 *모든* 곳에 존재하며 *어떤* 곳에서도 측정될 수 있다.

1940년대, 데니스 가버$^{Dennis\ Gaber}$[헝가리 태생 영국 물리학자. 역자주]라는 과학자는 최초의 홀로그램을 만들어 내기 위해 푸리에 변환$^{Fourier\ transforms}$[프랑스 수학자이자 물리학자 조제프 푸리에 남작(1768~1830)이 유도해 낸 공식. 한 유한구간에서 정의된 함수를 삼각함수의 급수로 나타내는 것을 푸리에 전개라고 하며, 이것을 무한 구간으로 확장한 것을 푸리에 변환이라 한다. 역자주]으로 알려진 복잡한 방정식들을 이용했으며, 이 업적으로 그는 1971년 노벨상을 수상했다. 프리브람은 만약 뇌가 정말로 홀로그램처럼 작동하며 뇌의 소프트 회로를 통해 정보를 분산시킨다면, 뇌는 푸리에 방정식들[어떤 고체 안의 온도분포를 방정식으로 표시한 것으로, 푸리에가 유도해 낸 열전도 방정식으로 다양한 경계조건에서 열 분포를 구해 냈다. 역자주]과 동일하게 정보를 처리해야만 한다고 추측했다. 뇌 세포들이 전기적 파동들$^{electrical\ waves}$을 만들어 낸다는 것을 알고 있던 프리브람은 푸리에 방정식들을 이용해서 뇌 회로들로부터 생성되는 패턴들을 실험할 수 있었다. 확실히 그의 이론은 옳았다. 그의 실험들은 뇌가 홀로그램과 동등한 방식으로 정보를 처리하고 있다는 사실을 입증했다.

프리브람은 자신의 뇌 모델을 하나의 홀로그램들 안에서 작동하는 또 다른 홀로그램들이라는 간단한 비유를 통해 설명했다. 한 인터뷰에서 그는 '시각 시스템 안에 있는 홀로그램들은 조각^{patch} 홀로그램들'$^{3)}$이라고 설명했다. 이들 조각 홀로그램들은 보다 큰 이미지의 작은 부분들^{portions}이다. "전체 이미지$^{total\ image}$는 단 한 개의 큰 렌즈 대신에 수백 개의 작은 렌즈들을 가지고 있는 곤충의 눈에서처럼 엄청나게 많은 이미지들로 구성되어 있다. 당신은 패턴을 경험할 때 모두 하나로 짜맞추어진 통합된 조각으로서 전체 패턴들을 인식하게 된다."[4] 이러한 인간과 우주에 대한 근본적으로 새로운 사고 방식은 다름 아닌 인간이 절실하게 원하거나 기도하고, 꿈꾸거나 상상할 수 있는 모든 가능성에 바로 접근할 수 있는 기회를 제공한다.

그 모든 것은 인간의 믿음이라는 것과 그 믿음들에 기여하는 생각들에서 시작된다. 우리가 앞 장에서 보았던 것처럼, 믿음 자체는 인간의 마음heart 속에서 형성된다. 그러나 믿음들이 생겨나게 하는 생각들은 *의식* 혹은 *잠재의식*conscious or subconscious mind이라는 뇌의 수수께끼 같은 두 가지 영역들 가운데 하나에서 비롯된다.

의식과 잠재의식 : 조종과 자동조종 The Pilot and Autopilot

우리 인간은 분명하게 하나의 뇌를 가지고 있다. 그러나 인간의 뇌의 각각의 부분들은 서로 다르게 작동하고 있다. 인간의 뇌가 작동하는 방식에 있어서 가장 일반적으로 받아들여지고 있는 구분은 의식과 잠재의식이라는 인간의 경험이다. 우리는 의식과 잠재의식 모두다 *우리*를 현재의 우리 자신 모습으로 만드는 역할을 한다는 사실을 오랫동안 알고 있었다. 이제 새로운 과학적 발견들은 그 두 가지 경험이 현실을 현실로 만드는 역할도 하고 있다는 사실을 우리에게 알려 주고 있다.

성공과 행복, 실패와 고통, 불임과 면역 결핍증과 같은 인간의 신체적 건강 상태들, 그리고 인간의 수명까지도 인간의 잠재의식적 믿음들subconscious beliefs과 연계되어 있다. 그리고 때때로 다른 사람들의 경험들이 우리 자신의 믿음을 현실로 만드는 기본 틀이 되게 하는 것 같은 가장 해로운 믿음들이 먼저 생기기 시작한다. 삶과 기억 사이의 이러한 연관성은 어떻게 만들어지는가? 그리고 우리는 그것을 어떻게 변화시킬 수 있는가? 이 같은 의문을 제대로 이해하기 위해서는 인간의 의식과 잠재의식 사이의 차이점과 그것들의 작동 원리를 이해할 필요가 있다.

의식이란 우리 인간이 일반적으로 가장 많이 연관되어 있다고 느끼는 뇌 기능이다. 왜냐하면 그것은 우리가 가장 많이 알고 있는 기능이기 때문이다. 우리가 다른 사람들을 바깥 쪽에서 들여다보기를 원하는 것과 마찬가지로 의식은 안쪽에서 바깥쪽으로 보는 우리 자신의 이미지를 만들어 내는 곳이다. 우리는 의식을 통해 주변의 사람들, 현재 시각, 행선지, 그리고 교통수단 등과 같은 그날그날의 세상에 관한 정보를 흡수한다. 우리는 그 모든 정보를 분석하고 처리한 다음, 목표 지점에 도달한 후에 무엇을 할 것인지 계획을 세운다.

번잡한 교차로 한쪽 길 모퉁이에 서 있을 때 우리가 겪는 경험은 인간의 의식이 어떻게 작동하며, 잠재의식이 그것을 얼마나 쉽게 이어받는지를 잘 보여 주는 예이다. 의식이 작동하고 있는 상태에서는 길 건너편 신호등이 안전하게 건너갈 때라고 알려줄 때까지 기다리는 것이 최선이라는 것을 알고 있다. 우리는 자신의 목숨이 위태로움에도 불구하고, 신호등이 가도 좋다고 알려 주기 전에 차들 사이로 건너갈 기회를 엿보려고 하는 다른 사람들이 있다는 것도 알고 있다! 우리가 다른 사람들이 그렇게 하는 것을 보고 있는 동안, 만약 '보행' 신호를 기다리는 것을 선택할 경우, 우리 자신의 의식은 그러한 모든 요소들을 고려해서 그 선택을 한 것이다.

그러나 만약 친구와 휴대폰으로 통화를 하고 있는 동안, 차량들의 흐름에 틈이 생기고 그저 '사람들의 흐름에 휩쓸려서' 그들을 따라 움직이기 때문에 그 모퉁이에서 함께 기다리고 있는 사람들의 무리가 집단적으로 그 길을 재빨리 건너간다면, 무엇인가 다른 것이 벌어진다. 자신의 주의력이 전화에 집중되어 있었기 때문에, 신호등에 주의를 기울이지 않았던 것이다. 우리의 잠재의식이 그런 선택을 했기 때문에 말 그대로 양떼처럼 다른 사람들을 따라간 것이었다. 이처럼 잠재의식은 상황들에 관해 '생각' 하지 않는다. 잠재의식은 그저 반응할 뿐이다.

이런 간단한 예를 통해서 볼 때, 인간의 잠재의식은 의식과는 매우 다른 역할을 하고 있는 것이 분명하다. 한 가지 예로 우리 인간은 자신의 잠재의식을 잘 알아차리지 못한다. 잠재의식의 언어와 잠재의식이 작동하는 방식을 알아차리도록 훈련받지 않는 한, 잠재의식이 있다는 사실 자체도 전혀 감지하지 못한다. 컴퓨터에 대한 비유를 이용하자면, 잠재의식이라는 것은 컴퓨터 하드 드라이브와 똑같이 많은 정보를 저장하는 것을 의미한다. 따라서 인간의 잠재의식은 뇌 속의 하드 드라이브라고 할 수 있다.

실제로 *당신*의 잠재의식은 평생 동안 경험했던 모든 것들의 기록을 가지고 있다. 잠재의식은 사건들 자체를 기록할 뿐만 아니라, 각각의 사건에 관해 당신이 어떻게 느꼈고, 무엇을 믿었는지에 관한 상호 참조 기록cross-referenced log도 역시 간직하고 있다. 그렇다. 모든 생각, 모든 감정, 당신이 한번이라도 받았던 모든 칭찬들과 격려는 모든 혹독한 말, 비판, 그리고 배신감과 함께 모두 잠재의식이라는 하드 드라이브 바로 그곳에 저장된다.

그리고 잠재의식은 인간의 삶에서 예상치 못하는 순간 겉으로 드러나는 경험들이다. 그 경험들이 나타나는 것을 원하지 않는 바로 그때 말이다!

질문 : 잠재의식은 언제 정지하는가?
대답 : 결코 정지하지 않는다

"좋아." 당신은 어쩌면 스스로에게 이렇게 말할지도 모른다. "의식적 혹은 잠재의식적 믿음들, 홀로그램 방식의 기억들이건 아니건 간에, 내 인생의 모든 사건들이 정말로 어딘가에 저장되고 있다고 칩시다. 내가 과거 경험들에 관해 신경을 써야 하는 이유는 뭐요? 그것들이 지금 나에게 중요하기라도 하단 말이요?"

그렇다. 그것들은 중요하다! 이유는 이렇다. 잠재의식이라는 것은 의식보다 훨씬 더 크고 강력하다. 비록 개별적인 경험들은 매우 다양하지만, 우리 인간의 일상생활 90퍼센트 이상이 잠재의식적 차원으로부터 지시를 받고 있는 것으로 추정되고 있다. 잠재의식은 매일매일 인간이 살아 있도록 하는 기능들을 자동적으로 작동시키는 역할을 하고 있다. 그러한 자동적인 반응들 대부분은 바람직스러운 것이다.

만약 당신의 잠재의식이 자동적인 반응을 하도록 *작동하지 않았다면* 당신의 삶은 어떻게 될까 궁금해 한 적이 있는가? 예를 들어 당신이 숨을 들여 쉴 때와 내쉴 때를 생각해 내야만 한다면 어떨 것인가? 혹은 정말 멋진 식사를 한 후 당신의 정신이나 육체가 하고 있던 모든 일을 중단해야만 하고, 몸에게 *자, 육체여, 이제 식사를 끝냈으니, 소화 프로세스를 시작해 주시게*라고 말해야만 한다면 어떨 것인가?

> **믿음 코드 16**
> 인간의 잠재의식은 의식보다 더 크고, 더 빠르다. 그리고 매일매일 인간 활동의 90퍼센트 정도를 담당할 수 있다.

제3장 뇌에서 마음으로 : 인간의 '믿음 공장'은 누가 운영하는가? 163

매일매일 인간의 생존을 지속시켜 주는 생물학적 기능들과 관련을 가지고 있는 잠재의식은 생존에 필요한 일들을 자동적으로 처리해 주는 아주 좋은 친구이다. 바로 그 잠재의식 덕분에 인간은 자신의 주의력을 사람, 열정, 초콜릿, 그리고 석양들과 같은 인생의 다른 일들에 기울일 수 있다. 의식과 잠재의식이 작동해서 받아들인 엄청난 양의 정보를 처리하는 방식은 인간에게 아주 큰 차이를 만들어내고 있으며, 삶에 있어서 가장 중요한 역할을 인간의 믿음이라는 것에 맡기고 있는 것이다.

의식은 엄청난 양의 정보를 처리하지만, 컴퓨터의 직렬 프로세서 serial processor처럼 한번에 데이터 한 조각을 처리하기 때문에 상대적으로 느리다. 반면에 인간의 잠재의식은 컴퓨터의 병렬 프로세서parallel processor처럼 작동한다. 병렬 프로세서는 정보를 다양한 곳으로 보낼 수 있도록 보다 작은 조각들로 나누기 때문에 엄청난 양의 정보가 모두 동시에 처리될 수 있다.

어떤 평가에 따르면, 인간의 의식과 잠재의식의 처리 속도의 차이는 수백 배나 된다. 예를 들면, 세포생물학자인 브루스 립튼박사에 따르면 잠재의식은 초당 2천만 비트의 속도로 정보를 처리한다. 반면 의식의 정보처리 속도는 초당 약 40비트에 불과하다.[5] 다른 말로 하자면, 잠재의식의 작동속도가 50만 배나 더 빠르다는 것이다. 심리학자 윌리엄 제임스가 세상을 움직이는 힘은 잠재의식 안에 있다고 말했던 것은 바로 이런 속도 차이 때문일지도 모른다. 잠재의식은 빠르며 본능적으로 작동한다. 잠재의식의 작동을 방해하거나 처리속도를 늦추게 하는 인간의 생각과 고려라는 것과 상관없이 말이다.

신속하고 본능적인 반응능력은 우리가 신속한 의사결정들을 해야만 할 때 필요한 것이다. 만약 우리를 향해 바로 달려오고 있는 트럭을 보고 있을 때, 그것도 엄청나게 큰 트럭이 엄청나게 빠른 속도로 달려오고 있을 때, 인간의 잠재의식은 거기로부터 벗어나게 하는 데 필요한 모든 것을 작동시키는 반응을 한다. 잠재의식은 의식이 다음과 같은 질문을 통해 상황을 분석하는 것을 기다리지 않는다. 그래 트럭이군. 근데 무슨 종류지? 혹은 나를 향해 달려오고 있는 저 정도로 큰 트럭이 어떻게 저렇게 빨리 달릴 수 있지?

만약 처리속도가 엄청나게 더딘 의식이라는 것이 이런 종류의 분석을 마치기를 우리가 기다린다면, 너무 늦어서 그저 당할 수밖에 없을 것이다. 핵심은 촌각을 다투는 결정이 요구되는 상황들 속에서, 때때로 세부적인 사항들은 정말 중요하지 않다는 사실이다. 그리고 인간의 잠재의식은 자신의 역할을 충실하게 하고 있는 것이다. 잠재의식은 생각하는 마음thinking mind보다 훨씬 더 빠르게 움직인다. 그러나 또 다른 경우 인간은 잠재의식이 빠르게 아주 잘 반응하는 것 때문에 목숨까지 걸린 대가를 지불하기도 한다. 우리의 반응들이 어릴 적 우리가 흉내 내면서 배웠던 다른 사람들의 믿음들을 근거로 할 때 특히 그렇다.

잠재의식적 믿음들subconscious beliefs은 도대체 어디서 생겨나는가?

연구들에 따르면 일곱 살이 될 때까지 인간의 뇌는 최면 혹은 꿈과 같은 상태라고 한다. 그런 상태에서 인간의 마음은 자신을 둘러싸고 있는 것들에 관하여 가능한 한 모든 것을 스폰지처럼 빨아들인다. 이 시기 동안, 인간은 문자 그대로 작은 스펀지와 같다. 무엇이 적합하거나 적합하지 않은지를 말해 주는 그 어떤 여과장치도 없이 자신을 둘러싸고 있는 세상에 관한 정보를 젖을 빨듯이 받아들이는 데 모든 시간을 보낸다. 일곱 살 이전의 인간에게 모든 것은 단지 정보일 뿐이다. 그리고 우리 인간은 그 정보의 모든 비트^{bit}를 기록하고 저장한다.

좋은 것, 나쁜 것, 추한 것과 같은 판단들과 편견들, 호감과 비호감에 대한 추후 인식과 우리를 둘러싸고 있는 사람들의 행동 패턴들, 특히 우리를 처음으로 돌보는 사람들의 행동 패턴들이 모두 여기에 포함된다. 예수 기사단$^{Jesuit\ order}$(예수회)의 창시자인 로욜라의 이그나시오$^{Ignatius\ of\ Loyola}$가 "아이를 일곱 살이 될 때까지만 저에게 주시면, 저는 당신에게 어른$^{the\ man}$을 드리겠습니다"[6)]라고 말했던 것은 바로 아이의 마음 상태가 이렇게 감수성이 예민하기 때문일지도 모른다.

오늘날의 기준에 따르면 비과학적인 말이지만, 로욜라는 잠재의식의 힘에 관해서 분명히 알고 있었다. 만약 예수회의 종교적 가치들을 어린 남자아이들의 머릿속에 주입시킬 수 있다면, 이러한 신념들이 그들이 어른이 되었을 때 믿음의 토대가 되리라는 것을 그는 확실히 알고 있었다. 윌리엄 제임스가 "젊은 사람들이 자신이 얼마나 빨리 그저 걸어 다니는 습관들의 덩어리가 되는지를 깨달을 수 있다면, 그들은 감수성이 강할 때 자신의 행위에 보다 주의를 기울이게 될 것이다"[7)]라고 말했을 때, 그 역시 바로 이 원리를 생각하고 있었다는 것은 의심의 여지가 없다.

예수회 교육원에 있거나 자신의 집에 있든 간에, 여과하거나 식별하지 않은 채 다른 사람들의 경험들을 단순히 '내려 받는'^{download}

나이일 때 인간은 그 경험들 속에 몰입된다. 그래서 다른 사람들의 믿음들이 세상과 내 자신에 관하여 옳다고 여기는 것의 토대가 된다는 사실은 놀라운 일이 아니다. 마음 먹었던 것이 무엇이든 간에 너는 될 수 있다는 말을 들었거나 결코 어떤 것도 되지 못할 것이라는 말을 들었던 모든 경우들까지 포함하여 우리는 어린 시절 자신이 노출되었던 모든 관점의 기록을 우리 자신의 믿음이 형성되는 바로 그곳에 가지고 있다. 다른 사람들의 관점들이 왜 우리 자신의 믿음이 되는가를 살펴보는 것은 어렵지 않다.

> **믿음 코드 17**
> 인간이 가장 깊숙한 곳에 지니고 있는 많은 믿음들은 잠재의식적인 것이며, 그것은 일곱 살 이전에 다른 사람들의 생각들을 흡수하는 것을 뇌가 허용할 때 시작된다.

때때로 어린 시절의 믿음들은 평생 동안 지속된다. 그리고 때때로 우리는 그것들을 변화시킬 좋은 명분을 발견하기도 한다. 우리 부모가 우리에게 말했던 것들이 현실이 됐을 때, 우리 부모는 모든 것을 알고 있으며, 절대로 옳다고 믿었던 경험을 가지고 있다. 그렇지 않은가? 나는 나의 엄마와 아빠가 모든 것을 알고 있다고 생각했던 시기가 있었다. 내가 가르침 받았던 것을 또래의 다른 아이들과 그들의 가족이 믿고 있던 것과 비교하기 시작할 때가 되어서야 비로소 나는 세상에 관해 생각하는 방식이 단 하나가 아니라는 사실을 발견했다. 세상에 관해 생각하는 방식들 중 몇몇은 미국 보수주의 성향이 아주 강한 지역의 작은 마을에서 자라면서 내가 배웠던 것들과는 아주 달랐다.

기억들과 잠재의식

기억은 호기심을 일으키는 대상이다. 때때로 삶의 가장 중요한 사건들의 세부적인 내용들은 며칠 사이에 사라진다. 반면에 평범한 순간들이 가장 오랫동안 머무르는 기억들이 되기도 한다.

언제인가 엄마와 함께 강변에 앉아 있었던 때를 나는 기억하고 있다. 가을이었으며, 공기가 서늘해서 체온을 유지하기 위해 나는 담요로 둘둘 싸여 있었다. 엄마와 나는 남자들이 강물 위에서 길고 좁다란 보트들을 저어가는 것을 보고 있었다. 나는 그 리듬을 기억한다. 그것은 완벽했고 동작은 부드러웠다. 보트들이 우리를 빠르게 지나쳤을 때, 강에는 마치 잔물결이 하나도 없는 것처럼 보였을 정도였다.

이와 비슷하게, 나는 2층에 있던 우리 작은 아파트에서 길거리로 나가기 위해 나선형 계단을 걸어 내려갈 때, 아빠의 무등을 타고 흔들거렸던 것을 기억한다. 우리가 매일 밖으로 나갈 때 지나가곤 했던 옆집 윌킨슨 부인의 아파트 밖 층계 중간에는 새장이 있었으며 그 안에는 앵무새가 있었다.

내가 나의 아주 어렸을 적 기억들을 엄마에게 이야기했을 때, 엄마는 믿기지 않은 듯 나를 쳐다보며 말했다. "너는 아마도 그때를 기억할 수 없을 꺼야. 그때는 네 아빠가 군 복무를 마치고 집으로 돌아온 후였어. 그리고 우리는 로드 아일랜드 프로비던스로 이사를 했지. 거기서 네 아빠는 브라운대학에 들어갔단다. 가을에 나는 너를 데리고 대학 조정경기 팀 실습을 보기 위해 강으로 갔었지. 그 시절을 네가 기억할 수 있을 리가 없어. 왜냐하면 그때는 겨우 한 살 반 밖에 되지 않았으니까 말이다!"

기억은 참 이상한 것이다. 왜냐하면 내가 이야기했던 그런 기억들처럼, 우리는 삶의 아주 작은 단편들을 의식적으로 기억할 수 있는 반면, 중요한 일을 우리가 종종 의식적으로 기억하지 못하는 이유는 그때 우리 주변 상황들이 우리 삶에서 벌어지고 있던 것에 반응했던 방식 때문이다. 그러나 우리가 그때 존재하고 *있었기* 때문에 우리는 기억을 *한다*. 기억을 하는 이유는 그 당시 잠재의식적 경험들이 인과관계와 삶을 다루는 방식의 청사진blueprint이 되기 때문이다.

잠재의식적 경험들은 우리 의식이 알아차리지 못한 기억들이기 때문에 우리 자신이 그 기억들을 드러낼 때 그것들을 알지 못한다. 다른 사람들에게는 분명히 보일지라도 말이다. 그러나 이러한 믿음들을 우리가 즉각적으로 인식하지 못한다는 것이 그것들이 무엇이며, 혹은 그것들이 우리 삶에 어떻게 영향을 미치는지를 결코 알지 못한다는 것을 의미하지는 않는다. 우리는 주변에 있는 사람들과 함께 매일같이 그것들을 나타내고 있는 중이다. 그 믿음들은 가장 친밀한 연애 관계, 친구 관계, 사업과 직업이라는 형태 안에 그리고 우리의 건강 상태 속에 반영되고 있다. 세상은 개인적, 집단적으로 혹은 의식적, 잠재의식적인 인간의 믿음이 반영된 것 그 이상도, 그 이하도 아니다.

여기서 핵심은 인간의 일상적인 행동의 90퍼센트 혹은 그 이상이 출생 후 일곱 살이 될 때까지 축적했던 정보의 저장소로부터 나오는 반응들이라는 사실이다. 만약 어렸을 적 우리를 돌보는 사람들이 건강하고, 생에 대한 긍정적인 방식으로 세상에 반응했다면, 우리는 그들의 반응에 대한 기억 때문에 혜택을 얻게 된다. 그러나 나는 그러한 좋은 환경에서 성장했다고 솔직하게 말할 수 있는 사람들을 쉽게 만나지 못했다. 우리 대부분은 긍정적인 면과 부정적인 면이 뒤섞여 있는 환경 속에서 잠재의식적인 습관들을 배웠던 것이 현실이다. 인간의 마음 속에 아주 깊이 붙어넣어진 몇몇 믿음들은 인생의 시련들에 부딪혔을 때 긍정적이고 치유의 길들로 우리를 이끌었으며 또 다른 믿음들은 정반대의 일을 했다.

잠재의식적 믿음 subconscious belief 발견하기

사람들의 긍정적인 믿음들은 드물기는 하지만 문제가 되기도 한다. 엄청나게 큰 기쁨 혹은 자신의 삶에서 벌어지는 아주 많은 좋은 일들이 넘쳐날 때 사람들은 결코 불평하지 않는다. 문제들을 일으키는 것은 부정적인 패턴들이다. 보다 더 정확하게 말하자면, 삶에 있어서 가장 커다란 고통의 근원이 될 수 있는 것은 *그러한 패턴들을 부정적으로 받아들이는 인간의 지각*perception*이다.* 거의 보편적으로 사람들에게 숨막히는 느낌이 들게 하는 경험들은 어린 시절에 획득한 부정적인 믿음들로 여겨지는 것에 그 뿌리를 두고 있다. 우리가 그 부정적인 믿음들을 우리 자신 안에서 알아차리기 힘든 것은 바로 그것들이 잠재의식적인 것이기 때문이다.

바로 이 이유 때문에, 나는 종종 세미나 참석자들에게 어린 시절 그들을 돌보아준 사람들의 성격들, 특히 그들이 부정적이라고 여겼던 특징들을 차트를 통해 확인할 수 있는 기회를 제공하고 있다. 그 차트를 작성하는 목적은 *어린 아이였던 동안 우리 자신이 형성했던* 이러한 특성들에 대한 잠재의식적인 느낌들과 믿음들을 파악하기 위한 것이다. (나는 신의 매트릭스 The Divine Matrix라는 나의 저서에서 간략하게 다뤘지만, 그러나 여기서 나는 정말로 이 일을 당신 스스로 해보라고 권할 것이다.) 그 과정은 빠르고, 간단하며 효과가 있다.

만약 당신이 오늘날 당신의 인생에 있어서 중요한 역할을 하고 있는 잠재의식적인 믿음들에 대한 통찰력을 얻고 싶다면, [그림 9~11]에서 보여 주고 있는 내용들을 별도의 종이 혹은 개인 노트에다 그림 아래에 적혀 있는 지시사항들에 따라 완성해 보라.

만약 사람들, 상황, 그리고 인생에서의 인간 관계처럼
우리를 둘러싸고 있는 패턴들을 우리가 알아차릴 수 있다면,
그 패턴들의 근원인 우리 안에 있는 잠재의식적 믿음들에 대한
좋은 생각을 가지게 될 것이다.

	남성	여성
B (+)		
A (−)		

[그림 9] 당신의 어린 시절 돌보아준 사람들의 긍정적인, 그리고 부정적인 특성들을 파악하기 위한 차트를 완성하기 위한 지침들

- 상단 부분(B)에는 돌보아준 모든 남성과 여성의 긍정적(+) 특성들을 기록할 것. 그들은 친부모나 입양부모로부터 형제 자매, 나른 친척들 혹은 가족들의 친구들에 이르기까지 모두 해당됨. 그 사람들이 누군가는 상관없이 질문은 자신의 나이가 약 열다섯

살이 되기 전까지인 성장기에 당신을 돌보아주었던 사람들과 관련이 있음.
- 하단 부분(A)에는 B부분을 작성할 때와 동일한 방식으로, 돌보아준 사람들의 부정적(-) 특성들을 기록할 것. *주의사항* : 리스트 작성은 어린 아이의 순진한 시각에서 당신이 그들을 보았던 방식을 근거로 해야 한다는 것을 기억할 것.
- 도움이 되는 힌트 : 한 개의 단어, 간명한 부사들 혹은 짧은 어귀를 사용할 것.

내가 여는 세미나에서는 이런 작업이 끝나면 참석자들은 칸 안에 자신들이 적은 단어 혹은 어귀를 무작위로 큰 소리로 말한다. 내가 언급했던 것처럼, 부정적인 특성들에서 흔히 우리를 가장 괴롭히는 무의식적 패턴들에 관한 실마리들을 발견하게 된다. 차트 작성을 통해 어린 시절 우리를 돌보아준 여성과 남성의 부정적인 특성들을 우리가 어떻게 여겼는지를 살펴보기 시작한다.

이렇게 할 경우, 즉시 흥미로운 일이 벌어지기 시작한다. 즉, 한 사람이 자신을 돌보아준 사람에 대한 기억을 다른 사람에게 이야기하면, 다른 사람들도 그와 똑같은 느낌을 나타낸다. 많은 경우 심지어 똑같은 단어로 말이다. 한 프로그램에서 추출된 샘플 단어들을 보면, 돌보아준 주요한 사람들을 서술하는 데 있어서 사람들이 거의 동일한 단어들을 사용하고 있음을 알 수 있다.

냉담한	통제하는	도움이 되지 않는	비판적인
심판하는	질투하는	엄격한	인색한
차가운	두려운	정직하지 못한	부당한

자신들이 적은 단어들을 공유하고 나면 세미나실은 밝은 분위기

로 바뀐다. 모든 사람들은 자신들이 보고 있는 것에 대해 웃음을 터 뜨리기 시작한다. 비록 그들은 서로 아주 잘 알지는 못할지라도, 그들은 모두 한집안 출신인 것 같은 생각이 들게 된다. 어떻게 그렇게 다양한 배경들을 가지고 있는 많은 사람들이 그렇게 비슷한 경험들을 가지고 있는 것일까? 이 수수께끼에 대한 해답은 바로 인간의 잠재의식적 믿음들로 형성된 틀 안에서 강력하게 작동하고 있는 패턴이다.

[그림 9]와 같은 차트를 함께 완성한 후, 세미나 참석자들은 [그림 10]에서 볼 수 있는 질문에 답변을 한다. 삶을 보다 좋게 만들었던 무수한 것들이 있지만, 이 질문지는 자신을 돌보아준 사람들에게 *정말로 원했던* 것이 무엇이었는지에 관해 묻는 것이다.

나의 제안이 당신의 반응에 영향을 미치게 하고 싶지 않지만, 예시들은 때때로 도움이 된다. 과거에 있었던 세미나에서 확인된 결과를 보면, 사람들이 정말로 원했던 것들은 사랑, 우정companionship, 배려attention 등과 같은 것들이었다.

	당신을 돌보아주는 사람들에게 당신이 가장 원했고 필요했던 것은 무엇이었나요?
C	

[그림 10] 한 단어 혹은 간명한 말로 어린 시절 당신을 돌보아준 사람들로부터 받은 것들 중에 당신에게 가장 중요한 것들을 기입할 것. *이번 질문에는 당신이 성인으로서 오늘날 당신의 삶 속에서 살아가는 관점에서 답할 것*. 다시 한번 한 단어 혹은 간명한 말을 사용할 것.

당신이 다음에 할 것은 [그림 11] 속의 차트를 채우는 것이다. 이 과정의 목적은 당신에게 생각나는 어린 시절 반복되었던 좌절들을 확인하는 것이다. 그것들은 당신이 기억하는 것만큼 큰 일일 수도 있고, 작은 일일 수도 있다. 또 이야기를 듣지 못했거나 가지지 못한 것들에서부터 당신이 한 일들에 대해 인정받지 못한 것에 이르기까지 다양할 수 있다.

어렸을 때 보통 우리는 매우 창의적이며 필요한 것들을 여러 가지 방법으로 얻는 길을 발견한다. 차트에 기록한 어린 시절 좌절했던 상황에 대하여 당신이 어떻게 대처했는지를 기술해 보라. 당신이 원했던 것을 얻기 위해 삶 속에 있던 장애물들을 어떻게 다루었는가? 그것들은 단순한 주제들일 수 있다. 예를 들면 '규칙을 어겼다', '세상으로부터 숨었다' 혹은 '다른 지지 원천을 찾았다' 처럼 말이다.

	1. 당신의 좌절들	2. 좌절에 대한 대처
D		

[그림 11] 어린 시절 당신이 좌절했던 일들과 그것들을 어떻게 대처했는지를 기술할 것. 이전 단계와 마찬가지로 할 수 있는 데까지 한 단어 혹은 짧은 어귀로 답할 것. 그 이유는 그 답변들을 활용을 하는 데 보다 쉬울 것이기 때문임.

이 실습은 당신의 잠재의식적 믿음들을 발견하기 위한 것이다. 이 실습의 마지막 부분은 그림 9, 10, 11 안에 있는 차트들로부터 가져온 한 단어 혹은 짧은 어귀들을 이용하여 다음에 보게 될 간단한 문장을 완성하는 것이다. 그것을 하는 동안, 그 어떠한 절대적인 기준은 없다는 것을 명심하기 바란다. 드물지만 어떤 패턴들은 '절대적으로 그렇다' 혹은 일어났던 것이 '확실하다'고 말할 수 있을 정도로 당신의 삶 속에서 아주 분명하게 정의 내려진다. 여기서 확인하게 될 것은 오늘날 당신의 삶 속에서 드러날 수도 있는 주제들과 잠재의식적인 패턴들이다.

당신 자신을 알아보기 위해 다음 진술문들을 다른 종이나 개인 노트에다 완성해 보라.

진술 1 : 때때로 내 삶 속으로 끌어들이는 사람들은 [그림 9 A부분에 기록했던 단어들로 밑줄 친 부분을 완성하시오] _____ _____ 사람이다.

진술 2 : 나는 그들이 [그림 9 B부분에 기록했던 단어들로 밑줄 친 부분을 완성하시오] _____이기를 원한다.

진술 3 : 그래서 나는 [그림 10 C부분에 기록했던 단어들로 밑줄 친 부분을 완성하시오] _____ 을 가질 수 있다.

진술 4 : _____로써 나는 때때로 이렇게 되는 것을 참는다. [그림 11 D2부분에 기록했던 단어들로 밑줄 친 부분을 완성하시오]

당신의 차트가 완성되기도 전에 당신 인생의 스토리 안에 있는 패턴들이 드러나기 시작할지라도 놀라지 말라. 나는 어떻게 이런 것들이 당신의 잠재의식적 믿음들을 이해하게 할 수 있는지를 살펴볼 것이다.

일단 우리가 우리 자신의 패턴들을 확인하는 일을 시작하면, 마치 다른 모든 일들이 정말 우리 상황에 꼭 들어맞는 것처럼 보인다. 다음은 완성된 차트가 무엇을 말해 주는지를 보여 주는 샘플이다.

진술 1 : 때때로 내 삶 속으로 끌어들이는 사람들은 *화난, 허용하지 않는, 단정적인* 사람이다.
진술 2 : 나는 그들이 *사랑해 주기를, 이해해 주기를, 받아들여 주기를* 원한다.
진술 3 : 그래서 나는 *사랑, 우정*을 가질 수 있다.
진술 4 : *세상으로부터 숨음으로써, 규칙을 어김으로써* 나는 때때로 이렇게 되는 것을 참는다.

이 간단한 실습은 당신 자신의 믿음의 패턴들을 볼 수 있게 해주는 강력한 도구이다. 당신 자신의 믿음들은 기억들, 지각들, 판단들, 그리고 욕망들의 부산물이다. 각 질문항목을 솔직하게 답변함으로써, 당신은 스스로 당신의 삶 속으로 가져온 경험들에 새로운 빛을 비출 수 있는 잠재의식적 믿음들의 요소들이 어떤 것들인가를 파악할 수 있다.

앞서 언급했듯이, 어떤 믿음이 잠재의식적인 믿음으로 되는 데에는 그 어떤 절대적인 기준은 없다. 이 실습은 단지 일반적인 패턴들을 확인하고 가이드라인을 제공하기 위해 만들어진 것이다. 완성된 차트 속에 있는 정보가 당신에게 의미하는 바는 다음과 같다.

진술 1은 때때로 어린 시절 돌보아준 사람들 가운데서 당신이 덜 좋아했던 바로 그 특성들을 가진 사람들을 당신의 삶 속으로 지금

끌어들이고 있거나 과거에 끌어들였다는 사실을 깨닫게 하는 데 도움을 준다. 그런 사람들을 찾는 것이 당신에게는 의식적인 선택이 아니었을 수도 있지만, 그것은 우연의 일치 역시 아니다. 당신은 이러한 특성들을 어린 아이였을 때 부정적인 것으로 지각했다. 또 당신은 그것들에 대해 강한 반감을 가지고 있었기 때문에, 당신은 그러한 특성들에 대해 감정적인 '책임감' charge 을 만들어 냈다. 어린 시절 (비난 혹은 무시되는 것과 같은) 부정적인 특성에 대한 혐오는 당신이 성인이 됐을 때 그것을 당신의 삶 속으로 끌어들이는 자석으로 작용한다.

물론 이러한 부정적인 특성들은 흔히 당신이 긍정적인 방법으로 끌어들이는 다른 긍정적인 특성들에 의해 가려진다. 이러한 현상은 연애 관계와 우정에서 일반적으로 나타난다. 그러한 관계에서는 우리는 처음부터 우리 자신이 보기 원하는 호의적인 태도들만 보는 경향을 나타낸다. 연애 혹은 신뢰관계에 있어서 우리가 처음에 느끼는 매력은 궁극적으로 가장 깊고 강한 반감들을 불러일으키게 될 관계로 우리를 꾀어들인다.

종종 격렬한 말다툼을 할 때 친구 혹은 파트너를 자신의 어머니, 아버지 혹은 어린 시절 돌보아준 다른 사람들과 비교하는 소리를 듣게 되는 이유는 바로 이 때문이다. 성인의 인간관계에는 어렸을 적 자신을 돌보아주었던 사람들의 세상에 대한 반응들이 투영되고 있기 때문에 그와 같은 방식으로 솔직하게 드러나는 것이다. 잠재의식적인 차원에서 우리는 '나쁜' 특성들을 가지고 있는 사람들은 나쁜 사람들이라는 믿음을 만들어 낼 수 있다.

진술 2는 당신이 흔히 다른 사람들에게 기대하고 있는 것들이 자신을 돌보아준 주요한 사람들에게서 좋고 긍정적이라고 여겼던 바로 그 특성들이라는 것을 말해 준다. 따라서 당신이 가장 친밀한 인간 관계에서 추구하고 있는 사랑, 양육, 배려 그리고 친절이라는 성격의 표현들은 당신이 어린 시절에 긍정적이라고 감지했던 것이라는 사실은 놀라운 일이 아니다. 그것들은 그 당시 당신에게 이로움을 주는 것이었으며, 성인이 되어서도 당신은 여전히 그것들을 그런 식으로 여기고 있다. 당신은 그들은 좋은 사람들이며, 이러한 특성들을 가지고 있는 사람들은 좋은 사람들이라고 믿고 있는 것이다.

진술 3은 어린 아이의 관점에서 당신이 가장 필요하고 원하는 것들에 관한 자각을 일깨워 준다. 궁극적으로 이 질문의 답변은 이제 당신은 비록 성장했지만, 당신은 여전히 어렸을 때 바랬던 것과 본질적으로 동일한 것들을 추구하고 있다는 사실을 보여 주고 있다. 다만 지금 당신은 보다 복잡하고 전형적인 성인의 방식으로 그것들을 가지려고 하고 있을 뿐이다.

진술 1~3의 내용들은 흥미롭고 당신의 삶에 있는 패턴들을 확인해 주고 있을지도 모른다. 그러나 진술 4는 이 실습을 하는 가장 중요한 이유라고 할 수 있다. 진술 4의 내용은 당신이 어렸을 때 잠재의식적으로 배웠던 기술들을 성인용으로 발전시켜 지금 필요한 것들을 충족시키려고 노력하고 있기 때문에 자신의 삶에서 얻을 수 있는 가장 큰 기쁨과 성취들이 방해받고 있는 중일지도 모른다는 것을 시사한다.

인간은 습관이 만들어 낸 산물이다. 일단 인간은 효과적으로 작동하는 무엇인가를 발견하면, 그것에 집착하는 경향이 있다. 만약 그

'무엇인가'가 영예롭고 삶에 긍정적인 과정이라면 유익한 것일 수 있다. 그러나 만약 그것이 우리 혹은 다른 사람들에게 영예롭지 않거나, 자신이 원하고 필요한 것을 얻기 위해 삶의 장애물들을 그릇되게 극복하는 방식이라면, 그것은 유익하지 않을 수 있다. 특히 그것은 우리 자신의 가장 깊숙한 곳에 위치한 꿈들을 파괴할 수 있다.

반복해서 말하자면, 이 실습에는 그 어떤 필연성들은 없다. 질문 항목들은 오늘날 우리가 살아가는 데 있어서 기쁨, 성공, 그리고 풍요로움으로부터 우리 자신을 차단시킬 가능성이 있는 잠재의식적 믿음의 패턴들을 드러내 보이기 위해 디자인된 것이다. 우리는 우리 자신 안에서 이러한 패턴들을 볼 수 없다. 그렇지만 그 패턴들은 우리 자신의 인간 관계들 속에 투영되고 있기 때문에 이 실습을 통해 드러나는 것이다.

세미나에서 이 실습을 실시할 때마다 나는 내 자신의 차트를 완성한다. 그것을 할 때마다 나는 새로운 무엇인가를 배우기 때문이다. 내가 그 과정을 얼마나 많이 함께 했는지 정확한 횟수를 기억할 수는 없지만, 나는 항상 나를 돌보아주었던 사람들에 대해 묘사하는 다른 특성을 생각하거나, 아니면 어린 시절의 어려움들을 극복했던 또 다른 방식을 문득 떠올린다. 사람들의 대답들이 다양할 수 있는 이유는 사람들이 자신의 일생을 통해 끊임없이 변하기 때문이다. 그리고 우리가 그렇게 변함에 따라 관점들도 마찬가지로 변하고 있다. 자신의 과거를 보는 관점들까지 포함해서 말이다.

이 차트는 잠재의식적 믿음들이라는 복잡한 세계를 효과적으로 들여다볼 수 있는 창을 제공해 준다. 단지 이 실습이 시간이 얼마 걸리지 않고 쉽다는 이유만으로 그것이 효과적이지 않다고 생각하지 말기를 바란다. 개인적으로 나는 이러한 간단한 질문들로부터 얻은 통찰력의 힘을 믿고 있다. 그 통찰력이 자기 자신의 목숨을 끊으려는 순간에 있는 사람들에서부터 살기를 원하지만 생명을 앗아가는 질병을 앓고 있는 사람들에 이르기까지 극단적인 상황들을 변화시킨 것을 목격했기 때문이다. 이 실습에서 참석자들이 한 것은 그들 자신의 기억의 처음 몇 년 간을 살짝 들여다본 것이었다. 그러나 그것을 통해 사람들은 자기 자신의 가장 잘못된 믿음들이 자신이 만들어 낸 것이 아니라, 자신을 돌보아주었던 사람들로부터 받아들인 것들이었다는 사실을 깨닫게 된다.

그래서 나는 당신에게 이 차트를 한번 이상 이용하기를 권하고 싶다. 특히 당신이 삶 속에서 주요한 변화들 혹은 도전들을 겪고 있는 중일 때는 말이다. 그러한 시기에 처해 있을 동안 당신의 삶 속에서 가장 어렵게 보이는 문제들은 때때로 다른 사람들과의 관계 속에서 드러나는 경향이 있다. 그러한 문제들이 드러날 때 당신은 그것을 피하지 말라! 바로 그때가 깊숙하게 숨겨졌던 당신의 믿음들을 의식적으로 인식함으로써 그것을 치유할 수 있는 때이기 때문이다.

현실이 되는 믿음 Believing into Reality

믿음은 인간의 삶에서 엄청나지만 보이지 않는 역할을 하고 있다. 그러나 이 생각에 대해 사람들이 저항감을 나타내는 것은 결코 이상하지 않다. 어찌 되었든 간에 아주 단순하게 보이는 믿음이라는 것은 실제로 얼마나 큰 힘을 가지고 있을까?

변화는 완력 brute force 을 통해 이루어진다고 생각하도록 조건화되어 있는 세상에서 우리는 살고 있다. 무엇인가 변화가 이루어지기를 원할 경우, 그 변화가 일어나기 위해서는 현실의 상황이 극복되어야만 한다고 우리는 배웠다. 극복되어야만 할 현실은 종양 제거수술, 찬성 투표를 던지는 것이거나 혹은 독재자에 대한 군사적 타도 등등 다양하다. 그러나 노력을 많이 하지 않는다면, 현실의 변화는 불가능하다는 것이 일반적인 생각이다. 그렇다면 모든 사람들이 이미 가지고 있는, 보이지 않는 힘을 통해 우리 세상, 우리 육체, 혹은 그 밖의 모든 것들을 변화시키는 것이 정말로 가능할까?

> **믿음 코드 18**
> 삶에 있어서 가장 큰 시련을 받을 때 깊숙하게 숨겨진 인간의 믿음들이 드러나며, 우리 인간은 자신의 믿음들을 치유를 위해 이용할 수 있다는 것을 발견한다.

이러한 질문들은 좋은 질문들이다. 그 질문들에 답하기 위한 가장 좋은 방법은 아마 하나의 예를 드는 것이리라. 다음 이야기는 한 사람의 믿음이 집중될 때 나타날 수 있는 힘을 잘 보여 주고 있다. 이 경우는 다른 사람이 경험한 고통을 자신의 육체를 통해 비추어 내는 한 남자의 믿음이다. 이 사례에서 우리는 어떤 것에 대한 믿음을 가진 사람이 영원히 변하게 되었을 뿐만 아니라 그것을 목격했던 사람들의 삶들도 똑같이 됐다는 것을 알게 된다.

다음 날 아침 일찍 예정된 발표를 준비하기 위해 나는 오후 늦게 회의 장소에 도착했다. 나와 똑같은 이유로 먼저 왔을 몇몇 친구들과 회의를 마친 후, 우리는 늦은 점심 겸 저녁을 먹고 세미나 진행을 위해 휴식을 취하기로 의견을 같이 했다.

좌석을 배정받기 위해 많은 손님들이 기다리고 있던 식당 입구에서 무슨 일인가 벌어진 것은 우리가 자리를 잡은 지 불과 몇 분밖에 지나지 않은 후였다. 무슨 일이 벌어졌는지 알아차리기는 어렵지 않았다. 식사를 하고 있던 2백여 명의 친구들, 발표자들 그리고 호텔 투숙객들의 웅성거림이 갑자기 뚝 멈췄다. 쇼가 이제 시작하려고 한다는 것을 알아차렸을 때 청중들 사이에서 돌아다니던 파동은 조용해진다. 그렇게 식당 전체는 금방 조용해졌다. 모든 시선은 막 들어오려던 한 떼의 사람들과 그들이 둘러싼 한 남자에게로 쏠렸다. 나 역시 내가 본 것 때문에 상당히 당황한 사람들 중의 하나였다.

여종업원이 식탁들 사이로 십여 명의 사람들을 안내하는 것을 지켜보았을 때, 나는 그 그룹 한 가운데 있던 남자로부터 눈을 뗄 수 없었다. 그는 자신을 둘러싸고 있는 사람들보다 키가 더 컸다. 그의 눈빛은 평화로웠으며, 머리 숱은 많고, 검고, 곱슬거렸다. 그의 얼굴은 대부분 짙은 수염으로 덮여 있었다. 그는 순백의 헐거운 상하의를 입고 있었으며, 그것들은 서로 거의 구별이 불가능했다. 그의 옷차림은 이미 그 공간에 있던 대부분의 사람들이 유니폼처럼 입고 있던 청바지와 티셔츠 차림과는 대조를 이루고 있었다. 한 가지는 분명했다. 이 남자는 '같은 부류의 사람'이 아니었던 것이다. 그러나 그것이 우리 주의를 끌었던 것은 아니었다.

옷차림, 머리, 그리고 수염이 한데 어우러진 모습 때문에 이 남자는 그 공간에 있는 사람들로부터 즉각적인 반응을 끌어당겼다. 나는 그가 예수처럼 보인다고 속삭이는 소리를 듣기도 했다. 그가 우리 식탁을 지나쳐 걸어갔을 때, 그의 눈과 내 눈은 마주쳤으며, 우리 서로는 머리를 가볍게 끄덕이는 것으로 인사를 나누었다. 바로 그때 나는 내가 멀리서 그저 의심했던 것을 확실하게 보았다.

그의 이마 가운데에서 콧대 쪽으로, 그리고 그의 두 눈썹 사이의 좁은 공간을 가로질러서 실수로 생겼다고는 볼 수 없는 상처 자국이 있었다. 그것은 십자가였다. 그러나 그것은 평범한 십자가가 아니었다. 거기에는 그 남자의 얼굴 위에 마치 문신처럼 새겨진 듯한, 완벽한 십자가의 비율의 아물지 않은 상처 자국이 있었다. 반창고를 붙이지 않았기 때문에 피가 상처에 말라붙은 그 상처는 윤곽이 뚜렷이 보였다.

스쳐 지나가면서 마치 인사라도 하듯 애매한 몸짓으로 그가 자신의 손을 들어올렸을 때, 나는 그의 몸에 상처가 있는 곳이 단지 이마뿐만이 아님을 알 수 있었다. 그의 양손은 그의 옷 색깔에 맞춘 흰색의 붕대로 감겨 있었다. 피가 붕대 위로 스며나와 얼룩져 있었다는 것만이 달랐을 뿐이었다. 그가 자신의 식탁을 향해 걸어가고 있는 동안 무리를 지어 그를 따르고 있던 다른 사람들은 약간 짜증나는 듯한 눈초리로 나를 힐끗 쳐다보았다. 마치 다음과 같이 말하는 것 같은 모습으로 말이다. *"왜 그래? 이렇게 피를 흘리는 남자를 한번도 본 적이 없어?"* 그들은 자신들이 공개적인 장소에 나섰을 때, 사람들로부터 그러한 눈초리를 받는 것에 분명히 익숙해 있었다. 내 마음 속에서는 거의 즉각적으로 한 단어가 떠올랐다. 그리고 될 수 있는 한 조용하게, 거의 본능적으로 작은 목소리로 속삭였다. "스티그마타stigmata[예수가 골고다 언덕에서 수난을 받을 때 양 손, 양 발, 옆구리에 입은 상처. 기독교에서는 예수의 흔적, 성흔이라고 불린다. 역주]다! 이 남자는 성흔을 가지고 있다!"

그 사람들이 자리에 앉자, 다른 사람들은 다시 식사를 하면서 내화를 나누었다. 식당 안에는 웅성거림이 다시 시작되었다. 스티그마타 현상 – 예수가 십자가에서 고난을 받아 생긴 상처들과 아주 똑같은 상처들이 사람들의 몸에 나타나는 사례 - 에 관해서 나는 책을 통해 확실히 알고 있었다. 그러나 살아 있는 예를 실제로 본 적이 없었다. 그러나 여기에 바로 그런 사람이 있었다. 10미터도 떨어지지 않은 곳에 앉아서, 호텔 식당 식사를 하려고 준비하고 있었던 것이다. 나는 곧 그가 이번 컨퍼런스에서 마지막 연사로 나설 예정이라는 사실을 알게 됐다.

그러자 바로 내 마음 속에는 질문들이 꼬리를 물고 일어나기 시작했다. 질문은 누구에게나 뻔한 것이었다. *그것이 어떻게 일어난 것인가?* 내가 그의 몸에서 볼 수 있는 신체적 상처들로 나타날 정도로, 한 사람의 믿음이 어떻게 그 정도로 강할 수 있을까? 나중에 알았지만, 그의 발과 옆구리에도 상처들이 있었다. 복음서에 기록된 십자가의 수난에 따른 그리스도의 상처들과 모두 일치되는 상처들 말이다.

2천 년 전에 벌어졌던 한 사건이 오늘날 이 남자에게 이렇게 강력하게 영향을 미칠 수 있었던 것은 무엇 때문이었을까? 보다 자세하게 말하자면, 그 사건에 관한 이 남자의 느낌들이 그 자신의 삶에 그러한 영향을 미쳤던 것은 과연 무엇 때문이었을까? 이 질문에 대한 대답과 플라시보 효과라는 수수께끼는 두 가지 모두 과학으로서의 의학이 연구를 깊이 하지 못했던 분야라는 것을 알려 주고 있다.

육체에 관한 믿음 Belief over Body

지난 3세기 동안, 우리는 우주와 삼라만상의 작동 원리를 설명하는 과학의 언어를 신뢰했다. 전통적인 과학적 모델은 성흔에 대해서는 아무런 설명도 하지 않고 있다. 과학자들은 기괴한 현상을 목격할 경우, 그것을 예외적인 것으로 돌려버리는 경향이 있다. 언제가 다른 시점에서 재검토될, '아직 풀지 못한 수수께끼'로 분류함으로써, 과학자들은 자신들의 불편한 마음을 숨긴다. 그러나 그것은 과학자들이 세상이 어떻게 작동하는지를 보여 주고 있는 원리를 무시해 버린 것과 같다.

인간의 믿음이라는 것이 실제로 한 사람의 가장 심오한 느낌들을 자신의 육체의 표면에 나타나게 할 정도로 그렇게 강력할 수 있을까? 틀림없이 그렇다! 플라시보 효과에 관한 연구는 플라시보 효과가 한 남자의 이마에 생겨난 기독교 십자가와 동일한 것이라고 생각하도록 강요하고 있지는 않다. 그러나 또 다른 과학적 연구들은 우리에게 바로 그것을 말해 주고 있다. 우리 인간이 무엇인가를 진실이라고 믿는다면, 인간의 믿음은 그 믿음이 현실화되도록 육체에게 명령하기 위해서 플랑크 매트릭스Planck's matrix[1944년 양자역학의 창시자로 불리는 독일의 물리학자 막스 플랑크는 모든 물질은 오직 어떤 힘에 의해서만 비롯되고 존재하며 이러한 힘의 뒤에는 의식과 지성을 가진 존재가 있다고 추정해야 마땅하다고 주장했다. 막스 플랑크는 행성과 생명체의 DNA를 비롯해 우주 만물 모든 것이 탄생한 곳이 '매트릭스'라고 선언했다. 역자주]라는 에너지 장에서 다른 힘들과 결합한다. 때때로 그 결과는 인간의 육체를 넘어 물질적인 세계 속에서 드러난다. 중동 지역에서 실시된 평화 실험에서처럼 말이다. 성흔의 경우는 그러한 느낌들이 육체에 반영된 것이다.

인간의 의식석, 잠재의식적 믿음들은 세상과 자신을 둘러싸고 있는 정보의 일부분이다. 신체 조직들과 피부의 재생에서부터 플라시보 실험들에서 설명되는 치유들에 이르기까지 인간의 구성 요소는 인간의 가장 깊숙한 믿음의 틀에 따라 움직인다. 바로 이 점이 세포

생물학의 새로운 발견들을 아주 흥미롭게 만들고 있다. 왜냐하면 세포 생물학이 발견한 사실들은 인간의 구성 요소가 믿음의 틀에 따라 움직인다는 것을 우리에게 알려 주고 있기 때문이다. 바로 과학의 언어로 말이다.

'저기 밖에' 있는 에너지 장이 인간의 세포들 속에서 인간의 구성 요소들이 작동하는 방식에 대해 영향을 미치고 있다는 연구 결과는 최근에 과학적 인정을 받았다. 그 연구 결과에 대한 과학적 인정은 전통적인 생명과학 세계 전체에 충격파를 던졌다. 그동안 생물학자들은 생명의 수수께끼를 푸는 열쇠는 바로 DNA라는 믿음 속에 빠져 있었다. 그러나 그들은 이제 유전자들이 그것들을 둘러싸고 있는 에너지 장으로부터 전해지는 정보에 반응한다는 사실을 입증한 연구결과들 때문에 자신들의 입장을 재고해야만 하게 됐다. 중요한 것은 인간의 심장에 의해 만들어진 전자기적electromagnetic 파동인 믿음이라는 것이 그 에너지 장의 일부라는 것이다. 다른 말로 하자면, DNA는 분명히 중요하며, 세포 속에서 생명의 언어를 전달하는 암호code이기는 하지만, DNA에게 할 일을 지시하고 있는 또 다른 힘force이 있다는 것이다.

'유전자들에 대한 보이지 않는 영향들' – 인간의 DNA를 통제하는 믿음들을 포함해서, 수많은 곳으로부터 받는 영향들 – 에 관한 연구로 정의되는 *후생유전학*epigenetics이라는 전혀 새로운 생물학 분야가 나타나게 된 것은 바로 이 획기적인 재평가 때문이다.[8] 이런 생각의 흐름은 우리 인간이 생명의 방정식을 변화시킬 수 있는 강력한 주도자라는 것을 알려 주고 있다. 이러한 사실들은 플라시보 효과와 같은 것들을 이해할 수 있게 할 식견들insights이며, 2천 년 전에 벌어졌던 사건에 관한 한 남자의 믿음이 오늘날 어째서 그의 육체에 상처들로 나타날 수 있는지를 설명할 식견들이다.

우리가 진실이라고 생각하는 것이 실제로 존재하고 있는 것보다 훨씬 더 중요할 수 있다는 말을 흔히 한다. 그 이유는 무엇인가? 만약 우리가 무엇인가를 아주 완전히 믿는다면, 우리 잠재의식은 우리의 믿음을 우리가 나타나게 될 것이라고 믿었던 현실로 바꿀 것이다! 다른 말로 하자면, "믿으면, 보리라"We'll see it when we believe it라는 격언은 사실인 것처럼 보인다.

1백 년 이상 전에 인기를 끌었던 동기부여 연설가 로버트 콜리어Robert Collier가 깨달았던 것처럼, "인간의 잠재의식적 마음은 어떤 생각 혹은 이미지가 현실에서 이루어졌는지 아니면 상상 속에서 이루어졌는지를 구별할 수 없다."9) 그래서 예수의 십자가 고난 경험을 자신의 경험이라고 강하게 생각했던 어떤 사람의 경우, 그의 잠재의식적 마음이 예수와 똑같은 상처들을 만들어 내도록 자신의 육체에 명령한 것을 보는 것은 아주 놀라운 일은 아닐지도 모른다. 그는 자신의 믿음 속에서 예수의 수난Jesus's Passion을 자신의 현실로 받아들이며 살고 있는 것이다.

세상을 보는 이전의 방식이 불완전하다거나 혹은 노골적으로 틀렸다고 말해 주는 무엇인가와 우리가 우연히 마주치기만 하면, 우리의 믿음을 변화시키는 데 있어 어려운 부분은 해결된다. 무엇인가를 직접 경험할 때 낡은 방식으로 보도록 우리의 인식을 얽매고 있었던 족쇄들은 쉽게 풀어진다. 그리고 나면 우리는 새로운 무엇인가로 향한 길, 다른 관점 위에 서게 된다. 핵심은 그러한 변화가 그지 자발직으로 생긴다는 사실이다. 일부로 스타벅스에 앉아서 우리 자신에게 좋아, 이제부터 내가 믿을 새로운 무엇인가가 필요해라고 말할 필요가 없는 것이다. 새로운 믿음은 그것을 믿을 이유를 우리에게 가져다주는 경험이 있으면 자동적으로 생겨난다.

이제 문제는 믿음이라는 것이 인간의 육체와 삶에 영향을 미치느냐 아니냐에 관한 것이 아니다. 건강 혹은 질병, 풍요 혹은 빈곤, 그리고 기쁨 혹은 고통이라는 우리 경험의 토대를 형성하는 믿음이라는 것이 문제의 핵심이다. 짧게 말하자면, 우리가 믿는 것은 과연 무엇인가?

그것은 당신이 무엇을 믿는다고 *생각하느냐* 혹은 무엇을 믿는다고 *생각하려고 하느냐*의 문제가 아니다. 오히려 그것은 언제가 당신이 스스로에게 물어보았을지도 모를 *당신은 정말로 무엇을 믿는가?* 라는 단 하나의 가장 강력하고 심오한 질문일 수 있다.

당신은 무엇을 믿는가?
삶의 핵심에 있는 가장 큰 질문

What Do You Believe? : The Great Question at the Core of Your Life

"어떤 것을 들었다는 이유만으로 그저 믿지 말라. 많은 사람들이 말한다는 이유 때문에 혹은 단순히 스승들과 어른들이라는 권위를 근거로 해서 어떤 것을 믿지 말라. 그 대신 관찰과 분석 후에, 그 어떤 것이 이성에 합치한다는 것을 알았을 때, 그것을 받아들이고 그에 근거해서 살아라."
– 부처(B.C.E.Before Christian Era 예수탄생이전 대략 563년-483년)

"바보가 되는 두 가지 길이 있다. 하나는 진실이 아닌 것을 믿는 것이며, 다른 하나는 진실인 것을 믿기를 거부하는 것이다."
–쇠렌 키에르케고르Sören Kierkegaard(1813-1855), 철학자

지금까지 믿음이라는 것이 어떻게 작동하며, 그것이 어째서 인간의 육체와 삶을 변화시키는 힘을 가지고 있는지를 설명했다. 믿음이라는 것이 인간 관계의 성공으로부터 인간의 수명에 이르기까지 모든 것을 만들어 내는 힘을 가지고 있다면, 우리 자신의 믿음들에 관한 다음과 같은 의문은 아주 당연한 것이다. 믿음이라는 것은 어디에서 시작되는가? 믿음이라는 것은 삶에서 어떻게 작동을 하는가? 그리고 아마도 가장 중요하겠지만, 우리는 무엇을 믿는가? 무엇을 믿고 있다고 *생각하는가* 혹은 무엇을 *믿고 싶은가*가 아니라, 우리

세상, 다른 사람들, 그리고 우리 자신에 관해 *정말로* 무엇을 믿는 가? 이러한 순진하게 보이는 질문에 대한 솔직한 대답은 인간의 가장 위대한 깨달음realization 그리고 인간의 가장 깊은 치유로 향한 문을 열어준다. 이러한 사실을 이해하지 못할 경우, 인간의 삶에 있어서 가장 심오한 수수께끼는 풀리지 않은 채 남게 된다.

믿음으로 인한 죽음 Dying from a Belief

우리 인간은 어린 시절에 핵심 믿음들core beliefs – 우리 자신, 다른 사람들, 그리고 우리의 세상에 관하여 자신이 받아들이는 기본적인 생각들 – 이라는 것을 형성한다. 그 믿음들은 긍정적이거나 혹은 부정적일 수 있으며, 삶을 긍정하거나 혹은 삶을 부정하는 것일 수 있다. 인간의 핵심 믿음들은 어린 시절의 경험들에서 비롯된다. 어린 시절에 무엇인가를 받을 만한 자격이 없다는 말을 반복적으로 들었다면, 그 사람은 자신이 무엇인가를 받을 만한 가치가 없다는 핵심 믿음을 갖게 될 수 있다. 그러한 인식들perceptions은 잠재의식적이다. 그래서 그런 인식들은 평생 동안 예상치 못한 방식들로 드러난다는 사실을 쉽게 알 수 있다. 이 때문에 무엇인가를 받을 만한 가치가 없다는 잠재의식적 핵심 믿음은 사랑, 돈 그리고 성공에서 또 심지어 인생 그 자체에서 어떤 결핍 증상으로 붉거져 나올 수 있다.

몇 년 전 한 소중한 친구가 눈물겨운 이야기를 나에게 들려준 적이 있었다. 그것은 인간의 심장 속에 있는 핵심 믿음이 삶에 있어서 얼마나 큰 힘으로 나타날 수 있는지를 잘 보여 주는 사례이다. 그녀는 그녀의 아버지가 어떻게 치명적인 형태의 암과 짧은 전쟁을 치른

후 75세의 나이로 생을 마감했는지 말해 주었다. 내가 그녀에게 상심이 크겠다고 말했을 때 그녀는 나의 애도의 말을 받아들였다. 그러나 그녀의 이야기가 아주 적절한 사례라고 생각하도록 만든 것은 그녀가 말한 다음과 같은 내용 때문이었다.

비록 나의 친구와 그녀의 가족들은 그들의 삶에 있어서 그토록 중심이었던 사람을 잃게 되어 아주 슬펐지만, 다들 정말로 놀라지 않았다고 그녀는 말했다. 어린 소녀시절부터, 그녀는 자신의 아버지가 스스로 75세 이상은 살지 못할 것이라고 단언하는 것을 들어 왔다. 그는 건강하고 활기찬 남자였으며 자신의 삶이 갑자기 끝나리라고 예상할 아무런 현실적인 이유가 없었다. 그러나 그가 그렇게 단언했던 이유는 그것이 그의 믿음이기 때문이었다. 그녀의 아버지는 자신의 아버지가 75세에 사망했다는 사실을 자신의 마음 속에서 지구상에서 자신이 머무는 시간이 정해지는 모델로 삼았던 것이다.

그는 자신의 믿음을 가능한 한 오랫동안 누구든지 기억할 수 있도록 가족들에게 이야기했다. 비록 더 오랫동안 살기를 원했을지도 모르지만, 그리고 자신의 친구들 그리고 가족과 함께 하는 시간을 즐기고 싶었을지도 모르지만, 그는 단지 75년의 삶을 마감하고 세상을 떠난다는 생각에 대해 화를 내거나 실망하지 않았다. 이 책의 앞 장들에서 언급했던 바와 같이 믿음이라는 것 안에 간직된 힘을 고려할 경우, 그 후에 벌어질 일은 전혀 놀라운 일이 아니었을 것이다.

일흔 다섯 번째 생일날, 그의 가족과 친구들이 축하해 주기 위해 그의 주변에 모였다. 그 후 곧 그는 암에 걸렸다. 그 질병과의 짧은 전쟁을 치르고 난 후, 그는 – 자신이 그럴 것이라고 믿었던 것과 똑같이 – 세상에서 태어난 지 76년이 되기 전에 사망했다.

믿음의 힘은 다른 사람들에 의해 받아들여지고, 또 간직된다면

'대물림될' 수 있다는 것을 시사하는 기록들은 많다. 믿음은 심지어 한 세대로부터 다음 세대로까지 전해질 수 있다는 연구 결과도 있다. 만약 그 믿음이 긍정적이며 삶을 확신하는 것이라면, 많은 세대들을 위해 삶을 긍정적으로 영속시키는 능력은 훌륭한 것이다. 이와는 반대로, 만약 그 믿음이 제한적이고 삶을 부정하는 것이라면, 그것은 인간이 마음 속 깊이 품고 있지만 흔히들 당연하게 여기고 있는 하나 밖에 없는 경험, 즉 삶 그 자체라는 경험을 중단시킬 수도 있다.

그러나 이 같은 제한하는 믿음을 치유하기 위해 필요한 것은 한 세대 중에서도 단 한 사람이다. 그러한 믿음을 치유한다면, 그 사람은 자기 자신뿐만 아니라 다음 세대들의 믿음도 치유시킬 것이다. 다음 사례에서 잘 볼 수 있는 것처럼 말이다.

'물려받는' 믿음 치유하기 Healing an "Inherited" Belief

내가 친구 아버지의 이야기를 들었을 때, 20년 이상 전에 보았던 비슷한 상황이 떠올랐다. 그러나 그 이야기는 결말이 다르며, 최소한 두 세대 동안 지속됐던 조기 사망에 대한 믿음을 치유하는 한 개인의 힘을 입증해 보여 주고 있다.

오늘날의 기준으로 생각해 보더라도, 1970년대 말 세상은 엄청난 긴장과 불확실성이 가득했던 시기였다. 그 당시 미국인들은 불과 몇 년 전에 미국을 굴복시킨 오일 쇼크 때문에 여전히 힘들어 하고 있는 중이었다. 1979년 말 이란 군사정권은 미국의 반응을 떠보기 위해 노골적인 공격적 행위를 감행하여 50명이 넘는 미국인들을 인질로 잡았다. 그리고 그 모든 일들은 냉전이라는 미국 역사상 가장 위협적인 분쟁들(비록 분명하지는 않을지라도) 가운데 하나가 일어나고 있는 동안에 벌어지고 있었다.

내가 가능한 새로운 에너지 원천이 될 것으로 여겨지는, 발견되지 않은 '지층'과 단층을 찾기 위해 해양 조류 탐사용 새로운 최첨단, 초고속, 대형 컴퓨터(소형화를 하기 위해서는 여전히 몇 년이 더 필요했다)를 이용하는 에너지 대기업에 고용됐던 것은 바로 이 시기였다.

새로운 업무를 시작한 지 며칠 되지 않았을 때, 나는 대략 같은 시기에 고용된 한 여성을 만났다. 그녀는 자신과 자신의 가족들이 '물려받은' 사실로 받아들였을 정도로 강했던, 생사에 관계된 믿음life-and-death belief에 대해 설명하려고 했다.

새로운 직원들로서 우리는 그날 오전에 통상적인 오리엔테이션 과정을 마쳤다. 장시간에 걸친 회사 방침 소개에는 무척이나 복잡한 보험 정책과 상품에 관한 사항도 포함되어 있었다. 오리엔테이션을 마친 후, 새로운 동료와 나는 우리 모두를 놀라게 했던 그 보험 상품에 관해 열심히 대화를 나누고 있었다.

나는 가능하면 가장 좋은 보험을 드는 것이 모든 사람들에게 책임 있는 일이라는 데 확실히 동의를 했지만, 하루 온종일에 걸친 설명을 들은 후에는 모든 보험상품들이 똑같이 보이기 시작했다. 나는 그 가운데 하나를 선택하고 계약서에 서명을 할 준비가 되어 있었다. 그러나 그녀가 정확하게 보험금이 실제로 얼마나 되는지에 관해 아주 세부적인 사항들까지 왜 그렇게 신경을 쓰고 있는지 나는 이해하지 못했다. 몇 년 동안 보험금을 받을 필요가 없는 조건이 유리하다는 것이 나의 생각이었다. 보험금 청구에 관한 복잡한 사항을 아는 것, 그녀의 남편이 사망했을 경우 보험금을 얼마나 빨리 받을 수 있는지, 그리고 그 보험계약이 언제부터 효력을 갖게 되는지에 관한 사항들이 그녀에게 그렇게 중요한 이유를 나는 정말 이해하지 못했다. 그녀가 다음과 같은 이야기를 털어놓기 전까지는 말이다.

"남편 집안 쪽 남자들 가운데 35세 이상 산 사람이 없어요." 그녀는 그것이 기정사실이라는 어조로 말했다.

"정말로요?" 나는 아마 놀라움이 담겨 있는 내 억양과 똑같이 당황스러워하는 모습으로 대답을 했다.

"네, 그렇다니까요." 재고의 여지조차 없이 그녀는 말했다. 그녀는 분명히 이러한 대화를 전에도 나눈 적이 있었을 것이다. "우리가 할 수 있는 것은 아무것도 없답니다. 아시겠어요? 그게 다 유전 탓이지요. 내 남편의 할아버지께서는 35세에 돌아가셨어요. 그의 아버지도 35세 때 돌아가셨고요. 몇 년 전에는 남편의 형이 35세에 사망했어요. 내 남편은 이제 서른 셋이고, 이제 그의 차례이죠. 그래서 우리는 이제 계획을 세워야만 합니다." 그녀의 설명은 이랬다.

나는 내가 들은 것을 믿을 수 없었다. 비록 나는 내 동료의 남편에 관해 알지는 못했지만, 그들은 서로 오랫동안 함께 했으며 예쁜 두 아이가 있었다. 만약 그녀가 그녀의 남편이 그 집안 남자들의 패턴을 따를 것이라고 정말로 예상했다면, 보험에 대한 그녀의 관심은 정말 의미가 있다는 생각이 갑자기 들었다.

동시에, 내 마음 한편에서는 그 이야기를 모두 받아들일 수가 없었다. 내 동료가 설명했던 그런 종류의 일들이 벌어질 수 있다는 것을 느끼지 않는 것은 아니었다. 그냥 그러한 일들이 *반드시 그래야만* 하는 것은 아니라고 나는 믿고 있었을 뿐이다. 집안 사람들이 다 그렇기 때문에 그 나이에 죽을 것이라는 생각은 니에게 그릴듯하게 들리지 않았던 것이다. 나는 그저 그들의 이야기가 다른 결말을 얻을 수 있기만을 바랄 뿐이었다. 어쩌면 무엇인가가 그들의 삶에서 변화를 일으켜서, 그녀의 남편이 누구나 기억할 수 있을 정도로 오랫동안 그 집안을 괴롭혔던 업보를 깬 첫 번째 사람이 되는 결말 말이다. 그녀가 '저주'에 관해 나에게 털어놓았고 우리는 동료로서 함께 일할 준비가 되었기 때문에, 그 다음에 이어질 깊고 감정적인 대화를 터놓고 나누는 것은 자연스러운 일이었다.

배우자의 수명이라는 것은 정말로 민감한 주제일 수 있다. 그래서 그것에 관해 이야기를 나누는 것 – 특히 함께 근무하는 누군가와 그런 이야기를 나누는 것이 약간 어려울 수 있다는 것을 나는 곧 알아차렸다.

연구결과들은 인간의 핵심 믿음과 건강, 활력, 그리고 육체의 수명 간에는 분명한 상호관계가 있다는 것을 입증했다. 그러나 이런 종류의 관련성을 잘못 해석하는 것 또한 쉽다. 이 모든 것은 정보가 공유되는 방식에 관련된 일이기 때문이다.

나는 그 누구도 아침에 눈을 뜬 후 자신의 삶에 아픔을 가져오고 자신이 사랑하는 사람들에게 고통을 주게 될 신체적 조건을 *의식적으로 선택하지* 않는다고 믿는다. 그리고 나는 믿음을 바꿈으로써 육체의 건강과 활력을 새롭게 할 수 있다는 사실 또한 잘 알고 있다. 문제의 핵심은 생명을 위협하는 어떤 조건이 어떤 한 사람의 '잘못'이라고 말하지 않으면서, 또 비판하는 소리처럼 들리지 않게 하면서 그러한 기적적인 가능성들을 이야기할 수 있는 방법을 찾는 것이다.

그리고 내가 나의 동료에게 베풀었던 최선의 것이 바로 이런 방식이었다. 그녀와 나는 점심시간 동안 우리 인간은 양자 가능성들 quantum possibilities 로 이루어진 존재이며, 세상과 삶에 있어서 그런 가능성들을 선택하는 힘인 인간의 믿음에 대해 이야기를 나누었다.

이 이야기가 어떻게 끝났는지 확실하게 말할 수는 없다. 왜냐하면

몇 년 뒤에 내가 그 회사를 그만두었기 때문이다. 내가 회사 동료에게 이야기했던 것은 20년 이상 전의 일이었다. 그러나 확실하게 내가 말할 수 있는 것은 이것이다. 즉, 내가 회사를 그만 둘 당시 내 동료의 남편은 자신의 서른 다섯 번째 생일을 맞았으며 그것을 *지났다*는 것이다. 송별 점심을 함께 했을 때 그의 건강 상태는 좋았으며 확실히 살아 있었다! 그의 가족이 놀라고, 동시에 안심했을 정도로 그는 자신의 가족 여러 세대를 걸쳐 '유전적 저주'로 생각됐던 것을 끝내버렸던 것이다. 그가 다른 사람들이 그에 대해 자신들의 믿음 속에 가지고 있었던 한계를 뛰어넘었기 때문에, 그는 자신의 가족과 친구들에게 똑같은 경험을 하게 할 근거들을 제공했다. 뿐만 아니라 스스로에게도 자신의 삶을 다르게 생각할 이유를 부여했다.

어떨 때는 한 사람이 다른 사람들 앞에서 불가능한 것처럼 보이는 일을 해내는 것만으로도 충분하다. 한계들이 무너지는 것을 지켜보면 사람들은 새로운 가능성을 마음 속에 간직하게 된다. 왜냐하면 직접 그것을 경험했기 때문이다.

이런 이야기들을 들으면, 다음과 같은 질문이 떠오른다. "그것은 그저 우연의 일치가 아닐까?" 어떤 사람의 수명이 그 사람 혹은 가족 구성원들의 기대와 정확하게 일치하는 상황이 *실제로 이루어지*는 것은 운인가? 아니면 좀 더 다른 무엇인가?

20세기 말에 마음과 몸의 연관성mind/body connection에 대한 관심이 폭발적으로 증가하면서, 한 사람이 어떻게 생각하고 어떻게 느끼느냐가 자신의 신체적 기능과 직접적으로 연관되어 있다는 사실을 입증하는 새로운 연구들이 거의 매주 주류 과학 저널들에 게재되고 있다. 내 두 친구들의 사랑하던 사람들이 확실하게 보여준 것처럼 인간의 일상적인 삶 속에서 드러나는 것은 바로 이러한 마음과 몸의 연관성이다.

비록 그들의 이야기들이 한 사람에게 있어서 믿음이라는 것이 지닐 수 있는 힘을 잘 보여 주고 있지만, 그 힘은 과연 우리 인간 모두에게 영향을 미치는 방식으로 작동할 수 있을까? 인간 수명의 한계를 실제로 설정했을 정도로 보편적이고 깊은 차원에서 인간에게 영향을 미치는 믿음을 우리가 집단적으로 가지고 있을 수 있을까? 만약 가능하다면, 믿음은 치유될 수 있으며, 믿음의 한계는 변할 수 있을까? 이러한 질문들에 대한 답변은 *가능하다*는 것이다. 그런 믿음의 근원은 어쩌면 당신을 놀라게 할 것이다.

인간은 수명이 다하기 전에 죽는가?

당신은 왜 인간이 단지 70세 혹은 100세까지만 살고 죽는지 궁금해 한 적이 있는가?

전쟁, 살인, 사고, 그리고 빈궁한 생활방식의 선택 등과 같은 분명한 트라우마를 제외할 경우, 인간의 죽음의 실제적인 원인은 무엇일까? 우리가 흔히 '중년' midlife 이라고 여겨지는 것을 지나 100세라는 지점에 접근할 때, 건강하고, 활력 있으며, 의미 있는 삶을 지속할 가능성이 낮아지는 것처럼 보이는 것은 무슨 까닭일까?

과학자, 전문 의료인, 그리고 학자들은 모두 인간의 육체가 생명을 연장할 수 있는 놀랄 만한 능력을 가지고 있다는 데 의견을 같이한다. 평균적인 사람이 가지고 있는 대략 50조 개 남짓의 세포들의 대부분은 스스로를 고치고, 일생에 걸쳐 재생되는 능력을 가지고 있는 것으로 기록되고 있다. 다른 말로 하자면, 우리 인간은 끊임없이 내부로부터 우리 자신을 바꾸고, 또 재건해 내고 있는 중이다!

최근까지도 과학자들은 세포 재생cell regeneration이라는 현상에 있어서 두 가지 예외가 있다고 믿었다. 흥미롭게도 이러한 특별한 예외적인 경우들은 뇌와 심장이라는 인간 특유의 영적 특성을 가지고 있는 것으로 확인된 기관의 중심부 세포들에서 일어나고 있다. 새로운 연구들은 이제 이러한 기관들의 세포들이 스스로를 재생시키는 능력을 가지고 있다는 것을 입증하고 있다. 그러나 그 기관들은 평생 동안 지속될 수 있으며, 꼭 재생될 필요가 없을 정도로 강력한 것처럼 보이기도 한다!

그렇다면 근원적인 의문이 다시 떠오른다. 즉, 어째서 인간 수명의 상한선은 *100년*이라는 지점 부근을 맴돌고 있는 것처럼 보이는가? 인간의 생명을 좌우하는 것은 과연 무엇인가?

약물 오용과 건강 상태에 대한 오진을 예외로 할 경우, 65세 이상의 성인을 사망에 이르게 하는 가장 큰 요인은 심장 질환이다. 심장의 역할과 그 역할을 얼마나 잘 수행하는가에 대한 관심 때문에 나는 이 통계수치가 흥미롭다고 생각한다. 평균적인 인간의 심장 박동 수는 대략 하루에 10만 번 정도이다. 일년이면 3천5백만 번 이상이며, 매일매일 대략 2만 킬로미터에 달하는 동맥, 혈관, 그리고 모세혈관을 통해 5.7리터의 혈액을 펌프질하고 있다. 인간의 심장은 자궁 속에서 뇌가 생기기도 전에 가장 먼저 형성되는 기관일 정도로 인간의 정체성에 있어서 필수적인 기관이다.

공학 용어로 말하자면, 전체 프로젝트의 성패가 단 하나의 장비에 달려 있을 경우, 그 구성 요소에는 '임무 핵심요소' mission critical라는 지위가 부여된다. 예를 들면 우주 프로그램에 있어서, 자동 탐사

장비가 화성에 착륙하려 할 때, 그리고 고장 날지도 모르는 무엇인가를 수리할 사람이 그 주변에 없을 때, 엔지니어들은 그 미션을 확실하게 성공시키기 위해 두 가지 일 중에 하나를 해야만 한다. 그 두 가지 일은 다음 둘 중의 하나이다. (1) 전체 임무의 성패가 달려 있는 - 임무 핵심요소인 자동 탐사 장비를 절대 고장 나지 않도록 완벽하게 만드는 것. 혹은 (2) 백업 시스템, 그리고 백업 시스템을 백업하는 시스템을 만드는 것. 때때로 그들은 이 두 가지 일 모두를 하기까지 한다.

분명하게, 인간의 내부에서 모든 세포들에게 생명의 혈액을 공급하는 놀라운 그 기관organ, 심장은 - 의도적인 설계이거나 혹은 자연의 프로세스에 의해 - 육체 중에서 가장 자가 치유능력이 뛰어나며, 가장 오랫동안 지속되는 임무 핵심요소 '장비'로 발달했다. 그래서 사랑하는 사람을 잃게 된 원인이 이처럼 가장 뛰어난 인체 기관의 '기능부전' failure에서 비롯되었을 때는 언제나 그 사람에게 정말로 어떤 일이 벌어졌는가를 자신에게 물어보곤 한다. 인간의 육체 안에서 최초로 생긴 기관 - 재생될 필요조차 없을 정도로 그렇게 놀랍고, 그렇게 오랫동안 지속되는 세포들과 함께 핵심적 임무를 수행하는 기관이 어째서 불과 몇 십 년이라는 짧은 기간 뒤에 그냥 작동을 멈추는 것일까? 그것은 말이 안 된다. 우리가 생각하지 못했던 또 다른 요소가 있지 않고서는 말이다.

현대 의학에서는 전형적으로 심장 질환을 콜레스테롤과 음식섭취에서부터 환경적인 독소와 스트레스에 이르기까지 일련의 신체적, 생활습관적 요소들 때문이라고 생각하고 있다. 이러한 결정적 요인들은 순수하게 화학적 차원에서는 정확할지도 모른다. 그러나 그런 질환이 존재하는 실제적인 이유를 규명하는 데 별로 기여하지 못한다. '심장

기능부전' failure of heart이라는 것은 정말로 무엇을 의미하는 것일까?

아마도 심장 기능부전과 관련 있는 모든 생활습관적 요소들이 우리 인간이 우주 자체에게 말하는 힘force인 감정과도 연관성을 가지고 있다는 것은 우연의 일치가 아닐 것이다. 인간이 살아가는 과정에서 육체 안에 있는 가장 중요한 기관을 비극적으로 작동을 멈추게 할 정도로 강력하게 우리가 *느끼는* 무엇인가가 존재하는 것일까? 그 대답은 *존재한다*는 것이다.

죽음에 이르게 하는 감정의 상처 The Hurt That Kills

선도적 연구자들이 계속해서 제시하고 있는 많은 증거들은 *감정의 상처*가 인간의 심장 기능부전을 일으킬 수 있다는 것을 시사하고 있다. 특히 장기간에 걸친 감정의 상처 – *인간의 믿음들* – 저변에 있는 해결되지 않은 부정적인 느낌들은 긴장, 염증, 고혈압, 그리고 동맥경화와 같은 심장 혈관질환으로 알려진 신체적 질환들을 만들어 내는 힘을 가지고 있다.

이러한 심신 연관성은 최근에 듀크대학 제임스 블루멘탈James Blumenthal이 주도한 기념비적인 연구에서 입증되었다.[1] 그는 오래 지속된 두려움, 좌절, 걱정, 그리고 실망이라는 인간의 경험들이 심장을 파괴시키고, 생명을 위협하는 강력한 부정적인 감정의 예들이라는 것을 확인했다. 각 감정들은 흔히 '감정의 상처'로 인식되고 있는 광범위한 범주에 속한다.

추가적인 연구들은 이러한 연관성의 존재를 뒷받침하고 있다. 영국 호프만 연구소의 공동소장 겸 심리치료가인 팀 로렌스Tim Laurence는 오래된 감정의 상처들과 실망감들을 치유하고 용서하기 위해서 인간의 기능부전의 잠재적인 영향력을 파악해야 한다고 설명하고 있다. 그는 "최소한 감정의 상처들은 양호한 건강 상태로부터 당신을 단절시킨다"[2]고 말하고 있다. 블루멘탈의 연구와 마찬가지로, 그는 화가 나고 긴장하게 될 경우 신체적 상태들이 고혈압, 두통, 면역력 약화, 위장 장애, 그리고 마지막으로 심장 발작을 포함하는 문제들로 이어질 수 있다는 사실을 입증하는 수많은 연구들을 인용함으로써 자신의 발언에 힘을 싣고 있다.

블루멘탈의 연구는 삶의 상황들에 대해 감정적 반응의 '수위를 낮추는 것'이 심장 발작을 예방할 수 있다는 사실을 입증했다. 이것이 바로 인간의 감정의 상처를 – 특히, 감정을 상하게 만들었던 일들이 진실이라고 자신이 믿고 있는 것을 치유하는 핵심이다.

분명히 이 연구는 다른 연구들과 마찬가지로 짧은 기간 동안 부정적인 감정들을 느끼는 것은 나쁘거나 건강에 해롭다는 것을 시사하지 않는다. 인간이 살면서 이러한 느낌들에 직면할 경우, 그 느낌들은 우리 인간에게 주의할 것과 치유가 필요한 경험들이 있다는 것을 말해 주고 있는 신호 – 개인적인 신호표시등 – 이다. 그러한 감정들이 문제가 될 수 있는 것은 오직 그러한 감정들과 그 감정들 저변에 깔려 있는 자신의 믿음들을 무시함으로써 그 감정들이 해결되지 않은 채 몇 달, 몇 년 혹은 평생 계속되는 경우이다.

> **믿음 코드 19**
> 해결되지 않은 감정의 상처에 관한 인간의 믿음들은 자신을 해치거나 심지어 죽일 수 있는 힘을 가지고 있으며, 그 힘을 육체적인 현상들로 만들어 낼 수 있다.

삶에 대한 낙담이라고 말할 수 있는 고통이 우리 인간에게 스스로를 죽음에 이르게 할 정도로 치명적인 상처를 입힌다는 사실이 인간은 왜 죽는가라는 의문에 대한 답이 될 수 있을까? 블루멘탈의 연구들은 다음과 같은 사실을 시사하고 있다. "사람들은 가슴이 무너져 죽을 것 같다는 말을 하기도 한다. 그럴 경우 그들은 실제로 상실과 절망에 대한 강렬한 감정적 반응이 치명적인 심장 발작을 일으킬 수 있다고 말하고 있는 것이다."[3] 고대의 구전들traditions은 그들 시대의 말로 정확하게 그 가능성을 우리에게 알려 주고 있다.

첫 1백 년이 가장 어렵다 The First 100 Years Are the Toughest

그렇다면 어째서 인간의 최대 수명은 1백 년 부근을 맴도는 것인가? 어째서 2백 년, 5백 년, 혹은 더 이상은 아닌가? 만약 우리가 구약 성경(혹은 유대교의 토라Torah)에 있는 근거들을 믿는다면, 많은 고대 사람들은 오늘날 우리가 사용하고 있는 수십 년decades 대신에 그들의 생을 수백 년centuries이라는 단어로 헤아리고 있었다. 예를 들면, 창세기는 노아가 대홍수 후에 3백50년 동안 살았다고 말하고 있다. 또 창세기에 나와 있는 것처럼 만약 그가 9백50세에 죽었다면, 그것은 그가 6백 살이었을 때, 인류 전체의 생존을 보장했던 방주를 만들 정도로 원기왕성하고 생기에 넘쳤다는 것을 의미할 것이다!

성성에 따르면, 고령까지 살았던 사람들은 그저 연약한 생명선을 부지하고 있는, 쪼그라든 껍질 같은 모습들이 아니었다. 그들은 활동력이 있었으며 생기에 넘쳤고, 가족들과 즐겁게 지냈다. 심지어 새로운 가족을 이루기도 했다. 그들이 왜 그렇지 않았겠는가? 인간은 분명히 오랫동안 지속되도록 만들어진 육체 안에서 살고 있다. 그리고 분명히 과거 시대에 살았던 인간 역시 그랬다. 그렇다면 왜 지금은 그렇지 않는가? 무엇이 변했단 말인가?

이러한 질문에 대한 답을 얻기 위해서는 과학과 영성 사이에 있는 전통적인 경계선을 넘어야 한다. 분명히 우리 인간에게는 육체적 DNA를 이루는 요소 이상의 것들이 있다. 과학은 아직 영혼soul의 존재를 포착하거나 전자적으로 입증하지 못하고 있다. 그러나 우리는 영혼이 육체적 구성 요소들에게 생명을 불어넣는 불가사의한 힘이라는 것을 알고 있다. 영혼은 육체에 생명을 불어넣는 것이다. 바로 여기서 우리가 원하는 답의 핵심이 발견된다. 인간의 영혼이 상처를 받는다면, 그 상처에 의한 고통은 인간이 모든 세포에 보내고 있는 영적 특성의 생명력으로서 육체 속으로 전달된다.

우리가 인간의 수명으로 알고 있는 1백 년 남짓한 시간은 인간이 해결되지 않은 영혼의 상처를 견뎌 낼 수 있는 한계인 것처럼 보인다. 다른 말로 하자면, 1백 년이라는 것은 인간이 살아 있는 채로 삶의 슬픔과 좌절들을 견뎌 낼 수 있는 시간의 표시일지도 모른다. 사랑하는 사람들, 소중히 여기는 애완동물들, 그리고 그와 결부된 경험들이 우리 삶으로부터 사라지는 것을 지켜볼 때 생겨나는 고통은 누구라도 한번쯤은 느꼈을 것이다. 평생에 걸친 상실감, 좌절감, 그리고 배신감이 가장 강하고 가장 오랫동안 지속될 수 있는 기관인 인간의 심장조차 작동하지 못하게 하는 힘을 가지고 있는 것일까?

물론이다! 그뿐만 아니라 보다 강력한 힘을 가지고 있을 수도 있다. 인간을 죽음에 이르게 하는 감정의 상처는 아주 오래된 것일 수 있다. 그것은 우리가 상상하는 것보다 더 깊은 곳까지 영향을 미칠 수 있다.

이처럼 명백한 고통의 근원 말고도 생각하는 것조차 견디기 힘들 정도로 큰 고통의 근원이 존재한다. 그것은 비록 불분명하지만 아주 크고 인간들에게 보편적으로 공유되어 있다. 다양한 인류문명과 사회에 있어서 천지창조에 관한 이야기들이 전해지고 있다. 그 이야기들은 우리 인간이 개인으로서 이 세상에 존재하기 위해서 보다 거대하고 집단적인 영적 가족soul family 으로부터 '떨어져 나와야만' 했다는 것을 전해 주고 있다. 가장 깊은 보편적 두려움들 가운데 하나는 바로 가족으로부터 떨어져 혼자가 되는 것being separated and alone 이다.

어쩌면 모든 상처들 근저에 있는 가장 커다란 감정의 상처는 위대한 존재로부터 분리되는 고통일 것이다. 그렇기 때문에 우리 인간은 이곳 지구에서 작은 가족을 통해 일체감을 다시 만들어 냄으로써 상실감과 공허함void을 채우려는 시도를 할 정도로 보다 위대한 영적 가족을 그리워하고 있을지도 모른다. 그렇게 보면 그들과 떨어져 있다는 상실감이 인간에게 그렇게 파괴적으로 작용할 수 있다는 것도 놀라운 일은 아니다. 그 상실감은 최초에 받았던 감정의 상처라는 고통 속으로 우리 인간을 다시 빠트려버린다.

많은 사람들을 가장 커다란 고통에 빠지게 하는 것은 가족, 인간관계, 그리고 과거 경험들에 대한 기억들을 '간직하고 싶은' 간절한 생각이다. 그들은 결코 다시 함께 할 수 없는 애완동물들과 그들이 잃은 사람들을 그리워한다. 그리고 알코올과 약물들은 그러한 깊은 영혼의 고통soul pain을 마비시키기 위해 너무 자주 사용되는 사회적으로 용인된 마취제라고 할 수 있다.

> **믿음 코드 20**
> 인간의 영혼이 상처를 입을 때, 그 상처로 인한 고통은 인간이 모든 세포에 보내고 있는 영적 특성의 생명력으로서 육체 속으로 전달된다.

만약 삶의 시간이 끝날 때 그것에 대해 함께 기분 좋게 느낄 수 있는 방법을 발견할 수 있다면, 또 사랑하는 사람들과 함께 한 순간들을 감사하는 방법을 발견할 수 있다면, 그것은 가장 위대한 치유를 향한 엄청난 진전이 될 것이다. 이와는 반대로 우리 인간을 스스로에게 상처를 받아 죽음에 이르게 만드는 원리 역시 작동한다. 이 원리는 인간에게 생명의 치유력을 제공하고 있다. 그 원리의 핵심은 삶이 우리에게 보여 주고 있는 것에 대해 우리 자신이 느끼는 방식과 연관되어 있는 것처럼 보인다.

이러한 모든 것들은 우리가 생각할 수 있는 가능성들이다. 그러나 우리가 확실히 알고 있는 것은 다음과 같은 것이다. 즉, 인간의 육체는 오늘날 우리가 생각하고 있는 것보다 훨씬 오랫동안 지속될 수 있는 생물학적 잠재력을 가지고 있다. 또 현재 많은 사람들이 경험하고 있는 것보다 훨씬 건강하고 풍요로운 삶을 살게 해주는 생물학적 가능성도 가지고 있다. 인간의 수명에 관한 현대적 방정식에는 빠져 있는 것처럼 보이는, 물질적 요소들과는 다른 무엇인가가 있다. 그것을 무엇이라고 부르든 간에, 그 '무엇인가' 는 인간을 성장시키고, 자양분을 주는 영적인 힘spiritual force이다. 다른 시대의 말로 하자면, 고대인들은 모든 생명이 의존하고 있는 이 활력을 위한 공간을 마련하는 데 필요한 가르침을 우리에게 남겨 놓았다. 길고, 건강하며 만족하는 삶을 영위하기 위해, 우리는 가장 깊은 상처들의 핵심에 놓여 있는, 우리의 삶을 제한하는 믿음들을 치유해야만 한다.

믿음 코드 21
인간에게 스스로를 치유하여 살 수 있게 하는 원리는 반대로 인간에게 감정의 상처를 입혀 죽음에 이를 수 있도록 작용하고 있다.

이제 당신은 무의식적인 믿음들이 어떻게 작동할 수 있는지를 알게 됐다. 따라서 당신 자신이 깊이 간직하고 있던 믿음들을 드러내기 위해 그 믿음들과 일상적인 삶의 관련성을 살펴보는 것은 의미 있는 일이다. 사랑에 관한 것으로부터 시작해 보자. 다음에 이야기될 것들은 당신이 자신의 삶에서 이러한 활력vital force과 어떤 관계에 있는지를 분명하게 하는 데 도움이 될 것이다.

당신에게 하려고 하는 세 가지 질문들은 내가 왜 그것들에 대해서 묻는지 의아해할 정도로 처음에는 간단하게 보일 수 있다. 그리고 비록 그 질문들은 분명한 것이지만, 바쁜 삶 속에서 우리 인간은 때때로 빠른 답변과 신속한 해결책을 찾으려고 노력하기 때문에 분명하게 보이는 것을 간과하고 있다. 어떤 때는 그저 시간을 내서, 편하게 앉아서 – 자신에 대한 가장 솔직함과 배려를 가지고 – 기본적인 것들을 다시 돌아보는 것이 도움이 된다. 일단 그렇게 하면, 우리는 우리가 찾은 답들을 다음 단계로 향하게 하는 데 활용할 수 있다.

지금까지 이야기해 왔던 집합적인 개념인 '인간' 대신에, 이 질문은 믿음을 통한 셀프 힐링spontaneous healing이 당신의 개인적인 것이 되도록 만든다. 이러한 질문들은 당신을 위하여 작성됐다. 그래서 나는 개인적인 방식으로 그 질문들을 당신에게 할 것이며, 마치 당신과 함께 이야기하고 있는 것처럼 그 질문들을 할 것이다. [그림 12]의 질문들에 답하길 바란다.

만약 이러한 질문들에 대한 당신의 답변이 '예' 라면, 삶에서 경험했던 상처, 좌절, 고통 그리고 배신이 당신의 의식적인 경험들 속에서 넘치고 있는 무의식적인 믿음으로부터 기인하고 있을 가능성들에 대해서는 어떻게 생각하고 있는가? 확인을 하기 위해서는 '예' 라는

> **당신은 충분히 사랑하고 있는 중인가?**
>
> 1. 자신을 먼저 사랑하는 것이 당신에게는 어려운가?　　　예 / 아니오
> 2. 당신의 사랑을 다른 사람들과 충분하게 그리고 대담하게
>   나누는 것이 안전하지 않다고 느끼는가?　　　　　　　　예 / 아니오
> 3. 당신이 삶에 초래한 인간관계가 당신을 공허하게 느끼게
>   내버려 두고 무엇인가를 더 찾도록 하는가?　　　　　　　예 / 아니오

[그림 12] 세 가지 간단한 질문들은 당신 삶에 있어서 보다 위대한 수용, 수명, 그리고 치유의 가능성을 일깨우기 위해 작성됐다. 당신이 이 질문들에 답하는 방식은 당신과 당신의 삶을 긍정하는, 사랑으로 가득 찬 경험 사이에 있는 어떤 것을 확인하는 데 도움을 줄 것이다.

대답이 왜 거기에서 나왔는지 설명하는 미묘한 믿음에 대해 조금 더 깊이 살펴보는 것이 필요할 것이다. 그렇게 하기 위해서 당신은 또 하나의 간단하지만 깊은 뜻이 있는 질문, 즉 당신이 – 오직 당신만이 – 스스로 대답할 수 있는 중대한 질문$^{Great\ Question}$에 대답해야만 할 것이다.

당신 삶의 근원에 있는 중대한 질문

인간의 삶을 이끌어 가는 중심적인 믿음이 존재한다. 그 믿음은 우리 인간이 알아차리지조차 못하거나, 생각하지 못하는 방식들로 삶을 이끌어 가고 있다. 우리가 그것이 존재하고 있다는 사실조차 알지 못하는 데도 그 믿음이 그렇게 큰 힘을 가지고 있을 수 있는 이유는 그것이 무의식적 믿음이기 때문이다. 맞다. 인간 삶의 모든

것들과 동등한 것으로 여겨질 정도로 기본적인 틀template인 강력한 핵심 믿음core belief이 바로 이 순간에 인간의 마음 뒤편에서 본능적인 프로그램으로서 무의식적으로 작동되고 있는 것이다.

당신의 삶이 얼마나 다채로웠을지라도, 그리고 당신의 모든 경험들이 얼마나 다양하게 보이고 있을지라도, 바로 이 단 하나의 믿음의 눈들을 통해서 형성되지 않은 것은 그 어떤 것도 나타나지 않는다. 어떠한 예외도 없이, 당신의 모든 사랑, 그리고 모든 두려움, 삶에서 당신이 확신을 가지고 택했던 모든 기회들, 그리고 실패할지도 모르기 때문에 두려웠던 모든 기회들, 당신의 육체적 건강, 활력 그리고 젊음, 늙어가는 방식, 다른 사람, 당신 자신, 당신의 세상, 그리고 우주 전체와 맺었던 모든 관계의 성공과 실패 등등 이 모든 것들, 그리고 그 이상의 것들은 결국 당신이 단 하나의 믿음을 통해 요구한 것들이다.

이 믿음이 무엇인가는 다음에 나오는 단 하나의 질문 – 중대한 질문 – 에 답함으로써 당신 스스로 발견할 수 있다. 당신이 답하는 방식은 당신의 실체 중심부에 놓여 있는 강력한 잠재의식적 믿음의 진실을 드러나게 한다. 그 질문은 이렇다.

세상에서 일어나는 모든 일에는 하나의 근원source이 있다고 믿는가?
아니면 하나는 당신을 '좋아하고' 또 하나는 그렇지 않는 –
선good과 악evil – 서로 적대적인 두 가지 힘들forces이
존재한다고 믿는가?

바로 이것이다! 이것이 믿음이다. 그러나 이런 짤막한 단어들의 단순성에 현혹되지 말기를 바란다. 그 말들은 강력하며 심오하기도

하다. 이것은 우리가 삶의 한 지점에서 각자 대답해야만 하는 질문이다. 그리고 이것은 아마도 언젠가는 받아들이는 것을 배우도록 요구될 가장 중요한 관계성에 관한 것일지도 모른다.

이 중대한 질문에 어떻게 반응하는가는 이 세상 속에서 당신이 믿고 있는 당신 자신의 본질, 그리고 당신 자신의 삶에 관해 느끼는 방식의 본질essence을 재정의하도록 촉구할 것이다. 이 질문에 대한 답변이 제공하는 명쾌함clarity을 경험한다면, 당신은 당신 자신의 '내부에 있는 프로그래머' inner programmer에게 육체 안에 있는 생명을 지탱시키는 패턴들을 변화시키고, 조정할 것을 촉구하고 있는 것이다. 이 모든 것은 이처럼 단순한 질문에서 시작된다. 그것이 작동하는 방법은 다음과 같다.

당신 삶의 기본 틀 The Template of Your Life

중대한 질문에 대한 당신의 답은 당신 자신의 삶의 기본 틀이다. 만약 당신이 매우 다른 형태로 존재하는 두 가지 별개의 힘들이 세상에 존재한다고 믿는다면, 당신은 항상 그러한 극단적인, 그리고 분리된 눈들을 통해 당신 삶에서 벌어지는 일들을 볼 것이다. 비록 그것이 결코 다른 사람들과 이야기하지 않는, 그리고 아마도 결코 스스로 인정하지조차 않는 무의식적인 믿음일지라도, 그것은 사랑을 받아들이는 것과 모든 인간관계, 모든 직업, 경제적 상황에 있어서의 성공, 그리고 당신 건강의 질을 끊임없이 지배할 수 있다.

이러한 단 하나의, 때때로 무의식적인 믿음은 우리 삶의 가장 강력한 경험들을 강탈할 수 있다. 우리가 그러한 일이 벌어지고 있다는 사실을 알지도 못하는 상황에서 말이다.

> **믿음 코드 22**
> 세상에서 벌어지는 모든 일에는 하나의 힘force이 작용하고 있다는 인간의 믿음, 혹은 선과 악이라는 두 가지 정반대의, 서로 적대적인 힘들이 있다는 인간의 믿음은 삶의 경험, 건강, 인간관계, 그리고 풍요에 있어서 중요한 역할을 한다.

예를 들어 '어둠'darkness은 우리를 좋아하지 않고, 우리를 자기파괴적 패턴들로 유혹하기를 원한다고 믿고 있는 반면에, '빛'light이라는 힘은 우리를 사랑하고 우리를 위해 최상의 것만을 바라는 친구라고 우리가 생각한다면, 세상은 이러한 힘들 간의 전쟁터처럼 보이기 시작한다. 그리고 세상이 그러한 전쟁터가 되면, 인간의 삶은 전쟁이 된다. 만약 우리가 그 두 가지 힘이 서로서로 다투고 있다고 확신하고 있다면, 우리가 사랑(앞 장에 있는 차트를 참고할 것)과 성공을 누릴 만한 가치가 있는 사람인지에서부터 우리 자신이 얼마나 삶 자체를 누릴 만한 가치를 지니고 있는 사람인가에 이르는 모든 믿음에 있어서 그 두 힘의 다툼이 중요한 역할을 하는 것을 보기 시작한다! 강력하고 잠재의식적인 반응속도로 자신을 드러내는 깊숙하게 간직된 믿음에 직면할 때, 이 전쟁이 인간의 육체 안에서 화학적 반응chemistry으로 나타나는 것을 알아차리는 것은 놀라운 일이 아니다.

앞서서 언급했던 것처럼, 인간이 육체 안에서 만들어 내고 있는 각각의 비육체적 느낌, 감정, 그리고 믿음에는 세포들의 구성 요소가 되는 육체적인 등가물physical equivalent이 존재한다. 그래시 문자 그대로 우리 인간은 '사랑의 화학적 반응'과 '증오의 화학적 반응'이라고 부를 수 있는 것을 가지고 있다. 이러한 사실을 염두에 둘 때,

세상에는 두 가지 기본적인 힘, 좋은 힘과 나쁜 힘, 우리를 좋아하는 힘과 그렇지 않은 힘, 이곳에서 우리를 도우려는 힘과 우리를 붙잡아 나가려는 힘이 존재한다고 믿으면서 삶을 살아갈 때 어떤 일이 벌어질 것이라고 생각하는가? 그 대답은 분명해진다.

만약 우리가 우리 존재의 근원으로부터 인간의 삶이라는 것을 잘 키워져야 하고, 탐험되어야 하며, 소중하게 여겨져야 하는, 진귀하고 소중한 선물이라고 믿는다면, 세상은 우리가 탐험하기에 아름다운 곳처럼 보인다. 그런 세상은 다양한 문화, 경험, 그리고 기회들이 풍부한 곳이다. 여기서 핵심은 우리가 그러한 경험들의 혜택 속으로 우리 자신을 몰입시킬 수 있기 전에 세상이 안전하다고 우리 자신이 *믿어야만 한다*는 사실이다. 그것은 세상이 안전하다는 것이 사실이기를 단순히 희망하거나 바라는 것 이상이다. 우리는 우리 존재의 근원으로부터 세상이 안전하다는 것을 받아들이고 믿어야만 한다.

그러면 당신은 이렇게 말할지 모른다. "그래. 맞아! 나에게 다시 한번 말해 주시오. 도대체 그러한 안전한 세상이 어디에 있는지 말이요?" 만약 매스미디어와 일반적인 의견들을 들어본다면, 우리는 세상이 결코 안전하지 않다고 믿을 만한 충분한 이유를 가지고 있다는 데 동의할 것이다.

반대로, 만약 우리가 진정으로 우리 존재의 바로 그 근원으로부터 세상이 위험하다고 믿는다면, 그리고 그런 믿음을 매일같이 우리 자신의 삶에 구현시킨다면, 직장과 일상활동으로부터 인간관계와 건강에 이르기까지 모든 것에 있어서 그 믿음이 중요한 역할을 하는 것을 우리는 보게 될 것이다. 새로운 기회들이 찾아왔을 때조차도, 우리는 우리 자신이 다른 사람들로부터 지지를 받지 못하고 있고, 준비가 안 되어 있으며, 혹은 우리가 그것들을 받아들일 만큼 가치 있는 사람이 아니라고 느끼게 될 것이다. 우리는 위험을 감수하기를 두려워할 것이며, 우리 자신에게 진정한 기쁨을 가져다줄 직업 혹은 연애관계를 취할 만한 가치가 없다고 느끼게 될 것이다. 그리고 다가오는 그 어떤 것에 대해서도 그저 감수하고 있는 우리 자신을 발견하게 될 것이다.

만약 다르게 믿을 만한 이유가 없다면, 우리가 잠재의식적으로 믿고 있는 그 전쟁이 육체의 세포들 안에서 중요한 역할을 하고 있는 것을 발견하는 것은 놀라운 일이 아니다. 인간의 세포들은 인간의 믿음을 인간의 가장 소중한 경험, 즉 삶 자체를 인간으로부터 빼앗아가는 화학작용을 일으키라는 지시로 해석할 것이다!

때때로 육체 안에 있는 이러한 믿음이 밖으로 드러나는 것을 포착하기 어렵다. 포착하기 어려운 것은 어쩌면 축복이다. 왜냐하면 그것은 우리에게 두려움의 신호들을 깨닫고, 너무 늦기 전에 그것들을 해결할 기회를 주기 때문이다. 그러나 때때로 그것을 포착하는 것이 그렇게 어렵지 않기도 하다.

인간의 육체 : 중대한 질문이 반영된 대답

나의 할아버지는 습관이 배어 있던 사람이었다. 그가 자신에게 유리하게 작용하는 무엇인가를 발견했을 경우, 그는 그것에 매달렸다. 그러한 태도가 할아버지와 할머니가 50년 이상 부부로 지냈던 이유를 설명할지도 모른다. 할머니께서 돌아가신 후 자신의 동생과 함께 생활하면서, 할아버지와 나의 관계는 달라졌다. 우리는 그의 여생 동안 편안한 우정과 공감을 지속시켰다.

할아버지가 식사하기 좋아하셨던 장소는 웬디스라는 패스트푸드 체인점의 지역 점포였다. 휴가나 특별한 날에 다른 지방에서 일하다가 방문했을 때, 나는 항상 할아버지가 가고 싶어하는 곳으로 모시고 가기 위해 하루 종일을 비워두곤 했다. 그날은 *우리가* 함께 하는 날이었으며, 나는 그에게 계속해서 묻고 또 물었다. "할아버지, 오늘은 어디에서 시간을 보내고 싶으세요?" 나는 항상 질문한 후에는 멋진 레스토랑과 카페의 리스트를 보여드렸다. 시내에 있는 할아버지 집 근처에 있는 곳들이었다. 그는 주의 깊게 귀를 기울였으며 실제로 그의 마음 속에 있는 모든 조건들에 대해 심사숙고했지만, 그의 대답은 항상 똑같았으며, 나는 그것이 어떤 것일지 알고 있었다. '웬디스' 였으니 말이다.

웬디스로의 여행은 하루 종일이 소요되는 일이었다. 우리는 대게 한 시간 안에 들어왔다가 나가야만 했던 직장인들이 몰리는 점심시간 바로 전인, 늦은 오전에 도착하곤 했다. 우리는 자리에 앉아서 그들이 들락거리는 것을 지켜보았다. 우리 단 둘만이 남아 있을 때까지 말이다. 그런 후, 나는 대공황 동안 미국의 상황이 어떠했는지에 관한 할아버지의 이야기를 듣거나, 그 당시의 문제들과 그 문제들이 그 후의 세상에 어떤 의미가 있었는지에 관해 대화를 나눴다. 저녁 식사시간이 되어 식당 안이 너무 시끄러워지게 되면, 그는 몇 시간 동안 소중히 다뤘던 치즈버거와 칠리음식을 마저 드셨으며, 나는 그를 집으로 모시고 가곤 했다.

어느 날 할아버지께서 내 건너편 늘 앉으시던 자리에 앉아 계실 때, 갑자기 내 쪽으로 몸을 기울이시더니 식탁 위로 푹 쓰러지셨다. 할아버지는 정신이 완전히 정상이셨고 의식도 깨어 있었다. 그의 눈동자는 또렷했고, 말도 제대로 할 수 있었다. 나머지 다른 모든 일들은 괜찮은 것처럼 보였다. 그는 그저 그의 의자에 똑바로 앉을 수 없었을 뿐이다. 할아버지가 여성들에게서 30대에 흔히 발견되던 질병을 80대의 나이에 일으켰다는 사실을 알게 된 것은 웬디스에 있던 바로 그날이었다.

중증 근무력증myasthenia gravis이라는 이 질환은 육체가 근육을 움직이거나, 똑바로 서려고 하거나 머리를 곧추세우려고 하는 것 같은 간단한 동작을 하려고 하는 데 반응이 나타나지 않는 증상이다. 의학적으로 이 질환은 보통 신경과 근육 사이에서 지시사항들을 전달하는 물질(아세틸콜린)이 몸 안에서 생성되는 특별한 화학물질에 의해 흡수되었을 때 나타나는 자기면역 질환autoimmune disorder으로 정의되고 있다.

그래서 예를 들어 할아버지가 자신의 몸에게 '똑바로 앉도록' 명령하는 생각을 하고 뇌가 그 생각의 신호를 육체에게 *보냈을지라도*, 할아버지 육체의 근육들이 그것을 결코 받아들이지 않았던 것이다. 특수한 그 화학물질이 신호를 '도중에 강탈'hijack했기 때문이다. 다른 말로 하자면, 할아버지에게는 정상적으로 기능하기 위해 필요한 모든 것을 생산해 냈던 한 가지 화학작용과 그러한 기능들을 방해하는 다른 화학작용이라는 서로 상충되는 두 가지 화학작용 간의 전쟁터에서 자신의 육체가 생각에 반해서 움직이는 현상이 나타났던 것이다. 할아버지의 건강상태에 관해 내가 알고 있던 동안, 나는 가능한 한 많은 시간을 할아버지와 함께 보냈으며, 그가 자신이 경험을 컨트롤할 수 있도록 도우려고 노력했다.

우리가 함께 있던 동안, 나는 그의 삶과 우리 고장의 역사에 관한 매우 흥미로운 무엇인가를 찾아냈다. 그것은 그의 질환과 직접적으로 관련되어 있었다고 내가 믿고 있던 것이었다. 할아버지는 대공황 시절 한 식료잡화점에서 일하던 젊은이였다. 만약 당신이 그 시절을 살아온 사람들과 이야기를 한번이라도 해보았다면, 당신은 아마 그 시절의 경험이 그들의 삶에 남긴 엄청나게 많은 흔적을 알고 있을 것이다. 마치 하룻밤 사이에 모든 것이 달라졌던 것 같았다. 경제는 마비상태에 빠지게 되었으며, 공장들은 가동을 멈췄고, 상점들은 문을 닫았으며, 음식들은 부족하게 됐고, 사람들은 가족들을 먹여 살릴 수 없었다. 나의 할아버지는 그런 사람들 가운데 하나였다.

그는 자신의 아내와 많은 가족들의 먹을거리를 챙기기 위해 인간적으로 가능한 모든 일을 했으며, 다른 사람들보다 상대적으로 잘 해냈지만, *마음 속으로 그는 자신이 실패했다고 믿고 있었다. 그리고 그는 가슴 속에서 자신의 실패에 대해 죄책감을 느꼈다.* 그는 남편으로서, 아들로서, 사위로서, 그리고 친구로서 성공하지 못한 것에 대해 부끄럽게 느꼈다.

할아버지께서 돌아가시기 전에 대공황과 그의 경험에 관해 할아버지께 여쭤 보았던 것을 나는 기억하고 있다. 그리고 그가 감정이 격해져 울면서 내게 그 이야기를 하는 동안 얼굴에 가득 드리워졌던 슬픔도 기억난다. 그것은 그의 마음 속에서 여전히 아주 생생했으며, 그의 가슴 속에는 여전히 현존하고 있었고, 그의 삶의 아주 많은 부분을 차지하고 있었다. 비록 60년 이상이 지났어도 말이다.

내 마음 속에서 그 연관성은 분명한 것이었다. 나의 할아버지는 젊은 시절 겪었던 자신의 삶에 관한 불만을 이야기하지는 않았다. 대신 그는 자신의 장기간에 걸친, 해결되지 않은 엄청난 죄책감을 말하고 있었던 것이다. 그는 그것을 그 모든 나날 동안 마음 속에 품고 있었으며, 그것은 마침내 할아버지의 육체적인 경험으로 체화되었던 것이다. 그 연관성은 분명한 것이었다. 왜냐하면 믿음은 하나의 코드이며, 인간의 믿음이라는 느낌들은 그 코드를 실행시키는 명령어들commands이기 때문이다.

나의 할아버지가 억누르기 아주 힘들었던 장기간에 걸친 무력감 – 자신이 무력하다는 그의 잠재의식적 믿음 – 은 문자 그대로 그의 육체로 드러나게 된 것이다. 심신 연관성을 통해, 할아버지의 육체적 자아는 그의 믿음들을 무의식적인 명령어로 인식했으며, 그 명령어에 딱 맞는 화학작용을 아주 잘 일으켰던 것이다. *아주 정확히 할아버지의 육체는 그의 믿음에 꼼짝 못하고 따르는 상태가 됐다.* 나는 그 질환이 왜 그렇게 갑작스럽게, 그의 생에 있어서 그렇게 늦은 단계에서 모습을 드러낸 것처럼 보였던 이유를 발견하기 위해 많은 조사를 해야만 할 필요가 없었다.

그 일이 일어나기 얼마 전에, 나의 할머니는 목숨을 순식간에 앗아간 암 질환 때문에 병원에 입원을 하셨다. 그녀의 투병기간 동안 스스로도 입원을 하셨던 나의 할아버지는 50년 이상 자신이 사랑했던 여인을 위해 어떤 것도 해주지 못한다는 무력감을 다시 한번 느꼈다. 나에게 할머니의 죽음이라는 환경과 할아버지의 갑작스런 발병의 상호 관계는 결코 우연의 일치가 아닐 정도로 밀접했다. 그것은 대공황 시절 겪었던 모든 것의 결핍이라는 오래된 기억들을 바로 현재로 불러오게 했던 기폭장치였던 것이다.

불행하게도 심신 연관성은 그 당시 할아버지를 보살피는 의료진이 받은 교육훈련 내용의 일부가 아니었다. 그들에게 할아버지의 증상은 단지 육체적인 병이었으며, 다만 할아버지 연배에 있어서는 드문 경우였을 뿐이었다. 그들은 그것을 그렇게 처치했다. 죽기 전까지 매일내일 할아버지는 그가 사랑했던 사람들을 돕는 데 무력했다는 자신의 믿음과 연결된 것처럼 보였던 증상들과 원치 않았던 부작용들

제4장 당신은 무엇을 믿는가? 삶의 핵심에 있는 가장 큰 질문 **217**

을 상쇄시키기 위해 14가지 종류의 약물치료를 받았다. 비록 나는 이 것이 공식적인 의학적 진단이 결코 될 수 없다는 것을 알고 있지만, 그의 병이 그냥 '발발했다'고 말하기에는 그 연관성은 너무나도 강력하고, 그것에 관한 연구들은 너무나도 설득력을 가지고 있다.

인간의 믿음의 힘은 삶을 긍정하는 방향과 삶을 부정하는 방향, 양쪽으로 모두 작용할 수 있다. 인간의 무의식적 믿음이 앞서 소개했던 내 직장 동료의 남편의 이야기에서 발견했던 상황들을 순식간에 만들어 낼 수 있는 것과 똑같이 삶 자체를 위협하는 상황들로 바꾸어 놓을 수도 있다. 이러한 가능성을 그렇게 매력적으로 만드는 것은 인간의 믿음이 순식간에 의도적으로 바뀔 수 있다는 사실이다. 믿음을 순식간에 의도적으로 바꾸는 열쇠는 삶에서 그 믿음이 현실이 되리라고 단순히 생각하고, 희망하거나 바라는 대신에 그 믿음이 마치 현실인 것처럼 느끼는 것이다. 이렇게 *인간의* 개인적인 믿음은 의사들과 친구들처럼 우리가 신뢰하는 사람들이 간직하고 있는 의도적인 믿음들을 극복할 수 있다. 때때로 우리에게 필요한 모든 것은 다른 사람들에게 그것이 가능하다고 우리 자신에게 상기시키는 것이다.

결국 인간의 가장 제한적인 믿음을 변환시키는 열쇠는 인간의 세상과의 가장 근본적인 관계intimate relationship를 치유하는 데에서 발견될 수 있다. 즉, 우리 자신과 현재 모습 그대로의 우리 세상 – '빛'과 '어둠'을 만드는 근본적인 힘fundamental force 간의 관계 말이다. 삶을 긍정하거나 혹은 삶을 부정하는 방식으로 작용하고 있으며 다른 모든 믿음들의 토대를 형성하는 것은 이러한 힘들에 관한 인간의 가장 깊은 곳에 자리잡고 있는 무의식적인 믿음들이다.

빛과 어둠의 힘들 : 영원한 원수들인가 아니면 잘못 이해된 현실들인가?

의심할 것도 없이 우리 인간은 양극단의 세상에서 살고 있다. 그리고 인간의 현실을 현실 그 자체로 만드는 것은 양극단 간의 긴장 관계이다. 원자와 같은 미립자들의 전하들로부터 새로운 삶이라는 개념에 이르기까지 모든 것은 양plus과 음minus, '켜짐'과 '꺼짐', 암과 수라는 양극단과 관련되어 있다. 신학에 있어서 이러한 양극단은 빛과 어둠, 선과 악의 세력들이라는 이름과 모습을 취하고 있다. 나는 그들의 존재를 부정하고 있는 것은 아니며, 인간의 삶에 있어서 그것들이 의미하는 바를 어떻게 바꿀 수 있는지, 또 그렇게 함으로써 우리 인간과 양극단 세력과의 관계를 어떻게 재정의할 수 있는지를 *설명하고 있는 중이다*.

만약 우리가 삶을 빛과 어둠 사이의 끊임없는 전쟁으로 본다면, 우리는 삶에서 벌어지는 모든 것을 양극단의 눈을 통해 판단해야만 한다. 그렇게 되면 세상은 정말로 무서운 곳처럼 보인다. 그러한 관점은 우리에게 삶을 둘 중의 하나의 관점으로 인식하도록 요구하며, 우리가 선택한 관점을 다른 관점보다 좋거나 혹은 보다 강력한 것으로 볼 것을 요구한다. 이것이 바로 때로는 다른 사람들의 잠재의식적 믿음뿐만 아니라, 우리 자신의 잠재의식적 믿음과 분쟁을 일으키게 만든다. 나는 어렸을 때 이것에 관해 생각했던 것을 기억한다. 그것도 아주 많이 말이다.

미주리 북부지역 보수적인 마을에서 자란 탓인지 나는 학교, 교회, 그리고 집안에서 빛과 어둠, 선과 악, 그리고 내 삶에 있어서 이러한 세력들의 의미에 관해 배웠던 것에 의문을 품었다. 어떤 것은 나에게 전혀 이해가 되지 않았다. 내가 길들여진 조건화conditioning는 삶을 지배하는 힘이 되기 위해서 서로 싸우는 선과 악의 세상에서 인간이 살고 있다고 믿도록 이끌었다. 나에게 호의를 가졌던 사람들은 양극단의 힘들을 경험했던 방식에 의해 둘 사이의 차이점을 깨달을 수 있다고 가르쳤다. 나의 감정에 상처를 주는 일들은 어둠으로부터 온 것이며, 좋은 감정의 기쁨은 빛으로부터 온 것이라고 말이다. 악evil이라는 개념이 암시하는 것은 '저기 밖에는' 무엇인가가, 내가 그동안 성취했던 모든 좋은 것들을 빼앗아 갈 수 있는 아주 적절한 순간, 내가 약해지는 순간만을 숨어서 기다리고 있는 무시무시한 무엇인가가 있다는 두려움이었다. 만약 그것이 사실이었다면, 이 무엇인가는 우리 인간을 지배하는 힘, *나*를 지배하는 힘을 가지고 있었을 정도로 그 존재 자체가 아주 두려움을 느끼게 했다는 것을 의미했다.

나는 인간이 실제로 이러한 세상에서 살고 있을지 모른다는 생각과 싸웠다. 내가 그것을 싫어했기 때문이 아니었으며, 단지 그것이 이치에 들어맞지 않았기 때문이었다. 삶의 어떤 지점에서 나는 빛과 어둠이 *나에게* 의미했던 바와 내가 배웠던 빛과 어둠의 세력들의 싸움을 화해시켜야만 한다는 것을 알았다. 그렇지만 그들의 화해는 어느 순간에 갑자기 나타나지 않았으며, 30, 40대 시절에 여러 차례 반복해서 꾸었던 꿈의 결과로서 서서히 다가왔다.

아마 동시에 일어난 것은 아니었지만, 그것은 내 삶에서 큰 도전에 직면하고, 가장 깊은 상처를 받는 시기에 나타났다. 나는 그림 그리기를 매우 좋아했던 사람이다. 그래서 강력한 감정들과 관련된 이 특별한 꿈을 내가 그림처럼 생생하게 볼 수 있었던 것은 그다지 놀라운 일이 아니다.

그 꿈은 늘 똑같은 방식으로 시작됐다. 완전히 어둡고 텅 비어 있는 어떤 장소에 나는 홀로 있었다. 처음에 내 주변에는 다른 어떠한 것도 없었으며, 오직 끝없이 사방으로 뻗어나가는 칠흑 같은 어둠만이 있었을 뿐이다. 그러나 항상 서서히 무엇인가가 시야로 들어왔으며, 또 다른 무엇인가는 멀리, 아주 멀리 사라졌다.

내 눈이 보고 있는 것에 적응이 되어 좀 더 가까이 움직일 수 있게 되면서, 나는 얼굴들을 알아보기 시작했다. 내가 보고 있었던 것은 사람들이었다. 많은 사람들이었다. 어떤 사람들은 내가 아는 사람이었고, 또 어떤 사람들은 전에 한번도 본 적이 없는 사람들이었다. (흥미롭게도, 꿈 속에서 단지 몇 시간 전에 그저 보았던 누군가가 시야에 들어왔을 때, 나는 작은 도시의 길거리에서 신호등이 바뀌기를 기다리거나 혼잡한 공항을 가로질러 걸어가고 있는 중이었다.)

그 꿈이 분명하게 보이게 되면서, 나는 그 수많은 사람들 속에는 내가 그저 알았거나 내 전 생애에 걸쳐 알았던 모든 사람들이 있었다는 것을 깨달았다. 나의 모든 친구들, 내 가족의 모든 구성원들, 그리고 내가 사랑했던 모든 사람들을 포함해서 말이다. 그리고 그들은 나와 그들 사이에 있던 커다란 암흑의 경계선에 의해 분리되어 모두 함께 거기에 있었다.

이것이 바로 그 꿈이 정말로 흥미로운 점이다. 경계 한쪽에는 아주 밝게 빛나는 심연이 있었으며, 다른 쪽에는 암흑 중의 암흑의 심연이 있었다. 내가 사랑하는 사람들에게로 가기 위해 그 경계를 넘어서려고 시도했을 때마다 나는 양쪽에서 끌어당기는 바람에 균형을 잃어버렸다. 내가 어둠 혹은 빛 어느 쪽으로든지 떨어지는 것을 거부했을 때마다, 사람들은 더욱더 멀어졌으며, 나는 모든 사람들을 엄청나게 그리워하면서 처음의 장소로 되돌아와 있었다.

어느 날 밤 나는 그 꿈을 꾸었는데 무엇인가 달라져 있었다. 그 꿈은 똑같이 시작됐으며, 그래서 무엇인가 벌어졌다는 것을 알아차렸을 때에 나는 내가 무엇을 기대하는지를 알고 있었다. 이 특별한 밤에 나는 다른 무엇인가를 했다. 즉, 내가 그 경계를 건너기 시작했고, 어둠과 빛이 나를 서로 끌어당기는 것을 느꼈을 때, 나는 저항하지 않았다. 그렇다고 몸을 내맡기지도 않았다. 그 대신 나는 그것들 앞에서 내가 느꼈던 방식을 바꿨다. 내가 그것들에 관해 믿었던 것을 변화시켰다.

하나는 '선하고' 다른 하나는 '악하다'고 생각하는 대신, 또는 한쪽이 다른 쪽보다 더 좋거나 더 나쁘다고 생각하는 대신, 빛과 어둠이 모두 존재하도록 허용했으며, 그들이 내 친구가 되도록 했다. 그렇게 한 순간, 아주 놀라운 일이 벌어졌다. 갑자기 그들이 나에게 다르게 보였던 것이다. 그렇게 달라져 보인 모습에서 그들은 하나로 합쳐졌으며, 경계선이 사라졌고, 내가 사랑했던 모든 사람들에게 다다르게 하는 다리가 됐다.

그리고 일단 그런 일이 벌어지자, 반복되던 꿈들도 끝났다. 물론 나에게 비슷한 것을 보여 주는 다른 꿈들도 있었지만, 그런 방식으로 그와 같은 특별한 꿈은 결코 다시 꾸지 않았다.

힐링의 순차적인 효과 The Cascade Effect of Healing

반복되는 꿈이 치유되기 전 몇 달 동안, 나는 성인이 된 후 인간관계가 가장 어려운 몇 가지 상황에 직면해 있었다. 친구들과의 관계, 그리고 직장 동료들과의 관계로부터 가족, 그리고 심지어 연애 파트

너들에 이르기까지 모든 것은 내가 그저 이해하지 못한 이유 때문에 완전히 걷잡을 수 없게 된 것처럼 보였다. 신의 매트릭스The Divine Matrix 라는 책에서 언급했던 것처럼, 고대 에세네파Essene[BC 2세기경부터 AD 1세기말까지 팔레스타인에서 살았던 유대교의 한 종파로 수도원 공동체를 이루며 살았다. 금욕, 재산공유가 특색으로 꼽힌다. 역자주]의 가르침을 통해 인간관계가 거울에 비친 자신의 모습임을 발견하게 되었을 때, 무엇을 다른 사람들의 정직, 성실, 그리고 신뢰라고 '간주해야 하는지' 또 '간주하지 말아야 하는지'에 대한 강한 느낌을 갖게 됐다. 그리고 나에게 계속해서 그런 인간관계들을 맺도록 했던 강력한 자석은 바로 그런 특성들에 대한 나의 판단judgment이었음을 알게 됐다.

그 꿈을 꾼 후 거의 즉각적으로 예상치 못한 무엇인가가 벌어지기 시작했다. 불과 며칠 상간이었지만, 나의 판단이 투사된 모든 사람들은 나의 삶으로부터 멀어지기 시작했다. 나는 더 이상 그들에 대해 화가 나지 않았다. 나는 더 이상 그들을 원망하지 않았다. 나는 그들 모두에 대해서 '아무 상관이 없다'nothingness는 이상한 느낌을 갖기 시작했다. 그들을 멀리 몰아내기 위해 내가 의도적으로 노력한 것은 아무것도 없었다. 빛과 어둠에 대한 나의 관계를 재정의하고, 이러한 사람들과 관련된 나의 경험들에 대해 내 판단이 어떠한지가 아니라 경험 자체로서 인식하게 되자, 나는 내 삶 속에 그들에 관해 간직하고 있는 것이 하나도 남아 있지 않음을 알게 됐다. 모든 사람들은 나의 일상 활동들로부터 희미해지기 시작했다. 일과 중에 그들로부터 걸려오는 전화도, 편지도, 그리고 그들에 대한 생각들도 갑자기 적어졌다. 나의 판단들이 그러한 관계들을 그곳에 집아두었던 자석이었던 것이다.

이런 새로운 전개는 흥미로운 것이었다. 그러나 며칠 안에 보다 더 호기심을 자아내게 하는, 약간 이상한 일이 벌어지기 시작했다. 오랫동안 내 삶 속에 간직되어 있었던 다른 사람들은 물론 그 어떤 갈등이나 싸움도 없었던 사람들 역시 희미해지기 시작했다. 이러한 인간관계들을 끝내기 위해 내가 의식적으로 노력한 것은 없었다. 그런 인간관계는 그저 더 이상 이치에 맞지 않는 것처럼 보였다. 간혹 내가 이러한 사람들 중의 한 사람과 대화를 했을 때, 부자연스럽고 인위적으로 느껴졌다. 이전에는 공통점이 있었지만, 이제는 불편함이 느껴졌다. 이러한 인간관계의 변화를 알아차리자마자, 나는 그것이 새로운 현상이라는 것을 알게 되었다.

나의 삶으로부터 떨어져 나간 각각의 인간관계들은 동일한 패턴을 기초로 하고 있었다. 그 사람이 처음에 나의 삶 속으로 가져 왔던 바로 그 패턴 말이다. 그 패턴은 빛과 어둠에 관한 나의 믿음들을 바탕으로 이루어졌던 그들의 행동들에 대한 나의 판단이었다. 그런 인간관계들을 끌어당겼던 자석의 역할을 했던 것과 더불어, 내 판단은 또한 그것들을 결합시켰던 접착제이기도 했다. 내 판단이 없어지자 그 접착제도 없어졌다. 나는 이와 같은 방식으로 작동했던 순차적인 효과cascading effect라는 것이 무엇인지를 깨달았다. 일단 그 패턴이 한 곳에서 인식되면, 그 인간관계와 그것의 반향echo은 내 삶의 많은 다른 차원으로 퍼져나갔다.

나는 이러한 순차적 치유 효과가 많은 경우 우리 인간의 삶에 있어서 중요한 역할을 하고 있다고 생각한다. 비록 우리가 항상 그것을 인식하지 못할지라도 말이다. 앞서 소개한 이야기에서 순차적 치유 효과는 내가 그것을 보지 못했고, 놓치기 어려웠을 정도로 신속하게 일어났다.

그래서 나는 당신의 삶에 있어서의 인간관계들, 특히 어려웠던 인간관계들에 대해 이 같은 실험을 해볼 것을 권한다. 어려웠던 인간관계들이 분명한 이유 없이 갑자기 사라진 것처럼 보일 때, 그것은 당신의 믿음 속에 있는 무엇인가가 변했다는 표시이다. 그것은 단지 지각perception이라는 접착제가 치유되어 그러한 인간관계들을 가깝게 유지시키는 힘이 하나도 남아 있지 않게 되는 것일 수 있다.

오래된 전쟁의 규칙을 다시 쓰기

인간이 가지고 있는 믿음의 효과들은 인간관계와 건강에 있어서 중요한 역할을 한다. 그러나 궁극적으로 우리가 관심을 가져야 할 것은 인간의 육체와 세상에 드러나는 빛과 어둠의 세력들 간의 다툼이라는, 앞서 언급된 오래된 전쟁에 관한 이야기이다. 수천 년 동안 우리 인간은 삶을 살아가는 데 있어서 이러한 세력들을 양극화시키도록 조건화[조건화란 행동주의 심리학의 이론으로, 특정 반응을 이끌어 내지 못하던 자극(중성 자극이라 함)이 그 반응을 무조건적으로 이끌어 내는 자극(무조건 자극)과 반복적으로 결합되면서 특정 반응을 유발하게 되는 상태를 말한다. 역자주]되었다. 하나를 선택하고 다른 하나는 파괴시켜야 한다는 조건화 말이다. 비록 그 전쟁은 최소한 2천 년 전의 일이지만, 오늘날도 분명히 우리와 함께 있다. 그리고 우리는 그 전쟁이 21세기의 기술과 믿음들에 힘입어 우리 삶에서 중요한 역할을 하고 있는 것을 지켜보고 있다.

그 어떤 투쟁에 대해서도 똑같지만, 우리는 우리 자신에게 물어보게 된다. *만약 인간이 적절한 전략을 사용할 수 있다면, 왜 승리를 주장하지 못하는가?* 빛과 어둠 간의 오래된 다툼은 그러한 단어가 일반적으로 의미하고 있는 이기거나 지는 전쟁이 아니라는 것이 가능할까? 만약 모든 생각이 그 전쟁을 지속시키는 규칙을 바꾼다면 어떻게 될까? 만약 이 전쟁이 숨기고 있는 비밀이 이기는 것에 관한 것이 아니라 오히려 그 전쟁을 유지시키고 있는 핵심 믿음들을 어떻게 변화시킬 것인가 라면 어떻게 할 것인가? 빛과 어둠 간의 큰 전쟁을 종식시키는 열쇠는 어쩌면 늘 바로 사람들 앞에서 아주 작은 갈등으로서 드러나고 있을지 모른다. 만약 그렇다면, 그 작은 갈등들로부터 우리가 배울 수 있는 것은 무엇일까?

예를 들어 나는 '빛 가운데' 있는 다른 사람들 하고만 교제하고 있다고 말하거나 혹은 '어둠의 세력들'이 자신의 친구와 가족들을 사로잡았다고 말하는 사람들을 알고 있었다. 그들이 그렇게 말할 때, 나는 단 하나의 질문으로 대응한다. 그들에게 그 두 가지 세력들을 구분 짓는 선을 그려보라는 것이다. 나는 그들에게 빛이 끝나는 곳은 어디며, 어둠이 시작하는 곳은 어딘지를 보여달라고 요청한다. 그들이 그러한 시도를 하는 순간, 나는 그들에게 빛과 어둠이라는 세력 그 자체보다 더욱 강력한 무엇인가를 보여 줄 수 있다. 왜냐하면 그들이 그것을 구분 지으려고 하는 순간에, 그들은 그들이 벗어나려 하고 있다고 말하는 바로 그 양극단적인 믿음들 속에 자신을 가두어 놓고 있는 오래된 함정에 빠져버리기 때문이었다.

함정에 빠져버리는 이유는 이렇다. 그들은 한쪽이 다른 쪽보다 더 좋거나, 존재해야만 할 가치가 더 크다고 선과 악에 관해 스스로 판단한다. 그러한 판단 때문에 그들은 나에게 바꾸고 싶다고 말했던 바로 그 상황 속에 여전히 남아 있을 것이 확실하다. 나의 친구들이 어둠이 인간의 삶 속으로 가져올 수 있는 것들에 대해 외면하거나 동의하고 있다고 말하고 있는 것은 아니다. 그렇지만 이러한 세력들을 *판단하는 것*과 그들이 존재하고 있다는 사실과 그들이 대표하는 것을 *식별하는 것* 사이에는 엄청난 차이가 있다. 그리고 우리 인간에게 그 양극단을 극복하고 어둠과 빛 간의 싸움을 치유할 수 있게 해주는 비밀은 바로 이러한 미묘하지만 중요한 구분을 통해서 발견된다. 단지 그 싸움에서 살아남는 것이 아니라 그 전쟁 자체가 인정하는 양극단보다 *더 위대한 것이 되기 위해서* 말이다. 이것이 바로 내가 앞에서 서술했던 꿈의 본질이다.

어떤 사람들은 삶에서 빛과 어둠을 하나의 잠재적인 힘으로 융합시킨다는 생각이 항상 가능하다고 믿고 있었지만, 그것을 실현시키는 방법은 아마 결코 잘 알 수 없는 것이었다. 다른 사람들에게 있어서 이들 두 세력을 화해시킨다는 생각은 그들이 상상할 수 있는 가장 강력한 생각이다. 그 생각은 그들이 그동안 배웠던 모든 것들에 위배되는 것이며, 심지어 이단의 주장처럼 들릴지도 모른다. 우리가 다음 사실들을 주의 깊게 보기 전까지는 말이다.

- 사실 1 : 우리 인간이 심장 속에 간직하고 있는 믿음들과 느낌들은 매일 매 순간 인간의 뇌와 끊임없는 소통을 하고 있는 중이다.
- 사실 2 : 대화를 하는 동안 우리 심장은 우리 뇌에게 '사랑의 화학작용' 혹은 '두려움의 화학작용'을 우리 육체에 보내라고 말한다.
- 사실 3 : 장기간에 걸친 사랑의 화학작용은 우리 육체 속에서 삶을 긍정하게 하며 영속하게 한다.
- 사실 4 : 장기간에 걸친 두려움의 화학작용은 우리 육체 속에서 삶을 부정한다.
- 사실 5 : 실천해야 할 서로 다른 목표를 가지고 있는 두 가지

세력이 싸우고 있다는 믿음을 내재화시키는 것은 그 전쟁을 우리 육체와 삶 속으로 불러들이는 것이다.

의문점 : 이러한 사실들을 고려할 경우, 한쪽은 친구로 다른 한 쪽은 적으로 보기 때문에 계속되고 있는 빛과 어둠의 전쟁에 계속 참여하는 것이 과연 합당한 것인가? 아니면 전자electrons와 양성자protons, 낮과 밤, 남성과 여성, 그리고 삶과 죽음이라는 3차원적 세상이 존재하기 위해 두 가지 모두 필요한 것이며, 실제로 필수적인 것이라고 인식하는 것이 더욱 합당하지 않을까?

어떤 사람들에게 있어서 인간의 양극단과의 관계를 전쟁이라고 말하는 것은 상징적인 표현이지만, 다른 사람들에게 있어서 그것은 매일매일 삶의 현실로서 작용하고 있다. 어떤 경우일지라도, 여기서 중요한 것은 그 전쟁은 - 실제로 존재하든 혹은 비유건 간에 - 인간의 믿음들이 그 전쟁을 유지시키는 동안에만 존재할 수 있다는 것이다.

내가 빛과 어둠에 관한 내 판단을 치유했을 때, 그 치유는 모든 관계 속에 반영됐다. 연애와 동반자 관계에서부터 직업과 금전관계에 이르기까지 말이다. 그것은 즉각적이었다. 또 그 모든 것은 매일 매 순간 우리 모두에게 영향을 미칠 정도로 보편적이었다. 그것은 우리 인간이 인식조차 하지 못하고 있을 정도로 인간의 집단적인 잠재의식 깊은 곳에서 작동하고 있는 믿음에 관해 내가 사실이라고 간주했던 것을 간단하게 바꿈으로써 시작됐다. 그리고 그것은 두 가지 서로 다른 세력들(우리를 좋아하는 하나와 그렇지 않은 또 하나)이 존재한다고 믿는가, 아니면 우리를 다양한 방법으로 경험하게 하도록 하는 하나의 힘이 존재한다고 믿는가라는 중대한 질문으로 귀결된다.

> **믿음 코드 23**
> 어둠과 빛의 오래된 전쟁을 치유하기 위해 우리는 한쪽 혹은 다른 쪽을 패배시키는 것이 중요한 것이 아니라 양쪽 모두에 대한 자신의 관계를 선택하는 것이 더 중요하다는 사실을 깨달아야 한다.

일단 우리가 빛과 어둠이라는 힘들을 보다 큰 하나의 힘을 구성하는 요소들로서 인식하면, 다음과 같은 의문에 도달하게 된다. 우리는 이 통합된 힘을 우리 삶에서 어떻게 활용할 것인가? 그리고 이 질문은 믿음을 하나의 컴퓨터 프로그램이라고 생각하는 것에 큰 설득력을 부여한다. 어떤 프로그램도 마찬가지지만, 만약 우리가 코드를 알고 있다면, 우리는 우리의 한계들을 스스로 선택할 수 있다. 믿음의 언어를 이해하는 것은 우리 삶에 있는 한계들을 선택하는 힘을 우리에게 부여한다.

제5장

삶의 비밀코드를 안다면 삶의 규칙을 선택할 수 있다 : 잘못된 패러다임을 파괴하라

If You Know the Code, You Choose the Rules :
Shattering the Paradigm of False Limits

"[모의실험으로 만들어진 현실에서] 모의실험 장치들은 그들의 세상을 지배하는 법칙들을 결정하며, 그 법칙을 바꿀 수 있다."
— 존 배로John D. Barrow, 천체물리학자, 2006년 템플턴 상 수상자

"무한한 힘[을 가지고 태어난 사람들]에게는 그 어떤 지구상의 힘도 전혀 중요하지 않다."
— 네빌 고다드Neville Goddard(1905-1972), 철학자

우리가 우리 자신이 우주적인 모의실험cosmic simulation의 한 부분이라는 것을 실제로 믿고 있느냐 아니면 단순히 일상적 세상과의 관계에 관한 비유로서 사용하느냐는 이 개념이 시사하고 있는 가능성들보다 덜 중요할지 모른다. 비유건 사실이건 간에, 그 개념은 대화를 함께 나누는 데 필요한 언어와 대화를 시작할 수 있는 장소를 우리에게 제공하고 있다.

어느 쪽이건, 인간의 삶이라는 경험은 가능성들을 현실로 바꾸는 프로그램 – 현실 코드reality code – 에 기초를 두고 있다. 믿음이라는 것이 바로 그 코드이다. 만약 우리가 적절한 종류의 믿음(프로그램 코드)을 만들어 내는 방법을 안다면, 무엇이 '존재' 하고 '존재하지

않는다'라는 우리의 생각은 영원히 바뀌게 된다. 다른 말로 하자면, 믿음에 기초를 둔 세상에서는 불가능한 것이 아무것도 없다.

믿음을 믿기 Believing in Belief

몇 년 전에 나는 1960년대 흑백TV로 매주 방송됐던 심야 공상과학 프로그램 한 편을 보았던 것을 기억한다. 아마 당신도 그것을 잘 기억할 것이다. 그 프로그램은 제2차 세계대전 기간 동안 유럽의 상공 어딘가를 연합군 전투기 한 대가 날아가는 장면으로 시작됐다. 비행기 밑면에는 임무를 수행 중인 공군들 중의 한 명이 사용하는 투명한 덮개로 싸인 망루가 있었다. 그것은 비행기 동체에 붙어 있었으며, 그 안에 있는 군인이 주변의 모든 것을 관찰할 수 있도록 유리 거품과 같은 모습을 하고 있었다. 그 군인은 거기서 조종사와 항해사가 볼 수 없었던 적군의 비행기에 관한 보고를 할 수 있었다.

그 프로그램의 전반적인 줄거리는 뻔한 것이다. 그 비행기가 적군 비행기의 사격 공격을 받아 심하게 손상을 입는다는 것은 별로 놀랍지 않다. 그러나 그 다음에 일어난 일은 아주 예측 불가능하다. 그리고 그것이 바로 내가 이 스토리에 대해 소개하고자 하는 이유이다.

비록 비행기는 손상을 입었지만, 아직 비행은 가능하다. 조종사는 가장 가까이에 있는 우군의 공항에 비상착륙을 시도하기로 결정한다. 그렇지만 그가 나머지 전우들과 함께 체크했을 때, 그는 적의 공격으로 랜딩기어를 잃어버렸다는 사실을 발견한다. 갑자기 조종사는 좋은 소식과 나쁜 소식을 함께 알게 되는 상황에 처한다. 좋은 소식은 활주로 위로 동체착륙을 할 수 있을 것처럼 보인 것이며, 나쁜 소식은 그렇게 할 때 동체 하부에 볼록 튀어나와 있는 망루가 비행기의 무게를 못 이겨내고 부서져 자신의 동료는 죽을 것이라는 사실이다.

그 드라마의 나머지 부분은 모든 다른 대안들을 찾아보지만 결국 절박한 현실에 맞닥뜨리게 되는 조종사의 감정적인 긴장에 초점이 맞춰진다. 그의 동료와 자신을 구하기 위해 동체착륙을 하는 것은 그의 유일한 선택이다. 만약 그가 시도를 하지 않는다면, 그들은 모두 죽는다. 비록 말을 하지 않았지만, 다른 사람들도 역시 그 동체착륙이 동체 밑에 있는 자신들의 전우를 죽게 할 것이라는 사실을 알고 있다. 그리고 망루에 있는 군인도 그것을 알고 있다. 바로 이것이 그 스토리가 예상치 못한 반전을 일으키는 부분이다.

다음 장면에서 우리는 무슨 일이 벌어질지를 알고 있다. 우리는 동체착륙을 위해 활주로로 접근하기 시작하는, 엄청난 감정적인 동요 속에 빠져 있는 조종사를 보게 된다. 갑자기 망루에 있는 군인은 무아지경에 빠진다. 그가 화가이며, 스케치 북과 연필을 자신의 배낭 속에 가지고 있다는 것이 드러난 것은 바로 그 순간이었다. 우리는 유리 덮개를 통해 그가 재빨리, 아주 능숙하게 그리고 신중하게 그가 타고 있는 비행기의 이미지, 망루와 그 안에 있는 자기 자신을 완전하게 담고 있는 비행기의 이미지를 그리고 있는 모습을 본다. 어떤 일이 벌어질 것인가에 대한 실마리가 없어, 시청자는 왜 이 군인이 자신이 탄 비행기가 막 충돌하려고 하는 때 그림을 그리는 것인지에 궁금증을 갖게 된다.

그 군인은 아주 완벽하게 그려진 비행기에다가 자기 의지에 따라 마지막 터치를 하고 있다. 그는 손상되지 않은 온전하고, 완전히 펴진 랜딩기어를 그리고 있다. 만약 그것이 정말로 거기에 있었다면,

그것이 그렇게 펴지게 될 것처럼 말이다. 그러나 그가 그린 것은 그저 어떤 낡은 랜딩기어가 아니었다. 그것은 마치 *미키 마우스* 만화영화에서 나왔던 것처럼 거대한, 부풀려진 도넛 형태의 바퀴들처럼 보인다. 그것들은 지팡이 캔디의 줄무늬와 표면으로부터 흘러나오는 반짝이는 광선을 모두 갖추고 있다.

그 그림의 마지막 한 획은 그 비행기가 지면에 닿을 때 완성된다. 그리고 이때 조종사는 자신이 전우를 죽이고 있다는 믿음 때문에 제 정신이 아닌 상태이다. 물론 당신은 다음에 벌어진 일을 상상할 수 있을 것이다. 조종사가 착륙을 했을 때, 그는 어찌된 일인지 바퀴들이 작동하고 있다는 것을 깨닫는다. 그는 비행기를 정지시키는 작동을 하고 있다. 즉시 군인들은 비행기에서 튀어나와 활주로 위로 몸을 날린 후 살기 위해 달리기 시작한다.

그들이 어떻게 착륙이 가능할 수 있었는지를 확인하기 위해 돌아섰을 때, 그들이 본 것은 불에 탄, 총탄 세례를 받은, 전투로 망가진 비행기의 실체였다. 그 비행기는 만화 같은 바퀴가 떠받치고 있었으며, 그들의 전우가 그들에게 합류하려고 망루로부터 활주로로 기어 내려오고 있었던 것이다.

이 스토리의 핵심은 이렇다. 망루 속의 군인은 비록 의식을 가지고 있지만, 멍한 상태에 있는 것처럼 보인다. 오늘날 우리가 *변용상태 altered state*라고 부르는 상태 말이다. 그는 깨어 있는 꿈 속에 있다. 그가 꿈을 꾸고 있는 한, 가공의 바퀴들은 모든 사람들이 안전해질 때까지 비행기를 받쳐든 채 거기에 존재한다. 그러나 전우들이 그를 와락 껴안을 때, 그들은 그를 그의 '꿈결'에서 깨운다. 배경 속에는 비행기가 보인다. 갑자기 그가 상상하고 있는 바퀴들이 눈 앞에서 모습을 감춘다. 그것들은 그저 사라진다. 그 비행기는 눈깜짝하는 순간 동안에 공중에 걸려 있는 것처럼 보인다. 그런 후 화염을 일으키며 지상으로 떨어진다. 바로 얼마 전까지 그가 들어가 있었던 망루를 박살내면서 말이다. 믿을 수 없음, 놀라움, 그리고 감탄의 눈빛으로 군인들은 서로서로 쳐다보다가 울기 시작한다. 여기서 그 이야기는 끝이 난다.

비록 이것은 허구적인 사건을 서술한 것이지만, 두 가지 이유에서 강력한 힘을 가지고 있다.

1. 첫째, 이 스토리는 우리 문화 속에서 무시하도록 우리에게 조건화된 상상과 믿음이라는 것은 그 자체가 무엇인가를 창조하는 힘이며, 우리 각자 안에서 생명력을 가지고 있고, 그것이 거기에 있다는 사실을 아는 것 이외에 그 어떠한 다른 특별한 훈련을 우리에게 요구하지 않는 창조적인 힘이라는 것을 상기시켜 주는 것이다.
2. 둘째, 이 스토리는 우리 삶에서 그러한 기적을 경험하기 위해서는 기적 그 자체뿐만 아니라, 우리 자신을 우리가 *믿는* 것이 필요하다는 것을 상기시켜 주고 있다.

비록 이 스토리는 하나의 가능성에 대한 아름다운 실례이지만, 망루 속의 군인의 믿음의 힘은 이 책의 나머지 부분을 통해 탐구하게 될 사실적인 근거를 가지고 있다. 그 핵심은 그가 자신의 상상의 힘을 *믿었으며*, 그것이 자신의 삶 속의 사건들과 직접적인 연결고리를 가지고 있다는 사실을 알고 *있었다*는 것이다. 이 사례에서 그는 자신의 현실을 변화시킬 수 있다는 것을 그저 어렴풋이 알거나 반신반의하는 것이 아니라 온 몸과 온 마음으로 알고 *있었다.*

그는 자신의 꿈 속에 있는 이미지를 세상의 현실로 만듦으로써 자신의 믿음을 체화시켰을 정도로 그것을 아주 깊이 알고 있었다. 증대되고 있는 과학적 증거의 실체는 인간 모두가 바로 그것을 할 수 있는 힘을 가지고 있다는 사실을 가르쳐 주고 있다. 나는 그 비행기의 군인들처럼 다수의 사람들이 어떻게 그 힘 자체를 이해하지 못했음에도 불구하고 한 개인의 순수성으로부터 혜택을 입을 수 있는지를 보여 주고 있는 허구적인 스토리를 그 가능성으로 향한 문을 열기 위해 사용했다. 아마 가장 중요한 것은 자신의 꿈을 자신의 그림을 통해 표현해 내는 데 있어서 그 군인의 순수성이 잘 나타나고 있다는 것이다. 그것은 믿음의 힘이 얼마나 간단하게 발휘될 수 있는가를 제대로 보여 주고 있다.

다음은 실제로 있었던 이러한 원리들에 관한 이야기이다. 이 이야기는 과거에 아무도 이루지 못했던 일을 성공시키겠다는 한 여성의 결심과 그 일을 최초로 한 사람이 될 것이라는 그녀의 믿음에 관한 이야기이다.

실생활의 '기적들' Real-Life 'Miracles'

2005년 캐나다 앨버타에 살고 있는 아만다 데니슨은 역사상 가장 긴 거리의 '불 위 걷기' fire-walk를 한 사람으로 *기네스 세계기록*에 등록됐다. 비록 수많은 사람들이 개인능력개발 세미나에서 자신감 강화 수단으로 그런 시도를 했지만, 아만다의 '불 위 걷기'가 그런 것들과 다른 점은 그러한 시도를 완수하도록 해주었던 그녀의 집중력이 얼마나 오랫동안 유지됐는가라는 것이었다. 불 건너기를 하던 날,

그녀는 평균 섭씨 927도에 달하는 불타오르는 석탄 판 위를 아무렇지도 않게 거닐었으며, 그녀가 걸은 거리는 60미터가 조금 넘었고, 그 결과 그녀는 아무런 상처 없이 그런 기록을 세운 첫 번째 사람이 되었다.[1]

비록 그녀의 기록보다는 훨씬 짧았지만, 다른 사람들이 어떻게 불타고 있는 석탄 위를 다치지 않은 채 걸을 수 있었는가를 설명하기 위한 과학적 이론들이 제시되기도 했다. 그 이론들은 불 건너기를 하는 사람이 얼마나 빠르게 움직이는가, 발에 땀이 나게 하는 얇은 필름이 불타오르는 석탄으로부터 발을 단열시키는 것은 아닌가와 같은 요소들을 포함하고 있다. 그러한 이론들은 아만다의 경우처럼 불타오르는 석탄 위에서 60미터 이상 걷는 것을 절대로 설명하지 못한다. 그렇다면 그녀에게 무슨 일이 벌어졌던 것일까? 2005년 그 여름날 그녀가 주변사람들과는 다르게 그러한 위업을 이룩할 수 있도록 허락했던 것은 무엇이었을까?

아마 보다 큰 의문은 다음과 같은 것일지도 모른다. *그렇게 기적 같은 일을 한 사람에게 일어난 것은 무엇인가?*

적어도 오늘날 우리가 이해는 하고 있지만 일상의 현실적 상식에 어긋나는 것처럼 보이며, 심지어 물리학과 자연의 '법칙'을 깨뜨리는 것처럼 보이는 일을 하는 사람들에 관해 우리는 얼마나 많이 들었던가? 예를 들어, 방송 뉴스매거진들에서는 의사들이 결코 다시는 걷지 못할 것이라고 말할 정도로 부상을 입은 채 이라크 전쟁에서 고향으로 돌아온 군인들의 스토리를 전했다. 그런데 무슨 일 – 의학적 용어로는 분명하게 이해되지 않는 내적인 경험 – 인가가 벌어졌으며, 일년 후에 그러한 사람들이 마라톤 경기에서 달리고 있다.

또 예를 들면 2006년 여름 애리조나 투싼에 살고 있는 톰 보일이라는 사람의 경우처럼 다른 사람의 생명을 구하는 힘과 같은, 이전에는 결코 보여 주지 않았던 슈퍼맨 능력과 같은 것을 갑자기 갖게 되는 보통 사람들에 관한 이야기도 우리는 듣고 있다. 한 청소년이 자동차에 치인 후 차 밑에서 몸을 꼼짝할 수 없게 된 것을 본 후에 톰 보일은 그 현장으로 달려갔으며, 차 밑에서 카일 호트러스라는 18세 소년을 운전자가 끌어내기에 충분할 정도로 차를 번쩍 들어올렸다.

사고 후에 보일은 그 차를 들어올렸을 때 자신의 마음상태가 어땠는지를 이렇게 밝혔다. "내가 생각할 수 있었던 모든 것은 만약 저 아이가 내 아들이었으면 어떡하지." "나는 누군가가 똑같은 일을 그를 위해 해주기를 원했을 것이며, 구조대원들이 도착할 때까지 시간을 내서 그의 머리를 문질러 주고, 그가 안심할 수 있게 해주기를 원했을 것이다."[2] 보일의 스토리와 같은 것들은 비록 드문 일이지만, 전혀 들을 수 없는 것은 아니다. 우리는 항상 그러한 위대한 일들이 그저 인간의 육체의 힘 덕분이라고 생각할 수는 없다.

2005년 여름, BBC 뉴스는 사고로 인해 자신의 차 밑에 깔려 있던 친구를 끌어내기 위해, 심지어 자신이 다쳤음에도 불구하고 자신 몸무게의 20배가 넘는 차를 들어올렸던 한 여성에 관한 보도를 방송했다. 신장 1백74센티미터에 나이 스물 셋의 여성이었던 킬라 스미스는 자신의 차를 운전하던 중 중심을 잃었고, 차는 방향이 바뀌면서 도로 밖으로 굴렀다. 정신을 차렸을 때 그녀는 자신의 친구가 차 밑에 깔린 채 다리만 차 밖으로 나와 있는 것을 보았다. 그녀는 운전석 창문으로 빠져 나와 자신의 친구를 끄집어 내기 위해 그 차를 지상으로부터 15 내지 17센티미터 가량 들어올렸다. 사고 후에 그녀는

"그를 끄집어 내야 한다는 것을 그냥 알았어요. 그때 주변에는 우리 밖에 아무도 없었거든요."라고 말했다.[3)]

물론 이러한 사건들은 매일처럼 벌어지지는 않지만, 핵심은 그런 사건들이 *분명히* 일어난다는 것이다. 그리고 만약 그런 사건들이 한 사람 또는 십여 명의 사람들에게 일어난다면, 그것들은 우리 모두에게 가능한 어떤 것의 신호일 수도 있다. 가장 중요한 점은 예를 들면 자동차는 들어올리기에 너무 무겁다는 식으로 인간의 능력들과 한계들에 관해 우리가 믿고 있는 것을 바탕으로 삶을 살아가고 있다는 사실인 것처럼 보인다. 우리 인간의 제한된 믿음이 변하게 되는 것은 - 다른 사람의 목숨이 우리에게 달려 있는 것 같은 - 우리를 변화시키는 어떤 일이 벌어졌을 때일 뿐이다. 비록 그것이 단지 짧은 순간에 불과할지라도, 그 '어떤 일'이 무엇인가를 이해하는 것은 우리 자신과 세상을 이해하는 데 필요한 보다 커다란 가능성들로 향한 문을 열어 준다.

다른 사람들을 구하기 위해 자동차를 들어올릴 수 있는 사람들과 이성적으로는 이룰 수 없는 것처럼 보이는 위업을 달성한 사람들 안에서 무슨 변화들이 일어나는가를 우리가 발견할 수 있는 것은 우리 자신들과 다른 사람들의 덕분이다. 기적과 같은 일을 한 사람들의 자기 자신에 대해 생각하는 방법이 주변 사람들과 다른 이유는 무엇일까? 아마 가장 중요한 것은 그들 자신의 믿음의 변화가 어떻게 세상에서 놀라운 일을 할 수 있는 변화로 전환되는가라는 의문일 것이다.

믿음 코드 24
누군가에게 가능한 기적은 모든 사람에게 가능하다.

이러한 단순한 것처럼 보이는 질문들에 답변하는 것은 아마도 인간이라는 존재의 가장 위대한 비밀을 푸는 것이다. 그리고 그렇게 하는 것은 수백 년 동안 철학자와 종교들의 전쟁터였던 미묘한 영역 속으로 우리가 직접 걸어 들어가는 것이다. 그 영역은 오늘날 과학의 마지막 미개척 분야로 여겨지고 있다. 즉, 의식consciousness과 현실reality이라는 수수께끼 말이다.

과학자들과 철학자들에게 있어서 그 수수께끼의 핵심은 인간의 일상 세계가 '진짜' real 세계가 아닌 것처럼 보인다는 것이다. 오히려 우리 인간은 매일같이 보고 있는 우주보다 더 현실적인 무엇인가의 반영, 고대인들이 '그림자 현실' shadow reality, 환영illusion이라고 묘사했던 상황 속에서 살고 있는 중이다. 이러한 생각들의 공통된 주제는 실제로 존재하는 현실actual reality은 이곳에 존재하지 않는다는 것이다. 그것은 심지어 이곳에 가깝지도 않다. 비록 우리 인간의 육체는 분명히 이 세상에 있지만, 인간의 육체를 통해 그 자신을 드러내는 살아 있는 힘living force은 실제로 인간의 관점으로는 정말 알 수 없는 보다 거대한 현실로서 다른 어딘가에 토대를 두고 있다.

역사적으로 과학은 이 같은 비유들을 다르게 설명하지 못하거나, 혹은 이해를 하지 못하는 일들을 비과학적인 사람들이 설명하기 위해 지어낸 '이야기들'로 평가절하하는 경향을 보여 왔다. 최근까지도 말이다. 이제 보다 높은 차원들의 현실, 인간의 세상이 모의실험 장치일 가능성이 점점 높아지고 있다는 견해와, 인간의 의식은 산라만상의 구성 성분과 같다는 견해는 이 같은 비유를 과학적으로 이야기하는 출발점이라고 할 수 있다! 우리가 산라만상things을 과학적 관점에서 보든 혹은 영적spiritual 관점에서 보든 간에, 그것은 여전히 시간과 상관없이 같은 의문을 갖게 한다. 즉, *우리의 현실reality은 얼마나 참인가real?*

얼마나 진짜이어야 '진짜인가'? How Real Is 'Real'?

현실에 대한 믿음에 관해 질문을 받았을 때, 알버트 아인슈타인은 종종 과학자라기보다는 철학자처럼 들리는 대답을 했다. 그는 다음과 같이 말한 것으로 인용되고 있다. 즉, *비록 매우 지속적인 것일지라도, 현실은 그저 하나의 환영illusion이다*. 이 말은 그가 인간의 일상세계가 우리가 생각하고 싶은 것처럼 의심할 여지가 없는 것이 아닐지도 모른다고 의심했다는 것을 보여 주고 있다.

1921년 1월 27일 프러시아 과학 아카데미에서 행한 연설에서 아인슈타인은 과학자로서 현실reality에 관한 자신의 견해를 분명히 밝혔다. "현실에 대해 언급하는 수학의 법칙들에 관한 한, 그 법칙들은 의심할 여지가 없는 것은 아니다"라고 그는 연설을 시작했다. 우리가 여전히 제대로 알지 못하고 있는 것은 세상이 어떻게 작동하는지에 관한 것이라고 말하면서, 그는 다음과 같이 말을 이었다. "그리고 그것들[수학의 법칙들]이 의심할 여지가 없는 한, 그것들은 현실에 적용되지 않는다."[4]

우주와 인간의 존재를 이해하는 데 있어서 이 얼마나 강력하고 솔직한 평가인가! $E=mc^2$라는 단순하고 직접적인 수식을 통해 하나의 원자 에너지가 어떻게 나타나는가를 발견했던 지성의 소유자가 우주의 작동원리에 관해서는 여전히 확정된 것이 없는 상태라고 말하고 있었던 것이다.

대승불교 경전인 금강경은 가장 중요한 경전들 가운데 하나로 간주되고 있다.[5] 오늘날 금강경은 부처가 스리랑카인 실론 섬에 들어가서 했던 설법을 직접 기록한 것으로 믿어지고 있다. 인간의 현실에 있어서 그 어떠한 외적인 대상들objects은 존재하지 않는다는 것이

이 경전의 중심 사상들 가운데 하나이다. 일체만물은 의식^{consciousness}이다. 일체만물에 대한 의식의 '존재' 안에서, 형태가 있는 세상과 형태가 없는 세상은 모두 특별한 '주관적 상상'$^{subjective\ imagination}$의 결과로 생겨난다.

그래서 우리가 경험하는 어떤 것은 확실히 우리에게 분명히 실제로 존재하는 것처럼 보이지만, 금강경의 가르침은 다르다. 우리 인간이 관심을 집중시키고 있는 대상에 대해서 우리가 가능성이 있는 현실이 바로 '실제의'^{real} 경험이 된다는 느낌을 가지고 있는 동안 우리의 관심^{attention}이 향하고 있는 곳이 바로 현실이라고 금강경은 말하고 있다. 다른 말로 하자면, 일상의 현실로서 우리가 경험하는 것은 우리 인간의 집단적인 꿈$^{collective\ dream}$의 형상이라는 것이다.

언어적 표현이 약간 다를 뿐, 고대로부터 전해 내려오는 이러한 말은 최근 이야기가 되고 있는 가상현실$^{virtual\ reality}$ 이론들과 아주 많이 흡사한 것처럼 들린다. 오래된 사고방식과 새로운 사고방식은 모두 우리 인간이 현실 그 자체라는 직물^{fabric} 속에 짜여 있다고 보고 있는 것이다. 두 사고방식에 따르면, 인간이 꿈 속에 있는 동안 이루어지는 상호작용을 통해서 인간의 마음이라는 가능성들은 인간 세상이라는 현실이 된다. 우리 자신을 이 세상의 현실이라는 경험 속으로 불가사의하게 내동댕이쳐진 '국외자'^{outsider}라고 생각하는 대신, 이러한 구전들은 우리 인간이 현실과 불가분의 관계에 있다고 암시한다.

만약 한 방울의 물과 그것의 근원인 바다와의 연관성을 생각해 본다면, 우리 자신과 현실 사이의 상호연관성이 정말로 얼마나 깊은 것인지 알 수 있게 된다. 어떤 상황 속에서는 그 두 가지를 서로 분리하는 것이 가능할지도 모르지만, 하나가 어디에서 끝나고 다른 하나가 어디에서 시작되는지 아는 것은 일반적으로 쉽지 않다. 바다와 물 한 방울이 하나이며 다르지 않은 것처럼, 모든 점에서 우리 인간은 우리가 만들어 내고 있는 현실의 일부이다.

가상현실과 몽환시$^{dream-time}$[오스트레일리아 토착 신화의 물활론적 개념으로, 오스트레일리아 신화의 정령들이 창조된 고대의 신성한 시대를 말한다. 역자주]라는 아이디어가 아주 매력적인 것은 현실의 작동 원리에 관해 오해의 여지가 없는 유사성을 가지고 있기 때문이다. 예를 들면 제1장에서 언급했던 것처럼 프린스턴대학의 존 휠러$^{John\ Wheeler}$ 교수는 우리 인간이 현실에서 그저 하나의 역할을 할 뿐만 아니라, 그가 '참여하는 우주'$^{participatory\ universe}$라고 부르고 있는 것 안에서 *우리 인간이 가장 중요한 역할을 하고 있다*고 말하고 있다. 참여자로서 우리가 의식을 집중시키는 행위 – *어떤 곳을 바라보고 세상을 살펴보는 행위* – 는 세상 속에서의, 그리고 세상 자체의 창조의 행위$^{act\ of\ creation}$라는 것이다. 우리는 바라보고 있는 사람들이다. 우리는 우리 세상을 살펴보고 있는 사람들이다. 그리고 우리 인간의 의식은 우리가 바라보고 있는 모든 곳에서 우리가 인지할 수 있는 무엇인가를 만들고 있다.

이러한 모든 생각들의 핵심적인 공통 요소는 참여하는 우주 안에서 당신과 내가 그 방정식의 일부라는 것이다. 우리 인간은 삶이라는 사건들을 일으키는 촉매이며, 동시에 우리가 만들어 내는 것의 경험자들이기도 하다. 이 두 가지는 모두 동시에 벌어지고 있다.

창조자와 경험자로서, 우리가 제기되기를 바라고 있는 질문은 바로 이것이다. 즉, *만약* 인간의 우주와의 상호작용이 끊임없이 우리 세상을 만들어 내고, 수정하고 있는 중이라면, 우리는 어떤 상호작용이 어떤 종류의 효과를 가지고 있는지를 어떻게 아는가? 다른 말로 하자면, 인간 현실의 작동 원리를 설명하는 규칙들은 무엇인가? 우리가 그 규칙들을 보고 있다면, 우리는 과연 그 규칙들을 알아보는 지혜를 가지고 있는가?

> **믿음 코드 25**
> 참여하는 현실에서 우리 인간은 자신의 경험을 만들어 내고 있으며 그와 동시에 우리 자신이 만들어 낸 것을 경험하고 있다.

혹은 우리가 그 규칙들을 이미 발견했다는 것이 가능할까? 물리학의 '법칙들'은 현실의 작동 원리에 관한 모든 것을 우리 인간에게 보여 주고 있다고 할 수 있을까? 만약 그렇다면, 과학자들이 자연의 수수께끼들을 풀고 있을 때, 그들은 인간에게 위임된 권한을 이해하는 영적인 열쇠들을 우리에게 보여 주고 있는 것이다. 그러나 그 권한을 성공적으로 이해한다는 것은 실험중인 규칙들이라고 우리가 여기고 있는 모든 것을 설명해야만 한다는 것을 의미한다. 그 설명은 변칙적인 것들 – 이론들이 예측하는 바에 항상 들어맞지 않는 것들도 포함한다. 우리가 종종 발견하는 것처럼, 삼라만상의 실제적 작동 방식을 깨닫도록 우리를 돕는 것은 변칙적인 것들이다! 그것은 우리 인간이 오늘날 우리 자신을 발견하는 곳으로 안내한다.

현실의 규칙들에 대한 탐색

지난 3백 년에 걸쳐서 과학자들은 우주와 중력, 빛과 같은 것들의 작동 원리에 대한 다양한 설명들을 내놓았으며, 실험했고, 또 갱신했다. 문제는 과학자들의 그 모든 노력이 우리가 동일한 실재reality의 각각 다른 부분들에서 보고 있는 것을 설명하는 두 가지 규칙을 가지게 했다는 것이다. 즉, 고전 물리학classical physics과 양자 물리학quantum physics 말이다.

1687년 뉴턴의 '법칙들'은 고전 물리학이라는 과학적 토대를 마련했다. 1800년대 말 맥스웰의 전자기 이론들, 그리고 1900년대 초 아인슈타인의 상대성 이론과 함께 고전 물리학은 행성들과 은하계의 움직임과 나무에서 떨어지는 사과처럼 우리가 아는 광범한 일들을 설명하는 데 있어서 아주 성공적이었다. 그것은 인간이 인공위성들을 위한 궤도를 계산하고, 또 심지어 인간을 달로 보내는 것을 가능하게 할 정도로 큰 기여를 했다.

그러나 1900년대 초기 동안 과학적 진보들은 뉴턴의 법칙들이 전혀 작동되지 않는 것처럼 보이는 두 개의 장소를 우리에게 증명해 보였다. 즉, 은하계라는 아주 커다란 세계와 양자 미립자quantum particles라는 아주 작은 세계 말이다. 그 이전 시대에는 멀리 떨어져 있는 별이 탄생하는 동안 원자들이 움직이는 방식을 관찰하거나 아원자적[원자보다 작은 입자 혹은 원자를 구성하는 기본입자로 이루어진. 역자주] 우주subatomic universe 속을 들여다 볼 수 있는 기술이 결코 존재하지 않았다. 이러한 커다란 그리고 작은 영역들에서 과학자들은 고전 물리학으로는 설명될 수 없는 일들을 보기 시작했다.

예를 들면, 양자 에너지는 때때로 미립자들로 보이며, 미립자들이 움직일 것으로 예상되는 방식으로 움직인다. 이러한 경우, 양자 에너지는 개별적인 '상태'를 설명하기 위해 과학자들이 사용하는 물리적 규칙들을 따른다. 그럴 때 세상은 옳은 것처럼 보이며 모든 사람은 행복하다. 그러나 또 다른 때에 양자 에너지는 그러한 물리적 법칙들을 무시하는 것처럼 보인다. 양자 에너지는 동일한 시간에 다수의 장소에 모습을 나타낼 수 있으며, 현재의 시점에서 과거와 소통할 수 있고, 심지어 상황에 따라 '물질'인 미립자에서 '비물질'인 보이지 않는 파동으로 변할 수도 있다. 그리고 바로 이 점이 모든 것을 변화시키는 작용이다.

우리 인간이 세상을 설명하는 물리적 규칙들에 위배되는 것처럼 보이는 양자 에너지의 구성 요소와 똑같은 것으로 만들어져 있기 때문에, 양자 에너지의 이러한 작동 방식은 인간에 대해 설명하는 규칙들과 세상 속에서 우리 인간이 바로 우리 자신이라고 믿고 있는 것도 바꾸고 있다. 새로운 종류의 물리학 – 양자 물리학 – 은 이러한 고전 물리학에 반하는 일들을 설명할 수 있는 방법을 생각해 내야만 했다.

양자와 일상 세계가 작동하는 것처럼 보이는 방식의 차이점으로 인해 과학자들 사이에 두 개의 학파가 만들어졌다. 그 두 학파는 모두 자신의 주장을 뒷받침하는 이론을 가지고 있다. 여전히 남아 있는 가장 큰 과제는 이러한 두 가지 다른 학설을 하나의 우주관, 통일이론 unified theory 으로 통합하는 것이다.

그렇게 하기 위해서는 우리가 이제 막 이해하기 시작하고 있는 방식에 있어서 매우 큰 것과 아주 작은 것을 연결시키는 무엇인가의 실체가 필요하다. 그리고 그 '무엇인가'는 우리가 비록 1909년에 보았을지도 모르지만 여전히 수수께끼로 남아 있다.

세상은 우리가 보고 있기 때문에 변하는가?

　비록 우리 인간의 믿음과 일상의 현실이 아주 가깝게 연결되어 있다는 아이디어는 오래된 것이지만, 그 연관성에 대한 과학적 입증은 1909년 어느 날에 이루어진 한 실험을 통해 갑작스럽게 시작됐다. 그 실험결과 자체는 간단하다. 그 결과에 이르게 한 생각은 통찰력을 갖게 하는 것이었다. 그 결과들은 우리가 오늘날까지 여전히 이야기하고 있을 정도로 심오하다.

　아마도 지금은 유명해진 이중 슬릿double slit 실험을 한 과학자들조차 그들이 발견한 것이 자신들의 삶, 전 세계, 그리고 지구의 미래에 얼마나 심대한 영향을 미칠 것인지 정확하게 알지 못했다. 그들은 과연 어떻게 할 수 있었을까? 그들은 그저 삼라만상을 이루고 있는 '성분', 우리 인간의 육체와 우주의 양자 미립자들을 탐구하는 과학적 실험을 하고 있었던 것이다.

　영국에 있는 자신의 연구소에서 물리학자 제프리 인그램 테일러 Geoffrey Ingram Taylor는 원자들을 구성하고 있는 광자photon라고 불리는 빛의 양자 미립자들을 약간 떨어져 있는 목표물을 향해 프로젝터로 쏘는 방식을 발견했을 때 그것을 실증하기 시작했다.[6] 여기에 문제를 푸는 실마리가 있었다. 목표물에 도달하기 전에 광자들은 두 개의 틈이 있는 장애물을 통과해야만 했다.

　물이 얼음 상태에서 액체상태로 녹을 때 창문에 있는 많은 구멍들을 통해 빠져나갈 수 있는 것과 똑같이, 테일러의 실험은 광자들도 물과 아주 비슷한 일을 했다는 것을 보여 주었다. 과학자들이 놀란 것은 광자들이 한번에 장애물에 있는 하나의 틈(하나의 슬릿)을 통해 통과할 수 있는 미립자 형태로부터 장애물에 있는 다수의 틈(이중 슬릿)을 통해 통과할 수 있는 파동 형태로 바뀌었다는 것이다. 이것이 아주 깜짝 놀라게 했던 이유는 전통적인 물리학에는 삼라만상을 이루고 있는 성분이 어떻게 그 존재의 본성 자체를 변화시킬 수 있는지에 대한 어떤 설명도 없었기 때문이다. 그들이 발견했던 것을 설명하기 위해서는 새로운 종류의 물리학이 필요했다. *양자 물리학* 말이다.

테일러와 과학자들은 두 가지 의문을 제기했다. (1) "미립자들은 장애물에 하나 이상의 틈이 있었는지 어떻게 '알았는가'?" 그리고 (2) "미립자들이 상황에 적응하기 위해 파동으로 변하도록 만든 것은 무엇인가?" 이러한 의문에 답하기 위해서 그들은 또 다른, 보다 깊은 뜻이 있는 질문을 해야만 했다. 즉, "*누가 장애물에 하나 이상의 틈이 있다는 것을 알았는가?*" 그 답은 명백한 것이었다. 그 실험실 안에 있었던 사람들만이 그 실험의 정확한 조건을 알고 있었다. 과학자들 말이다. 이 대답이 시사하는 것은 현실에 대한 우리 인간의 생각들이 실험 받게 되는 부분이다.

과학자들이 '알고 있는 것'이 그 실험에 영향을 미칠 수 있는가? 그 공간에 있는 관찰자들의 의식 – 미립자들이 하나의 길 혹은 다른 길로 움직일 것이라는 믿음belief과 기대 – 이 어쨌든 그 실험 자체의 일부가 됐다는 것이 가능했을까? 만약 그렇다면, 그것은 우리 인간에게 무엇을 의미하는가? 만약 과학자들의 믿음이 그 실험에서 광자들photons에 영향을 미쳤다면, 우리의 믿음도 일상의 삶에서 동일한 일을 하는 것인가?

이 가능성은 그 당시에는 거의 생각할 수 없었던 무엇인가로 향하는 문을 열었다. 그리고 그것은 아주 개인적이며, 매우 신속한 영향을 미치는 것이다. 과학의 언어로 그들은 가장 오래되고 소중히 여겨졌던 영적 전통들이 말했던 것이 우리 인간 존재의 핵심에 있다고 정확하게 말하고 있다. 즉, 인간의 믿음과 기대가 일상적인 삶에서 벌어지는 일에 대해 직접적이고 강력한 영향을 미친다는 것이다.

이들의 실험이 고전 물리학의 토대를 처음으로 뒤흔들어 버린 후 거의 90년이 지나서, 이중 슬릿 실험이 다시 실시됐다. 그러나 이때 과학자들은 더 좋은 기술과 더 정확한 장비들을 가지고 있었다. 1998년 "입증된 양자 이론 : 관찰이 현실에 영향을 미친다"Quantum Theory Demonstrated: Observation Affects Reality라는 제목으로 발행된 보고서에서 이스라엘 와이즈먼 과학연구소는 1909년 최초의 실험들이 발견했던 것을 입증하는 데 있어서 어떠한 의구심도 제기할 수 없게 하는 추가적인 발견을 발표하면서 그 실험의 정당성을 확증했다.[7] 그들은 미립자들이 관찰되면 될수록, 관찰자에 의해 더 많이 영향을 받는다는 것을 발견했다.

1998년의 실험은 다음과 같은 부정할 수 없는 사실들 때문에 우리 인간의 일상적인 삶에 있어서 중요하다.

- 인간의 육체와 세계는 실험실에서 관찰되었을 때 형태가 달라졌던 똑같은 양자 구성 성분으로 이루어져 있다.
- 우리 인간은 모두 '관찰자들' 이다.

이것은 우리 인간이 세상을 보는 방식과 우리가 보고 있는 것에 관해 우리가 믿고 있는 것이 더 이상 평가절하되거나 아무런 중요성이 없는 것으로 여길 수 없다는 것을 의미한다.

사실, 그 실험들은 인간의 의식 자체가 전 우주를 만들고 있으며,

고전 물리학과 양자 물리학을 통일시킬 이론들에 있어서 '잃어버린 고리'일지도 모른다고 말하고 있다. 존 휠러는 다음과 같이 말함으로써 새로운 실험들이 그에게 의미하는 바에 관해 의문의 여지를 남기지 않고 있다. "우리는 관찰자들[인간]이 없는 우주를 상상할 수조차 없다. 왜냐하면 우주를 형성하는 바로 그 구성 요소들이 바로 이 관찰자 – 참여 행위들acts of observer-participancy이기 때문이다." [8]

> **믿음 코드 26**
> 1998년에 과학자들은 광자들photons이 인간의 '관찰'에 의해 영향을 받는다는 사실을 확증했으며, 관찰의 강도가 높으면 높을수록 미립자들의 움직임에 대한 관찰자의 영향이 더욱 더 커진다는 사실을 발견했다.

물질의 가장 작은 미립자들을 발견하기 위한 탐색으로부터 우주의 테두리를 정의하기 위한 연구에 이르기까지, 관찰과 현실 간의 연계성은 우리가 그 어느 한쪽도 결코 발견하지 못할지도 모른다는 것을 시사하고 있다. 우리가 아무리 깊이 원자의 양자 세계를 들여다볼지라도, 혹은 깊은 우주공간의 광대함 속으로 아무리 멀리 도달할지라도, 무엇인가 존재한다는 기대감을 가지고 바라보는 인간의 행위는 어쩌면 우리 인간이 볼 수 있는 무엇인가를 만들어 내는 바로 그것일지도 모른다.

만약 그렇다면, 인간의 현실이 어떻게 작동하는가를 설명하는 가장 중요한 규칙은 테일러의 1909년 실험에서 이미 드러났을지도 모른다.

현실의 가장 중요한 규칙 The Prime Rule of Reality

1920년경 자신의 제자인 에스터 살라만과의 대화에서 알버트 아인슈타인은 우주에 있는 '창조적인 힘' creative force이라고 신에 대한 자신의 호기심의 '최종적인 입장'을 밝혔다. "나는 신이 이 세상을 어떻게 창조했는지 알고 싶다"라고 그는 말을 시작했다. "나는 이러저러한 현상, 이러저러한 원소의 스펙트럼에는 관심이 없다. 나는 그의[신의] 생각을 알기를 원한다. 나머지는 사소한 것일 뿐이다."[9)]

여러 가지 관점에서 현실이 어떻게 작동하는가를 설명하는 규칙을 찾기 위한 우리 인간의 탐구는 아인슈타인의 최종적인 입장과 비슷하다. 우리는 여기저기서 미세한 것들을 찾을 수 있으며, 발견한 그것들은 유용하기는 하다. 그렇지만 우리가 진정으로 찾고 있는 것은 이 세상이 어떻게 작동하는가라는 문제를 푸는 열쇠이다. 우리는 *어떻게* 그리고 *왜* 삼라만상이 생겨나는지 알기를 원한다. 그 밖의 모든 것은 아인슈타인의 '사소한 것'에 해당한다.

최초의 이중 슬릿 실험과 그 후 반복된 변형된 실험들은 우리가 가장 소중하게 간직해 왔던 영적 전통들 spiritual traditions의 기본 전제를 입증했다. 그 전제는 인간을 둘러싸고 있는 세상은 인간의 믿음의 반영 mirror of our belief이라는 것이다. 어떤 학자들에 의하면 B.C.E. 5000년까지 거슬러 올라가는 고대 인도의 베다 경전들로부터 2000년이나 된 사해 문서 Dead Sea Scrolls[기원 전 100년부터 기원 후 135년까지의 오랜 구약 성서 일부를 포함한 두루마리. 1947년에 사해 북서부의 동굴에서 발견되었음. 역자주]에 이르기까지, 공통적인 주제는 우리 세상이 실제로 보다 높은 영역 혹은 보다 깊은 현실 속에서 일어나고 있는 것들의 반영이라고 말하고 있는 것처럼 보인다. 예를 들어 *안식일 제물의 노래* Songs of the Sabbath

*Sacrifice*로 알려진 사해 문서 조각들에 대한 새로운 연구 결과를 언급하면서, 사해 문서의 번역자들은 그 내용을 이렇게 요약하고 있다. 즉, "세상에서 벌어지고 있는 것은 보다 위대하고, 본원적인 현실의 희미한 반영에 불과하다."[10]

고대 문서들과 양자 이론이 모두 암시하고 있는 것은 우리 인간은 보이지 않는 세계들 속에서 보이는 세계의 관계성, 직업, 성공 그리고 실패를 위한 청사진을 만들어 내고 있다는 것이다. 이런 관점에서 보면, 우리 인간의 현실은 생명이라는 물질적 매개체에 투영된 인간의 감정과 믿음(즉, 화, 미움과 분노는 물론 사랑, 연민 그리고 이해)이라는 비물질적 에너지를 보도록 해주는 커다란 '우주의 스크린' cosmic screen 처럼 작동한다.

아마도 우리 인간은 태어나는 순간부터 우주에서 가장 강력한 힘을 가지고 있다고 말해지는 이유가 바로 이것 때문일지도 모른다. 그 힘은 우주에 직접 접근하는 권리이다. 그 무엇이 단순히 우리 인간의 심장과 마음 속에서 믿고 있는 것을 바꿈으로써 세상과 삶을 변화시키는 능력보다 더 큰 권한을 우리에게 줄 수 있을까? 그러한 힘은 동화 속의 소재처럼 들린다. 어쩌면 우리가 그러한 '공상들'에 그렇게 끌리는 이유는 바로 이 때문일지도 모른다. 그것들은 인간 내부에 잠들어 있는 능력에 대한 기억을 일깨운다. 세상 안에서 우리 인간이 가지고 있는 힘과 우리 인간의 현실을 천국 혹은 지옥으로 만드는 인간의 능력에 대한 기억 말이다.

만약 이 힘이 우리 인간의 삶 속에 얼마나 생생하게 존재하는지 의구심이 든다면, 제2장에서 소개된 플라시보 효과에 대한 사례들, 이 장 서두에서 소개한 아만다 데니슨의 불 건너기 기적, 혹은 자신의 몸무게보다 최소한 20배 이상인 자동차를 들어올린 45킬로그램이 약간 넘는 여성의 실화를 다시 한번 생각해 보라. 플라시보 효과를 경험했고, 기적과 같은 위업을 이루어 낸 사람들의 잠재의식에서, 그리고 아만다 데니슨의 의식에서 우리는 현실의 한계들을 부정하는 인간의 능력의 힘을 볼 수 있다.

그 모든 사례에서는 그 사람이 믿었던 것, 자신들의 믿음에 관해 스스로 어떻게 느꼈는가와 세상에서 실제로 벌어졌던 일 사이에는 직접적인 상관관계가 존재한다. 비록 그것들이 이루어질 때 어째서 그런 효과들이 작동하는지는 완전히 이해하지 못할지 모르지만, 최소한 우리는 그런 것이 *존재한다*고 말해야만 한다. 우리가 현실의 가장 중요한 규칙에 다다를 수 있는 이유는 바로 이 명백한 상관관계 때문이다. 우리는 반드시 세상 속에서 우리 자신의 삶을 스스로 선택할 수 있어야만 한다.

일단 우리가 이와 같은 가장 중요한 규칙을 알기만 하면, 과거의 영적인 가르침들은 갑자기 보다 심오하고, 풍부한 의미를 띠게 된다. 개인적으로 나는 이러한 비밀을 보존하기 위해 최선을 다했던 과거의 사람들에게 보다 큰 놀라움과 존경, 그리고 감사를 느끼고 있다. 오늘날 20세기 사고방식이 요구하고 있는 것을 입증하는 최첨단 기술 용어와 실험들 없이도, 과거의 큰 스승들은 그들 시대의 말로 우주에 있는 가장 위대한 힘이라는 양자 비밀quantum secret에 대해 이야기했다. 그리고 앞서 언급했던 사해 문서 조각에서 보았던 것처럼, 그들은 폭풍우를 신들이 화가 난 신호라고 여전히 믿었던 사람들 앞에서 그렇게 했다!

삶에 있어서 인간은 자신이 세상에서 경험하고자 선택한 바로 그것들이 되어야만 한다는 것을 알았기 때문에, 역사상 큰 스승들, 치유자, 신비론자, 그리고 성인들은 자신의 기적과 치유 속에서 가장 중요한 규칙을 확실하게 드러냈다. 비록 직접 목격했던 많은 사람들이 그러한 실증들을 '특별함'을 나타내는 표시로 오해해서 그러한 것들을 행하는 한 사람에게 자신들의 힘을 넘겨주어 버렸지만, 다른 사람들은 자신이 받은 천부의 재능을 알아차렸으며, 그 비밀을 미래의 세대에게 전해 주었다.

> **믿음 코드 27**
> 현실의 가장 중요한 규칙은 우리 인간이 자신의 삶 속에서 세상에서 경험하기 위해서 자신이 선택하는 바가 *되어야만* 한다는 것이다.

그들은 기적을 일으키려면 우리 인간이 현실의 구성 요소에 대해 작용하는 무엇인가를 가지고 있어야만 한다는 것을 알고 있었다. 그것은 완벽하게 이치에 맞는 말이다. 만약 우리가 현실(혹은 신/매트릭스/영혼/우주)이 우리의 기도에 응답하기를 기대한다면, 우리 자신은 우리 삶에 있어서 현실이라는 원자들이 형성되기를 바라고 있는 것들을 위한 기본 틀이 *되어야만* 한다. 매트릭스에 함께 작용할 무엇인가를 우리가 주어야만 한다는 말이다. 가장 중요한 규칙을 그 규칙이 인간에게 기여할 수 있는 행동들과 결합시킬 때, 강력하고 아름다운 무엇인가가 나타난다. 그리고 그 '무엇인가'는 삶을 아주 가치 있게 만드는 것이다.

응답에 근거하여 살기 Living from the Answer

결과를 향해서 일하는 것과 결과로부터 생각하고 느끼는 것 사이에는 미묘하지만 강력한 차이가 있다.

우리가 무엇인가를 향해서 일할 때, 우리는 끝이 정해지지 않고 또 결코 끝나지 않는 여정을 떠난다. 비록 이정표들을 확인하고 이루려고 하는 것에 보다 가깝게 다다르게 해주는 목표들을 세울지도 모르지만, 마음 속에서 우리는 목적을 이루는 경험을 하고 있기보다는 항상 목적을 향해 '가고 있는 중'이다. '관찰이 현실에 영향을 미친다'라고 결론을 내린 연구들은 우리 인간의 마음의 가능성들이 세상이라는 현실로 바뀌는 데 있어서 두 가지 열쇠가 있음을 보여주고 있다.

1. 의심의 여지가 없이, 현실은 우리 인간의 의식이 집중될 때 바뀐다.
2. 우리가 의식을 집중하면 할수록, 변화는 더욱 더 크다.

이러한 과학적 관찰들은 과거의 위대한 스승들이 비과학적 언어로 이야기했던 원리들을 입증하고 있다. 그리고 네빌 고다드[Neville Goddard[1905년~1972년. 영국령 서인도제도 출생의 형이상학자이자 강연자. 상상이 현실을 창조한다는 법칙을 발견하고 이를 많은 강연을 통해 전파했다. 역자주]가 (우리 심장, 꿈, 목표 혹은 응답된 기도라는) '이미지'를 떠올려야만 하며, '그것으로부터 생각하는 것'이 아주 큰 힘을 가지고 있다고 우리에게 가르친 이유가 바로 이 때문이다. 만약 우리의 꿈들이 이미 이루어졌다면 우리의 삶은 어떻게 될 것인가라는 생각에 우리 자신의 의식의 초점을 맞출 때, 우리가 실제로 하고 있는 일은 우리가 이루어진 꿈에 둘러싸일 수 있는 조건들을 우리 내부에서 만들어 내고 있는 것이다.

이제 네빌이 한 일을 살펴보기로 하자.

아주 아름답고 심오한 진리를 설명하는 가장 좋은 방법은 아마도 하나의 사례를 보여 주는 것이다. 생전에 네빌이라고 알려진 20세기 철학자는 결과를 바탕으로 살기living from outcome라는 '기적'을 설명해 주는 많은 사례들을 이야기했다. 나에게 있어서 다음에 나오는 이야기는 단순함, 명료함, 그리고 순수함 때문에 가장 설득력이 강한 것 중의 하나였다.

그 이야기는 네빌이 뉴욕으로 조언을 얻기 위해 찾아온 한 직장 여성에게 상상과 믿음의 힘을 설명하는 것으로부터 시작된다. 그가 *응답에 근거하여 살기*라는 철학을 설명하고, 그렇게 사는 방법에 대해 가르친 후에, 네빌의 원리들은 그조차 예상치 못했던 방식으로 실증된다.

그 여성의 아홉 살짜리 손자는 외국에서 그녀를 방문하고 있던 중이었으며, 그녀가 네빌과 미팅을 하고 있는 동안 함께 있었다. 그들이 네빌의 사무실을 떠나려고 할 때, 그 소년은 네빌을 향해 흥분된 목소리로 이렇게 말했다. "나는 내가 원하는 것을 알아요. 그리고 이제 나는 그것을 갖는 방법도 알게 됐어요."[11] 그 소년의 말에 네빌과 그 여성 모두 놀랐지만, 철학자는 논리적인 질문을 던졌다. 그 소년이 원하고 있는 것에 대하여 그렇게 확신했던 것은 무엇이었을까? 이어진 답은 그 소년의 할머니에게 전혀 놀라운 것은 아니었다. 분명히 그들 두 사람은 과거에 여러 차례 이런 대화를 나눴기 때문이었다. 그 소년은 강아지 한 마리를 키우고 싶었다. "매일 밤 잠들기 직전에 저는 마치 제가 강아지 한 마리를 가지고 있으며, 우리는 산책을 갈 예정인 것처럼 할 거예요"라고 그 소년은 말했다.

그녀는 강아지를 가질 수 없는 모든 이유에 대해 단호한 태도로 입장을 피력했다. 그녀의 손자의 부모가 그것을 허락하지 않을 것이며, 그의 아버지는 개들을 결코 좋아하지 않고 있고, 그 소년이 개를 돌보기에는 너무 어리다고 그녀는 다시 한번 설명했다. 그 소년이 개를 키우게 되는 일은 없을 것 같았다. 그리고 그렇게 끝이 났다! 그 상황은 6주 후까지만 해도 마찬가지였다. 그 여성이 놀라서 네빌에게 전화를 한 것은 바로 그때였다.

그들이 뉴욕에 있는 네빌의 사무실을 다녀간 다음날부터 그 소년은 네빌과 할머니가 논의했던 모든 것을 실행에 옮겼다. 네빌과 그 여성이 이야기를 하고 있는 동안 그 소년이 자신의 장난감들을 가지고 놀고 있었다고 그들은 믿었지만, 사실 그는 그들의 대화의 특별히 세부적인 내용들까지 귀담아 듣고 있었던 것이다. 어느덧 잠들 때까지 매일 밤 그 방법들을 적용하면서 그 소년은 자신과 함께 침대 위에 누워 있는 개를 상상했다. 여기서 핵심은 그가 개가 이미 자기와 함께 있는 *것처럼* 스스로 생생하게 느꼈다는 것이다. 믿음 속에서 그 소년은 마치 그것이 현실인 것처럼 생활했다. 상상 속에서 그 소년은 "실제로 부드러운 털을 느끼면서 그 개를 쓰다듬었다."[12]

아이러니하게도 얼마 지나지 않아서 그 소년의 학교에서는 동물 애호주간을 지지하기 위한 특별 콘테스트가 열렸다. 그 소년의 반 아이들은 '내가 개를 가지고 싶어하는 이유'라는 제목으로 작문을 하게 됐다. 제출된 글들에 대한 심사가 끝난 후, 그 소년은 1등을 차지했으며, 멋진 콜리 강아지 한 마리를 상으로 받았다. 소년이 강아지를 갖게 될 때까지 함께 벌어졌던 모든 일들을 지켜본 후, 소년의 부모는 그 상황에 관한 그들의 느낌들보다 훨씬 더 커다란 무엇인가가 벌어졌음을 깨달았다. 그들의 마음을 바꾸었으며, 소년의 새로운 친구는 그들의 집에서 환영을 받았다.

　이 모든 것을 우연의 일치로 치부하는 것은 분명히 있을 수 있지만, 그 다음에 벌어진 일은 우리를 멈추게 하고 이 이야기가 우리에게 말해 주고 있는 것을 다시 한번 생각하게 한다. 그 여성이 네빌에게 벌어졌던 일을 이야기했고, 그녀의 손자가 콜리collie 강아지를 어떻게 상으로 얻게 되었는지를 설명했을 때, 그녀가 끝까지 숨겼던 한 가지 일은 모든 것을 완결시키는 마지막 퍼즐 조각이었다. 그녀의 손자가 강아지를 원했던 모든 시간 내내 어떤 종류의 강아지를 원했는지는 아주 분명했었다. 그것은 언제나 콜리였다!

　이 이야기가 그렇게 강력한 이유들 중의 하나는 그 어린 소년이 어깨너머로 들었던 단순한 생각을 이해하고 적용할 수 있었던 방식 때문이다. 한 낯선 사람이 자신의 할머니와 나누고 있던 지나가는 대화 속에서 그는 자기 할머니의 상황과 네빌의 철학을 구별해 낼 수 있었다. 어른들은 빈틈없는 주제들에 적합한 빈틈없는 생각들을 설명하고 있는 중이었지만, 그 소년은 자기 할머니의 사업에 도움이 되고, 콜리 강아지를 원하는 자신의 바람에 적용시킬 수 있는 근본적인 원리들을 조금씩 수집할 수 있었던 것이다. 만약 어린이가 그것을 할 수 있다면, 우리 모두도 할 수 있다! 문제의 핵심은 가능한 것과 불가능한 것에 관한 우리의 판단과 믿음, 그리고 우리 삶을 좌우하는 가장 중요한 규칙이 너무 단순하다고 하는 우리의 잘못된 판단과 믿음으로부터 빠져 나오는 것이다.

　비록 사람들이 아주 반박하기 어려운 믿음의 증거에 대해 이야기할 때 나는 끊임없이 경탄하지만, 좀처럼 진짜 놀랐다고 말힐 수는 없다. 만약 인간의 믿음이 우주에서 가장 강력한 힘이라면, 아홉 살짜리 소년이 꿈에 그리던 강아지를 그 우주 — *그가 상상했던 바로*

그 *애완동물* - 에서 발견한다면, 우리는 어째서 다른 어떤 것을 기대해야만 하는가?

여기에 숨겨져 있는 비밀은 그 소년이 자신의 상상 속에서 마치 강아지와 이미 함께 있는 것처럼 체험하고 있었다는 것이다. 그럴 경우, 그는 자기가 상상한 것의 결과에 *근거하여* 살고 있는 것이다. 그리고 그 상상의 결과 안에 강아지는 실제로 있었다. 19세기 심리학자이자 철학자였던 윌리엄 제임스William James는 직접적이고, 정확한 표현으로 이 원리를 실제 삶에 적용하는 것이 얼마나 쉬운지를 상기시켜 주고 있다. "만약 멋진 삶을 살기를 원한다면, 이미 그렇게 살고 있는 것처럼 행동하라. 만약 어떤 인격적인 특성을 원한다면, 그 특성을 이미 가지고 있는 것처럼 행동하라."[13] 네빌의 말로 하자면, 그렇게 하는 방법은 '당신의 미래의 꿈을 지금 일어나고 있는 현실present fact'로 만드는 것이다.[14]

개를 쓰다듬고 있는 중이라고 상상하고, 우리가 시각화하고 있는 것을 믿으며, 그리고 '강아지 털을 실제로 느끼는 것처럼' 단순한 무엇인가가 우리 삶에 있어서 그렇게 강력한가를 이해하는 것은 인간의 믿음이 투사된 현실reflected reality이라는 그 본질을 이해하는 것이다. 시인 윌리엄 블레이크는 상상을 한가로운 시간에 그저 경험하는 어떤 것이라기보다는 우리 존재의 본질essence of our existence로 인식했다. "인간의 불멸의 육체는 상상, 즉 신God, 그 자체이다"라고 단언하면서 그는 "인간은 오로지 상상이다"[15]라고 말했다.

철학자이자 시인인 존 매켄지John Mackenzie는 "실제인 것과 상상인 것의 정교한 구별은 불가능하다. 존재하고 있는 모든 것은 상상의 것imaginary이다."[16]라고 말하면서 우리 인간과 상상과의 관계를 블레이크가 말한 것 이상으로 설명했다. 이러한 설명들은 모두 삶의 구체적인 사건들은 현실로 되기 전에 가능성들로서 먼저 마음에 그려져야만 한다고 말하고 있다.

비과학적인 언어로 제임스, 네비, 매킨지, 그리고 블레이크는 가장 중요한 규칙을 실제 삶에 적용할 수 있는 방법을 정확하게 말해 주고 있다. 21세기 마이크로칩과 나노테크놀러지 세계에서 현실이라는 원자들을 움직이는 것은 어린 아이도 할 수 있을 정도로 간단하다는 말을 들을 때, 우리가 미심쩍어하는 것은 놀랄 일이 아니다. 그러나 그것은 너무나 쉬워서 진짜일 리가 없는 것처럼 들릴 뿐이다. 과학이 우리에게 보여 주었던 것과 우리가 가장 소중하게 간직한 영적 전통들이 항상 말해 왔던 "인간은 투사된 우주reflected universe 속에서 살고 있으며, 우리 인간이 반영되는 것들reflections을 만들어 내고 있다"는 것을 생각하기 전까지는 말이다.

그러므로 네빌이 인간의 상상을 현실로 변형시키기 위해 우리가 해야 할 모든 것은 우리가 바라는 바wish가 이루어졌다는 '느낌을 가지는 것'이라고 제안할 때, 그의 말이 단순하여 믿을 수 없다고 생각하지 말아주길 바란다. 우리 자신이 만들고 있는 우주, 인간이 참여하는 우주 안에서 우리는 왜 무엇인가를 만들어 내는 힘은 보다 어려워야만 한다고 생각해야 하는가?

사슴뿔이 달린 토끼 : 불교 사원 안에 있는 양자 물리학

내가 1990년대 말 불교 사원을 처음 방문했을 동안, 지금까지 내가 한 탐구를 통해서 인간이 추구하는 것에 대한 수도승과 비구니의 마음가짐들과 서양인들의 마음가짐이 얼마나 다르게 작동하는지

금방 깨달았다. 의심할 여지도 없이, 가장 큰 차이는 우리 서양인들은 어째서 삼라만상이 그렇게 작동하는지 끊임없이 알고자 했으나, 그들에게는 사찰에서의 삶에서 그러한 정보에 대한 욕구가 결여되어 있었다는 점이다. 그들은 때때로 삼라만상은 그들 모습 그대로 그저 '존재하고 있다'고 받아들이고 있는 것처럼 보였다. 그리고 그러한 모든 모습은 그들 자신과 세계에 대해 그들이 믿고 있었던 것과 연계되어 있는 것처럼 보였다.

해발 4천9백 미터 정도의 고지대에 적응하기 위해 거의 2주간을 보내면서, 우리 순례 여행 팀이 탄 고물 버스가 환기 시스템을 통해 빨아들였던 짙은 흙먼지를 맡으면서, 그리고 지프차 바퀴자국처럼 난 길 때문에 하루 14시간 동안 몸이 튕겨 오르는 것을 견뎌내면서, 나는 나의 믿음들이 결코 예상치 못한 방식으로 시험받고 있는 것을 알아차렸다.

우리는 약 1백 명의 비구니들이 몸담고 있던 낡은 사찰에 도착했다. 우리가 진심어린 독경을 하고 있는 그들 사이에 앉아 있는 동안, 어슴푸레한 공간의 고요함이 갑자기 깨져 버렸다. 문이 벌컥 열렸을 때, 늦은 오후의 눈부신 햇빛은 입구에 서 있는 웅장한 실루엣의 얼굴을 바라보는 것을 불가능하게 만들었다. 우리 통역자가 그저 속삭임보다는 약간 높은 목소리로 문간에 있는 남자에게 인사말을 하는 것이 들렸다. 그는 우리에게 이 사람이 큰 스승을 의미하는 '게쉐-라' Geshe-la[게쉐는 티베트 불교 최고의 학위를 지닌 승려를 의미한다. 역자주]라고 소개했다.

우리가 그를 보기 위해 애를 쓰고 있는 동안, 위엄 있게 보였던 그 남자는 우리를 보다 잘 보기 위해 방 안으로 걸음을 옮겼다. 그가 그렇게 했을 때, 나는 처음으로 그를 관찰할 기회를 가졌다. 그는 키가

컸으며, 머리를 삭발했고, 틀림없는 티베트 사람이었다. 그가 그 방을 천천히 걸어가는 동안, 우리는 돌로 된 바닥에서 올라오는 찬 기운으로부터 비구니들을 보호하기 위해 사용되고 있던 두꺼운 방석 위에 앉아 있었다. 처음에 그 스승은 방을 둘러보고, 상황을 판단하기라도 하는 듯 거의 말을 하지 않았다. 그런 후 그는 누구든 대답해 보라는 듯이 큰 소리로 질문들을 던지기 시작했다.

나는 무슨 일이 벌어지고 있는 것인지 이해하기 위해 우리 통역자를 바라보았다. 그는 스승과 비구니들 사이에 일어나고 있던 대화를 말해 주었다. 게쉐라는 자기 손으로 우리들 머리 위를 천천히 쓸어내리는 듯한 동작을 취하면서 "이 사람들은 누구인가? 여기에는 무슨 일 때문에 왔는가?"라고 물었다. 그는 분명히 비구니들과 함께 앉아서 자신의 방식대로 하고 있는 한 떼의 서양인들이 익숙하지 않았다. 비구니들이 우리가 누구이며, 왜 이곳에 있는지를 설명할 때 우리 통역자가 대화에 끼어들었다.

그런 후 그 남자가 그 방에 들어왔을 때처럼 갑작스럽게, 그가 질문하는 목소리는 의심과 불확실한 어조에서 철학, 특히 세상에서 무엇이 실제인지라는 철학의 어조로 바뀌었다. 그는 통역자에게 우리 그룹의 리더가 누구인지 물었다. 그러자 갑자기 모든 시선이 나에게로 집중됐다.

내 쪽을 가리키며 우리 통역자가 "이분입니다"라고 말했다. "이분이 오늘 이 사람들을 데리고 온 게쉐입니다." 말이 끝나기 무섭게 그 스승은 나를 똑바로 바라보면서 질문을 던졌다. 비록 나는 그의 티베트 사투리를 한 마디도 알아들을 수 없었지만, 통역자가 말하기 시작했을 때까지 그의 목소리의 어조와 억양에 귀를 기울였다. 그의 질문은 이러했다. "만약 당신이 사막을 순례하고 있는 중에 사슴뿔

이 달린 토끼를 본다면, 그것은 실제의 것^{real}인가 아니면 상상 속의 것^{imaginary}인가?"

나는 내 귀에 들리는 소리를 믿을 수가 없었다. 우리는 티베트 고원 해발 4천9백 미터 위에 자리잡고 있는 외떨어진, 비구니들의 독경소리만이 방에 가득한 산사에 해가 떨어지기 직전에 도착했다. 그런데 이 사람은 나에게 '사슴뿔 달린 토끼'에 관해 묻고 있다니. 어렸을 적에 나는 캠프파이어 곁에서 들었던 허풍이 센 도보여행자의 믿기 어려운 이야기 속에서 멧토끼와 가지뿔영양의 불가능한 교배로 태어난 - 잭카로프^{Jackalope}[미국 전설 속의 동물로 사슴뿔 같은 것이 머리에 달린 토끼. 역자주] - 전설 속의 동물에 관해 들어 본 적이 있었다. 비록 북아메리카에서 페루 안데스 산맥에 이르기까지 잭카로프에 대한 목격담들이 많이 전해지고 있었지만, 정색을 하고 수수께끼 같은 것에 대해 이야기하는 사람의 면전에 있어 본 적은 없었다. 잭카로프는 절대로 존재하지 않는다. 그러나 나는 여기 전혀 예상치 못한 장소에서 잭카로프에 관한 퀴즈에 답을 해야만 하는 예상치 못한 상황에 직면했던 것이다! 순간 꿈 같은 상황에서 정신을 차렸을 때, 나는 갑자기 이것은 시험이며, 시험을 위한 시험이라는 것을 깨달았다.

대답을 하려고 할 때, 나는 그 스승을 올려다 보았다. 그가 승복 안에서 몸을 움직였을 때, 그의 손들의 동작은 작은 먼지와 보푸라기 구름을 만들어 냈다. 갑자기 그의 인상적인 옆 모습 주변 공간이 으스스한 붉은 빛을 띠었다. 햇빛이 허공에 떠 있는 미립자들의 아지랑이를 통해 반짝이면서 그것은 거의 후광처럼 보였다.

몇 가지 이유 때문에 내 마음은 초등학교 시절 배웠던 질의응답 형식으로 치달았다. 그때 나는 질문을 받은 후 그 질문을 제대로 이해했는지 확인하기 위해 내 자신의 말로 그것을 반복하곤 했다. 만약 그렇다면, 나는 내 대답을 생각해 내려 했다. "사막에 있는 사슴뿔 달린 토끼는 실제로 존재하는 것인가 아니면 상상 속의 것인가?"라고 내 스스로 질문을 되풀이했다. 갑자기 비구니들 사이에서 있었던 전형적인 속삭임마저 아주 조용해졌다. 모든 사람들이 실제적인 존재reality에 관한 이런 즉흥적인 철학적 퀴즈에 대한 나의 대답이 나오기만을 기다리고 있다. "사막에 있는 사슴뿔 달린 토끼를 본 경험은 그것을 본 사람의 경험이지요"라고 나는 대답을 시작했다. "만약 그것을 본 사람이 당신이라면, 당신이 그것이 존재한다고 믿고 있는 만큼 그것은 실제적인 존재real입니다."

현실에 관한 테스트 통과 Passing the Reality Test

나의 대답이 내 입을 떠났을 때 방안은 조용했다. 나의 대답이 그가 예상했던 것이었는지 아닌지를 확인하기 위해 그 스승을 올려다보면서 나는 숨을 잠시 멈췄다. 그는 놀란 것처럼 보였다. 천천히 함박 웃음이 그의 얼굴 전체로 퍼져나갔다. 통역자 쪽으로 몸을 돌리면서, 그는 또 다른 질문을 던졌다. 그러자 통역자는 그 스승의 말을 되뇌면서 밝게 웃었다.

"이 게쉐는 어느 절에서 오셨는가?"

비구니들이 이 말을 들었을 때, 안도의 한숨이 터져 나왔으며 곧바로 웃음의 물결로 이어져 킥킥거리는 웃음소리가 산발적으로 들렸다. 나의 대답은 불교 경전이 말해 주고 있던 것들을 배운 사람들로부터 기대될 수 있는 전형적인 것임이 분명했다. 즉, 그것은 서양인에게서 기대할 수 있는 것은 아니었던 것이다.

그 스승은 몸을 돌려 천천히 문 쪽을 향해 걸으면서 미소를 지었다. 그 방 안에서 있었던 대화들은 불과 얼마 전에 있었던 낮은 윙윙거림으로 되돌아갔다. 아무 말도 없이, 그 승려는 차가운 산 공기가 사찰 안으로 불어 닥치는 것을 막아주는 두껍게 짠 천 속으로 들어가버렸다. 질문을 받은 것에 대한 자긍심과 내 답변이 인정된 것에 대한 성취감을 느끼면서, 우리는 평온하게 다시 기도를 했다.

비록 나의 '테스트'는 간단한 것이었지만, 그것은 믿음의 힘에 대해 아는 것이 정말로 세상에 얼마나 넓게 퍼져 있는지에 관한 강력한 증거이기도 했다. 게쉐와의 질의응답이 아주 흥미로웠던 것은 그의 테스트가 물리학자들의 실험들이 우리에게 말해 주고 있는 것과 세계의 영적 전통들이 수세기 동안 제안해 왔던 것 두 가지 모두를 확증했다는 것이었다.

만약 우주, 인간의 육체, 그리고 일상적인 삶이 인간의 의식에 토대를 둔 가상적 경험virtual experience이라면, 인간의 믿음은 우리 인간이 그 모의실험 장치 속에 있는 동안 '깨어나는 것'을 가능하게 해주는 프로그램program이다. 그래서 우리가 "현실은 얼마나 실제적인가? How real is reality?"라는 오래된 질문을 던지면, 그 대답은 철학적인 수수께끼에 대한 해답처럼 들리기 시작한다. 현실은 우리가 그것을 실제라고 믿는 만큼 실제이다. Reality is as real as we believe it is. 그 비밀은 바로 이렇다. 즉, 우리 인간이 가장 인정하는 것은 삶 속에서 자신이 경험하는 것이다. 이런 방식으로 생각할 경우 우리가 현실이라고 부르는 것은 유연하고, 손쉽게 다른 모양으로 만들 수 있으며, 변화되기 쉬운 것이다. 현실은 바로 우리 인간의 기대와 믿음에 의해 좌우된다.

그래서 물리학의 '법칙들'은 분명히 아주 실제적이며, 어떤 조건

하에서 확실히 존재한다. 그러나 과학적 증거는 우리 인간이 그러한 조건들을 변화시킬 때, 그 법칙들은 다시 쓰여질 수 있다고 말하고 있다. 그러나 그렇게 하기 위해서 우리는 로켓 과학자 혹은 실제로 어떤 과학자들이어야 할 필요가 없다. 그것은 마치 아만다 데니슨이 섭씨 9백도 이상의 불타는 석탄 위를 걷는 것 혹은 밀라레파가 동굴 벽의 바위를 향해 자신의 손을 밀치는 것처럼 간단할 수 있다. 이 두 가지 사례에서 물리학의 법칙들은 파괴되었다. 각각의 사례에서 현실을 변화시킨 것은 의도적으로 의식 – 그 사람이 자신의 세상에 관해 진실이라고 믿었던 것 – 의 조건들을 만들어 내는 한 개인의 능력이었다.

바로 이것이 과학 전체 사이클을 세상의 오래된 신비하고 영적인 전통들 쪽으로 되돌려 놓은 것이다. 과학과 신비주의는 모두 삼라만상을 하나로 연결시키는 힘에 대해 말하고 있다. 그 둘은 그저 우리 인간이 자신을 둘러싸고 있는 세상을 인식하는 방식을 통해 삼라만상을 하나로 연결시키는 그 힘 안에서 물질이 움직이는 방식과 현실이 전개되는 방식에 영향을 미치는 힘을 간직하고 있다고 말하고 있는 것이다.

이제 우리는 그러한 '투사된 현실'의 가장 중요한 규칙을 알게 됐다. 그렇다면 우리는 삶에 그것을 어떻게 적용해야 할까? 만약 아주 깊게 뿌리 박힌, 때때로 잠재의식적인 인간의 믿음이 인간이 경험하는 것의 원천이라면, 우리 인간을 제한하고 있는 잘못된 믿음을 어떻게 치유해야 할 것인가? 우리 인간의 현실 코드를 어떻게 다시 써야 할 것인가? 바로 이것이 우리가 과거에 진실이라고 생각했던 모든 조건들을 한방에 날려버리는 새로운 관점이 그렇게 강력할 수 있는 이유이다. 문제의 열쇠는 우리 인간에게 유리하게 작동하는 경험을 발견하는 것이며, 그것이 모습을 드러냈을 때 그것을 인식하는 것이다.

> **믿음 코드 28**
> 우리 인간은 자신이 믿음 속에서 동일시하는 것을 삶에서 경험하는 경향이 있다.

믿음을 치유하라 :
현실 프로그램을 다시 작성하는 법

The Healing of Belief : How to Rewrite Your Reality Code

"삼라만상을 보는 새로운 방식에는 우리를 놀라게 만드는 상상에 의한
도약leaf이 포함될 것이다."
- 존 벨John S. Bell(1928-1990), 양자 물리학자

"나는 인간의 삶을 아직 펼쳐지지 않은,
곧 드러나게 될 일련의 기회들이라고 생각한다."
- 람 다스Ram Dass, 철학자

1986년에 나는 콜로라도 볼더에서 열린 한 콘서트에 간 적이 있었다. 그 콘서트를 주도한 사람은 내 삶을 바꿔버렸다. 그의 이름은 마이클 헤지스Michael Hedges였으며 그는 아마도 틀림없이 20세기의 가장 재능 있는 기타리스트 가운데 한 사람이었을 것이다.[1] 그해 여름, 그는 내가 참석한 콘서트를 포함해서 은밀한 장소에서 보기 드문 단독 순회공연을 하고 있던 중이었다.

아티스트들이 작게 보이는 거대한 스타디움에서 펼쳐지는 일반적인 콘서트를 하기보다, 마이클 헤지스는 소박한 식당 무대에서 연주하는 쪽을 선택했다. 길가에 있는 테이블들이 무대 주변에 배치되었으며, 관객들은 모두 다 그 공연무대에서 몇 발자국 떨어지지 않은

곳에 있었다. 그 공간에 있는 모든 사람들은 모든 것을 볼 수 있었으며, 그것도 아주 잘 볼 수 있었다.

마이클은 그저 무대 위로 걸어와서, "안녕하세요. 마이클 헤지스입니다."라는 자기소개 이외에는 아무것도 하지 않았지만 곧 심상치 않은 무엇인가가 벌어지기 시작했다. 갑자기 그의 양손은 내가 그동안 보았던 어떤 기타리스트도 결코 하지 않았던 일들을 하고 있었다. 그가 자신의 단독공연을 시작했을 때, 그의 손가락들은 코드를 짚기 위해 쭉 펴졌고, 또 불가사의한 방식으로 구부러졌으며, 내가 단지 초현실적이라고 묘사할 수밖에 없는 느낌을 불러일으키는 음향들을 만들어 냈다. 그리고 나를 놀라게 한 것은 기타 줄에서만이 아니었다. 결코 박자를 놓치지 않은 채 그의 기타의 뒷면과 양 옆면은 그가 기타를 연주하는 동안 두들기거나 북소리를 내기 위한 타악기로 활용되었다. 더더욱 놀라운 일은 콘서트 내내 그가 눈을 감고 있었다는 것이었다!

나는 중간 휴식시간 동안에 그렇게 인상 깊은 저녁시간을 갖게 해 준 데 대해 감사하기 위해 공연 관계자들을 살짝 피해서 그에게 다가갔을 정도로 큰 감명을 받았다. 놀랍게도 그는 마치 오랫동안 알아왔던 것처럼 나를 맞이해 주었다. 그는 나를 무대로 안내했다. 우리는 함께 그의 악기들 쪽으로 걸어갔으며, 그는 각각의 효과들이 그 공간 안에서 어떻게 들렸는지 나에게 묻기 시작했다. 공연이 다시 시작될 때까지 이것저것 이야기를 한 후, 나는 내 자리로 돌아왔다. 그리고 나는 나머지 공연에 완전히 빠져들었다.

그 후 나는 마이클 헤지스와 또다시 대화를 나눌 기회를 갖지는 못했다. 내가 언젠가 때가 되면 그렇게 할지도 모른다고 느꼈지만, 1997년 12월 그의 갑작스런 죽음으로 다시 그런 기회를 갖는 것이 불가능하게 되었다. 그와 함께 했던 나의 저녁시간은 비록 짧았지만, 그것은 내 인생을 변화시키는 경험이었다.

나는 열한 살부터 기타를 치기 시작했다. 기타 연주는 오늘날까지 내 삶에 있어서 가장 지속적으로 열정을 갖게 하는 것 중의 하나이다. 내가 기타 연주를 배웠던 첫 6개월 동안, 나는 *클래식 기타*의 형태와 스타일에 세뇌되어 있었다. 명칭이 모든 것을 말해 주듯이, 클래식 기타리스트에게는 당연한 것으로 받아지도록 배운 특별한 포즈가 있다. 양손은 기타 줄 위를 맴돌 수 있도록 위치가 정해져 있으며 악기 그 자체의 표면을 건드리는 경우는 드물다. 다른 사람들이 취하고 있는 그러한 모습을 보는 것은 아름답지만, 나에게 그것은 항상 어색했으며 부자연스러웠다.

내가 이 이야기를 하는 이유는 이렇다. 1986년 그날 저녁 헤지스의 공연은 기타 연주에 관한 나의 사고방식을 영원히 바꿔버렸다. 그가 무대 위에 있었던 90여분 동안, 그는 모든 규칙들과 그동안 내 안에 깊이 배어 있던 클래식 기타 연주의 형식과 스타일에 관한 모든 편견들을 완전히 날려버렸다. 열정에 몰입한 그를 보는 것은 나를 그의 열정만큼이나 열정적으로 자유롭게 해주었다.

마이클 헤지스가 했던 모든 일은 자신의 재능을 공유하는 것이었다. 그러나 그렇게 하면서 그는 보다 위대한 가능성의 살아 있는 실례가 되었다. 그리고 바로 그것이 우리가 우리의 삶과 세상에 있어서 사실이라고 믿고 있는 것을 바꾸는 열쇠이다. 개인적인 과거들을 제약하는 것들을 바꾸기 위해서 우리 마음^{Mind}은 우리가 믿고 있는 것을 변화시킬 이유를 필요로 한다. 그것도 아주 적당한 이유를 말이다.

역사를 살펴보면 수백 년 혹은 때때로 수천 년 동안 깊게 뿌리

박혀 있었던 믿음이 하룻밤에 바뀌어 버리는 사례들을 자주 찾아볼 수 있다. 또한 그런 믿음들을 지지했던 오래 지속된 생각들이 전체 세계관을 갑자기 붕괴시켜 버릴 정도로 아주 과격한 무엇인가에 의해 대체될 때 일어나는 일에 관한 것도 역사가 기록하고 있다는 것을 우리는 알고 있다. 90분 동안 무대에서 연주하는 기타리스트를 보는 것처럼, 어떤 때 그 변화들은 작고 언뜻 보기에 하찮을 수 있다. 그러나 때때로 변화들은 우리가 우리 자신과 우주를 생각하는 방식을 영원히 바꾸어 버릴 정도로 엄청나다.

예를 들어 보자면, 2006년 여름 2천5백 명의 과학자들이 국제천문연맹(IAU) 연차 총회에 참석하기 위해 체코 공화국 수도 프라하에 모였다. 이 총회에서 태양계를 돌고 있는 명왕성보다 더 큰 또 다른 행성이 있다는 사실이 발견되었다는 이유로 명왕성은 왜소행성으로 재분류되었다. 변화는 이런 식으로 일어났다! 명왕성은 그동안 진짜 행성으로 불렸으나, 이제는 아니다. 이런 재분류가 어떤 사람들에게는 놀랍고 슬픈 일이었지만, 인간의 삶의 전반적인 구조에 있어서 그것은 별다른 충격을 주지 못했다. 2006년 이전에 쓰여진 모든 천문학 서적은 이제 쓸모 없게 되었다는 사실은 차치하고, 명왕성의 새로운 명칭은 아마 그 어떤 사람에게도 정말로 흥미를 불러일으키지 않을 것이다.

그러나 1513년 또 다른 천문학적 발견은 우리의 우주관과 궁극적으로 우리 자신에 관한 생각을 영원히 바꾸는 단 한 가지 사실을 깨닫게 만들었다. 여가 시간을 이용해 천문학을 연구하던 법률가였던 니콜라스 코페르니쿠스가 지구가 아니라 태양이 바로 태양계의 중심이라는 것을 입증하는 계산법을 고안해 낸 것은 바로 그해였다.

그 생각은 1천7백 년 전 그리스의 천문학자 사모스의 아리스타쿠스

Aristarchus에 의해 제안되었으며 그것은 그가 살았던 시대의 철학자들과 천문학자들이 그가 발견했던 것을 믿을 수 없는 것으로 간주하기 위한 '이유들'을 만들어 냈을 정도로 엄청난 사건으로 여겨졌다.

이것은 우리의 삶을 바꾸었던 믿음, 바로 오늘날에도 계속되는 방식으로 우리의 삶을 변화시켰던 믿음의 사례이다. *천구의 회전에 관하여*De Revolutionibus Oribium Coelestium라는 코페르니쿠스의 책이 그가 죽은 후 1543년 마침내 출간되었을 때, 로마 가톨릭 교회의 지도자들로부터 일반 사람들에 이르기까지 태양 중심의 태양계(이 용어조차도 그로부터 발생한 변화의 일부이다)라는 사실을 받아들이기 위한 여지를 만들도록 자신의 사고방식을 조정해야만 했다. 마이클 헤지스처럼 코페르니쿠스가 했던 모든 일은 자신의 지식을 남들과 공유하는 것이었다.

이러한 두 가지 사례에 있어서 핵심적인 사항은 사물을 보는 확립된 방식에 대한 인간의 믿음이 바뀌었다는 것이다. 그것도 하룻밤 사이에 말이다. 그리고 그 변화는 또 다른 가능성이라는 명백한 실증을 통해서 이루어졌다.

현실 코드 다시 쓰기 Rewriting Our Reality Code

21세기 초두에 한 위대한 철학자는 이렇게 선언했다. "우리가 보기에 아주 비정상적인 것처럼 보이는 세상은 작동하고 있지 않은 믿음 시스템belief system의 결과이다."[2] 이 말은 비록 새로운 천 년의 여명에서 자기계발을 위한 가르침에서나 들을 것으로 예상할 수 있는 어떤 것처럼 들리지만, 그것은 19세기 말에 윌리엄 제임스가 실제로 말했던 것이다. 그가 살고 있던 시대의 사람들도 마찬가지였 겠지만, 오늘날 우리가 목격하고 있는 변화에 대한 불과 몇 마디 되지 않는 의미심장한 말에서 제임스는 이 책의 주제와 저술 의도를 시사하고 있었다.

만약 '아주 비정상적으로 보이는' 세상이 인간의 인식perception 때문이라면, 우리 인간이 작동하지 않는 일들을 변화시키는 것이 어째서 그렇게 힘들다는 말인가? 우리는 인간의 가장 깊은 사랑, 가장 진실된 욕구, 그리고 가장 위대한 치유수단을 반영하기 위해 우리 자신의 믿음들을 어떻게 다시 써야 하는가?

우리의 현실 코드reality code를 다시 쓰기 위해서는 우리가 과거에 믿고 있었던 것을 변화시켜야 하는 이유를 우리 자신에게 부여해야만 한다. 이 문장이 주는 메시지는 아주 명백하며, 동시에 언뜻 보기에 간단하다. 이 메시지는 이 책 전체를 통해 설명된 믿음과 현실 간의 부정할 수 없는 연관성 때문에 명백하다. 당신은 어쩌면 스스로에게 "그래, 세상을 바꾸기 위해 필요한 모든 것은 우리가 믿는 것을 변화시키는 것이 맞아"라고 말하고 있을지도 모른다. 그러나 우리가 손에 넣을 만한 가치가 있는 것은 아주 단순한 것으로부터 생겨난다.

우리의 믿음을 바꾸는 것은 삶에 있어서 가장 어려운 일일지도 모른다. 그것은 단순히 바꾸기로 마음을 먹는 일, 혹은 그렇게 하려는 의지를 가지는 일 이상의 것이기 때문이다. 아주 훨씬 더 말이다.

그 이유는 믿음이라는 것을 우리 자신에 관하여 말하는 것이라고 우리가 생각하고 있기 때문이다. 영국 더비Derby대학의 상담 및 인간관계 주임강사였던 제프 히스Geoff Heath는 우리 인간이 가지고 있는 딜레마의 요점을 이렇게 설명하고 있다. "우리라는 것은 우리 자신이라고 믿게끔 된 것이다. 인간의 믿음을 바꾸는 것은 자기 정체성

identity을 바꾸는 것이다. 그것이 바로 인간의 믿음을 바꾸는 것이 어려운 이유이다."3) 여기서 히스가 말하고 있는 것은 우리 인간의 인식perception을 수정하는 것이 왜 그렇게 힘든가라는 질문에 답하는 데에 큰 도움이 된다.

대부분의 사람들은 자기 자신과 자기가 속한 세상을 보는 데 있어서 편안하게 느끼게끔 성장했다. 만약 그렇지 않다면 사람들은 끊임없이 자신의 삶을 변화시킬 새로운 이유들을 찾았을 것이라는 것이 그 증거이다. 우리가 편안하게 느끼는 영역을 뒤집어 놓는 것은 우리가 세상에서 안전하다고 느낄 수 있는 토대를 뒤흔드는 것이다. 그래서 인간의 삶을 정의하는 핵심 믿음과 같은 강력한 무엇인가의 안에 변화를 일으키기 위해서는 그와 동등하게 강력한 기폭장치가 필요하다. 어떤 사고방식에 대해 우리가 자기 만족의 상태에 있을 경우, 새롭게 그리고 때로는 혁명적으로 삼라만상을 바라보는 방식을 문득 깨닫게 되기 위해서는 반드시 *이유*가 필요하다. 짧게 말하자면, 다른 관점perspective이 필요하다는 것이다.

새로운 관점을 갖게 하는 기폭제는 어쩌면 그저 사리에 맞는 참신한 이해를 할 수 있게 해주는 새롭게 발견된 사실들의 조각들을 연결시키는 것처럼 간단한 어떤 것일지도 모른다. 혹은 그것은 보다 위대한 가능성 – 실제 삶에서 일어나는 기적과 같은 어떤 것 – 에 갑자기 다다르게 하기 위해 우리가 과거에 믿었던 모든 것으로 향한 문들을 한방에 날려버리는 무엇인가를 필요로 할지도 모른다!

논리와 기적들이라는 것은 모두 사람들에게 세상을 다르게 보게 하는 타당한 이유들을 제공하고 있다. 기적들은 과거 위대한 스승들에 의해 사용되었던 반면에, 오늘날 과학적 발견들은 기적들 없이도 완전히 새롭게 세상을 보는 길을 향한 문을 열어 주고 있다. 우주를 하나의 컴퓨터로 간주하고, 믿음을 하나의 프로그램으로 여기는 것이 아주 설득력이 있는 이유가 바로 이것이다. 우리는 이미 그 두 가지 모두가 어떻게 작동하는지를 알고 있기 때문에, 그것들은 변화를 위한 길을 찾기 시작하는 데 있어서 우리에게 익숙한 도구가 될 수 있다.

감정의 상처는 믿음 속의 사소한 결함^{glitch}인가?

1990년 비즈니스 세계를 떠난 후, 나는 샌프란시스코 인근에서 잠정적으로 거주하면서 세미나 실행계획과 저술활동으로 나날을 보내고 있었다. 저녁에는 삶과 인간관계에 있어서 믿음의 역할을 이해하는 데 도움을 요청했던 의뢰인들과 함께 일을 하곤 했다. 어느 날 저녁 나는 전에 여러 차례 함께 일을 했던 의뢰인과 약속을 잡았다.

상담은 평소와 다름없이 시작됐다. 그 여성이 내 앞에 있는 의자에 편안하게 앉아 있을 때, 나는 그녀에게 우리가 지난번 이야기를 나눈 이래 한 주 동안 무슨 일이 있었는지 말해 보라고 요청했다. 그녀는 남편과의 18년 동안의 관계에 대해 이야기를 하기 시작했다. 결혼 후 오랜 기간 동안 그들은 서로 다퉜으며 때로는 격렬하게 싸웠다. 그녀는 남편에게서 하루도 거르지 않고 비난을 받았으며, 그리고 그녀의 외모와 옷차림으로부터 집안일과 요리에 이르기까지 모든 것을 남편으로부터 인정받지 못했다. 이러한 남편의 무시는 몇 년에 걸쳐 매우 드물게 함께 했던 잠자리 순간을 포함해서 그들의 삶 구석구석까지 파고들어 있었다.

지난 주에는 신체적인 학대로까지 상황이 치달았던 것이다. 그녀의 남편은 그녀가 '초과근무'와 야근에 대한 의문을 제기했을 때 화를 내기 시작했다. 그녀는 그렇게 오랫동안 사랑했고 믿었던 남자 때문에 불행했다. 지금 그 불행은 육체적인 상해와 통제를 벗어난 감정들에 의해 악화됐다. 그들이 가장 최근에 벌인 싸움에서 그녀의 남편은 그녀를 방바닥에 쓰러뜨린 후, 친구와 함께 지내기 위해 집을 떠나버렸다. 아무런 전화번호, 주소, 그리고 언제 그들이 서로 다시 볼지 기약조차 없었다.

수년간 감정적으로 학대했으며, 이제 생명을 위협할 가능성마저 있는 폭력을 행사해서 나의 의뢰인의 삶을 지옥처럼 만들어버린 그 남자는 결국 사라졌다. 그녀가 그가 떠나는 모습을 설명할 때, 나는 그녀가 안심하고 있다는 어떤 기미를 나타내는지 살펴보고 있었다. 결코 나타나지 않았던 기미를 말이다. 그러나 그 대신 놀라운 무슨 일인가가 벌어졌다. 그녀는 그가 떠나버렸다는 것을 다시 깨닫고 주체할 수 없이 흐느껴 울기 시작했다. 내가 그렇게 심한 상처를 입힌 누군가를 어떻게 그리워할 수 있느냐고 물었을 때, 그녀는 남편의 부재 때문에 '망가진' 그리고 '황폐해진' 느낌이라고 자신의 감정을 설명했다. 남편이 떠나버린 상황을 학대와 비난으로부터 자유롭게 살 수 있는 기회로 받아들이는 대신, 그녀의 마음은 그것을 평생 혼자 지내는 형벌을 받은 것처럼 느끼고 있었다. 그녀는 집에 아무도 없는 것보다 비록 학대를 받을지라도 남편이 있는 것이 더 낫다고 느꼈다.

나는 나의 의뢰인의 상황이 특별하거나 드문 경우가 아니라는 것을 곧 깨달았다. 사실, 자기계발 관련 업계에 있는 다른 사람들과 나눈 대화를 통해 나는 그것이 아주 정반대의 상황이라는 것을 알았다. 사람들이 자기 자신 – 자신의 권력, 자긍심, 자신감 – 을 포기하는 상황 속에 처했을 때, 정확하게 나의 의뢰인이 느끼고 있는 것과 자신을 가장 가슴 아프게 했던 바로 그 경험에 집착하고 있는 것을 발견하는 것은 놀라운 일이 아니다. 내 질문은 "어째서 그런가?"이다.

그렇게 심한 고통과 상처가 인간의 삶 속으로 파고드는 길을 어떻게 알고 있을까? 우리 인간은 해로운 믿음들을, 본질적으로 지속되는, 치유되길 바라는 바로 그 경험들을 어째서 굳게 붙잡고 있는 것일까? 이러한 의문들을 제기할 경우, 그것은 정말로 보다 근본적이기까지 한 무엇인가에 대해 질문을 던지고 있는 것일 수 있을까? 아픔과 고통을 초래하는 인간의 믿음들은 세상을 보는 제한된 방법의 실례들이다. 그렇다면 진짜 의문은 다음과 같은 것일지 모른다. *어째서 인간은 삶에 있어서 자기 자신을 제한하는 믿음들에 집착하고 있는 것인가?*

어쩌면 믿음이 하나의 프로그램이라는 비유가 해결의 실마리를 제공할지도 모른다. 만약 '실행' 버튼을 누를 때마다 인간의 믿음들과 마찬가지로 가슴에 상처를 주는 컴퓨터 프로그램이 있다면, 우리는 그 컴퓨터의 프로그램이 제대로 작동하지 않았다고 말할 것이다. 그 프로그램에 에러가 있다고 말이다. 그렇다면 의식의 거울mirror of consciousness 속으로 입력하고 있는 우리 인간의 믿음들 속에 가슴에 상처를 안겨주는 경험들을 영구히 지속시키려 하는 결함이 있는 것인가? 아니면 그 프로그램 자체는 완벽하게 작동하고 있지만, 가슴에 상처를 주는 것이 변화가 필요하다고 신호를 보내고 있는, 믿음이라는 프로그램을 사용하는 방식이라고 생각하는 것이 가능한가?

하나의 컴퓨터 프로그램이 아무리 완벽하게 설계되었거나, 프로그래머가 최고의 전문가라고 할지라도 어떤 시점에서 그것이 제대로 작동하지 않을 가능성은 항상 존재한다. 그리고 그러한 상황이 벌어지면, 그 오작동은 버그bug, 일시적 문제hiccup, 혹은 보다 일반적으로 기술상의 결함glitch이라고 불린다. 만약 우리 인간이 살고 있는 세상이 정말로 정교한 고성능의 컴퓨터에 의해 만들어진 시뮬레이션이라면, 우리 세상을 만들어 낸 그 프로그램이 문제점을 가지고 있을 수 있을까? 우주라는 의식 컴퓨터가 결함을 가지고 있을 수 있을까? 만약 그렇다면, 우리가 그 결함을 보았을 때 우리는 그것을 알게 될까?

 1992년 발표된 "모의실험 장치로 된 우주에서 살기"Living in a Simulated Universe라는 제목의 논문에서 존 배로John Barrow[영국 케임브리지대학 교수이자 이론 물리학자. 역자주]는 바로 이 의문점을 조사했다. "만약 우리 인간이 모의실험 장치로 된 현실 속에서 살고 있다면, 우리는 추정하여 적용한 상수들과 자연의 법칙들 안에서 여러 차례에 걸쳐 우발적인 결함들의 발생을 예상해야만 할 것이다."4) 이런 종류의 문제는 분명히 있을 수 있지만, 우리가 이미 경험하고 있는 다른 타입의 결함일 수 있다. 아마도 현실의 건축가조차 결코 예상하지 못한 결함 말이다.

 결함을 지니고 있다는 사실은 그 프로그램이 제대로 짜여지지 않았다는 것을 항상 의미하는 것은 아니다. 사실, 그 프로그램은 처음 설계되었던 조건들 하에서는 완벽하게 작동할지도 모른다. 그러나 때때로 한 조건을 위해 만들어진 프로그램은 아주 다른 일련의 환경들 속에서 작동하게 된다. 비록 그 프로그램은 그것이 항상 실행하려고 하는 것을 - 그리고 실제로 그것을 잘 하고 있지만 - 여전히 실행하고 있을지라도, 또 다른 환경에서 그 프로그램은 예상된 산출물을 만들어 내지 못할 수도 있으며, 그 때문에 그 프로그램은 마치 에러를 가지고 있는 것처럼 보인다.

이 상황은 다음과 같은 질문에 직면하게 만든다. 즉, 의식이라는 프로그램 속에서 증오, 두려움, 그리고 전쟁은 인간의 믿음 속에 있는 결함의 결과물일까? 우주라는 양자 구성 요소는 명확하게 인간이 믿고 있는 바를 반영하지만, 우리 인간은 삶 속에서 자신의 믿음을 가슴 아프게 하는 일들에 집중시킬 의도는 없었다는 것이 가능한가? 어째서 사람들은 자신과 같은 60억 이상의 사람들과 함께 살고 있는 세상에서 그렇게 외로움을 느끼게 되었을까? 우리 인간은 그렇게 많은 두려움을 경험하는 것을 어디에서 배웠단 말인가? 그리고 어째서 우리 인간은 끝내 자신을 병들게 만들 정도로 두려움들이 자신의 믿음 속에 깊이 배어들게끔 하고 있는가? 만약 이러한 일들이 인간의 의식 속에 있는 결함들 때문이라면, 우리는 컴퓨터 프로그램의 결함을 수정하는 방식으로 그것들을 고칠 수 있을까?

우리 가슴을 아프게 하는 믿음 고치기 Fixing the Beliefs That Hurt Us

스케이트 보더, 음악가, 그리고 커피애호가들이 자신의 열정을 설명하기 위한 전문 용어를 가지고 있는 것과 아주 똑같이 컴퓨터 프로그래머들은 항상 그들의 전문적인 기능에 대한 사적인 대화에서 사용하는 특별한 언어를 가지고 있다. 최근 몇 년 동안 개봉된 하이테크 관련 영화들 덕분에, 한때 소프트웨어 '전문가들'이라는 특권을 가진 핵심그룹 안에서만 공유됐던 많은 전문 용어들이 평범한 것이 되었다. 예를 들어 누군가가 프로그램에 '버그'가 있다거나 시스템이 '충돌했다'고 말할 때, 우리는 그것이 무엇을 의미하는지 알고 있다.

프로그래머들조차도 현재 있는 소프트웨어 안의 문제점들을 고치는 명령어들로 사용하는 특별한 단어를 가지고 있다. 대체적으로 그 명령어들은 다음과 같이 불린다. 즉, 수리*fix*, 혹은 소프트웨어 패치 *software patch*, 혹은 때로는 보다 간단하게 패치라고 말이다. 여기서 가장 중요한 것은 문제 해결의 열쇠가 최초의 소프트웨어 속에 삽입하는 프로그램 코드의 작은 조각이라는 것이다. 우리가 그것을 인식하든 못하든, 소프트웨어 패치들은 우리 삶에 있어서 강력한 역할을 하고 있다.

예를 들면 21세기로의 전환점에서 Y2K 재앙이 될 수 있었던 최악의 시나리오로부터 세상을 구한 것은 하나의 패치였다. 전 지구적 동력체계와 인공위성으로부터 휴대폰과 북아메리카를 보호하는 조기방위시스템에 이르기까지, 모든 것은 1999년 마지막 날 자정을 기해 '만료' 되도록 설정된 날짜 코드들에 의존하고 있었다. 영향을 받게 될 모든 시스템을 위해 1900년대의 '19'로 시작된 숫자들을 2000년대의 '20'으로 시작되는 숫자로 자동 전환시켜 주는 작은 크기의 프로그램이 사용자들을 위해 만들어졌다. Y2K 패치 말이다. 나머지 이야기는 말 그대로 역사다. 그 패치는 효과가 있었으며, 새로운 프로그램들이 개발되거나 혹은 2100년이 되거나, 둘 중 어느 쪽이 먼저 되기 전까지는 계속 활용될 것이다.

핵심은 다음과 같이 간단하다. 바로 지금 우리 인간에게 이와 비슷한 무엇인가가 벌어질 수 있는가? 만약 그렇다면, 우리는 우리의 결함을 고칠 수 있을까? 우리는 과거에 우리 자신을 제한해 왔을지도 모르는 믿음들을 고쳐 쓸 수 있을까?

믿음을 바꾸기 위해 논리^{logic}와 기적^{miracle}을 이용하기

제3장에서 우리는 인간의 삶을 다치게 하기도 하고, 치유하기도 하는 믿음들을 간직하는 두 곳에 대해 알아보았다. 의식과 잠재의식 말이다. 의식적 혹은 잠재의식적 지각의 한계들을 치유하기 위해서는 어떻게 하든 우리 마음이 과거에 믿었던 것을 우회해야만 하며, 그것을 인간의 본질적인 경험에 근거를 둔 새로운 무엇인가로 대체해야만 한다. 논쟁의 소지가 없는 명백한 진리^{truth}로 말이다.

수천 년에 걸쳐서 기적들은 바로 이러한 것들을 보여줘 왔다. 기적들은 과거와 같이 오늘날에 있어서도 여전히 설득력이 있지만, 많은 사람들은 기적들을 발견하기 힘들어졌다고 믿고 있다. 비록 우리가 세계를 어떻게 보느냐에 따라 이것이 그러한 경우에 해당될지 혹은 해당되지 않을지 모르지만, 이제 우리도 역시 우리 자신의 의식적인 생각에게 직접 이야기하는 논리^{logic}의 힘을 이용할 수 있다. 그리고 우리가 세상을 보는 새로운 방식을 의식적으로 받아들일 때, 우리 자신의 잠재의식적 믿음도 마찬가지로 영향을 받게 된다.

앞 장에서 사용했던 컴퓨터에 관한 비유들을 근거로 해서 생각해 보면, 인간의 의식 안에 존재하고 있는 믿음을 새롭고, 업그레이드 되고, 개선된 믿음으로 대체한다는 것은 소프트웨어 패치와 똑같은 방식으로 생각하는 것일 수 있다. 그 패치는 오리지널 소프트웨어와는 상관없이 독립적으로 만들어지며, 그 프로그램을 업그레이드하고, 원치 않았던 반응들이 나타나는 것을 '치유하기' 위해 나중에 삽입된다. 역사를 통해서 우리는 논리와 기적들이 우리 마음이 과거에 받아들였던, 깊이 간직된 믿음으로 바로 향하게 하는 연결 매개체가 될 수 있다는 것을 알고 있다.

논리 패치logic patch와 기적의 패치miracle patch가 무엇이며, 어떻게 만들어지는지 좀 더 구체적으로 살펴보기로 하자.

논리 패치 : 우리는 논리가 가지고 있는 힘을 통해 우리 의식에 새로운 믿음을 확신시킬 수 있다. 일단 우리가 마음mind에 관해서 다르게 생각할 이유를 이해한다면, 마음은 새로운 믿음이라는 그 가능성을 가슴heart이 받아들일 수 있게 할 것이다. 즉, 그것이 진실이라고 느끼는 것 말이다.

기적 패치 : 우리는 우리 마음의 논리를 완전히 우회하여 가슴으로 곧바로 향할 수 있다. 이런 방식에서는 우리가 믿고 있는 것에 대해 생각할 필요조차 없다. 인간은 이성적으로 설명이 되지 않는 어떤 경험에 직면하면 새로운 믿음을 어쩔 수 없이 기꺼이 받아들인다. 이것이 바로 기적의 정의이다.

> **믿음 코드 29**
> 배우는 방식이 다양해서 나타나는 서로 다른 이유들 때문에, 논리와 기적들은 우리 인간에게 자신의 믿음의 가장 깊은 곳으로 들어가는 길을 열어 주고 있다.

믿음을 의식적으로 바꾸는 것에 관해 이야기할 때, 우리가 할 수 있는 가장 효과적인 것들 중의 하나는 믿음을 인지하는 것이다. 또 하나는 일상적인 일들을 하게 하는 잠재의식적 습관들로서의 믿음이 어떻게 작용을 하는지 인지하는 것이다. 그러한 길은 삶의 모든 순간에 있어서 우리가 하는 모든 일에 대해 우리가 의식적으로 의도intent

의 초점을 맞추는 것으로부터 시작된다. 불교의 전통에서 사티파타나^Satipatthana[보고, 듣고, 느끼는 모든 감각을 면밀하고 정확하게 주시하는 '깨어 있는 마음'에 의한 명상방법. 불교의 팔정도 가운데 정념에 해당한다. 역자주]라고 불리는 이러한 명상방법은 영적으로 성장하고, 궁극적으로는 깨달음^enlightenment을 추구하는 모든 사람들을 위해 부처께서 권장하신 방식이다. 그러나 오늘날 서양식으로 말하자면, 우리 인간의 믿음 속에 변화들을 일으키기 위해 모든 순간, 모든 일들에 자신의 의식^awareness을 집중하는 것은 현실적이지 않을지도 모른다. 그리고 앞서 보았듯이, 우리는 그렇게 하지 않아도 된다.

만약 무엇이 우리 자신의 실제 믿음들인지 확인하기를 원한다면, 인간관계, 경력, 경제, 그리고 건강에 있어서의 실제 믿음들의 반영들을 보여 주고 있는, 주변 세상만을 살펴보면 된다. 만약 우리가 이러한 것들을 바꾸기를 바란다면, 그것들을 만들어 낸 믿음들의 한계들을 뛰어넘는 길이 필요하다. 믿음을 프로그램으로 보는 관점에서 보면, 이것은 기적 패치와 논리 패치가 시작되는 부분이다.

논리 패치 ^The Logic Patch

논리 패치를 작동시키기 위해서는 마음이 – 우리에게 이해가 되는 – 논리적 결론에 다다르게 하는 정보의 흐름을 들여다볼 필요가 있다. 만약 우리가 우리 마음 속에 있는 연관성^connection을 볼 수 있다면, 의문이 생기지 않게 되며, 우리가 보고 있는 것을 우리 가슴이 받아들이게 할 수 있다. 다른 말로 하자면, 우리가 그것을 믿는다는 것이다.

수학에는 바로 그러한 결론에 도달하기 위해 "만약 이것이…이면, 그것은…이다"라는 형식으로 진술들(증거들)statements(proofs)을 활용하는 몇 가지 분야가 있다. 예를 들어, 우리는 다음과 같이 말할 수 있다.

만약 : 실온 상태에 있는 물은 축축하다.
그리고 : 우리는 실온 상태에 있는 물로 덮여져 있다.
그렇다면 : 우리는 축축하다.

위의 진술은 우리의 마음이 이의를 제기할 수 없는 두 가지 사실을 제시하고 있다. 즉, (1) 그 어떠한 합리적인 의구심에도 불구하고 실온 상태의 물은 축축하다 - 그리고 그것은 항상 축축하다는 사실을 우리는 *알고 있다*. (2) 만약 우리가 실온 상태의 물로 덮어져 있다면, 우리도 축축하게 될 것이라는 사실을 알고 있다.

우산을 쓰고 있다거나 혹은 우비를 입고 있는 것과 같은, 그 어떤 어쩔 수 없는 이유들을 고려하지 않는다면, 우리 마음은 이 상황에 대해 쉽게 연관성을 만들어 낸다. *만약* 우리가 물로 덮인다면, *그렇다면* 축축해질 것이라는 사실은 우리에게 분명하다. 이것은 바보 같은 예일지도 모르지만, 핵심은 명백하다. 이 모든 것은 연관되는 사실들connecting facts에 관련된 것이다.

이제 이와 비슷한 사고 방식을 이용해서 이런 종류의 논리를 우주 안에서의 인간의 역할에 대해 적용해 보도록 하자. 다음과 같이 생각해 보라.

만약 : 인간은 마음 속으로 어떠한 것을 상상할 수 있다.
그리고 : 인간의 가장 깊은 믿음의 힘은 인간이 상상하는 것을

실제로 존재하는 것으로 바꾼다.

그렇다면 : 인간은 무엇인가 하는 것을 제약하는 자신의 믿음 안에 있는 결함을 '고칠' 수 있으며, 따라서 인간의 삶에 있어서 가장 커다란 고통을 없앨 수 있다.

> **믿음 코드 30**
> 마음의 논리를 통해 자신의 믿음을 바꾸기 위해서는 피할 수 없는 결론에 다다르게 하는 명백한 사실들을 통해 우리 자신에게 새로운 가능성을 깨닫게 해야만 한다.

다른 말로 하자면, 우리는 과거의 제약들을 무용지물로 만들 수 있는 '패치'를 우리 자신의 믿음 안에 만들어 낼 수 있다. 우리 믿음 안의 결함이 고쳐질 때, 낡은 믿음은 새롭고 강력한 현실로 대체된다. 이 책 안에서 소개된 수많은 사례들 속에서 우리가 깨달았던 것이 바로 이것이다. 즉,

- 서른 다섯 살에 죽을 것이라는 수 세대에 걸친 오래된 기대를 치유했던 내 친구의 남편
- 불타고 있는 석탄 위를 60미터 이상 안전하게 걸을 것이라는 아만다 데니슨의 믿음
- 자동차 밑에 깔린 사람들을 구하기 위해 자동차를 지면으로부터 오랫동안 들어올렸던 사람
- 콜리 강아지를 원했던 네빌의 상담실 안의 소년

우리의 삶에서 논리 패치를 적용하는 한 방법은 우리 자신은 불가

능하다고 믿었던 무엇인가를 이룩해 낸 다른 사람을 보는 것이다. 비록 우리는 *어째서* 할 수 없다는 '논리적' 이유를 가지고 있지 않지만, 만약 그것을 그 누구도 하지 못했다면, 겉으로 보기에는 불가능한 것처럼 보이는 그 위업은 우리 마음 속에 그것은 불가능하다는 강한 믿음을 만들어 낼 수 있다. 어떤 사람이 우리의 믿음이 틀렸다는 것을 입증하기 전까지는 말이다.

한 사람의 논리는 다른 사람의 기적

오늘날의 기준으로 정확히 1마일(약 1.6킬로미터) 달리기의 최단 기록은 1800년대 중반까지 갱신되지 않았다. 근대적인 육상 트랙들이 정확하게 거리가 측정되고, 경기에 참가하는 선수들을 위해 안정적인 바닥상태가 유지되도록 하는 엄격한 가이드라인에 따라 만들어진 것은 그 무렵이었다. 1852년 7월 26일 찰스 웨스트홀 Charles Westhall 은 런던 코펜하겐 하우스 그라운드에 지어진 새로운 육상 경기장에서 개최된 1마일 달리기 종목에서 신기록을 세웠다. 그의 빛나는 기록은 4분28초였으며, 육상경기 기준으로 볼 때 아주 오랫동안 깨지 못했던 기록이었다. 무려 6년 동안 그 기록은 깨지지 않았다.

웨스트홀의 신기록은 1800년대 말에서 1900년 초까지 최소한 서른 한번이나 갱신되었지만, 그때마다 새로운 기록은 이전 기록보다 약간 더 단축됐을 뿐이며, 때로는 불과 몇 분의 몇 초 단축에 지나지 않았다. 그 모든 기록들은 여전히 4분을 초과했으며, 4분 벽은 1마일 달리기 종목에 있어서 인간의 한계인 것처럼 보였다. 1백 년 이상 동안 많은 사람들이 시도를 했음에도 불구하고 1마일 달리기에 있어서 4분의 벽을 깨는 것은 인간에게 육체적으로 불가능하다고 생각되었다. 아니 그렇게 *믿어졌다*. 1954년 외견상 불가능한 일이 벌어지기 전까지는 말이다.

그해 5월 6일 영국 육상선수 로저 배니스터는 인류역사상 처음으로 마의 4분 벽을 깼다. 영국 옥스포드 경기장에서 그는 1마일을 3분59초4에 달렸다. 그리고 거기에는 인간의 믿음의 힘을 정확하게 보여 주는 스토리가 담겨 있다.

배니스터가 마의 4분 벽을 깨는 데 102년이 걸렸지만, 그 기록이 수립된 후 불과 8주 만에 호주의 존 랜디에 의해 그 기록은 다시 한 번 갱신되었다. 새로운 기록은 3분57초9였다. 불가능한 것처럼 보였던 마의 4분 벽의 기록이 일단 깨지자, 신기록 달성은 불가능하며 오직 보다 빠른 기록을 올리며 성장하고 있는 다른 선수들에게나 기회가 열려 있을 뿐이라는 믿음은 깨졌다. 1954년 로저 배니스터가 위업을 이룩한 이후에, 1마일 달리기 최고 기록은 최소한 열여덟 번 갱신되었으며, 오늘날의 기록은 1999년에 3분43초13으로 달린 모로코의 히캄 엘 구에로가 가지고 있다! 1마일 4분 벽을 깨는 것이 더 이상 사실상의 한계가 아니라는 것이 사람들의 의식 속에서 분명해지자, 다른 사람들의 믿음은 *새로운* 한계들이 어디까지인가를 찾아낼 정도로 자유로워졌다. 오늘날에도 사람들은 그 한계들을 계속해서 밀어 제치며 앞으로 나아가고 있다.

1마일 달리기에 있어서 4분 대의 기록이 인간이 달릴 수 있는 가장 빠른 기록이라고 확신했던 사람들에게 배니스터의 기록갱신은 기적이었다. 1백 년 이상 기록이 깨지지 않았다는 이유로, 그 기록을 깨려는 시도에 대해 비판을 하는 사람들은 그것이 그저 불가능하다고 믿고 있었던 것이다. 그러나 배니스터에게 있어서 그가 해낸 일은 기적이 아니었다. 그것은 기록을 갱신하는 것이 *가능하다*고 자신에게 확신을 주었던 논리와 추론의 최종 산물이었다. 재미있는 것은 어떤 목표를 향해 계획을 세우고 노력하는 한 사람의 논리적 프로세스가 다른 사람들에게는 하나의 기적처럼 보일 수 있다는 것이다. 이 사례가 보여 주고 있는 것처럼, 어떤 일이 가능하다는 것과 한 개인이 이룩한 기적이 또다시 재현될 수 있다는 것을 우리 모두가 무의식적으로 받아들이는 데는 한 사람의 사례만으로도 충분하다.

그렇다면 배니스터는 그것을 어떻게 해냈을까? 비록 배니스터 자신만이 자신의 마음을 통해 기존의 기록들의 제약으로부터 자신을 자유롭게 하려고 했던 것을 *정확하게* 알겠지만, 그가 선수로서의 목표를 세우고 자신의 개인적인 믿음들을 변화시키기 위해 논리를 활용했다는 사실은 우리도 알고 있다. 첫째, 그는 분명하고 정확한 목표를 잡았다. 그가 훈련을 하는 동안 자신이 달성하고자 하는 시간이 적힌 종이 한 조각을 자신의 운동화 속에 끼워 넣었다는 소문이 있었다. 바로 3분58초라는 기록 말이다.

그는 그것을 달성할 수 있다고 자신의 마음을 확신시키는 논리를 활용하여 목표에 접근했다. 전체 기록을 하나의 장애물로 보는 것과는 정반대로, 그는 자신이 이미 달성했던 이전의 기록보다 불과 몇 초밖에 빠르지 않다는 식으로 생각했다. 만약 우리가 오늘날 그와 똑같은 일을 하려 한다면, 앞서 살펴본 논리 모델을 활용할 경우 그 논리는 다음과 같은 것이 될 것이다.

만약 : 나는 1마일을 4분01초에 이미 달릴 수 있다.

그리고 : 4분이라는 기록에 맞추기 위해서 내게 필요한 모든 것은 내가 이미 달렸던 기록보다 단지 1초만 빨리 달리는 것이다.

그리고 : 3분59초라는 새로운 기록을 세우기 위해 내게 필요한 모든 것은 1초만 더 빨리 달리는 것이다.

그렇다면 : 나는 그것을 할 수 있다! 나는 내가 이미 한 것보다 단지 2초만 빨리 달릴 수 있다.

이 사례에서 보듯이, 우리가 세상 일을 이러한 방식으로 생각할 때, 그것은 커다란 목표들에 보다 더 잘 접근할 수 있는 것처럼 보이게 만든다. 세계 신기록이라는 총체적인 것을 생각하기보다는, 회사의 전체 프로젝트, 혹은 직업을 바꾸기 위해, 새로운 도시로 이사하기 위해, 그리고 새로운 인생 행로를 시작하기 위해 필요한 모든 것을 생각하기보다는, 만약 자신의 궁극적인 목표에 그저 조금씩 다가가게 하는 식으로 목표를 설정할 수 있다면, 우리는 그것을 더 잘 해낼 수 있는 것처럼 보인다.

이러한 생각을 '논리 패치'로서 우리 개인적 믿음에 적용할 때, 그것은 가장 커다란 꿈들과 가장 숭고한 열망들을 성취하지 못하도록 막는 우리 자신의 낡은 생각들을 우회할 수 있도록 도와준다. 1마일을 세계에서 가장 빨리 달리는 것이건, 세기적인 결혼식을 준비하는 것이건, 혹은 인생의 도중에 직업을 바꾸는 것이건 간에, 만약 그것이 이루어질 수 있다고 우리 자신에게 확신시키려면, 마음^{mind}이라는 것이 어떻게 작동하는지 이해할 필요가 있으며, 우리가 시도하는 변화가 성공적이기 위해 필요한 것을 지켜야 할 필요가 있다.

개인적인 논리 패치 구축하기

다음에 소개하는 것은 논리 패치를 구축하는 데 사용할 수 있는 기본 틀이다. 이 프로세스가 확언^{affirmation}과 다른 것은 개인적인 경험을 토대로 논리적이고 명백한 결론에 다다르게 하는, 당신 자신만의 사실들을 정확히 말하는 것이다. 앞에서 살펴본 사례에서와 마찬가지로, 요점은 그 패치가 당신의 마음이 받아들일 수 있을 정도로 분명하고, 정직하며, 그리고 간결해야 한다는 것이다.

요점 1 : 당신이 바라는 결과가 이미 나타났을 때, 그것에 대한 당신의 느낌이 어떤가를 말해 보라. 좀 더 명확히 하기 위해, 그것을 하나의 간결하고 짤막한 문장으로 쓰는 것이 중요하다.
예문 : *지속 가능한 삶을 가르치는 나의 새로운 사업의 성공에 대해 나는 가장 큰 성취감을 느낀다.*

나는 _____ 느낀다.

요점 2 : 어떤 열정을 드러내고자 선택하고 있는지 말해 보라.
예문 : *나는 무엇인가를 만들어 내려는 열정, 내가 만들어 낸 것을 다른 사람들과 공유하려는 열정을 가지고 있다.*
예문 : *나는 다른 사람들을 도우려는 열정을 가지고 있다.*

나는 _____ 열정을 가지고 있다.

요점 3 : 당신 자신에 관해, 그리고 당신이 이루려고 하는 것에 관해 당신을 제한하는 믿음(들)을 말해 보라.
예문 : *나를 제한하는 믿음은 나의 일이 시간을 투자할 만한 가치가 없다는 것이다.*
예문 : *나를 제한하는 믿음은 나의 일이 중요하지 않다는 것이다.*

예문 : 나를 제한하는 믿음은 나의 가족이 내가 이 욕구를 채우는 것을 허용하지 않는다는 것이다.

나를 제한하는 믿음은 _____ 이다.

요점 4 : 당신을 제한하는 믿음(들)의 정반대의 경우를 말해 보라.
예문 : 나의 일은 나의 삶과 세상에 대해 의미 있는 기여를 하고 있다.
예문 : 나의 일은 소중하다.
예문 : 나의 가족은 내가 행복하기를 원하며, 나의 선택을 지지한다.

나의 _____.

요점 5 : 당신이 삶에 있어서 가장 큰 성취감을 느끼는 때를 말해 보라. 그것은 당신의 목표가 될 것이다.
예문 : 지속 가능한 삶에 관한 새로운 책을 쓰는 생각을 할 때 나는 삶에 있어서 가장 큰 성취감을 느낀다.
예문 : '그린' 리빙green living을 가르치는 워크숍을 만들어 내고 있을 때 나는 삶에 있어서 가장 큰 성취감을 느낀다.

니는 _____ 때 삶에 있어서 가장 큰 성취감을 느낀다.

요점 6 : 당신이 설정한 목표를 지원하는 명백한 사실(들)을 말해 보라.

예문 : 지속 가능한 삶을 가르치는 새로운 책들에 대한 수요가 있다는 것은 사실이다.

예문 : 내가 이미 25년 동안 그린 라이프 스타일을 실천해 왔다는 것은 사실이다.

예문 : 내가 이것에 관해 비공식적으로 다른 사람들을 이미 가르치고 있다는 것은 사실이다.

예문 : 새로운 기술이 그것을 보다 더 효과적이게 만들고 있다는 것은 사실이다.

예문 : 나는 글을 통해 내 자신을 잘 표현하며, 이 주제에 관한 짧은 글들을 이미 쓴 적이 있다는 것은 사실이다.

_____는 것은 사실이다.

로저 배니스터는 위에서 설명한 형식을 통해서 하지는 않았겠지만, 우리는 그의 목표가 달성될 수 있다는 것과 자신이 그것을 할 사람이라는 것을 자신에게 입증하기 위해 단계적인 프로세스를 이용했다는 것을 알고 있다. 그리고 그것이 바로 논리 패치에 있어서 가장 중요한 것이다. 논리 패치는 당신의 목표, 꿈, 그리고 바람이 가치가 있는 것이며, 성취할 수 있다는 것을 당신에게 입증해 줌으로써 당신 - 오직 당신만 - 을 설득하는 것을 필요로 한다.

이런 것들을 마음 속에 간직한 후, 앞에서 제시된 질문들로부터 얻은 정보를 활용하여 당신 개인의 논리 패치를 만들어 내기 위해 다음 차트를 완성해 보라. 요점 4, 5, 6을 위한 선택을 하는 경우처럼 많은 진술들이 있을 수 있기 때문에, 당신의 개인적인 논리 패치는 '그리고'의 항목에 들어갈 진술들이 많을 수 있을 것이다.

개인적인 논리 패치를 위한 예시	
논리 진술	요점 번호
만약 :	2
그리고 :	5
그리고 :	6
그렇다면 다음 진술은 이치에 맞는다 :	4
따라서 나는 내 꿈을 실현시키기 위해 필요한 모든 것을 가지고 있다.	

앞에 제시된 예문들을 이용하여 당신이 완성한 논리 진술들은 다음과 같은 것일지도 모른다.

만약 : 나는 무엇인가를 만들어 내고, 내가 만들어 낸 것을 다른 사람들과 공유하려는 열정을 가지고 있다.

그리고 : 나는 지속 가능한 삶에 관한 새로운 책을 쓰는 것에 관해 생각할 때, 삶에 있어서 가장 큰 성취감을 느낀다.

그리고 : 나는 '그린' 리빙을 가르치는 워크숍을 개설하고 있을 때, 삶에 있어서 가장 큰 성취감을 느낀다.

그리고 : 지속 가능한 삶을 가르치는 새로운 책들에 관한 수요가 있는 것은 사실이다.

그리고 : 내가 25년 동안 그린 라이프 스타일을 이미 실천해 왔다는 것은 사실이다.

그리고 : 내가 그것을 이미 비공식적으로 다른 사람에게 가르치고 있다는 것은 사실이다.

그렇다면 다음과 같은 진술은 이치에 맞는다 : 나의 일은 내 삶과 세상에 의미 있는 기여를 하고 있다. 나의 일은 가치가 있으며, 나의 가족은 내가 행복하기를 원하고 있고, 나의 선택에 대해 나를 지지하고 있다.

따라서 나는 내 꿈을 실현시키는 데 필요한 모든 것을 가지고 있다.

이 예시는 실제적이고 떨쳐 버릴 수 없는 당신의 믿음들을 말로 표현하기 위한 청사진이다. 청사진은 새로운 시작을 위한 출발점이다. 그것은 당신 가슴 속 깊이 간직된 믿음을 변화시킬 이유를 제공하는 효과가 입증된 '생각의 과정' - 하나의 강력한 정보의 연속 - 을 보여 준다. 이 예시를 사용할 때 기억해야 할 중요한 것은 다음과 같다. 이 예시의 목적은 당신 자신을 위한, 당신의 믿음들을 위한 프로그램을 만들어 내는 것이다. 가장 중요한 것은 *당신이 당신에게 의미 있는 정보를 제공하고 있는 것이다*. 이 방식을 통해서 당신은 *당신의 잠재의식에 접근하고 있는 중이다*. 사람들마다 조금씩 다르게 일하기 때문에 당신의 프로그램은 다른 어떤 사람들에게는 효과적이지 않을지도 모른다.

논리 패치가 효과적인 수단일 수 있지만, 때때로 의식적 차원에 있는 가장 뿌리 깊은 우리의 믿음들을 변화시키기 위해서는 논리 이상의 무엇인가가 필요하다. 우리 안에 자리잡고 있는 믿음으로부터 우리 자신을 자유롭게 하기 위해서는 '만약' 과 '그렇다면' 이라는 진술로 하는 추리 이상의 것이 필요하다. 우리가 치유하려고 하고 있는 믿음이 아주 객관적이 될 수 없을 정도로 우리 자신에게 너무나 밀접해 있고, 너무나도 개인적인 것일 수 있기 때문이다.

나의 친구 혹은 가족 구성원들의 생사의 순간에 함께 있을 때, 나는 내 자신의 믿음이 실제로 그렇다는 것을 자주 알아차렸다. 사실, 통계수치 그리고 추론이 모든 상황을 말해 주고 있음에도 불구하고, 나의 본능은 사랑하는 사람들이 '별일 없기'를 그저 원한다. 나는 그들이 무사하고, 안전하며, 편안하고 건강하기를 바란다. 이러한 순간에 논리는 전혀 먹혀 들어가지 않는다.

세상을 바꾸는 믿음의 파동들belief waves을 만들어 내기 위해 마련된 육체 안의 한 곳으로 직접 들어가는 것이 가장 좋을 때가 바로 이때이다. 이때 우리는 가슴에 직접 말해야 할 필요가 있다. 논리는 그렇게 하지 못한다. 그때가 바로 우리에게 정말로 진정한 기적이 필요한 때이다!

기적 패치 Miracle patch

우리 인간의 과거의 제약들을 초월하기 위해 믿음의 힘을 가장 잘 설명한 사람은 아마도 네빌이었다. 그의 관점에 따르면 우리 인간이 경험하는 모든 것은 – 말 그대로 우리에게 일어나는 모든 것 혹은 우리에 의해 행해지는 모든 것 – 인간의 의식의 산물product of consciousness이며, 다른 그 어떤 것도 절대로 아니다. 1972년 세상을 떠날 때까지 네빌은 인간의 삶에 있어서 기적들을 향한 문을 열기 위한 상상과 믿음을 활용하는 열쇠들을 사람들과 공유했다.

네빌의 관점에서 보면, 기적은 결과 그 자체outcome itself이다. 기저 이리는 깃은 바로 그 본성에 의해 이미 일어난 상황을 설명하고 있다. 기적들은 흔히 질병의 회복reversal과 연관되어 있으며, 우리 인간의 삶에서 그와 같은 현상으로 나타날 때 분명히 환영을 받는다. 그러나 기적들은 육체적인 치유에만 국한되지 않는다.

기적의 정의는 '자연의 법칙들laws of nature에 의해 설명할 수 없는 한 사건' 5)이다. 이것이 바로 기적의 힘을 발견할 수 있는 곳이다. 기적은 그것이 어디에서 왔는지, 혹은 어떻게 일어났는지에 관한 논리를 뛰어넘는 것이다. 그것이 *일어났다*는 것이 사실 자체이다. 기적에 직면하면 사람들은 달라진다. 비록 사람들이 각기 다른 방식으로 영향을 받을지 모르지만, 설명할 수 없는 무엇인가를 경험할 때, 그것은 우리를 멈추어 세운다. 우리에게 필요한 것은 그 기적을 우리가 과거에 진실이라고 믿었던 것과 조화롭게 만드는 일이다.

아침 햇살은 산맥 뒤로부터 살짝 들이치고 있었으며 갑자기 사막이 활기를 띠었다. 이른 아침 첫 햇빛 속에서 나는 우리 순례그룹의 호위병인 어린 이집트 병사들의 얼굴을 볼 수 있었다. 그들은 우리가 탄 리무진 버스를 앞에서 안내하는 트럭에서 우리를 지켜보고 있었다. 대여섯 명의 병사들은 트럭 양 옆에 달린 간이 의자에 앉아 있었다. 그들의 임무는 우리를 안전하게 시나이 사막Sinai Desert을 가로질러 카이로 시로 안내하는 것이었다.

그 지역의 정치적 상황은 우리가 산 속에 있는 동안 이집트의 변덕스러운 날씨처럼 빠르게 변했으며, 긴장감이 고조됐다. 이제 국경을 넘어서 호텔로 돌아가는 여정 동안 우리의 안전과 소재를 항상 확인하기 위해 검문체계가 가동되고 있었다. 우리 차를 멈추기 위해 속도를 늦추는 것은 불과 몇 분밖에 걸리지 않는 일이었다. 경비병이 서류를 확인하기 위해 버스에 올라탔으며, 그는 슈크란("감사합니다")이라고 말했고 우리는 계속 전진했다.

첫 번째 검문 절차를 마친 후 곧바로 우리는 수에즈 운하로 향한 홍해의 빛나는 하얀 해변을 따라 난 길을 돌아가고 있는 중임을 알게 됐다. 관광버스 유리창을 통해 쏟아져 들어오는 늦은 아침 햇볕의 따사로움 속에서 나는 눈을 감고 우리가 이제 되돌아오고 있는 중인 그 산을 향해 유사한 통로를 여행하고 있는 3천 년 이상 전의 이집트 사람들의 모습을 상상했다. 버스들과 포장된 도로들을 제외할 경우 그 당시의 여행 경로가 정말로 얼마나 변했는지 궁금했다. 얼마 후 나는 그날 늦은 저녁 일정으로 잡혀 있는 카이로 피라미드의 오래된 격실로 향해 가면서 우리 여행 그룹의 멤버들과 이야기를 나누고 있었다.

갑자기 모든 것이 멈췄다. 나는 우리 버스가 복잡한 대로 한 가운데 멈춰 섰을 때 고개를 들었다. 버스 운전사 바로 뒷좌석에서 나는 현재 위치를 파악할 수 있는 친숙한 역사적 구조물을 찾으려고 버스 유리창 밖을 내다봤다. 놀랍게도 우리는 이집트의 모든 곳에 있는 가장 강렬한 상징들 가운데 하나이며, 아마도 피라미드 그 자체들보다 더 강렬한 기념물 앞에 멈춰서 있었다. 그것은 안와르 엘 사다트 전 대통령의 묘소였다.

왜 멈추어 섰는지 가이드에게 알아보려고 자리에서 일어났을 때, 나는 우리 버스 밖 거리에서 벌어지고 있던 움직임을 볼 수 있었다. 병사들이 덮개 달린 군용트럭에서 뛰어내려 우리 버스 운전사와 그들의 지휘관을 빙 둘러싸고 있었다. 내가 버스 계단에서 길로 가볍게 뛰어내렸을 때, 나는 금새 일반적인 상황이 아니라는 것을 알아차렸다. 병사들, 우리 운전사 그리고 이집트인 가이드 모두 얼굴에 어쩔 줄 모르는 표정을 짓고 있었다. 몇몇은 손목시계를 두드리며 그것이 제대로 작동하고 있는지 확인하기 위해 귀에 대고 있었다.

다른 사람들은 짤막한 이집트 말로 서로에게 짜증나는 듯 소리를 치고 있었다.

"무슨 일인가요?" 내가 이집트 가이드에게 물었다. "우리가 어째서 여기에 멈춰야 하는 거죠? 여긴 우리 호텔이 아니에요!"

그는 아주 놀란 표정으로 나를 쳐다보았다. "무엇인가 이상합니다." 그는 평소의 장난끼 넘치던 목소리에서는 찾아보기 힘든 강한 어조로 말했다. "우리가 이 시간에 여기에 있을 수는 없어요!"

"무슨 소립니까?" 내가 물었다. "여기가 우리가 있어야 할 바로 그곳입니다. 기자^{Giza}에 있는 호텔로 가는 길이잖아요."

"그게 아니고요." 그가 말했다. "이해를 못하시는군요. 우리는 이 시간에 여기에 도착할 수 없어요! 지금은 우리가 카이로로 가기 위해 시나이에 있는 성 캐서린 수도원으로부터 떠난 후 여기에 도착할 시간이 아니라는 말입니다. 수에즈 운하를 지나고 사막을 가로질러 산맥들로 운전해 가는 것은 최소한 여덟 시간이 걸립니다. 최소한 여덟 시간이요. 검문 때문에 우리는 더 늦게 도착해야만 했어요. 경비병들 좀 보세요. 그들조차도 그들이 본 것을 믿지 못하잖아요. 단지 네 시간밖에 안 걸렸다고요. 우리가 여기에 있는 것은 기적이에요!"

내가 내 앞에 있는 사람들을 바라보았을 때, 으스스한 느낌이 온몸을 스치고 지나갔다. 비록 나 혼자였을 때 이와 비슷한 경험들을 해본 적이 있었지만, 그룹 전체에 이런 일이 벌어진 적은 결코 없었다. 군용 트럭을 따라서 제한 속도를 지키면서 — 그리고 검문소에서 별도의 시간을 쓰면서 — 왔는데 어떻게 우리의 여행시간이 절반으로 줄어들었단 말인가? 물론 카이로와 성 캐서린 수도원 사이의 거리는 변하지 않았지만, 우리가 오는 동안 우리의 시간 경험이 변했던 것이다. 그것은 모든 군인, 무장한 경비병 그리고 우리들의 손목

시계에 기록된 사실이었다. 그것은 마치 그날 우리 기억들이 여하튼 간에 예상했던 길이의 반밖에 되지 않는 경험으로 압축된 것과 같았다. 나머지 시간들은 어디로 사라졌단 말인가? 무슨 일이 벌어진 것일까? 그리고 왜 이런 일이 벌어진 것일까? 버스를 타고 오는 동안 우리 그룹 멤버들이 서로 나누었던 대화들이 어쩌면 실마리를 제공할지도 모른다.

나는 우리 그룹 사람들에게 저녁 늦게 거대한 피라미드를 사적으로 방문할 계획이라고 말했다. 많은 사람들에게 그것은 이번 여행의 하이라이트였다. 그리고 우리는 아침부터 그것에 관해 줄곧 대화를 나누었다. 아직 겪지 않은 경험들을 순수한 마음으로 기대하면서, 우리 멤버들은 마치 그 경험들이 이미 이루어지기라도 한 것처럼 그것에 관해 이야기를 하고 있었다. 마치 자신들이 이미 대 피라미드 속 왕의 방 안에 들어가 있기라도 한 듯 말이다. 우리는 음향학적으로 완벽한 방 안에서 말하면 어떻게 들릴 것인지, 그 안의 공기에서는 어떤 냄새가 날 것인지, 그리고 어린 시절부터 영화와 다큐멘터리에서 보았던 그 방 안에 들어가는 순간 어떤 느낌이 들 것인지에 대해 이야기를 나눴다.

이 수수께끼의 핵심은 이렇다. 그룹 멤버들의 믿음 속에서 그들은 이미 대 피라미드 안에 있었던 것이다. 네빌이 어린 소년의 할머니와 대화를 하면서 설명했던 것과 똑같이, 그들은 자신들의 바람이 이루어졌다는 느낌을 가지고 있었다. 그런 느낌을 가지고 그들은 버스 여행이 얼마나 걸릴 것인가라는 생각에서 피라미드 안에 있으면 어떤 느낌일까라는 점으로 의식의 초점을 바꾸었던 것이다. 그날 60여 명의 사람들이 모두 다 함께 공통된 느낌을 가짐으로써 그 느낌이 반영된 결과로 그들의 현실이 바뀌었던 것이다. 흥미롭게도 군인들,

운전사들 그리고 경비병들과 같이 그 경험에 실제로 참여하지 않았던 사람들조차도 그러한 혜택을 함께 누렸던 것이다.

정상적으로는 하루 온종일이 걸려야 하는 여행을 하고 있던 사람들이 어떻게 그 일정을 반으로 단축시킬 수 있었는지 설명할 수 있는 그 어떤 과학적 이유는 없다. 그것이 기적의 정의이다. 즉, 기적은 (최소한 오늘날 우리들이 그 법칙을 알고 있는 것처럼) 과학에 의해 설명할 수 없는 것처럼 보이는 하나의 사건이다.

내가 이 스토리를 소개하는 데에는 두 가지 이유가 있다.

1. 첫째, 나는 하나의 기적이 혼자 혹은 단체로 경험될 수 있다는 것을 보여 주고 싶다. 두 경우 모두 각 사람은 동일한 '집단 꿈' group dream에 참여할 수 있으며 동일한 결과를 경험할 수 있다.
2. 둘째, 이 스토리는 우리가 본 바와 같이 집단적인 기적이 자연스럽게 일어날 수 있다는 것을 잘 보여 준다. 버스에 탄 사람들에게 있어서 '보다 빨리 가게' 혹은 '좀 더 빨리 카이로에 도착하게' 하려는 아무런 의식적인 노력은 없었다. 반대로 다가올 저녁을 생각하며 기분이 들뜬 마음 속에서 그들은 이미 거기에 있었다. 그들이 자신들의 경험을 마치 이미 이루어지기라도 한 것처럼 받아들였을 때, 시간이라는 현실은 그들의 경험에 순응해서 바뀌었다.

이 기적이 매력적인 이유는 그 어떤 사람도 그 기적이 일어나기 위해 시간의 변칙적 흐름 time warp, 웜홀 wormholes [블랙홀과 화이트홀로 연결된 우주 내의 통로로, 시공간 통로라고도 불리는 비현실적인 가상의 통로. 역자주] 그리고 양자 에너지에 대해 이해할 필요가 없었다는 것이다. 나는 현실이 항상 이와 같은 방식으로 작동하고 있으며, 이처럼 쉽게 변하고 있다고 믿는다.

기적 패치라는 우리의 용어로 말하자면, 여기서 중요한 것은 우리의 집단적 경험이 논리라는 정신적 프로세스의 결과가 아니었다는 것이다. 우리는 여행길이 길어지게 만들었을지도 모르는 상황들을 겪지 않았으며, 운전사에게 지름길을 택하라고 설득하지도 않았다. 우리는 그렇게 된 상황에 대해 그 일이 어째서 이루어졌는지 이해할 필요가 없었다. 사실, 이 스토리는 무엇인가 벌어지도록 하는 것에 관한 것이라기보다는 *이미 벌어진* 것을 믿은 것에 관한 것이라는 사실을 멋지게 보여 주고 있다.

그날 우리는 버스를 타고 그저 평생 기다려 왔던, 그리고 그것을 보기 위해 지구의 반을 여행해 온 그 장소에 이미 와 있다는 느낌과 믿음에 우리 자신을 맡겨버렸다. 그리고 어쩌면 믿음에 우리 자신을 맡겨버리는 것이 공간과 시간을 당기게 하고, 주기적으로 우리 꿈들에 생기를 불어넣기 위해 필요한 모든 것일지도 모른다. 기적 패치가 그렇게 강력할 수 있는 이유가 바로 이것이다. 그것은 우리가 우리 현실에 참여하도록 해준다 그 이유는 우리가 알 필요가 없으며, 결코 이해하지 못할지도 모르지만 말이다.

> **믿음 코드 31**
> 기적의 힘은 우리 인간이 그것이 어째서 일어나는지를 이해할 필요가 없다는 것이다. 그러나 우리는 기적이 삶에 가져다주는 것을 기꺼이 받아들여야만 한다.

기적을 다른 사람들의 삶에서 보든 혹은 그것이 우리 자신에게 벌어지든 간에, 여기서 중요한 것은 두 경우 모두 이성적인 추리를 뛰어넘는 무엇인가를 경험한다는 것이다. 그것을 경험할 때, 우리의 의식과 궁극적으로 우리의 믿음은 바뀐다. 기적이 '존재한다'고 우리가 받아들이는 경우, 벌어질 수 있는 모든 것은 놀랄 만한 것이다. 그래서 기적을 우리 인간의 믿음을 변화시키는 데 사용하기 위해 가장 중요한 것은 우리 자신의 삶에 이미 존재하고 있는 기적 같은 사건들을 발견하는 것이며, 우리가 그것들을 볼 때 그것들을 알아차리도록 우리 자신을 가르치는 것이다.

기적의 의미는 사람들에 따라 각양각색이다. 어떤 사람들의 경우 자신이 설명할 수 있는 것을 뛰어넘는 사건을 지켜보는 것은 자신의 삶이 '기대에 못 미치고' 중요하지 않다는 느낌이 들게 한다. 잠재의식적 조건화에 의해 그들은 이미 자신이 세상에서 무력하다고 느끼고 있었기 때문에, 그들은 자신들이 다른 사람들에게 영향력을 쉽게 미친다는 사실도 모르고 있다. 그래서 그들이 대낮에 호수 위로 떠오르는 어떤 사람을 보고 있거나, 혹은 몇 년에 걸쳐 모든 치료방법이 소용없었던 병이 즉시 치유되는 것을 보든 간에, 그 기적은 그것을 보는 사람들의 힘을 빼앗는 효과를 일으킬 수 있다. 다른 어떤 사람이 그들 자신은 할 수 없었던 것을 했다는 사실은 '능력의 한계'라는 그들의 잠재의식적 믿음 속으로 곧바로 작용하기 때문이다.

이런 일이 일어나면, 사람들은 자신이 무력하게 느끼고 있는 것을 다른 사람 혹은 다른 무엇인가가 간섭하고 있는 것으로 보는 경향을 나타낸다. 그들은 그것이 약물이거나 기적적인 치유를 행하는 사람이건 간에 상관없이 자신의 구원자^{savior}를 찾고 있는 중이다. 만약 우리가 무기력하며 어떤 경험을 갖기 위해 우리 자신을 능가하는 무엇인가에 의존하고 있다고 우리가 확신하고 있다면, 우리는 우리 자신에게 필요한 것을 얻기 위해 계속해서 그 '무엇인가'로 되돌아갈 필요를 느끼게 될 것이다. 다시 말하자면, 우리는 다른 사람이 우리를 위해 하고 있는 것을 우리 스스로도 할 수 있다고 깨닫기 전까지는 그렇게 느끼게 될 것이다. 구원자가 더 이상 필요 없으며 우리가 진짜 치유되는 것은 바로 이 시점이다.

멀리서 기적들을 경험하기 : 거울 뉴런 mirror neurons 의 힘

기적을 마주했을 때 모든 사람들이 경외심을 느끼면서도 힘이 빠지는 듯한 경험을 하는 것은 아니다. 어떤 사람들에게는 기적을 목격하는 것이 그야말로 정반대의 효과를 일으킬 수 있다. 기적은 보다 커다란 가능성이 존재한다는 사실을 보여 줌으로써 우리에게 힘을 불어넣어 줄 수 있다. 비록 기적 그 자체는 이해되지 않을지도 모르지만, *분명한* 것은 다른 사람이 우리가 불가능하다고 생각했던 무엇인가를 정말로 했다는 사실이다. 그리고 다른 누군가가 그것을 하는 것을 볼 때, 우리는 우리도 역시 그것을 할 수 있다고 느끼게 된다. 뇌가 어떻게 작동하는지에 관한 새로운 발견은 이 같은 인간의 반응이 어떻게 나타나는지 이해하는 데 도움을 줄지도 모른다.

1990년대 말 한 그룹의 이탈리아 신경과학자들은 포유류의 뇌의 한 부분이 '운동 능력 어휘들' vocabularies of motor action 이라고 불려지던 기억력을 수용하고 있다는 사실을 발견했다.[6] 다른 말로 하자면, *전운동 피질* premotor cortex 이라고 불리는 뇌의 이 특별한 부분이 어떤 주어진 상황에 대응하는 인간의 행동과 반응 방식에 관한 규칙들을 저장하고 있다는 것이다.

여기서 중요한 것은 그 규칙들이 우리 인간이 이미 경험한 것들을 토대로 하고 있는 것처럼 보인다는 사실이다. 이 발견은 20~30대 시절 무술을 배웠던 나에게는 아주 일리가 있는 것처럼 보인다. 나의 사범들은 항상 새로운 동작이 자연스럽고 제2의 본성이 될 때까지 계속해서 마음 속으로 그것을 먼저 '보라'고 조언을 하면서 새로운 동작을 가르치기 시작했다. 우리가 상상력을 이런 방식으로 사용하여 마음 속에 우리가 세상에서 이제 막 하려는 것을 만들어 낼 경우, 이러한 연구들에서는 우리가 실제 행동들을 가능하게 만드는 신경 연결망neural connection을 구축하고 있는 중이라고 말하고 있다.

연구자들은 인간의 가능성들이 저장되는 보관소들을 만드는 특별한 뉴런 그룹group of neurons을 위한 새로운 용어를 만들어 냈다. 이러한 세포들은 거울 뉴런mirror neurons[1996년 신경과학자 자코모 리촐라티는 원숭이 뇌에서 이상한 반응을 발견했다. 한 연구원이 아이스크림을 들고 실험실로 들어서자, 원숭이의 뇌는 마치 자신이 들고 있는 것처럼 반응했다. 원숭이는 다른 원숭이가 공을 던지거나 받는 모습을 보고는 자신이 직접 할 때처럼 반응하기도 했다. 리촐라티는 이런 실험을 통해 관찰자와 피관찰자가 경험을 공유하는 현상, 감정이입과 공감을 가능하게 하는 신경체계의 존재를 확인하고, 이런 현상을 '몽키 시, 몽키 두'(Monkey see, Monkey do)라고 명명했다. 이후 스웨덴 웁살라대학의 울프 딤베리는, 피실험자에게 다양한 표정이 담긴 화면을 0.5초 동안 보여 주고는 그의 반응을 살폈다. 그러자 피실험자의 얼굴에서는 웃음 짓는 표정에는 웃음 띠게 하는 근육이, 화난 표정에는 분노 때 나타나는 근육이 움직이는 것을 발견했다. 다른 사람의 경험이나 감정을 관찰자가 곧바로 이해하고 수용하도록 하는 이러한 신경체계는 거울 뉴런이라고 명명됐다. 역자주]이라고 불린다. 첫 번째 연구들은 원숭이들을 대상으로 실시됐지만, 새로운 연구는 인간이 '보다 정교한' 거울 뉴런 체계라는 것을 가지고 있음을 입증했다.[7] 그리고 거울 뉴런 체계는 서로 다르지만 연관된 두 가지 타입의 상황 속에서 활성

화되는 것처럼 보인다.

1. 첫째, 거울 뉴런 시스템은 우리 인간이 평균대 위를 걷는 것 같은 특별한 행동을 할 때 작동하게 된다.
2. 둘째, 거울 뉴런은 다른 누군가가 우리를 흥분시키는 무엇인가를 하고 있는 것을 지켜볼 때 작동하게 된다. 다른 말로 하자면, 이러한 세포들은 다른 사람들이 무엇인가를 하고 있는 것을 볼 때 우리 안에서 실제인 것처럼 만드는 능력을 부여하는 것처럼 보인다.

이러한 발견은 새로운 연구와 스포츠 영웅들을 지켜볼 때 어째서 팬들이 그렇게 흥분하게 되는지를 탐구하는 수많은 과학적 논문들의 토대가 되었다. 우리는 일요일 오후 나쵸 한 접시와 좋아하는 음료수를 들고 안락의자에 앉아서 레슬링 경기를 보고 있을 수 있다. 선수들이 한판 붙는 동안 *우리* 맥박은 세차게 뛰기 시작할 것이며, *우리* 호흡은 빨라질 것이고, *우리* 근육들은 경직될 것이다. 마치 우리가 매트 위에 있는 선수인 것처럼 말이다.

이것은 바보 같은 사례처럼 들리지도 모른다(특히 만약 당신이 레슬링에 관심이 없다면 말이다). 그러나 거울 뉴런은 축구 경기에서 일부 폭력적인 팬들이 어째서 과격한 폭동으로 확대되기까지 하는 난투극을 벌일 수 있는지를 이해하려는 노력의 일환으로 연구되기도 한다. 이 모든 것들의 핵심은 우리가 동일시하거나 열망하는 무엇인가를 다른 사람이 하고 있는 것을 볼 때 우리의 반응 방식이다. 기적들에 관한 논의에 있어서 거울 뉴런이 아주 설득력을 갖는 것은 바로 이 때문이다.

만약 우리가 이전에 결코 해본 적이 없던 것을 할 수 있음을 입증하기 위해 우리 자신의 확신을 약간 끌어올릴 필요가 있는 그런 종류의 사람이라면, 기적은 우리에게 큰 영향을 미칠 수 있다. 역사상 진정한 스승들, 치유하는 사람들, 그리고 기적을 일으킨 사람들이 놀라운 업적을 이루어 냈을 때, 그들의 시대에 있었던 놀라운 위업들을 활용했던 것은 바로 이런 이유일지도 모른다. 예수와 부처 모두 그들을 지켜보았던 사람들에게 힘을 부여하기 위해 기적을 행했다. 그리고 그들 모두는 이러한 경이로운 일들이 예수와 부처가 했던 것을 배움으로써 누구든지 성취할 수 있는 자연의 능력이라고 설명했다.

예를 들면 부처는 공중부양, 바이로케이션bilocation[같은 몸이 두 군데 동시에 존재하는 현상. 역자주] 그리고 손으로 딱딱한 바위를 밀어내는 것(밀라레파가 했듯이)으로부터 인간의 가장 깊은 두려움들을 포함해 진정한 믿음들을 알기 위해 다른 사람들의 마음을 읽는 것에 이르기까지 모든 것을 명시적으로 보여 주었다. 전해오는 말에 따르면, 부처는 잘 익은 망고 씨 위쪽으로 손을 살짝 움직임으로써 그것을 압축된 시간에 망고나무가 되게 했으며, 순식간에 '오십 뼘' 높이로 자라도록 만들었다. 그러나 흥미롭게도 부처는 자신이 행했던 것을 결코 기적이라고 여기지 않았다. 부처에게 이러한 일들은 우리들이 깊은 명상을 통해 자기 자신을 알게 될 때 얻는 보상이며, 우리 자신의 능력이 될 수 있는 것이었다.

우리는 예수가 자신의 생애 동안 행했던 기적들에 관해 모두 들은 바 있다. 그 기적들은 많은 사람들에게 2천 년 전에 살았던 스승보다 '못하다'고 느끼도록 만드는 영향을 미쳤다. 때때로 예수의 역할은 우리에게 마음 편하게 다가오지만, 우리 사회와 우리 믿음에 있어서 그 영향은 엄청나다.

당신은 다른 사람들이 실현 가능하지 않다고 믿는 무엇인가를 하려고 한다고 몇 번이나 말해 본 적이 있는가? 당신의 고고한 목표에 대해 사람들의 반응은 다음과 같지 않았는가? "그래? 당신이 예수 그리스도라도 되는 줄 아는 모양이지?" 혹은 "거기에 어떻게 도달하려고? 물위를 걸어서?" 그럴 때 순간적으로 웃음이 터져 나올지도 모르지만, 그것은 예수는 우리가 할 수 없는 것을 했다는 공통된 믿음의 무의식적인 표출이다. 그러나 만약 우리가 예수의 가르침과 부처의 가르침과 같은 것을 믿는다면, 상황은 전혀 달라진다.

사실 사람들이 자기 자신을 알고 우주가 어떻게 작동하는지를 이해하기 전까지 부처는 자신이 행한 기적들이 그저 별나게 여겨지는 것들이라고 단언했다. 서양 문화에서는 보다 친숙할지도 모르는 말로 예수도 똑같은 말을 했다. 초자연적으로 보이는 예수의 위업들에 관해 제자들이 던졌던 질문들에 예수는 다음과 같이 단언했다. "나를 믿는 자는 내가 하는 일을 그도 할 것이요. 또한 그보다 더 큰 일들도 하리니…[요한복음 14:12, 역자주]."[8]

2천 년 전과 마찬가지로 오늘날에도 가장 위대한 스승은 우리에게 거울 뉴런의 힘을 정확하게 말해 주고 있는 것이다. 이에 관한 연구들은 몸 안에 있는 중요한 수용체receptor[세포질 내 또는 세포표면에 존재하는 분자구조로서 특이물질과 선택적으로 결합하며, 결합에 의해 특이한 생리적 작용을 나타낸다. 펩티드호르몬, 신경전달물질, 항원, 보체, 면역글로불린에 대한 세포표면 수용체와 스테로이드에 대한 세포질 내 수용체가 있다. 역자주]들이 자신들이 노출된 것에 단순히 반응하는 것 이상을 하고 있다는 것을 입증했다. 과학 저술가 조나 레러Jonah Lehrer['탁월한 결정의 비밀', '프루스트는 신경과학자였다' 등의 책을 펴냈으며 보스턴 글로브 네이처 노바 등에 과학에 관한 글을 게재하고 있고 과학 블로그

The Frontal Cortex을 운영하고 있는 과학 저술가. 역자주]에 따르면, 그 수용체들은 "스스로 형태를 만들며, 사람들의 보는 습관에 따라 자신들의 피질 연결망cortical networks을 바꾸곤 한다."9)

우리가 좋아하는 기타 연주가, 스포츠 영웅, 혹은 예술가를 보는 동안, 우리가 그들 앞(라이브건 녹음이건 간에)에 있다는 이유로 우리가 하는 것을 실제로 더 잘 할 수 있게 된다. 그들이 하는 것을 상상 속에서 실제적인 것으로 해석하기 때문에, 거울 뉴런은 우리가 그것들을 흉내 내는 데 도움을 주며, 우리가 경험했던 것을 모방하는 데 도움을 준다. 우리 인간의 삶에 있어서 기적이 그렇게 강한 힘을 가지고 있는 이유는 바로 이 때문이다. 기적은 우리가 불과 얼마 전까지만 해도 가지고 있었을지 모르는 한계를 날려버릴 뿐만 아니라, 기적을 목격하는 것은 우리에게 힘을 불어넣어 주며, 우리 삶에 있어서 동일한 종류의 일들을 성취하는 데 필요한 것을 제공해 줄 수 있다.

통찰력이라는 작은 기적 A Small Miracle of Insight

인간의 믿음을 바꾸기 위한 기적의 힘들이 필요할 때, 기적들은 우리가 예상치 않았던 장소에서 실현된다. 기적들은 물리적 현실이 급격하게 변하는 현상으로 우리에게 나타나거나, 인간의 삶 속에서 단순한 '의미 있는 우연의 일치' synchronicity [공시성 또는 동시성이라고도 번역되는 정신분석학자 칼 융이 처음 사용한 말로 우연히 같은 의미를 가진 사건들이 동시에 일어날 때 그 사건들을 이어주는 비인과적 원칙이 있다는 것으로 '의미 있는 우연의 일치'를 설명하는 용어. 역자주]로 나타난다. 때때로 기적들은 예를 들어 1917년

포르투갈 파티마 근처 언덕 위에서 5만 명 앞에 나타났던 동정녀 마리아Our Lady of the Rosary의 환상vision처럼 아주 엄청나서 결코 놓칠 수 없을 정도로 나타난다. 또 다른 경우에 기적들은 우리가 인지하지 못할 경우 완전히 알 수 없을 정도로 미묘한 것으로 나타난다. 기적들은 적절한 때에 느닷없이 그리고 신비하게 마주친 낯선 사람의 입술에서도 나타날 수 있다. 만약 우리가 주의 깊게 귀를 기울인다면, 바로 그 자리에서는 알아차리지 못했을지도 모르는 무엇인가에 대한 우리를 늘 놀라게 만드는 말을 적절한 때에 듣게 될 것이다.

1989년 추운 1월의 어느 날 오후 나는 이집트 호렙산(모세의 산) 정상으로 향하는 오솔길을 걷고 있었다. 나는 성 캐서린 수도원에서 하루를 지냈으며, 해질 무렵 아래 쪽 계곡을 보기 위해 정상에 도달하려고 했다. 내가 좁다란 길을 돌아가고 있을 때 이따금씩 당일코스로 산에 올랐다가 내려오는 다른 등산객들을 볼 수 있었다. 그들은 보통 그저 고개만 끄덕이거나 다른 언어로 인사를 하면서 지나쳤지만, 그날에는 아무런 기색도 하지 않던 남자가 있었다.

나는 그 산 뒤편으로 향한 오솔길의 마지막 구비에서 내려오고 있는 그를 보았다. 그가 가까이 왔을 때, 나는 그가 다른 등산객들과는 다르게 차려 입었다는 것을 알 수 있었다. 이제 등산복의 기준이 된 최첨단 소재와 스타일 대신 이 남자는 전통적인 이집트 의상을 입고 있었다. 그는 넝마처럼 헤지고 색이 바랜 이집트 전통복장인 갈라비아를 입고 있었으며, 먼지로 뒤덮인 아주 오래되고 바닥이 두꺼운 샌들을 신고 있었다. 그러나 그의 모습을 그렇게 기묘하게 만든 것은 그가 결코 이집트 사람처럼 보이지 않았다는 것이다! 그는 체구가 작은 아시아 사람이었으며, 머리카락이 아주 짧았고, 철사로 된

둥근 테의 안경을 쓰고 있었다.

우리가 서로 가까워졌을 때, 내가 먼저 말을 걸었다. '헬로' 라고 말하면서 나는 한동안 숨을 고르기 위해 오솔길 위에 멈추어 섰다. 그가 좀 더 가까이 걸어왔을 때, 그에게서는 아무런 소리도 들리지 않았다. 나는 그가 내 말을 듣지 못했거나 바람 때문에 내가 한 말이 들리지 않았을지도 모른다고 생각했다. 갑자기 그가 오솔길의 높은 곳 쪽에서 바로 내 앞에서 멈췄다. 그는 얼굴을 들어올리며 나에게 영어로 한마디를 했다. "때때로 당신은 자신이 가지고 있는 것을 잃어버린 후에나 알게 됩니다." 내가 방금 들은 말을 생각하고 있었을 때, 그는 그저 내 옆을 지나서 오솔길을 계속 내려갔다.

내 삶에 있어서 그 순간은 작은 기적이었다. 그 이유는 그 남자가 말한 내용 때문이 아니라 그 타이밍과 상황 때문이다. 그때는 1989년이었으며, 냉전이 끝을 보이고 있었다. 오솔길의 남자가 알 수 없었던 것은 그때 나는 이집트 순례 중이었으며, 특히 모세의 산 정상을 향해 올라가는 중이었다는 사실이었고, 방위산업에 속해 있었던 나의 일자리와, 나의 친구들, 가족 그리고 궁극적으로는 나의 삶에 영향을 미칠 결정을 하기 위해 내가 시간을 따로 내고 있었다는 사실이었다.

나는 내가 마침 걸어 올라가고 있던 중에 이 역사적인 산의 정상에서 내려오면서 내 앞에 서서 그 어디서도 들어본 적이 없는 것처럼 보이는 자신의 지혜를 내놓은 이집트 전통복장 갈라비아를 입은 아시아 남자를 만날 확률이 얼마나 될 것인지에 대해 내 자신에게 의문을 던져야만 했다. 이 의문에 대한 답은 쉬웠다. 그 확률은 제로에 가깝다! 나의 집으로부터 지구 반 바퀴 떨어진 곳에서 채 2분도 되지 않은 만남에서, 전혀 모르는 낯선 사람은 내가 며칠이나 걸려 만들 엄청난 변화들에 관해 명쾌함과 경고를 던져 주었다. 나의 사고 방식으로는 그것은 하나의 기적이었다.

나는 우리 모두가 매일매일의 삶에서 작은 기적들을 경험하고 있을지도 모른다고 생각한다. 때때로 우리는 기적들을 기적으로 인정하는 지혜와 용기를 가지고 있기도 하다. 그러나 우리가 그렇지 못하는 순간일지라도 상황은 마찬가지다. 기적들은 계속해서 우리에게 다가오는 길을 알고 있는 것처럼 보인다. 그리고 기적들이 우리에게 다가올 때마다 우리가 기적들이 우리 삶에 가져다주는 메시지를 놓치지 않는다면, 우리는 기적들을 약간 더 쉽게 포착할 수 있다!

가장 핵심적인 것은 기적들은 어디에나 있으며, 그 순간 우리가 가지고 있을지도 모르는 여러 가지 필요한 것들에 대한 반응으로 매일 일어나고 있다는 사실이다. 우리가 해야 할 일은 일상적인 삶에서 벌어지는 이상한 일들에 대해 의문을 갖기보다는 그것들이 우리에게 가져다주는 선물들을 받아들이는 것일지도 모른다.

기적 발견을 위한 가이드

당신이 오늘 세상으로 나가기 위해 집을 나서기 전에, 최소한 기적 하나를 발견할 것이라고 스스로에게 약속할 것. 기적이 어떤 모습이어야 한다는 생각과 관련해서는 어떠한 제약들이나 혹은 한계를 두지 말고, 그저 가는 길에서 부딪히는 많은 기적들 중에서 하나를 알아차릴 것이라는 분명한 의지를 스스로에게 언명할 것. 그런 후 당신의 세상을 면밀하게 관찰할 것. 당신이 사용하기를 바라는 기적이라는 말에 관한 나의 정의는 '자연의 법칙들에 의해서는 설명이 불가능한 것처럼 보이는 하나의 사건'이다. 일단 당신이 삶에서 그것들을 알아차릴 것을 선택하고, 그것들 받아들였다면, 갑자기 기적들이 모든 곳에 나타나더라도 놀라지 말 것!

보다 위대한 가능성을 향한 우리의 길을 믿기

앞 장들에서 우리는 인간의 한계들을 뛰어넘는 것에 관해 우리 자신에게 질문을 던질 때, 실제로 우리에게 필요한 것은 우리 믿음을 변화시키는 것이라는 사실을 입증했다. 그러나 그렇게 하기 위해서는 충분한 이유가 필요하다는 것도 설명했다. 하나의 낡은 믿음의 패러다임이 깨질 경우 광범위한 영향을 미치기 위해서는 다른 것들이 현존하고 있는 가운데 그렇게 되어야 한다는 것이 이 원리의 필연적인 결과이다.

분명히 세상 어느 곳에서 한 육상선수가 로저 배니스터가 기록을 갱신하기 한 달 전에 1마일 달리기에서 4분 벽을 깰 수 있었을 것이다. 그런데 만약 그 선수가 자신의 애완동물들만이 지켜보고 있는 집 뒷마당 트랙에서 그렇게 했다면, 다른 사람들에게 그것은 어떻게 받아들여질 수 있을까? 들을 사람이 아무도 없는 숲 속에서 쓸어지는 나무의 소리처럼 도대체 누가 알겠는가? 분명하게 우리 개인적인 승리들은 다른 사람들의 삶에서도 가능성으로 견고하게 뿌리내릴 수 있도록 다른 사람들에 의해 경험되어야만 한다. 기적을 목격할 때마다, 우리는 그들의 믿음이라는 프로그램을 업그레이드시키고 있는 것이며, 우리 자신의 의식consciousness에 새로운 현실을 위한 청사진blueprint를 보내고 있는 것이다.

우리는 이 원칙이 작동하는 것을 여러 차례 보아 왔다. 부처, 예수, 그리고 모하메드로부터 간디, 루터 킹 주니어에 이르기까지 그 사람들은 다른 사람들이 보는 앞에서 새로운 방식으로 살았다. 그들은 자신들이 바꾸기로 한 바로 그 의식을 가지고 그렇게 했다. 오늘날에는 당연한 것으로 여길 정도로 아주 강력한 변화의 사례들에 관해 우리는 아주 오랫동안 들어왔을지도 모른다. 그러나 이러한 위대한 사람들이 어떻게 새로운 생각들의 씨앗을 기존의 패러다임 속에 뿌려 왔는지를 좀 더 들여다보면 그 영향력은 놀랄 만한 것은 아니다.

그들의 업적들을 그렇게 강력한 것으로 만들고 있는 것은 변화들을 실행에 옮긴 그들의 방식이다. 한 프로그래머에게 있어서 사무실 한 구석에 앉아서 가상 컴퓨터 세계라는 조감도를 가지고 어디에 변화들이 필요한지를 살펴보는 것은 쉬운 일이다. 일단 변화가 필요한 부분들이 확인되면, 프로그래머는 그 프로그램의 부분들을 분리시킬 수 있으며, 그것들을 살짝 수정하거나 결과물이 아주 정확해질 때까지 되풀이하면서 완전히 다시 작성할 수 있다.

여기서 가장 중요한 사실은 그 프로그래머는 프로그램 밖에 존재한다는 것이다. 프로그램 밖에 있기 때문에 그 프로그래머는 그 프로그램을 들여다보면서 부족한 것이 무엇인지를 쉽게 찾을 수 있다. 그래서 어떤 의미에서 프로그래머들은 이미 끝난 미식축구 경기를 되돌아보는 먼데이모닝쿼터백스Monday-morning quarterbacks라는 방송 프로그램[미국 스포츠전문 채널 ESPN에서 앤디 폴린과 케빈 시한이 매주 월요일 아침 6시부터 9시까지 진행하는 주말 동안 벌어진 주요 경기들에 대한 대담 프로그램. 한편 이 말은 사후에 문제를 제기하거나 비판을 하는 사람들이라는 의미로 사용되기도 한다. 역자주] 진행자들과 비슷하다. 그 방송에서는 경기가 끝난 후에 리뷰를 하기 때문에 어떻게 경기를 했어야만 했는지가 분명해진다. 그들은 그 경기를 사이드라인에서 지켜보고 있는 것이다! 그리고 당신과 내가 지금까지 한 일이 아주 강력한 이유가 바로 이것이다.

양자 의식 컴퓨터quantum consciousness computer 안에서 우리 인간은 사이드라인에 서 있지 않다. 우리 인간은 자신이 바꾸려고 하는 바로 그 프로그램 속에 있는 것이다! 우리 인간은 의미, 치유, 평화,

그리고 풍요의 결핍을 경험했던 바로 그 프로그램 안에서 그러한 것들을 찾고 있는 중이다. 컴퓨터 과학 전문용어로 말하자면, 하나의 프로그램이 늘 변화하는 상황을 평가하고 새롭게 대처하는 능력을 가지고 있다면, 우리는 그 프로그램이 지능intelligence을 가지고 있다고 말한다. 그 지능은 기계가 만들어 낸 것이기 때문에, 우리는 그것을 인공artificial(지능)이라고 부른다.

전 세계적인 언론들의 헤드라인을 장식한 인공지능의 최근 사례는 딥 블루Deep Blue라는 컴퓨터다.[10] 체스 게임용 프로그램으로 특별하게 디자인된 딥 블루는 1996년 2월 10일 전 세계로 중계된 체스 게임에서 세계 챔피언 타이틀을 보유하고 있는 개리 카스파로프를 상대로 한 게임에서 승리했다. 경기가 끝난 후 카스파로프는 그 컴퓨터 프로그램이 체스 대가조차 이해할 수 없었던 '깊은 지능'deep intelligence 과 '창의성' creativity을 발휘했다고 평가했다.

몇 가지 측면에서 우리 인간은 딥 블루와 아주 다를지도 모른다. 우주라는 의식 컴퓨터 안에서 인간은 삶이 제기하고 있는 조건들을 평가하고 있으며, 자신이 가지고 있는 정보를 활용하여 가능한 최선의 선택을 하고 있다. 여기서 가장 중요한 것은 우리 인간은 자신의 능력과 우주 안에 있는 제약에 관하여 믿고 있는 것을 토대로 그러한 결정들을 내리는 경향을 가지고 있다는 사실이다. 매일매일의 현실이 인간의 한계들의 반영이라기보다는 우리 인간의 가능성들이 펼쳐져 있는 팔레트라는 사실로 받아들여질 때, 과거에 상상도 할 수 없는 것으로 여겨졌던 것이 이제 우리 인간의 손 안에 들어온다. 갑자기 우리가 늘 상상할 수 있었던 모든 것, 그리고 어쩌면 결코 생각지도 못했던 것들이 이러한 사고 방식 안에서는 가능한 것으로 변한다.

이 책의 서두에서 나는 인간의 '믿음 파동들' belief waves이 우주를 이루고 있는 양자 구성 요소를 통해 물결쳐 나가는 것을 설명하기 위해 물 속의 음향 패턴들을 비유로 활용했다. 그것은 잔물결들이 어떻게 움직이는지에 대해 정확한 설명이 필요 없는 것처럼, '믿음'이라는 경험이 그것을 만들어 낸 육체를 넘어 잘 퍼져나가는 효과를 가지고 있다는 것을 보여 주기 위해서였다. 바로 그 효과 속에서 우리는 우리 자신의 힘을 발견한다.

우리가 아주 정확한 방식으로 우리 인간의 믿음의 특질을 향상시키는 것을 배우는 것은 질병이라는 믿음의 파동을 치유로, 전쟁이라는 패턴들을 평화로, 그리고 실패와 빈곤을 성공과 풍요로 바꾸는 것을 배우고 있는 것이다. 이것 말고 그 무엇이 더 강력할 수 있을까? 이것 말고 그 무엇이 더 거룩할 수 있을까? 종교들로부터 국가들에 이르기까지 모든 것이 인간의 믿음의 힘을 중심으로 이루어져 왔다는 것이 놀랍지 않은가?

제7장

우주에 관한 유저 가이드

A Users' Guide to the Universe

"당신의 삶 전체는 순식간에 바뀔 수 있다.
그러나 당신은 그렇게 되더라도 결코 알지 못한다."
- 영화 *비포 앤 애프터* 중에서 인용된 로렌스 갈리안Laurence Galian의 *자정의 태양 :
알울베이트 수피스의 드러난 수수께끼들*The sun At Midnight: The Revealed Mysteries of
the Ahlul Bayt Sufis 중에 나오는 문구

"모든 인간 존재는 자기 자신의 건강 혹은 질병의 창시자이다."
- 부처 (서력기원전 563년-483년)

몇 해 전에 나는 가상현실에 관하여 내가 믿고 있던 모든 것을 바꿔버리게 만든 스타 트랙 : 넥스트 제너레이션을 본 적이 있다. 이 영화는 엔터프라이즈 호의 승무원들이 우주 심연에 있는 미지의 영역을 탐험하는 것으로부터 시작된다. 이 특별한 에피소드에서 승무원들은 멀리 떨어진 태양이 폭발하여, 신성nova[광도가 보통 때의 수천 배에서 수십만 배 이상까지 일시적으로 증가하면서 폭발하는 별. 역자주]으로 변하려고 한다는 놀라운 사실을 발견한다. 이 사건이 승무원들에게 아주 중요했던 이유는 그것이 인간 생명 - 불과 몇 시간 안에 태양의 폭발로 파괴될 것이 분명한 인간들이 살고 있는, 지구와 비슷한 행성이

포함된 태양계 안에서 벌어지고 있는 중이기 때문이었다.

  문제는 인간들을 구하려는 *엔터프라이즈* 호의 승무원들의 바람에서 시작된다. 그 바람은 어떤 일이 있든 간에 덜 진보된 문명들의 발전을 방해하지 않는다는 가장 중요한 임무수행 원칙과는 정반대되는 것이다. 만약 엔터프라이즈 호의 대장과 그의 팀원들이 구조 임무를 수행하기 위해 갑자기 그 행성으로 '염력을 통해 이동한다' 면, 그들은 분명히 개발도상 문명에서는 신들로 인식될 것이며, 그러한 인식들은 그 문명의 역사 흐름을 영원히 바뀌게 할 것이다. 그러나 걱정하지 않아도 좋다! 한 승무원이 종교적인 충격을 주지 않으면서 그 행성에 살고 있는 인간들을 구하기 위한 기발한 계획을 생각해 낸다.

  승무원들은 염력 이동teleportation과 가상 현실 능력(두 가지 모두 오늘날 실제로 다양하게 개발되고 있다)을 이용하기로 하고, 밤이 되어 그 행성의 거주민들이 잠들기를 기다리기로 결정한다. 그때가 되면 그들은 전체 거주민들을 *엔터프라이즈* 호가 그들의 현실을 흉내 내어 디자인한 시뮬레이션 – *가상* 현실로 조심스럽게 염력 이동시킬 것이다. 그렇게 하고 나서 승무원들은 거주민들을 잠시 후면 파멸될 행성과 아주 똑같이 보이고, 느껴지고 그리고 작동하는 또 다른 태양계 안에 있는 새로운 거주지로 실어 나를 것이다. 그렇게 되면 사람들이 잠에서 깨어났을 때, 그들은 결코 무슨 일이 벌어졌는지 알지 못할 것이다. 그들은 시뮬레이션으로 만들어진 세계simulated world의 가상 현실 속에서 상상할 수조차 없는 속도로 우주공간을 뚫고 나가는 중이라는 사실을 알지 못할 것이다. 그리고 만약 그들이 무엇인가 벌어진 것 같다는 의심이 들더라도, 그것은 그저 하나의 꿈처럼 보일 것이다. 그들에게 모든 일은 일상사처럼 보일 것이다. 그들은 곧 자신들이 안전하고 친숙한 세상 속에 있다는 것을 알게 될 것이며,

어떤 다른 일들은 결코 알지 못할 것이다.

그러나 아무리 신중하게 짜낸 계획들일지라도 실패할 수 있다. 이 특별한 드라마 속의 사건들도 예외는 아니다. 처음에는 모든 것이 멋지게 된 것처럼 보인다. 잠들어 있는 동안 거주민들은 그들의 가상 현실 속으로 염력 이동되었다. 그들이 깨어났을 때, 그들은 자신이 있는 곳을 진짜로 받아들인다. 우주선의 동력 시스템이 고장을 일으켜 더 이상 컴퓨터 시뮬레이션을 그대로 유지할 수 없게 되기 전까지는 말이다. 갑자기 가상 현실이 산산이 부서지기 시작한다. 바위들이 깜박거리고 희미해지며 투명하게 된다. 푸른 하늘이 우주선의 홀로데크^{holodeck}[스타트렉에서 나오는 가상 공간에서 만들어지는 장치. 역자주]의 둥근 지붕으로 바뀐다. 그리고 이 시뮬레이션 안에 있는 사람들에게는 보이지 않던 엔터프라이즈 호의 기술자들이 갑자기 드러나게 된다. 말할 것도 없이 그 계획 전체는 바뀐다. 그리고 선의로 시작된 구조 작전은 민감성, 진실, 그리고 인간 감정을 다루는 훈련이 된다.

나의 요점을 간단히 말하자면 이렇다. 그 행성의 거주민들은 그 가상 현실이 고장 나기 전까지 자신들이 그 안에 있다는 것을 알지 못했다. 그것이 바로 시뮬레이션이라는 아이디어의 모든 것이다. 그 시뮬레이션은 파일럿, 운동선수, 혹은 무엇인가를 만드는 사람들이 필요한 기술을 습득하기 위해 사용되는 '실제'라고 가정된 것이다. 그렇다면, 만약 우리 인간이 보다 높은 차원, 혹은 천국^{heaven}을 흉내 내어 여기 지구 위에 설계된 가상 시뮬레이션 안에 있다면, 우리는 그러한 상황을 도대체 알기라도 할 것인가?

삶은 진짜일까, 아니면 꿈일까?
그 차이를 구별할 수 있을까?

어떤 것이 참일 때, 그것이 참이라는 것이 수많은 다른 장소에서, 그리고 다양한 방식으로 나타난다는 사실을 아는 데는 특별한 지식이 필요하지 않다. 다른 사람들이 갖고 있는 아름다움을 느끼는 우리의 경험은 그 완벽한 예이다. 외모와 내면이 모두 정말 아름답게 느껴지는 사람들을 우리가 우연히 만났다면, 그들의 아름다움은 시간을 초월하여 지속된다. 우리가 그들이 매력적이라고 지각하면서 그들을 보기 때문에, 우리가 아무리 그들의 삶을 속속들이 살펴볼지라도 그들은 우리에게 변함없이 아름답다. 잠에서 깨어날 때, 자신들의 일을 할 때, 실수를 할 때, 그리고 생의 마지막 순간에도 그들은 여전히 아름답다. 영국 엘리자베스 여왕 시대의 시인인 풀크 그레빌Fulke Greville은 이러한 현상에 대해 명확하게 알 수 있도록 이렇게 말했다. "진정한 아름다움의 기준은 들여다보면 볼수록 그것이 더 아름다워진다는 것이다."[1)]

아름다움은 속속들이 파헤쳐도 여전히 아름답다고 믿었던 그레빌처럼 보편적인 진리의 토대가 되는 주제는 그것을 계속해서 탐구해도 변함이 없을 것이라고 우리는 기대할 것이다. 성경에 나오는 대홍수는 바로 그러한 주제에 대한 완벽한 예이다. 역사와 문화를 통해서 살펴보면 엄청난 홍수에 관한 이야기는 세계 곳곳에서 전해지고 있다. 대홍수는 여러 대륙에 걸쳐서, 다른 언어들로, 그리고 다양한 사람들이 관련되어 있지만, 그 세부적인 내용과 결과는 거의 동일하다. 아주 먼 과거 어느 시점에 엄청난 홍수가 실제로 발생했다고 믿도록 만드는 것은 바로 이 지속적이고 변함이 없는 이야기의 주제 - 그리고 그것을 지지하는 증거 - 이다.

　많은 구전들 속에서 나타나고 있는 홍수에 대해 설명하는 방식과 비슷하게, 우주의 탄생과 인간의 기원^{origin}에 관한 이야기는 서로 다른 세계관 속에서도 분명한 일관성을 가지고 전해지고 있다. 그러한 이야기들의 요점은 우리 인간의 세상을 다른 영역에서 벌어지고 있는 일들의 꿈/환영/투영$^{dream/illusion/projection}$으로 묘사하고 있다는 것이다. 그러한 견해를 고려하면서 이제 우리는 지구가 하나의 시뮬레이션이라는 새로운 증거에 대해 깊이 생각해 보아야만 한다.

　지구가 하나의 시뮬레이션일 가능성이 있다는 생각은 거의 모든 주요한 영적 전통의 토대를 형성하는 생각들과 아주 다르지 않다. 우주를 비슈누^{Vishnu}[커다란 금시조(金翅鳥)를 타고 다니며 악을 제거하고 정의의 회복을 유지하는 신으로서 힌두교의 3대 신의 하나로 평화의 신. 역자주]의 꿈이라고 설명하는 힌두교의 우주론에서부터 인간은 자신의 존재를 꿈꾸고 있다고 말하는 남부 아프리카 칼라하리^{Kalahari} 사람들에 이르기까지, 영적인 전통들은 우리 인간의 현실을 또 다른 현실 - 여기에 있는 것보다 더 실제적이기까지 한 현실 - 의 그림자로 묘사하고 있다. 더욱 흥미로운 것은 그러한 이야기들의 주제가 결코 변하지 않는다는 것이다. 그러한 이야기의 기원과는 상관없이, 세상은 환영이라는 이 생각은 변함이 없으며, 천지창조에 관한 가장 오래된 설명들에서조차 그러하다.

　예를 들면 호주의 원주민들의 혈통은 최소한 5만 년 전 또는 그 이전까지 거슬러 올라가는 것으로 알려져 있다. 그 엄청난 시간 내내 그들의 천지창조 이야기는 보존되어 왔다. 아주 먼 옛날 프로그래머가 인간 세상을 만들어 냈다는 새로운 이론들이 제안하고 있는 것과 아주 똑같은 방식으로 호주 원주민들은 이 세상이 존재하는 꿈을 꿈으로써 이 세상을 만들어 낸 태초의 존재들인 원지나Wondjinas에 대해 이야기하고 있다. 여기서 중요한 것은 이러한 구전들 모두가 우리 인간이 이곳 지구에서 지각할 수 있는 것을 뛰어넘는 또 다른 영역과 연결되어 있다고 묘사하고 있다는 점이다.

선구자적인 물리학자 데이비드 봄David Bohm은 평생 동안 현대의 언어로 이와 비슷한 세계관을 제안했다. 그는 *감추어진 질서*implicate order와 *드러난 질서*explicate order와 같은 개념들을 통해 우리 인간 세상을 이 세상과는 다른 어떤 곳에서 벌어지고 있는 사상들events[관찰할 수 있는 형태를 취하여 나타나는 여러 가지 사물과 현상들. 역자주]의 투사projection 혹은 그림자shadow로 보았다.[2)] 그는 그 다른 어떤 곳을 인간 세상의 사상들이 시작되는 보다 깊은 현실reality이라고 생각했다. 호주 원주민의 구전들 속에서의 가르침들과 비슷하게 봄의 연구는 그 다른 영역이 아주 현실적이며, 어쩌면 *우리의* 영역보다 훨씬 더 현실적이라는 사실을 입증했다. 다시 말하자면, 지금 우리가 있는 세상에서는 그러한 영역을 볼 수 없을 뿐이라는 말이다.

언어만 다를 뿐 이러한 관점들은 수세기 동안 위대한 종교들이 말해 왔던 것과 일치한다. 그러한 이야기들의 주제는 인간이 한번도 본 적이 없는 그러한 영역으로부터 아직 인간의 세상으로 오지 않은 무엇인가를 위해 우리 인간은 자신을 시험하고, 단련하며, 또 준비시키는 '임시적인 세상'temporary world에서 살고 있다는 것이다. 비록 그 무엇인가가 정확하게 무엇이며, 그리고 우리가 그것에 어떻게 도달하는지는 구전들마다 다를지 모르지만, 그것들은 모두 다 믿음의 힘과 가슴 속에 품고 있는 바람이 현실로 드러나도록 빈는 우리 인간의 능력과 관계가 있는 것처럼 보인다.

이러한 관점에서 보면, 우리가 자극을 받고, 시험 당하고 있다는 것을 안다면, 실제로 우리는 열반^{Nirvana}[불교에서 말하는 탐진치의 불길, 고통과 번뇌의 불길이 꺼진 상태. 부처는 열반을 절대안온, 최고 락(樂), 안전, 섬, 피난처, 평화, 심지어는 불사(不死)라고까지 말한 것으로 전해지고 있다. 역자주]과 제5의 세상^{fifth world}[고대 아즈텍인들이 꿈꾸었던 추상적이고 숭고한 그 무엇, 쉽게 다다르기 힘든 심오한 정신세계. 역자주]으로부터 보다 높은 차원과 천국에 이르기까지 다양하게 명명된 어떤 곳에서 사용할 수 있도록 '믿음의 기술들'^{skills of belief}을 연마하고 있는 중일지도 모른다. 이곳 현실에서 우리가 그러한 힘들을 터득하는 데 실패하는 경우, 우리는 보다 힘든 조건들 하에서, 또 다른 '꿈' 속에서 추가적인 기회를 부여 받는다. 바로 기독교적 전통들이 말하는 지옥^{hell}이라는 곳에서 말이다. 삶이 시뮬레이션이라는 아이디어가 정말로 흥미로워지는 것은 바로 이러한 오래된 믿음들 때문이다.

만약 우리가 시뮬레이션 안에서 살고 있다면, 우리는 그것을 알까?

과학자로서 내가 인간의 세상을 시뮬레이션으로, 그리고 인간의 믿음을 그 시뮬레이션을 지배하는 언어로 생각하기 시작했을 때, 첫 번째 떠오른 질문은 이것이었다. 왜? 무엇 때문에? 어떤 목적이 우주 전체 크기의 인공적 현실^{artificial reality}을 만들어 내는 데 필요한 노력을 정당화시킬 수 있는가? 내가 처음 했던 일은 시뮬레이션과 가상현실^{virtual reality}이 정말로 무엇을 의미하는지를 알기 위하여 그 용어들을 자세히 살펴보는 것이었다. 그들의 정의를 통해서 나는 내 첫 질문의 답에 한 걸음 더 가까이 다가갈 수 있었다.

*미국 문화유산 대학사전*American Heritage College Dictionary에서는 가상현실을 "한 사용자가 모의실험 시스템 상에서 작동들을 해보고, 그 결과들을 실시간으로 볼 수 있게 해주는 현실적real 혹은 상상적imaginary 시스템의 컴퓨터 시뮬레이션"3)이라고 정의하고 있다. 다른 말로 하자면, 가상현실은 어떤 행위와 그 행위에 대한 피드백feedback을 위한 인공적인 환경이다. 가상현실에서 [실수나 잘못을 하더라도 그것이 현실의 실제적 상황에서 이루어진 것이 아니기 때문에] '안전한' 환경에서 우리가 취한 행동behavior의 영향들과 우리가 행한 행위conduct의 결과들consequences을 발견할 수 있다. 비록 이러한 정의는 흥미롭지만, 우리가 그것을 시뮬레이션이라는 것에 관한 설명과 결합시키면, 과거의 가장 신비로운 종교적 구전들의 가르침을 현대적인 맥락에서 이해할 수 있게 된다. 특히 기적 같은 가능성들이라고 말해지는 구전의 가르침들에 대해서 말이다.

같은 사전의 *시뮬레이션*simulation에 대한 정의는 간략하지만 설득력을 가지고 있다. '일어날 가능성이 있는 상황의 모방imitation 혹은 표상representation'.4) 어째 좀 으스스하게 들리지 않는가? 인간이 지구에서 경험한 것들은 천국과 관련되어 있다라는 소리와 비슷하게 말이다. 이 두 가지 정의를 한데 합쳐서, 인간의 가장 깊은 믿음들을 가장 소중하게 간직해 온 영적 구전들의 가르침들과 연계시켜 생각해 보면, 그것이 시사하는 바는 현기증을 일으킬 정도로 놀랍다. '시뮬레이션으로 만들어진 가상현실'이라는 말은 우리가 수천 년 된 문서들을 통해 전해 들었던 것들, 특히 실제real의 상황에 도달하기 전에 이곳 지구에서 그 상황에서 통용되는 규칙들을 배우게 하는 임시적인, '일어날 가능성이 있는 상황의 표상' 속에서 우리 인간이 살고 있다는 말과 동일하다는 것을 정확하게 설명하고 있다.

아마 이것이 오늘날 우리 세상에서 벌어지고 있는 일에 대해 설명하는 가장 훌륭한 사고방식일 것이다. 보다 극단적인 조건들 하에서, 보다 설득력이 있는 결과들을 통해, 우리 인간의 어떤 믿음들이 제대로 작동을 하는지, 그리고 어떤 믿음들은 그렇지 않은지를 파악할 수 있도록 우리 인간은 보다 커다란 기회들을 부여받고 있는 것이다. 그러한 기회들이 우리에게 강렬하게 다가오고 있는 것처럼 보이는 것은 이러한 교훈들을 우리가 빨리 배우는 것이 중요하기 때문이다. 우리가 그러한 기술들이 반드시 필요한 곳에 도달하기 전에 말이다.

최근 몇 년 동안 나는 이러한 가능성을 전 세계에 있는 청중들에게 이야기해 왔다. 반응은 아주 놀라울 정도로, 거의 이구동성으로 긍정적이었다. 아마도 그것은 이미 이 세상이 최첨단 테크놀러지를 통해 사람들이 그러한 생각을 할 수 있도록 만들었기 때문일 것이다. 아마도 그것은 막스 플랑크의 매트릭스에 대한 설명과 그의 생각을 바탕으로 한 영화가 이미 보다 커다란 현실이 존재한다는 인식의 씨앗을 우리에게 심어놓았기 때문일지도 모른다. 이유야 어쨌든 간에, 내 강연에 참석한 거의 전 세계적인 청중들은 그러한 가능성이 존재한다는 사실을 받아들일 뿐만 아니라, 마치 그들이 자신의 삶을 살면서 이와 비슷한 무엇인가에 대한 준비를 해왔던 것처럼 느끼고 있었다.

어떤 사람들이 다른 사람들에게는 매우 급진적인 것처럼 들리는 생각을 아주 기꺼이 받아들이려고 하는 이유는 무엇일까? 그 이유와 관련해서 내 머리 속에는 두 가지 가능성이 떠오른다.

1. 사람들은 인간이란 무엇이며, 우주는 어떻게 시작됐는지를 말해주는, 자신의 존재에 관한 새로운 이야기 - 혹은 최소한 현존

하는 이야기의 업데이트 된 버전 - 를 들을 준비가 되어 있을지 모른다.
2. 우리가 가상현실 속에서 살고 있다는 아이디어는 아주 진짜인 것처럼 들리며, 그 아이디어는 자신의 기억 속에 있는 그러한 가능성을 촉발시키는 적절한 단어들을 항상 찾고 있었다고 할 수 있을 정도로 우리 인간 속 아주 깊은 곳에 있는 무엇인가를 감동시킨다.

가상 시뮬레이션과 삶에 관한 종교적 설명의 유사성을 고려해 보면, 하나의 연관성은 분명히 존재한다. 현실에 관한 두 가지 견해를 고차원적으로 요약하여 비교하면 다음과 같다.

가상현실Virtual Reality**과 영적 현실**Spiritual Reality **비교**	
가상현실	영적 현실
1. 프로그래머에 의해 만들어짐	1. 초자연적 힘 / 신에 의해 만들어짐
2. 시작과 중단이 있음	2. 시간의 시작과 종말이 있음
3. 규칙/사용자가 연습을 통해 개선됨	3. 터득될 때까지 가르침들이 되풀이 됨
4. 사용자는 시뮬레이션 '외부'에서 연결됨	4. 초자연적 힘/근원/신에 직접 연결됨
5. 사용자는 출입 지점을 갖고 있음	5. 탄생과 죽음을 경험함
6. 사용자는 내부로부터 경험을 정의함	6. 현실은 우리의 경험을 반영함

가상현실과 영적 현실은 아주 놀라울 정도로 유사하다. 언어를 세외하면, 이 두 가지 세상에 관해 생각하는 방식은 거의 동일하게 들린다.

"인간은 거의 확실하게 시뮬레이션 안에서 살고 있다"
: 그 증거

2002년 옥스퍼드대학의 철학자이며 인류미래연구소 소장인 닉 보스트롬Nick Bostrom은 인간이 가상 현실 안에서 살고 있다는 급진적인 생각을 한 단계 더 나아가게 했다. 용감하게도 그는 "당신은 컴퓨터 시뮬레이션 안에서 살고 있습니까?"라는 제목의 진지한 논문을 통해 그것을 탐구했다. 그 논문에서 그는 '현실'이 진짜인지 아닌지를 생각하게 하는 구체적인 방법을 제시하기 위해 수학과 논리학을 이용했다.[5]

그는 전쟁, 질병, 그리고 자연 재해들로부터 살아남은 미래의 문명을 '포스트휴먼' post human이라고 명명했다. 그의 논문은 미래의 문명이 자신이 명명한 것이 될 가능성에 관한 설명으로 시작된다. 다음으로 그는 (단순하게 설명하기 위해 여기서는 생략된) 복잡한 통계학적 분석을 통해서 세 가지 시나리오를 밝히고 있으며, 세 가지 중에 최소한 하나는 참이라고 주장하고 있다. 그 가능성들은 다음과 같다.

1. (세계 전쟁, 자연 대재앙, 전염병 등등과 같은) 어떤 비극적인 사건은 우리 인간이 포스트휴먼 단계에 도달하기 전에 인간을 파멸시킬 것이다.
2. 인간은 포스트휴먼 단계에 도달하지만, 우주 크기의 현실이라는 시뮬레이션을 만들어 내는 데 관심이 없다.
3. 인간은 포스트휴먼 단계에 도달하고, 가상 세계를 만들어 낼 필요성에 대한 관심을 가지고 있든/없든 간에 실제로 그것을 만들어 낸다.

'시뮬레이션 논쟁의 핵심'에 대해 설명하는 논문의 한 부분에서, 보스트롬은 다음과 같은 근본적인 질문을 던지고 있다. *만약 인간의 문명이 포스트휴먼 단계에 도달하여 '선조 시뮬레이션들' ancestor simulations이라고 명명한 것을 운영할 실제적인 기회가 존재한다면, 어찌하여 우리 인간은 지금 그러한 시뮬레이션에 살고 있는 것이 아닌가?*

오늘날 과학 발전의 추세에 근거하여 보스트롬은 논리적, 기술적으로 성숙한 포스트휴먼 문명은 어마어마한 컴퓨터처리 능력을 포함하고 있을 것이라고 가정한다.[6] 이러한 '실증적 사실' empirical fact을 염두에 둘 때, 그가 제시한 통계적 자료들은 그의 세 가지 명제 가운데 최소한 하나는 반드시 참이어야만 한다는 것을 입증하고 있다.

만약 첫 번째 혹은 두 번째 명제가 참이라면, 우리가 시뮬레이션 안에서 살고 있을 가능성은 낮다. 세 번째 가능성은 아주 흥미로운 상황이다. 만약 그것이 참이라면, "*우리 인간은 거의 확실하게 시뮬레이션 안에서 살고 있다*"[7][저자 강조]고 그는 결론을 내린다. 다른 말로 하자면, 만약 인간이라는 종족이 미래를 위협하는 것들로부터 살아남고, 또 가상현실로 된 세상을 만들고자 하는 관심이나 필요성을 보이게 된다면, 그때의 기술력은 인간에게 그것을 가능하게 해줄 것이다. 이러한 상황은 이런 일들이 이미 일어났으며, 우리 인간이 이미 가상현실로 된 우주 안에서 살고 있다는 생각이 참일 확률이 높다는 결론에 이르게 한다.

그러한 결론에 대해 어떻게 느끼는지, 혹은 그 결론이 얼마나 난해해 보일 수 있는가와 상관없이, 내가 여기서 중요하다고 믿는 것은 인간이 가상현실 안에서 살고 있다는 모든 생각이 인간존재라는 수수께끼를 풀 수 있는 아주 실제적인 해법으로 받아들여지고 있으며,

그 해법은 그것을 탐구하기 위해 필요한 시간과 에너지가 투입될 정도로 의미 있게 받아들여지고 있다는 사실이다.

보스트롬의 논문 속의 첫 번째 가능성이 설명하고 있는 것과 마찬가지로, 그렇지만 아주 다른 관점에서 인간이 자신을 파괴시키는 힘을 가지고 있다는 사실을 인정했던 영국의 천체물리학자 스티븐 호킹 Stephen Hawking은 만약 인류가 살아남으려 한다면, 인류가 거주하기 위한 또 다른 세계를 발견할 필요가 있을 것이라고 말하고 있다. 2006년 홍콩에서 가진 한 기자회견에서 그는 이렇게 말했다. "우리는 다른 행성 체계로 가지 않는 한, 지구처럼 훌륭한 곳은 찾지 못할 것이다."[8]

모든 증거는 우리 인간이 거의 확실하게 가상현실 속에서 살고 있다는 것을 시사하고 있다

분명히 나는 호킹 박사가 이러한 견해를 밝힌 이유를 이해할 수 있다. 또 나는 궁극적으로 인간이라는 존재들이 다른 세계에서 살게 될 것이며, 그것에 필요한 기술도 개발될 것이라고 믿고 있다. 그렇지만 이 책에서 제기했던 질문에 대해 우리는 대답을 해야만 할 것이다. 즉, *이 세상 안에서 인간의 믿음이 하는 역할은 무엇인가?* 우리가 우주와 인간의 믿음이 정말로 어떻게 작동하는지를 발견한다면, 다른 행성을 우리가 사는 곳으로 만들 필요성이 더 높아질 것이라는 것은 당연하다. 우리 인간이 자신의 믿음의 힘을 터득하면, 지구는 우리가 알고 있는 교훈들처럼 변하게 될 것이며, 지속가능하고, 협력적이며, 평화로운 삶을 살려는 인간의 바람을 반영하게 될 것이다.

인간은 이미 가상현실에서 살고 있다는 주장을 입증하는 증거를 '우주는 인간의 믿음이 투사된 하나의 꿈'이라는 호주 원주민들의 구전들과 결합시키면, 갑자기 인간의 힘이 세상을 바꾼다는 모든 생각은 보다 더 큰 의미를 갖는다. 인간의 믿음 그 *자체*가 삶에 기쁨, 혹은 고통을 가져다주는 언어라는 사실은 그 근거를 탐구할 만한 가치가 있다. 그것도 아주 긴급하게 말이다!

　이 모든 것들은 보다 심오한 질문들에 다다르게 하고 있다. 누가 우주 전체의 가상 경험에 대한 책임을 가지고 있는가? 누가 이 모든 것을 한데 모았는가? 그리고 누가 그 프로그램을 코딩했는가? 영화에서는 실체가 드러나지 않는 신비한 '설계자'의 존재를 통해 이런 질문들에 대해 대답하기를 좋아하지만, 우리는 그것이 실제로 훨씬 간단한, 그렇지만 보다 더 심오한 무엇이라는 사실을 깨달을지도 모른다.

그 위대한 프로그래머는 우리에게 매뉴얼을 남겨 주었는가?

　콘택트Contact라는 영화의 초반에서 주인공인 애로웨이 박사(조디 포스트 분)는 먼 우주공간으로부터 암호화된 메시지를 받는 연구팀의 일원으로 나온다. 그 메시지를 해독하기 위해서 그 팀은 그들의 해석이 옳다는 것을 알려 주는 핵심key 코드를 먼저 발견해야만 한다. 그 핵심 코드는 문서 혹은 복잡한 수학공식 속에 숨겨져 있는 것이 아니라 그것을 코딩한 프로그래머들이 그곳이면 안전할 것이라고 확신했던 장소, 바로 그 메시지 자체에서 발견된다. 그 메시지에 있는 단순한 문구를 해석함으로써, 애로웨이 박사 팀은 지구 최초의 행성 간 전화 카드의 비밀을 해독한다.

어쩌면 똑같은 원리가 가상현실 속에서 우리 인간의 믿음이 어떻게 작동하는지에 관한 비밀을 푸는 데 적용될지도 모른다. '누구'에게 책임이 있는가라는 의문을 풀 실마리는 그러한 경험으로부터 혜택을 받는 것이 누구인가를 파악해 내는 것 속에 있을지도 모른다. 가상의 세상이 아니라 그러한 실제 세상의 규칙들을 터득함으로써 누가 더 나아지는가? 그 대답은 분명하지만 불가사의하다. 그것은 그 시뮬레이션 자체 안에 있는 인간들이다. 바로 *우리* 말이다!

당신은 이제 *우리 인간이* 자신을 위해 이 실제 세상을 만들어 낸 *그 위대한 프로그래머들*이라는 사실을 발견했을지도 모른다. 또 당신은 인간의 가슴heart이라는 것이 어떻게 작동하는지를 터득하기 위해 자기 자신을 시뮬레이션의 피드백 고리feedback loop[어떤 행위의 결과가 최초의 목적에 부합되는 것인가를 확인하고 그 정보를 행위의 원천이 되는 것에 되돌려 보내 적절한 상태가 되도록 수정을 가하는 일이 연속적으로 벌어지는 구조, 또는 입력과 출력이 있는 시스템에서, 출력에 의하여 입력을 변화시키는 일이 연속적으로 벌어지는 구조. 역자주] 속으로 들어가도록 *우리 인간이 동의했다*는 것을 깨달을지도 모른다. 그렇다면 우리 인간이 아직까지는 거주해야만 하는 영역 안에서 어떻게 살 것인지를 배울 수 있는 보다 나은 방법은 무엇일까?

만약 우리 인간이 실제 세상이라는 프로그램을 짠 바로 그 위대한 프로그래머라면, 프로그램을 짤 때 적용한 규칙들을 발견하기 위해서는 우리 인간이 만들어낸 수수께끼 안을 들여다보는 것이 보다 더 합당할 것이다. 앞에서 언급했던 것처럼, 인간이 그러한 가상의 장소 안에 실제로 있다고 우리가 믿고 있는지, 혹은 단순히 그것을 삶에서 경험하는 일에 대한 비유로서 사용하고 있는지 여부는 별다른 의미가 없다. 중요한 것은 현실이건 혹은 가상이건 우리 인간이 지금 이 세상에 존재하고 있다는 사실이다. 그리고 '이 세상'의 규칙들을 바로 우리가 지금 터득하기 위해 배우고 있는 것이다.

스위스 달레 몰레 인공지능연구소Dalle Molle Institute for Artificial Intelligence의 유르겐 슈미트후버는 '우리 세상이 거대한 우주 컴퓨터great cosmic computer의 산출물'이라는 아이디어를 선도적으로 제안한 사람들 가운데 한 명이다. '은하계 속 아주 머나면…'이라는 말들은 사용하지 않으면서 슈미트후버는 우주의 시작에 대해, 자신이 어떻게 믿고 있는지에 관해 별다른 의문의 여지를 남기지 않은 채 다음과 같이 말하고 있다. "오래 전에 위대한 프로그래머Great Programmer가 자신의 빅 컴퓨터His Big Computer 상에서 모든 존재 가능한 우주를 작동시키는 프로그램을 작성했다."[9] "삶, 우주, 그리고 삼라만상에 관한 컴퓨터 과학자의 견해"A Computer Scientist's View of Life, the Universe, and Everything라는 제목의 논문에서 그는 보스트롬의 분석과 비슷하게 기술적이지만, 설득력 있는 주장을 내놓고 있다. 인간이 가상현실 안에서 살고 있을 가능성이, 그렇지 않을 가능성보다 더 높다고 제안하면서 말이다.

그렇다면 이러한 분석들이 의미하는 것은 무엇일까? 만약 우리 인간이 여기 무한한 가능성들의 세상 안에서 존재하며, 또 그곳에서 존재한다는 것이 무엇을 의미하는지를 터득하기 위해 존재하고 있다면, 우리 인간에게 주어진 설명서instructions는 없었을까? 슈미트후버가 말한 위대한 프로그래머는 인간에게 사용자 매뉴얼users' manual을 남겨 주지 않았을까? 만약 그렇다고 할 경우에 우리가 그것을 발견한다면 우리는 그것을 알아보게 될까?

지난 3백여 년 동안, 우리는 세상의 법칙들에 대해 말해 주는 물리학의 '법칙들'을 신뢰해 왔다. 그것이 제대로 작동 가능한 것이건,

가능하지 않은 것이건 간에 말이다. 대부분의 법칙들은 잘 작동했던 것처럼 보인다. 적어도 일상적인 세상에서 그 법칙들은 잘 작동한다. 그러나 앞서 언급했던 것처럼 기존의 물리학 법칙들이 작동하지 않는 곳들도 존재한다. 양자 미립자들quantum particles이라는 극소의 영역과 같은 곳 말이다. 비록 그러한 영역에서 기존의 물리적 법칙들이 실패하는 것은 단순히 부차적인 효과이며 별 의미가 없다고 여길 수 있었을 정도로 인간의 삶에서 그렇게 중요하지 않은 역할을 하는 것처럼 보이지만, 사실은 전혀 그렇지 않다. 기존 물리학 법칙들이 무너져 내린 바로 그곳이 정확히 우리 인간의 현실이 시작되는 곳이기 때문이다.

오늘날 기존 물리학의 법칙들이 보편적이지 않은 것처럼 보인다는 사실은 인간의 현실을 지배하는 다른 규칙들이 있어야만 한다는 사실을 의미한다. 만약 우리가 새로운 규칙들을 찾아내고, 인간의 삶에 있어서 그 규칙들이 의미하는 바를 배운다면, 가능한 것과 가능하지 않은 것에 대한 설명들은 분명해질 것이다. 바로 이 부분이 인간의 믿음의 힘이 필요하게 되는 지점이다. 인간의 믿음이 기존의 물리학에 의해 설명되지 않는 현상들effects 가운데에 존재한다고 여겨지고 있기 때문에, 그 설명되지 않는 현상들은 인간이 살고 있는 시뮬레이션의 작동법을 이해할 수 있는 길을 정확하게 가리키고 있을지도 모른다.

제1장에서 나는 타오스 푸에블로에서 경험한 이야기를 독자들과 공유했다. 누군가가 아메리칸 원주민 가이드에게 그들 고유의 치유 전통들의 '비밀'에 관하여 질문을 던졌을 때, 그는 무엇인가를 숨기는 가장 좋은 방법은 '평범하게 보이는 곳에 그것을 간직하는 것'이라고 대답했다. 그의 언급은 애로웨이 박사가 찾던 우주로부터 온

메시지를 푸는 암호가 메시지 그 자체 안에 있는 평범하게 보이는 곳에 숨어 있었던 방식을 연상시키며, 다음과 같은 의문에 이르게 한다. *우리에게도 비슷한 무엇인가가 일어난 것일까?* 인간의 '현실에 관한 사용자 가이드' user's guide to reality는 실마리들을 포착하기 어렵다고 생각한 나머지 우리가 찾고 있는 동안 모두 간과해 버렸을 정도로 그렇게 지천에 널린 형태로 우리에게 제시되고 있는 것은 아닐까? 나는 그 답은 그렇다라고 믿는다.

현실에 관한 사용자 매뉴얼은 현실 그 자체이다. 인간관계, 풍요, 건강, 그리고 기쁨 – 혹은 이러한 모든 것들의 결여 – 이라는 것은 우리가 즉각적인 피드백을 받아보면 무엇이 작동하는지 또 무엇은 작동하지 않는지를 알 수 있다. 이러한 피드백보다 '인간의 의식이 투사된 우주' reflected universe가 어떻게 작동하는지를 보여 주는 보다 나은 방법은 무엇일까? 우리 인간은 하나의 존재방식way of being (혹은 다른 존재방식)을 시도할 수 있으며, 만약 우리가 우리 자신의 믿음을 수정했을 때, 세상이 어떻게 바뀌는지를 알아차리는 지혜를 가지고 있다면, 인간이 평생에 걸쳐 겪는 경험은 바로 책자로 되어 있지 않은 사용자 가이드users' guide인 것이다. 인간의 믿음과 현실이 어떻게 상호작용하는지, 그리고 우리가 믿음을 통해 현실에 어떻게 영향을 미치는지는 모두 에너지 패턴들patterns of energy로 귀착된다.

프로그램으로서의 기도 Prayer as a Program

앞 장에서 우리는 인간의 믿음과 인간이 자신의 믿음에 대해 느끼는 방식이 세상 속에 삼라만상을 산출시키는 '명령어' 라는 것을 상기시켜 주는 과학적 발견들과 종교적 가르침들을 탐구한 바 있다. 믿음이라는 것의 장점beauty은 우리 인간이 살아가면서 믿음으로부터 혜택을 받기 위해 믿음을 이해해야 할 필요가 없다는 것이다. 그리고 우리가 믿음을 이해해야만 할 필요가 없다는 것은 인류의 옛 스승들로부터의 메시지이다.

자신의 시대의 언어로 부처, 예수, 크리쉬나Krishna, 아메리칸 원주민 어른들, 그리고 이들과 비슷한 또 다른 스승들은 우리 인간이 자신의 삶의 희생물이 되는 것으로부터 자유롭게 될 수 있는 비밀을 알려 주기 위해 최선을 다했다. 그들은 위대한 의식consciousness 프로그래머들이며 동시에 그 시대의 설계자들이었다. 그리고 그들은 기적들을 만들어 내기 위해 원자들을 재배열하는 비밀을 혼자 간직하려 하지 않았다. 그들은 자신들이 했던 일들과 똑같은 일들을 할 수 있는 코드를 우리에게 가르쳤으며, 동시에 우리가 현실의 프로그래머들이 되는 코드도 가르쳤다. 우리들은 모두 그들의 가르침들을 물려받은 것이다. 오늘날의 우리에게 그들의 가르침이 불가사의한 것처럼 보이는 것과 똑같이, 2천5백 년 전 대부분 문맹이었던 사람들에게 그 가르침들이 어떻게 들렸을지는 상상이 가능하다.

예를 들어 부처는 자신의 시대보다 훨씬 앞선 사람이었다. 세상에서 벌어진 사건들에 있어서 인간의 역할에 대해 설명해 달라는 질문을 받았을 때, 그의 대답은 분명하고, 간결했으며 심오했다. "삼라만상은 원인causes과 조건conditions의 동시작용concurrence 때문에 나타나기도 하고 사라지기도 한다."[10] 그는 또 이렇게 말했다. "그 어떤 것도 전적으로 홀로 존재하지 않는다. 삼라만상은 다른 모든 것과의 관계 속에서 존재한다."[11] 이 얼마나 강력하면서도 감동적인 말인가! 이러한 말들은 그 시대 사람들에게 어떤 의미로 받아들여졌을까? 일단

이 진리를 스스로 깨달은 후, 부처는 우리 인간이 자신을 변화시킴으로써 어떻게 세상을 바꿀 수 있는지를 제자들에게 가르치는 데 나머지 생을 바쳤다.

예수도 비슷한 방식으로 가르쳤다. 우리 인간은 세상에서 경험하기 위해 자신이 선택한 것들이 *되어야만* 한다고 말이다. 우리 인간이 양자 현실quantum reality이 작동하도록 무엇인가를 제공할 경우, 그것을 그 양자 현실이 반영할 것이라는 사실을 입증하는 길을 추구하면서, 예수는 제자들에게 그들을 둘러싸고 있는 사람들에 대한 분노와 부당함으로 인해 흔들리지 말라고 훈계했다. 그 대신, 그는 믿음이라는 것이 인간을 변화시키는 힘을 가지고 있으며, 우리가 우리 자신을 변화시키면, 우리가 세상을 변화시킬 수 있다는 것을 입증했다.

그러한 믿음의 강력한 힘을 경험하기 위해, 과거 시대의 스승들은 참으로 올바른 느낌들right feelings을 끌어내기 위해 고안된, 정말 적절한 말들right words을 선택했다. 그 결과 그들은 아주 적절한 결과들right effects을 만들어 냈다. 그들의 믿음 프로그램들belief programs인 '기도'prayers가 바로 그것이다. 그리고 그 기도라는 것은 인간의 의식을 사용하는 방법을 알려 주는 설명서instructions이다. 치유와 기적들이라는 가슴을 바탕으로 한 믿음들heart-based beliefs을 만들어 내는 메커니즘을 설명하기 위해 나는 코드code라는 단어를 선택했다. 주 기도문Lord's Prayer은 그 코드의 멋진 예이다.

이 강력한 기도를 하나의 코드로 생각해 보면 그 어귀들은 제2장에서 설명한 컴퓨터 프로그램들의 정확한 틀framework에 딱 맞아떨어진다. 가슴을 바탕으로 한 믿음들을 만들어 내는 프로그램 가운데 아마 가장 오래되고 가장 널리 알려진 것일지도 모르는 이 코드를 통해서 예수는 우리 인간이 우주의 양자적 실체quantum essence of the universe와 어떻게 소통을 할 수 있는지, 그리고 어떻게 우주라는 양자적 실체가 이해할 수 있는 방식으로 우리가 말을 걸 수 있는지 설명하는 기본 틀을 남겨 주었다. 2천여 년 전과 마찬가지로 오늘날에도 분명하고 고상한 언어로 예수는 간단하면서도 직접적으로 그 코드가 어떻게 프로그램되어야 하는지를, "그러므로 너희는 이렇게 기도하라"After this manner therefore prayer라고 말함으로써 자신의 프로그래밍에 대한 설명을 시작하고 있다. 여기서 언어는 중요하다. 분명하게 그는 정확한 단어들만을 사용하여 기도하라고 말하지 않았다. 그 대신, 그는 이렇게 혹은 '이러한 방법에 따라' 기도하라고 우리에게 권유했다. 우리는 선택권을 가지고 있는 것이다.

그런 훈계에 이어 예수는 인간의 가슴 속 바람을 우주와 소통시키기 위해 고안된 프로그램 언어들을 정확하게 말했다. 비록 주 기도문은 이미 당신에게 익숙할지도 모르지만, 우주의 프로그래머cosmic programmer라는 관점을 통해 그것을 자세히 살펴보도록 하자. 그 관점에서 보면 주기도문이라는 코드는 우리에게 익숙한 세 가지 범주 즉, 시작begin, 작동work, 그리고 완료completion라는 명령어들과 정확하게 부합된다.

코드	프로그램 명령어	목적
주 기도문 The Lord's Prayer	시작begin 명령어	장field의 오픈
하늘에 계신 우리 아버지,		
아버지의 이름을 거룩하게 하시며,		
아버지의 나라가 오게 하시며,		
아버지의 뜻이 하늘에서와 같이,		
땅에서도 이루어지게 하소서.		

이러한 구절들은 분명히 인간의 의식 코드consciousness code에 있어서 개시start, 혹은 시작beginning을 의미한다. 이 말들은 우리에게 무엇인가를 하라거나, 무엇인가가 되라고 요구하고 있는 것은 아니다. 그것은 우리가 이제 막 접근하려 하고 있는 정신적인 힘force의 능력power을 인정하면서 숭배하라는 말이다. 기도를 하나의 코드prayer as a code라는 관점에서 본다면, 이러한 구절들은 열려 있음openness과 위대함greatness이라는 느낌sense을 우리들 가슴 안에 불어넣는다. 우리 인간의 가슴 안에서 양자의 장quantum field으로 향하는 가능성의 통로는 이러한 느낌feeling이 넘쳐흐를 때 열린다. 그리고 시작 명령어begin command는 분명하게 그 코드의 다음 부분에 있는 구절들에서 비롯되는 아주 다른 느낌을 우리에게 남겨 준다.

코드	프로그램 명령어	목적
오늘 우리에게 일용할 양식을 주시고	작동work 명령어	느낌의 생성
우리가 우리에게 잘못한 사람을 용서한 것 같이		
우리 죄를 용서하여 주시고		
우리를 시험에 빠지지 않게 하시고		
악에서 구하소서		

이 말들은 작동 명령어들이다. 이 말들은 기도를 하는 사람에게 이제 막 우주 그 자체와 이야기를 나누려 한다는 느낌을 불어넣는 것이 아니다. 이 구절들은 기도가 이루어지기 위한 행동을 시작하게 하고 있다. 이 경우, 그 행동은 기도에서 확인된 죄들burdens로부터 구제되어짐을 느끼는 것이다. 인간은 자신의 가족과 자신에게 필요한

모든 것을 가지고 있다고 믿는다면, 안도감sense of relief을 경험한다. 또 우리가 자기 자신과 신세를 진 사람들 사이에서 빚어지는 긴장관계로부터 자유롭다고 느낀다면, 우리는 올바른 통로로 인도되고 있다는 느낌을 갖게 된다. 이와 함께 우리는 평안peace과 감사라는 치유의 느낌 속에 자신이 싸여 있다는 것을 느낀다. 이것이 바로 그 프로그램이 이루어 내도록 설계된 작동work이다.

코드	프로그램 명령어	목적
나라와 권능과 영광이	완료completion 명령어	감사의 종료
영원히 아버지의 것입니다.		
아멘		

완료 명령어들을 통해 다시 한번 어조와 느낌의 분명한 변화가 나타난다. 완료 명령어들은 더 이상 인간의 의식 프로그램에게 무엇을 하라고 말하지 않는다. 그 대신, 그 말들은 종결의 느낌을 제공하기 위해 만들어진 것이다. 이 구절들을 말할 때, 기도하는 사람은 완료된 것을 자신의 육체 속에서 일종의 해방release으로 느낀다. 주기도문은 그저 원하는 것을 말하는 발원proposition의 상태로 계속해서 남아 있지 않는다. 그 대신 그것은 종결을 가지고 있다. 그 종결은 깔끔하며, 확실하고, 완결된 것이다. 기도하는 사람이 우주가 보다 위대한 능력자power의 손 안에 있으며, 자신의 기도 구절에 생기를 불어넣기 위해 그 능력자와 하나가 되어 있다고 느끼고 있다고 선언하면, 그는 권한을 위임 받은 느낌을 갖게 된다. 이 기본 틀을 사용한 후, 사람들은 자신의 기도가 이루어졌다는 것을 알게 된다.

주기도문의 장점은 그것의 전통과 간결성이다. 2천 년 이상 동안 거의 변하지 않았던 청사진blueprint을 통해서 우리 인간은 무한한 가능성의 장을 여는 우주 코드cosmic code 시스템을 사용할 수 있게 되는 것이다. 컴퓨터 프로그램의 코드가 사용자를 그 기계가 해야만 할 일을 하게 하는, 보이지 않는 메커니즘과 연결시키는 것과 똑같이, 이러한 기도문은 인간을 창조의 힘들forces of creation과 연결시키도록 설계되어 있다. 이러한 기도문 안에서 우리는 우주를 프로그래밍하는 위대한 비밀을 찾아낼 것이다. 그리고 그것은 평범하게 보이는 곳에 숨겨져 있었던 것이다!

> **기도의 비밀을 확인하기 위한 가이드**
> 전해지는 다른 위대한 기도문들을 주의 깊게 살펴볼 것. 주 기도문에서 본 것처럼 그 기도문들을 만든 이들이 우주에 대해 이야기를 하는 시작, 작동, 그리고 완료 명령어들이라는 기본 틀을 가지고 있는지, 그리고 그 틀을 어떻게 사용했는지에 대해 스스로 확인해 볼 것.

우주에 대한 사용자 가이드 A Users' Guide to the Universe

필자의 책 *신의 매트릭스*의 마지막 장에서 나는 그 책을 통해서 설명했던 원리들을 요약한 일련의 핵심 내용으로 그 책에서 가장 중요한 점들을 열거했다. 이 책이 그 내용과 긴밀히 연관되어 있기 때문에, 나는 여기서도 비슷한 것을 마련했다. 각 장마다 추려낸 가장 중요한 점들을 믿음 코드belief codes라는 것으로 정리했다.

제6장까지 이러한 생각들은 정확한 순서에 따라 만들어졌다. 그 믿음의 코드들은 나름의 순서를 가지고 있으며, 나름의 이유를 가지

고 있다. 각각의 믿음의 코드는 그 앞의 생각들과의 연결된 맥락 속에서 제시되고 있으며, 다음에 나오는 생각들로 향하는 길을 열어주고 있다. *신의 매트릭스*의 핵심 포인트들과 비슷하게, 나는 독자들에게 다음에 나오는 믿음 코드들을 차례대로 깊이 생각해 보기를 권하고 싶다. 믿음 코드 하나하나가 가지고 있는 가치를 변화를 위한 강력한 매개물이라고 생각하길 바란다.

칼릴 지브란Kahlil Gibran은 *예언자*The Prophet라는 책에서 이렇게 말하고 있다. "사랑을 가시화한 것이 바로 일이다."Work is love made visible[12] 바로 이 관점에서 보면, 우리가 자신의 삶 자체를 소중히 다루기 위해서는 행동에 나서는 것이 중요하다. 그래서 나는 독자들에게 자기 자신의 믿음 코드들을 가지고 *일하기*를 권한다. 자신의 믿음 코드들이 사랑을 가시화되도록 하라. 믿음 코드 하나하나를 읽고, 그것을 심사숙고하며, 논의하고, 이야기하며, 그것과 함께 삶을 살아라. 그것이 자신에게 맞는다고 느껴질 때까지 말이다. 그것들은 모두 하나가 되어 자기 자신과 세상을 변화시키는 바로 당신의 의식 프로그램consciousness program이 될 수 있다.

- 믿음 코드 1 : 과학적 실험들은 우리 인간이 주의력을 집중시킬 경우 현실 자체를 바꿀 수 있다는 것을 보여 주고 있다. 이와 함께 우리 인간이 상호작용을 하는 우주 안에서 살고 있다는 것을 암시하고 있다.
- 믿음 코드 2 : 인간은 세상, 자기 자신, 자신의 능력들과 한계들에 관해 자신이 믿고 있는 것을 바탕으로 삶을 살고 있다.
- 믿음 코드 3 : 과학은 하나의 언어이다. 인간과 우주, 육체 그리고 만물이 어떻게 작동하는가를 설명하는 많은 언어 중의 하나

이다.
- 믿음 코드 4 : 인간을 이루고 있는 미립자들이 서로서로 끊임없이 커뮤니케이션을 하고 있는 상태라면, 동시에 두 곳의 장소에 존재할 수 있다면, 그리고 현재에 이루어진 선택들을 통해 과거를 바꿀 수도 있다면, 우리 인간도 마찬가지로 그렇게 할 수 있다.
- 믿음 코드 5 : 인간의 믿음은 우주에 있어서 사건들의 흐름을 변화시킬 수 있는 힘, 실제로 시간, 물질, 공간, 그리고 그들 안에서 벌어지는 사건들을 중단시키고 방향을 바꿀 수 있는 힘을 가지고 있다.
- 믿음 코드 6 : 실제처럼 보이고 느껴지는 시뮬레이션 프로그램을 작동시킬 수 있는 것과 똑같이 연구결과들은 우주 그 자체가 태곳적부터 존재하고 있는 거대한 시뮬레이션 - 하나의 컴퓨터 프로그램 - 일지도 모른다고 말하고 있다. 만약 그렇다면 그 프로그램 코드program's code를 아는 것은 현실 그 자체의 규칙들을 아는 것이다.
- 믿음 코드 7 : 우주를 하나의 프로그램으로 생각할 때 원자들은 우리에게 친숙한 컴퓨터 비트가 하는 방식과 똑같이 작동하는 정보의 '비트'에 해당한다. 원자들은 '켜짐'on의 경우 눈에 보이는 물질matter이며 '꺼짐'off의 경우 눈에 보이지 않는 파동waves이다.
- 믿음 코드 8 : 자연은 원자들atoms을 원소와 분자들, 바위, 나무 그리고 우리 인간에 이르기까지 삼라만상이라는 우리가 알고 있는 패턴들로 만드는 데 있어서 아주 간단하고 자기유사성이 있으며 반복되는 패턴들 - 프랙탈 - 을 이용하고 있다.

- 믿음 코드 9 : 만약 우주가 반복되는 패턴들로 이루어져 있다면, 크기가 작은 무엇인가를 이해하는 것은 크기가 광대한 비슷한 형태들을 이해하기 위한 결정적인 길을 제공한다.
- 믿음 코드 10 : 인간의 믿음은 현실의 패턴들을 만들어 내는 '프로그램'이다.
- 믿음 코드 11 : 우리 인간이 삶에 있어서 진실이라고 믿는 것은 아마도 다른 사람들이 진실로 받아들이는 것보다 더욱 강력할지 모른다.
- 믿음 코드 12 : 믿음의 힘power of belief을 우리 자신의 삶 속으로 보내기 위해서는 그것을 인정해야만 한다.
- 믿음 코드 13 : 믿음은 가슴 속에서 우리가 느끼는 것은 진실이라는 것과 더불어 마음 속에서 우리가 생각하는 것은 진실이라는 것을 받아들임으로부터 생겨나는 확신certainty으로 정의된다.
- 믿음 코드 14 : 인간의 믿음은 심장heart에서 표현되며, 심장에서 인간의 경험들은 물리적 세계physical world와 상호작용하는 전자기적 파동들electrical and magnetic waves로 바꾸어지고 있다.
- 믿음 코드 15 : 믿음들, 그리고 믿음들에 관해 우리 인간이 가지고 있는 느낌들은 인간의 현실을 이루는 양자 구성 요소quantum stuff에게 '말을 거는' 언어이다.
- 믿음 코드 16 : 인간의 잠재의식은 의식보다 더 크고, 더 빠르다. 그리고 매일매일 인간 활동의 90퍼센트 정도를 담당할 수 있다.
- 믿음 코드 17 : 인간이 가장 깊숙한 곳에 지니고 있는 많은 믿음들은 잠재의식적인 것이며, 그것은 일곱 살 이전에 다른 사람들의 생각들을 흡수하는 것을 뇌가 허용할 때 시작된다.

- 믿음 코드 18 : 삶에 있어서 가장 큰 시련을 받을 때 깊숙하게 숨겨진 인간의 믿음들이 드러나며, 우리 인간은 자신의 믿음들을 치유를 위해 이용할 수 있다는 것을 발견한다.
- 믿음 코드 19 : 해결되지 않은 감정의 상처에 관한 인간의 믿음들은 자신을 해치거나 심지어 죽일 수 있는 힘을 가지고 있으며, 그 힘을 육체적인 현상들로 만들어 낼 수 있다.
- 믿음 코드 20 : 인간의 영혼이 상처를 입을 때, 그 상처로 인한 고통은 인간이 모든 세포에 보내고 있는 영적 특성의 생명력으로서 육체 속으로 전달된다.
- 믿음 코드 21 : 인간에게 스스로를 치유하여 살 수 있게 하는 원리는 반대로 인간에게 감정의 상처를 입혀 죽음에 이를 수 있도록 작용하고 있다.
- 믿음 코드 22 : 세상에서 벌어지는 모든 일에는 하나의 힘^{force}이 작용하고 있다는 인간의 믿음, 혹은 선과 악이라는 두 가지 정반대의, 서로 적대적인 힘들이 있다는 인간의 믿음은 삶의 경험, 건강, 인간관계, 그리고 풍요에 있어서 중요한 역할을 한다.
- 믿음 코드 23 : 어둠과 빛의 오래된 전쟁을 치유하기 위해 우리는 한쪽 혹은 다른 쪽을 패배시키는 것이 중요한 것이 아니라 양쪽 모두에 대한 자신의 관계를 선택하는 것이 더 중요하다는 사실을 깨달아야 한다.
- 믿음 코드 24 : 누군가에게 가능한 기적은 모든 사람에게 가능하다.
- 믿음 코드 25 : 참여하는 현실에서 우리 인간은 자신의 경험을 만들어 내고 있으며 그와 동시에 우리 자신이 만들어 낸 것을

경험하고 있다.

- 믿음 코드 26 : 1998년에 과학자들은 광자들photons이 인간의 '관찰'에 의해 영향을 받는다는 사실을 확증했으며, 관찰의 강도가 높으면 높을수록 미립자들의 움직임에 대한 관찰자의 영향이 더욱 더 커진다는 사실을 발견했다.
- 믿음 코드 27 : 현실의 가장 중요한 규칙은 우리 인간이 자신의 삶 속에서 세상에서 경험하기 위해서 자신이 선택하는 바가 되어야만 한다는 것이다.
- 믿음 코드 28 : 우리 인간은 자신이 믿음 속에서 동일시하는 것을 삶에서 경험하는 경향이 있다.
- 믿음 코드 29 : 배우는 방식이 다양해서 나타나는 서로 다른 이유들 때문에, 논리와 기적들은 우리 인간에게 자신의 믿음의 가장 깊은 곳으로 들어가는 길을 열어 주고 있다.
- 믿음 코드 30 : 마음의 논리를 통해 자신의 믿음을 바꾸기 위해서는 피할 수 없는 결론에 다다르게 하는 명백한 사실들을 통해 우리 자신에게 새로운 가능성을 깨닫게 해야만 한다.
- 믿음 코드 31 : 기적의 힘은 우리 인간이 그것이 어째서 일어나는지를 이해할 필요가 없다는 것이다. 그러나 우리는 기적이 삶에 가져다주는 것을 기꺼이 받아들여야만 한다.

믿음 코드 31 : 셀프 힐링의 비밀The Spontaneous Healing of Belief

거의 보편적으로, 우리는 우리의 눈으로 보는 것 이상의 것이 있다는 느낌을 서로 이야기한다. 어딘가 깊은 곳에 우리가 다만 활용하지 않았던 - 최소한 이 생애 동안은 - 기적 같은 힘들을 가지고 있다는 것을 우리는 알고 있다. 우리는 또한 우리가 상상하는 기적들을 우리 삶의 현실 속으로 불러오는 능력을 우리가 가지고 있음을 알고 있다. 흔히 아주 위험하고 통제할 수 없는 것처럼 보이는 세상 속에서, 두려워하지 않고 사랑하는 힘strength을 발견하고, 그것을 이기심 없이 나누는 것은 그러한 일들이 가능하다는 것을 우리가 알고 있기 때문일지도 모른다.

어린 아이들이었을 때부터, 우리는 우리가 활용하지 않았던 힘들을 공상 속에서 그린다. 우리는 다른 사람들이 가능하다고 말하는 영역을 뛰어넘은 곳에 있는 일들을 하는 것을 상상한다. 예를 들면 구름들 사이를 날아다니는 것, 그리고 동물들과 다른 사람들은 볼 수 없는 존재들과 이야기하는 것 등등 말이다. 하지 못할 이유가 무엇이란 말인가? 우리가 아직 어린 아이였을 때, 우리는 다르게 배우지 않았다. 어린 아이로서 우리는 우리가 볼 수 없는 한 삼라만상이 존재하지 않으며, 우리 삶에서 기적들이 일어날 수 없을 것이라고 배우지 않았다. 우리가 믿고 있는 것의 확실함 속에서 우리는 그러한 일들을 보고 있으며, 우리 모두를 둘러싸고 있는 기적들을 알아차리게 된다.

이 책에서 설명했던 것처럼, 우리가 우주, 세상, 혹은 우리 육체에 관해 이야기를 하든 하지 않든 간에, 삶에 나타나는 기적들은 궁극적으로 우리 안 깊은 곳에서 시작되는 무엇인가가 드러나는 것이다. 그것들은 양자 에너지quantum energy를 현실이라는 물질로 변형시키는 우리 인간의 정말 놀라운 능력으로부터 나온 것이다. 그러한 변형은 우리 인간이 가지고 있는 믿음의 힘을 통해서 일어난다. 그 이상도 그 이하도 아니다!

만약 당신이 갑자기 당신의 가장 깊은 열정들과 가장 커다란 열망들을 알아차리고 그것들에 생기를 불어넣을 수 있다면, 그것이 당신에게 의미하는 바는 과연 무엇일까? 그것을 확인하고 싶지 않은가? 바로 그것이 이 책의 가장 중요한 포인트이다.

그 모든 것은 과거의 잘못된 제약들로부터 우리 자신을 자유롭게 하는 우리의 힘으로부터 시작된다. 우리 자신이 가지고 있는 믿음을 치유함으로써 우리는 그 방법을 발견한다. 우리 자신을 세상으로부터 분리된 것이 아니라 세상의 일부로 경험함으로써 얻어지는 기쁨과 평안을 가지고 말이다. 그렇게 할 때, 우리는 삶에 나타나는 기적들의 씨앗이 됨과 동시에 기적 그 자체들이 된다.

삼라만상이 시작되는 우리 인간의 순수한 믿음의 공간에서, 우리는 인체면역결핍증HIV과 같은 끔찍한 질병들이 우리 자신의 육체로부터 사라지는 것을 볼 수 있다. UCLA 대학병원에서 연구 중이었던 1995년에 그러한 기적을 정확하게 입증했던 네 살 짜리 소년처럼 말이다.[13] 우리는 또한 우리 자신이 과거의 제약들을 초월하는 것도 볼 수 있다. 2005년 아만다 데니슨이 신기록을 깨고 불 위 걷기를 했던 것처럼 말이다. 그러나 그러한 가능성들이 어렴풋해 보이기 때문에, 우리에게는 여전히 우리를 상기시키는 실제적인 무엇인가가 필요하다. 우리가 진실이기를 원하기 때문에 우리가 가지게 되는 단순한 생각이 아니라, 어떠한 의심도 없이 우리 인간의 기적적인 가능성은 실제적이라는 사실을 말해 주는 무엇인가가 말이다.

우리의 일상적인 세상은 바로 그러한 것이다.

삶에 있어서, 우리는 믿음의 힘을 서로 어떻게 나눌 수 있는지를 상기시키는 것들을 발견한다. 때때로 그것은 알아차리지 못할 정도로 커다란 방식으로 벌어지거나, 때때로 단지 우리가 지나고 나서야 알 수 있을 정도로 그렇게 포착하기 어렵게 일어나기도 한다. 예를 들면 한 사람이 다른 사람들이 때때로 나타내는 약함 속에서 위축되기보다는 자신의 가장 위대한 힘을 활짝 펼쳐내는 것을 볼 때, 우리의 믿음은 그들이 지각하는 것들을 치유하는 씨앗이 된다. 다른 사람들이 지적하는 우리의 약점들에 주의를 집중하는 대신, 우리 자신이 지각하는 것을 받아들일 때, 우리는 우리 자신을 위한 동일한 치유를 경험한다.

이제 우리가 해야 할 일은 우리 자신을 믿기 위한 이유들을 찾기 위해 세상을 주의 깊게 들여다보는 것이다. 우리가 이유를 찾을 때마다, 그것은 우리가 과거에 우리 자신 속에 간직하고 있었을지 모르는 제약들을 바꾸어 놓는다. 우리가 그릇된 한계라는 낡은 패러다임을 부수고, 믿음이라는 셀프 힐링spontaneous healing의 비밀을 깨닫는 순간은 바로 그 새로운 가능성에 우리 자신을 맡길 때이다.

"너의 일은 네 자신의 세상을 발견하는 것이다. 그리고 그런 후 온 마음으로 네 자신을 그 세상에 맡겨라."
- 부처 -

| 감사의 글 |

 '믿음 코드 31 : 셀프 힐링의 비밀'은 1986년 콜로라도 덴버에 있는 작은 거실에서 행한 연구, 발견들, 그리고 발표들을 종합한 것이다. 이 책에 기여한 사람들의 이름을 일일이 다 거론하는 것은 불가능하지만, 이 자리를 빌어 나는 다음과 같이 깊은 감사를 표하고 싶다.
 헤이 하우스 출판사에서 일하는 정말 위대한 모든 사람들, 루이스 헤이, 레이드 트레이시, 그리고 론 티링하스트에게 진심 어린 감사를 드린다. 특히 헤이 하우스 출판사의 비전과 성공의 비결인 아주 헌신적인 일 처리에 대해 고맙다는 말씀을 드리고 싶다. 회장이자 CEO인 레이드 트레이시에게는 다시 한번 필자와 이 책에 대해 보여준 신뢰에 대해 깊은 감사를 드린다. 질 크레머 편집장에게는 솔직한 의견들과, 지도편달, 전화를 걸 때마다 마술처럼 연결이 된 것과 대화할 때마다 수년 간에 걸친 경험을 마다하지 않고 전해 준 것에 대해 고마움을 전하고 싶다.
 홍보담당 커트니 페이본, 편집담당 알렉스 프리먼, 홍보국장 자키 클라크, 판매국장 지니 리버라티, 마케팅국장 마가레트 닐슨, 이벤

트국장 낸시 레빈, 오디오북 출판담당 조진 세바스코, 오디오북 특별 엔지니어 록키 조지, 이들보다 멋지고 헌신적으로 일할 사람들을 찾을 수 없을 것이다. 이들의 열정과 프로정신은 그 누구도 능가하지 못할 것이다. 나는 헤이 하우스 출판사 가족들이 우리 세상에 내놓은 모든 멋진 것들의 하나가 되어 자랑스럽게 생각한다.

문헌조사담당 네드 리비트에게는 우리가 건너야 했던 모든 고비마다 나를 일깨워 주었던 지혜와 성실성에 많은 감사를 드린다. 출판 세계에서 우리 책들이 가야 할 방향을 이끌어 주는 그의 안내를 통해 우리는 희망과 가능성의 힘을 불어넣는 메시지를 이전보다 많은 사람들에게 전해 주게 되었다. 나는 그의 완벽한 안내에 대해 깊이 감사를 표하면서 동시에 그의 신뢰와 우정에 특히 고마움을 느끼고 있다.

스테파니 거닝에게는 그의 인내심과 명쾌함, 그리고 모든 일에 있어서의 헌신적인 자세에 대해 감사를 드린다. 무엇보다도 나의 전문편집자로서 나의 메시지를 총체적으로 정리하는 동안 나의 글을 가다듬는 여정을 함께 해 준 데 대해 고마움을 전한다.

내가 좋아하는(그리고 유일한) 사무실 담당자인 라우리 위모트, 당신은 나를 끊임없이 감탄하게 해 주고 있으며 당신의 헌신, 인내심 그리고 우리 모두의 삶에 있어서 변화들을 기꺼이 받아들여 주는 데 대해 무한한 감사를 드린다. 거의 십 년 동안, 특히 중요한 순간마다 함께 해 준 데 대해 고마움을 전한다.

로빈 제리 마이너 부부, 소스 북스의 모든 사람들 그리고 우리 영적 가족이 된 모든 회원들에게는 오랫동안 나와 함께 해 준 데 대해 깊은 삼사와 진심 어린 고마움을 전하고 싶다. 당신들 모두를 사랑합니다.

나의 어머니 실비아, 나의 동생 에릭, 나를 이해하지 못했을지도 모르고 혹은 나의 결정에 동의하지 않았을지도 모르는 시기에도 나를 응원해 준 데 대해 감사를 드린다. 항상 쉽지만 않았던 극적인 변화의 삶의 여정을 겪으면서도 우리는 여전히 가족으로 남아 있다. 작지만 아주 친밀한 가족으로. 우리의 여정이 계속되는 동안, 나는 아주 분명하게 내 삶에 있어서 당신들은 나의 축복이라는 것을 깨닫고 있으며 매일매일 당신들에 대한 감사는 당신들에 대한 나의 사랑이 깊어지는 만큼 커지고 있음을 고백한다.

나의 존경하는 친구 브루스 립튼, 당신과 마가렛을 알게 되고 세상을 함께 여행한 것은 하나의 영감, 영예 그리고 축복이었다. 당신의 멋진 정신, 삶을 변화시키는 일, 아름다운 가슴, 그리고 무엇보다도 당신의 우정이라는 선물에 대해 가장 진심 어린 감사를 표한다.

나의 영적 형제이자 존경하는 인생의 친구인 조나단 골드먼, 당신의 지혜, 사랑, 그리고 응원에 내가 전적으로 의지하고 있다는 말밖에 달리 감사를 표할 길이 없다. 나의 삶은 당신으로 인해 풍부해졌으며 당신과 앤디는 나의 삶에 있어서 가장 큰 축복들이 아닐 수 없다.

내가 좋았을 때나 나빴을 때도 항상 나를 지켜봐 준 한 사람인 사랑하는 나의 아내이자 인생의 동반자 케네디, 끊임없는 사랑, 흔들리지 않은 응원, 멋진 마음, 그리고 우리가 함께 한 정말 긴 낮 시간과 정말 짧은 밤들과 그리고 세상의 다른 한편에서 아침 인사를 해야 했던 상황에도 보여 주었던 인내심에 고마움을 표하고 싶다. 무엇보다도, 우리가 삶의 여정을 함께 하는 축복에 대해, 항상 나에 대한 믿음, 그리고 자신은 결코 알 수 없는 방식으로 치유를 하는 아주 적절한 말들을 해 준 데 대해 감사한다.

몇 년에 걸친 우리의 작업, 책, 녹음, 그리고 현장 강연을 지원해 주었던 모든 사람들에게 특별한 감사를 보낸다. 나는 그들의 신뢰를 자랑스럽게 생각하며 보다 나은 세상을 위한 그들의 비전에 경탄을 금할 수 없다. 그들을 통해 나는 보다 나은 경청자가 되는 법을 배웠으며 희망과 가능성을 주는 우리의 메시지를 함께 나눌 수 있게 해 준 말들을 들었다. 그들 모두에게 나는 고마움을 항상 간직하고 있다.

| 주석 |

서문

1) 물리학자 존 아크발드 휠러John Archibald Wheeler의 발언 내용. *과학과 영혼 Science & Spirit* 온라인판에 게재된 "진실의 아름다움"(2007)이라는 글에서 인용. 웹사이트: www.sciencespirit.org/article_detail.php?article_id=308.
2) 디스커버 지에 수록된 "아인슈타인의 간명성에 대한 재능"(2004년9월30일)이라는 글에서 인용. 웹사이트: http://discovermagazine.com/2004/sep/einsteines-gift-for-simplicity/article_view?b_start:int=1&-C=.
3) 그렉 브레이든, *신의 매트릭스: 시간, 공간, 기적, 그리고 믿음 연결하기* (칼스바드, 캘리포니아: 헤이 하우스, 2007): p. 54.
4) 말콤 W. 브라운, "빛보다 더 멀리 더 빨리 여행하는 신호", 토마스 제퍼슨 내셔널 액셀러레이터 퍼실리티 (뉴포트 뉴스, 버지니아) 온라인 뉴스레터 (1997년 7월22일). 웹사이트: www.cebaf.gov/news/internet/1997/spooky.html.
5) 이 효과는 러시아에서 최초로 보고됐다. P.P. 가리아에프, K.V. 그리고르에프, A.A. 바실리에프, V.P. 포포닌, V.A. 시세고르프, "레이저 상관관계 분광기에 의한 DNA의 변동 역학 조사", *레베데프 물리학 연구소 회보*, Nr. 11-12 (1992): pp. 23-30 : 블라디미르 포포닌의 온라인 논문 "DNA 유령 효과: 진공 상태에서의 새로운 장에 대한 직접적인 측정", *DNA 유령 효과에 대한 업데이트*(2002년3월19일)에서 인용. 웨더맨 마스터. 웹사이트: www.twm.co.nz/DNAPhantom.htm.
6) 글렌 레인과 롤린 맥크래티, "새로운 생리학적으로 측정 가능한 상태와 연관된 물과 DNA에 있어서의 구조적 변화", *Journal of Scientific Exploration*, vol. 8, no. 3 (1994): pp. 438-439.
7) 전시 상황에 대한 내적 평화에 관해 우리가 알고 있는 것을 적용한 멋진 사례는 데이비드 W. 오메-존슨, 찰스 N. 알렉산더, 존 L. 데이비스, 하워드 M. 챈들러, 월레스 E. 래리모어가 실시한 선구적인 연구 "중동 지역에서의 국제 평화 프로젝트"에서 발견된다. *The Journal of Conflict Resolution*, vol. 32, no. 4

(1988년12월): p. 778.

8) 느낌과 믿음의 집중된 힘에 관해 우리가 알고 있는 것을 생명을 위협하는 상황에 적용한 두 번째 사례는 *내츄럴 힐링의 101가지 기적*, 팡 밍Pang Ming 박사에 의해 창시된 치유 기법인 기공 Chi-Lel의 단계별 지도 비디오에서 볼 수 있다. 웹사이트: www.chilel-gigong.com.

9) 캠브리지대학 왕립 사회연구소 교수인 마틴 리스가 밝힌 견해. *BBC 뉴스 기사* "마틴 리스 경: 파멸의 예언자?"(2003년4월25일)에서 인용. 웹사이트: http://news.bbc.co.uk/1/hi/in_depth/uk/2000/newsmakers/2976279.stm.

10) George Musser, "The Climax of Humanity", the introduction to *Crossroads for Planet Earth*, a special edition of *Scientific American* (2005년 9월). 웹사이트: http://www.sciam.com/issue.cfm?issue-Date=Sep-05.

11) Ibid.

12) Kahlil Gribran, *The Prophet* (New York: Alfred A. Knopf, 1998): p. 56.

13) Coleman Barks, trans., *The Illuminated Rumi* (New York: Broadway Books, 1997): p. 8.

제1장

1) 벨기에 브뤼셀 NATO 본부에서 도널드 럼스펠드 미 국무장관이 행한 연설의 일부 (2002년6월6일). 웹사이트: http://www.defenselink.mil/transcripts/transcript.aspx?transcriptid=2636.

2) Lowell A. Goldsmith, "Editorial: Passing the Torch", *Journal of Investigative Dermatology* (2002), Nature. 웹사이트: http://www.nature.com/jid/journal/v118/n6/full/5601498a.html.

3) Jay Winsten, Associate Dean and Frank Stanton Director of the Center for Health Communication at the Harvard School of Public Health, "Media & Public Health: Obesity Wars", (2005년5월9일). 웹사이트: http://www.huffingtonpost.com/jay winsten/media-public-health-ob_b_468.html.

4) 1951년 2월 알버트 아인슈타인이 친구 모리스 소로빈에게 쓴 편지. Alice Calaprice, ed. (Princeton, NJ: Princeton University Press, 2000): p. 256.

5) 1944년 이탈리아 플로렌스에서 Max Planck가 한 연설. "Das Wesen der Materie" (The Essence/Nature/Character of Matter). 출처: Archiv zur Geschichte der

Max-Planck-Gesellschaft, Abt. Va, Rep. 11 Planck, Nr. 1797.
원래 독일어로 된 그 연설의 한 부분을 영어로 번역한 것을 아래처럼 포함시켰다.

독일어 원본: "Als Physiker, der sein ganzes Leben der nuechternen Wissenschaft, der Erforschung der Materie widmete, bin ich sicher von dem Verdacht frei, fuer einen Schwarmgeist gehalten zu warden. Und so sage ich nach meinen Erforschungen des Atoms dieses: Es gibt keine Materie an sich. Alle Materie entsteht und besteht nur durch eine Kraft, welche die Atomteilchen in Schwingung bringt und sie zum winzigsten Sonnensystem des Alls zusammenhaelt. Da es im ganzen Weltall aber weder eine intelligente Kraft noch eine ewige Kraft gibtes ist der Menschheit nicht gelungen, das heissersehnte Perpetuum mobile zu erfinden so muessen wir hinter dieser Kraft einen bewussten intelligenten Geist annehment. Dieser Geist ist der Urgrunde aller Materie."

한글 번역: "가장 명석한 두뇌를 필요로 하는 과학에 평생을 바친 사람으로서, 물질matter 연구에 관해서 나는 원자atoms에 관한 나의 연구의 결과로 다음과 같이 말할 수 있다. 세상에는 물질 그것 자체는 없다! 모든 물질은 단지 하나의 원자의 미립자들을 진동하게 하는 힘, 그리고 원자라는 가장 작은 태양계를 유지시키고 있는 힘 때문에 생겨나며 존재한다…. 우리는 이 힘의 뒤에 있는 '의식이 있으며 지성을 가지고 있는 정신' conscious and intelligent Mind의 존재를 당연한 것으로 여겨야만 한다. 이 정신은 모든 물질의 원천matrix이다."

6) *The Expanded Quotable Einstein*: p. 220.
7) Mirjana R. Gearhart, "Forum: John A. Wheeler: From the Big Bang to the Big Crunch", *Cosmic Search*, vol. 1, no. 4 (1979). 웹사이트: http://www.bigear.org/vol1no4/wheeler.htm.
8) Konrad Zuse, *Calculating Space*, 영역본, 1970년2월. MIT Technical Translation AZT-70-164-GEMIT, MIT (Project MAC). 웹사이트: http://mit.edu.
9) "Ist das Universum ein Computer?" (우주는 하나의 컴퓨터인가?) 저먼 심포지엄에서 인용. 2006년11월6-7일. 웹사이트: http://www.dtmb.de/Webmuseun/Informatikjahr-Zuse/body2_en.html.
10) Seth Lloyd, *Programming the Universe: A Quantum Computer Scientist Takes On the Cosmos* (New York: Alfred A. Knopf, 2006): p. 3.

11) 양자 컴퓨터 과학자 Seth Lloyd와의 인터뷰 "Life, the Universe, and Everything" 에서 인용. *Wired*, 2006년3월14일자. 웹사이트: http://www.wired.com/wired/archive/14.03/play.html?pg=4.
12) 우주를 컴퓨터로서 설명하는 *Programming the Universe* 초록. Random House. 웹사이트: http://www.randomhouse.com/catalog/display.pperl?isbn=9781400033867&view=excerpt.
13) "Life, the Universe, and Everything".
14) Ibid.
15) Ibid.
16) *Programming the Universe*: 책 앞날개 소개문에서 인용.
17) 1989년 한 강연에서 Kevin Kelly가 인용한 John Wheeler의 "God is the Machine"이라는 언급. *Wired*, 2002년12월10자. 웹사이트: http://www.wired.com/wired/archive/10.12/holytech.html.
18) Juergen Schmidhuber, "A Computer Scientist's View of Life, the Universe, and Everything", *Computer Science, vol. 1337* 강연 초록: *Foundations of Computer Science: Potential - Theory - Cognition*, Christian Freksa, et al., eds. (Berlin: Springer-Verlag, 1997): pp. 201–208. 달레 몰레 인공지능 연구소 웹사이트에서 확인 가능. 웹사이트: http://www.idsia.ch/~juergen/everything/node1.html.
19) Ibid.
20) John Horgan이 인용한 John Wheeler의 언급, *The End of Science: Facing the Limits of Knowledge in the Twilight of the Scientific Age* (London: Abacus, 1998). 웹사이트: http://suif.stanford.edu/~jeffop/WWW/wheeler.txt.
21) 캘리포니아 클레어몬트 소재 고대 기독교 연구소의 콥틱 그노스틱라이브러리 프로젝트 연구원들이 번역하여 소개한 "도마 복음서"에서 인용. *The Nag Hammadi Library*, James M. Robinson, ed. (San Francisco: Harper SanFrancisco, 1990): p. 137.

제2장

1) F. David Peat의 Synchronicity: *The Bridge Between Matter and Mind*에서 인용된 John Wheeler의 언급. (New York: Bantam Books, 1987): p. 4.
2) Ibid.

3) 이스라엘 르호봇 Weizmann Institute of Science가 발표한 "Quantum Theory Demonstrated: Observation Affects Reality"라는 제목의 보도자료에서 인용. (1998년2월27일). 웹사이트: http://www.sciencedaily.com/releases/1998/02/980227055013.htm.
4) H. K. Beecher, "The Powerful Placebo", *Journal of the American Medical Association*, vol. 159, no. 17 (1955년12월24일): pp. 1602-1606.
5) Anton J. M. de Craen, Ted J. Kaptchuk, Jan G. D. Tijssen, J. Kleijnen, "Placebos and Placebo Effects in Medicine: Historical Overview", *Journal of the Royal Society of Medicine*, vol. 92, no. 10 (1999년10월): pp. 511-515. 웹사이트: http://www.pubmedcentral.nih.gov/pagerender.fcgi?artid=1297390&pageindex=1.
6) Margaret Talbot, "The Placebo Prescription", *The New York Times* (2000년1월9일). 웹사이트: http://query.nytimes.com/gst/fullpage.html?res=9C01E6D71E38F93AA35752C0A9669C8B63&sec=health&spon=&pagewanted=2.
7) Andy Coghlan, "Placebos Effect Revealed in Calmed Brain Cells", *New Scientist. com* (2004년5월16일). 웹사이트: http://www.newscientist.com/article/dn4996.html.
8) Ibid.
9) Franklin G. Miller, "William James, Faith, and the Placebo Effect", *Perspectives in Biology and Medicine*, vol. 48, no. 2 (2005년 봄호): pp. 273-281.
10) "오늘날 대학생들은 보다 많은 불안감을 경험하고 있다." (2007년6월13일) 예일 메디컬 그룹. 웹사이트: http://www.yalemedicalgroup.org/news/child_607.html.
11) Ibid.
12) Arthur J. Barsky, et al., "Nonspecific Medication Side Effects and the Nocebo Phenomenon", *Journal of the American Medical Association*, vol. 287, no. 5 (2002년2월6일).
13) Robert and Michele Root-Bernstein, *Honey, Mud, Maggots, and Other Medical Marvels: The Science Behind Folk Remedies and Old Wives' Tales* (New York: Houghton Mifflin, 1998).
14) National Heart, Lung, and Blood Institute, Framingham Heart Study 홈페이지. 웹사이트: http://www.nhlbi.nih.gov/about/framinham/index.html.

15) Rebecca Voelker, "Nocebos Contribute to Host of Ills", *Journal of the American Medical Association*, vol. 275, no. 5 (1996년2월7일): pp. 345-347.
16) "International Peace Project in the Middle East": p. 778.
17) 매리엄 웹스터 온라인 사전. 웹사이트: http://mw1.merriam-webster.com/dictionary/faith.
18) Ibid., http://mw1.merriam-webster.com/dictionary/belief.
19) Ibid., http://mw1.merriam-webster.com/dictionary/science.
20) 물리학자 Michio Kaku가 온라인 글 "M-Theory: The Mother of all SuperStrings: An Introduction to M-Theory"에서 인용한 Albert Einstein의 언급. (2005). 웹사이트: http://mkaku.org/articles/m_theory.html.
21) Doc Childre, Howard Martin, Donna Beech, *The HeartMath Solution: The Institute of HeartMath's Revolutionary Program for Engaging the Power of the Heart's Intelligence* (New York: Harper Collins Publishers, 1999): pp. 33-34.
22) Ibid., p. 24.
23) 외적 자기장에 의해 야기된 에너지 차원의 변화는 지먼 효과Zeeman effect라고 불린다. 웹사이트: http://bcs.whfreeman.com/tiplermodernphysics4e/content/cat_020/zeeman.pdf.
24) 외적 전기장에 의해 야기된 에너지 차원의 변화는 스타르크 효과Stark effect라고 불린다. 웹사이트: http://www.physics.csbsju.edu/QM/H.10.html.
25) 하트매스연구소Institute of HeartMath 리서치센터는 감정적인 생리기능과 심장-뇌 상호작용, 임상 및 조직 연구, 그리고 학습과 최적 성과의 생리기능에 관한 기초적인 연구를 실시하고 있다. 이러한 통계 자료들은 뇌와 심장 사이의 소통에 관한 연구인 "Head-Heart Interactions"에서 나타난 결과이다. 웹사이트: http://www.heartmath.org/research/science-of-the-heart/soh_20.html.
26) Nevill, *The Law and the Promise* (Marina del Rey, CA: DeVorss, 1961): p. 44.
27) "도마 복음": p. 131.
28) Ibid., p. 137.
29) Rebecca Saxe, "Reading Your Mind: How Our Brains Help us Understand Other People", *Boston Review* (2004년 2/3월). 웹사이트: http://bostonreview.net/BR29.1/saxe.html.
30) *The Law and the Promise*: p. 57.

31) William James, "Does 'Consciousness' Exist?" 초판 *Journal of Philosophy, Psychology, and Scientific Methods*, vol. 1 (1904): pp. 477-491. 웹사이트: http://evansexperientialism.freewebspace.com/james_wm03.htm.

제3장

1) Daniel C. Dennett, *Consciousness Explained* (Boston: Back Bay Books, 1992): p. 433.
2) 인간의 뇌는 100테라프롭에서 1,000테라프롭(1테라프롭teraflop = 1조 프롭, 즉, 초당 1조번 연산)에 달하는 속도로 정보를 처리한다. 인디애나대학의 빅 레드Big Red(세계 초고속 슈퍼컴퓨터 50대 중의 하나)는 20테라프롭 이상이라는 이론상 연산 최고 속도를 기록했으며 수식 컴퓨터 처리에 있어서는 15테라프롭 이상의 속도를 달성했다.
3) Daniel Goleman, "Pribram: The Magellan of Brain Science", *Psychology Today*, vol. 12, no. 9 (1979): pp. 72f. 웹사이트: http://www.sybervision.com/Golf/hologram9.htm.
4) Ibid.
5) Bruce H. Lipton, *The Biology of Belief: Unleashing the Power of Consciousness, Matter, & Miracles* (Santa Rosa, CA: Mountain of Love/Elite Books, 2005): p. 166.
6) Keith Birney의 "Give Me a Child…" *New Scientist*, 2583호 (2006년12월23일): p. 2710에서 인용된 예수회 창설자 성 이그나티우스 로욜라의 발언. 웹사이트: http://www.newscientist.com/article/mg19225832.700-giveme-a-child.html.
7) William James, *Talks to Teachers on Psychology: and to Students on Some of Life's Ideals* (1899년 최초 간행: New York: Henry Holt and Company, 1915): p. 77.
8) *The Biology of Belief:* p. 26.
9) Robert Collier(1885-1950)는 심리학과 영성spirituality에 관한 대중적인 책을 많이 펴낸 미국의 저술가이다. 저서로는 *The Secret of the Ages, God in You, The Secret of Power, The Magic Word, The Law of the Higher Potential* 등이 있다. 그의 영감을 불어넣어 주는 명언들의 모음집은 Quote Leaf에서 찾아 볼 수 있다. 웹사이트: http://www.inspirationandmotivation.com/robert-collier-quotes.html.

제4장

1) 듀크대학 메디컬센터 연구원 제임스 블루멘탈James Blumenthal의 주도로 수행된 감정적 반응과 심장 건강에 관한 테크니컬 스터디에 관해 듀크대학이 "Chill Out: It Does the Heart Good"이라는 제목으로 발표한 보도자료. 원문은 *The Journal of Consulting and Clinical Psychology*에 게재. 웹사이트: http://Dukemednews.org/news/article.php?id=353.
2) Brigid McConville, "Learning to Forgive", *Namaste* (2000년7월). Hoffman Institute. 웹사이트: http://www.quadrinity.com/articles/article4a.htm.
3) "Intense Emotions Can Kill You", *Stress Management Corner*, TMI 홈페이지. 웹사이트: http://www.tmius.com/6smcorn.html.

제5장

1) Amanda Dennison 웹사이트: http://www.firewalks.ca/Press_Release.html.
2) Alexis Huicochea, "Man Lifts Car Off Pinned Cyclist", *Arizona Daily Star* (2006년7월28일). 웹사이트: http://www.azstarnet.com/sn/printDS/139760.
3) "Woman Lifts 20 Times Body Weight", *BBC News* (2005년8월4일). 웹사이트: http://news.bbc.co.uk/2/hi/uk_news/england/wear/4746665.stm.
4) 1921년 1월 27일 독일 베를린 프러시안 과학 아카데미에서 행한 연설 중에서 알버트 아인슈타인이 한 말. *The Expanded Quotable Einstein*: p. 240.
5) *The Lankavatara Sutra: A Mahayana Text*, D. T. Suzuki, 번역. (1932). 웹사이트: http://lirs.ru/do/lanka_eng/lanka-nondiacritical.htm.
6) *The Divine Matrix*: p. 71.
7) "Quantum Theory Demonstrated: Observation Affects Reality".
8) "Forum: John A. Wheeler: From the Big Bang to the Big Crunch".
9) 알버트 아인슈타인이 그의 제자 에스더 살라만Esther Salaman에게 한 말. *The Expanded Quotable Einstein:* p. 202.
10) Michael Wise; Martin Abegg, Jr., Edward Cook, *The Dead Sea Scrolls: A New Translation* (San Francisco: Harper San Franciscon, 1996): p. 365.
11) Neville, *The Power of Awareness* (Marina del Rey, CA: DeVorss, 1952). p. 98.
12) Ibid.
13) William James(1842-1910). 선구자적인 심리학자, 미국의 위대한 철학자로

추앙되는 사람. 전기 및 질의응답. 웹사이트: http://www.answers.com/topic/william-james?cat=technology.

14) *The Power of Awareness:* p. 10.

15) *The Law and the Promise:* p. 9.

16) Ibid., p. 44.

제6장

1) Michael Heddges에 대해 추가적으로 알고 싶다면 다음 웹사이트를 방문할 것. http://www.nomadland.com/Point_A.htm.

2) ThinkExist 웹사이트에 인용된 William James의 말. 웹사이트: http://www3.thinkexist.com/quotes/william_james/4.html.

3) Geoff Heath, "Beliefs and Identity", Bowland Press 세미나 논문 (2005년11월). 웹사이트: http://www.bowlandpress.com/seminar_docs/Beliefs_and_Identity.pdf.

4) John D. Barrow, "Living in a Simulated Universe", Center for Mathematical Science, Cambridge University. 웹사이트: http://www.simulation-argument.com/barrowsim.pdf.

5) *The American Heritage College Dictionary, Third Edition* (Boston: Houghton Mifflin Company, 1997): p. 870.

6) Jonah Lehrer, "Built to Be Fans", *Seed* (2004년 여름): p. 24. 웹사이트: http://www.seedmagazine.com/news/2006/02/built_t0_be_fans.php.

7) Ibid., p. 38.

8) 아람어로 된 페쉬타Peshitta 성경 "요한복음 14장12절", George M. Lamsa 번역: *Holy Bible: From the Ancient Eastern Text* (New York: Harper One, 1985): p. 1072.

9) "Built to Be Fans."

10) Jonathan Schaeffer, "Kasparov versus Deep Blue: The Re-match", *International Computer Chess Association Journal*, vol. 20, no. 2 (1997): pp. 95–102. 웹사이트: http://www.cs.vu.nl/~aske/html.

제7장

1) Fulke Greville (1554–1628), 영국 시인 겸 철학자. Creative Quotations에서 인용. 웹사이트: http://creativequotations.com/one/673.htm.

2) David Bohm, *Wholeness and the Implicate Order* (London: Routledge, 1980): p. 237.
3) *The American heritage College Dictionary, Third Edition*: p. 1508.
4) Ibid., p. 1271.
5) Nick Bostrom, "Are You Living in a Computer Simulation?" *Philosophical Quarterly*, vol. 53, no. 211 (2003): pp. 243-255. 웹사이트: http://www.simulation-argument.com.
6) Ibid.
7) Ibid.
8) 스티븐 호킹이 홍콩에서 한 연설. Sylvia Hui가 "Hawking Says Humans Must Colonize Space"라는 기사에서 인용함. *Associated Press* (2006년6월13일). 웹사이트: http://www.space.com/news/060613_ap_hawking_space.html.
9) "A Computer Scientist's View of Life, the Universe, and Everything".
10) 힌두 왕자 싯다르타 가우타마Siddhartha Gautama, 불교 창시자 부처의 말씀. 웹사이트: http://thinkexist.com/quotation/all_things_appear_and_disappear_because_of_the/143657.html.
11) Ibid.
12) *The Prophet*: p. 28.
13) J. Raloff, "Baby's AIDS Virus Infection Vanishes", *Science News*, vol. 147, no. 13 (1995년4월1일): p. 196. 웹사이트: http://www.sciencenews.org/pages/data/1995/147-13/14713-03.pdf.

| 역자 후기 |

 누구라도 그러하듯이 세상을 살다 보면 가슴이 무너지는 듯한 아픈 경험을 겪는다. 도대체 이런 상황이 왜 나에게, 우리 가족에게 닥쳤을까? 도대체 무엇이 잘못된 것일까? 수많은 밤을 하얗게 새보지만 명쾌한 답을 구하기는 쉽지 않다. 오히려 가슴만 더 아플 뿐이다. 그렇게 '아픈 가슴'을 가지고 우리는 삶을 살아간다. 그러다 누구는 그 아픈 가슴 때문에 육체가 망가지기도 하며, 또 누구는 돌아올 수 없는 길을 떠나기도 한다.
 명쾌한 답은 어디에서 찾을 수 있을까? 그것을 찾아야 적어도 무엇이 잘못됐으며, 무엇을 잘못했는지 알 것 아닌가? 그래서 혹시 가능하다면, 잘못된 것을 바로 잡고, 그나마 평온하게, 좀 더 욕심을 부린다면, 행복하게 살 수 있지 않을까?
 역자가 양자 물리학을 공부하게 된 것은 이러한 생각 때문이었던 것 같다. 양자 물리학은 나를 포함하여, 우리 시대에 살고 있는 대부분의 사람들이 배웠던 원리와 법칙과는 사뭇 다른 것을 '과학적'으로 제시하고 있었다. 양자 물리학은 우리에게 인간 존재와 세상,

그리고 우주에 이르기까지 새로운 관점으로 바라보라고 권유하고 있다. 특히 마음과 육체의 연관성에 대한 양자 물리학의 새로운 해석은 '무너진 가슴' 때문에 힘들어 하던 역자의 눈길을 사로잡기에 충분했다. 물론 우리에게 익숙한 불교의 가르침과 맥락을 같이 하고 있었지만, 그것은 역시 우리에게 익숙한 과학적 근거와 배경을 가지고 있다는 점에서 낯설지 않다. 마치 우리가 컴퓨터나 스마트폰에 익숙해져 있듯이 말이다.

우주가 양자 컴퓨터라면 어쩔 것인가? 인간이 작은 양자 컴퓨터라면 어쩔 것인가? 이러한 질문을 던지는 '믿음 코드 31 : 셀프 힐링의 비밀'의 저자 그렉 브레이든 역시 우리 시대 대부분의 사람들처럼 아픈 가슴과 경험을 가지고 있는 것처럼 보인다. 그가 티베트 고원, 멕시코 잉카문명, 뉴멕시코 원주민 마을을 수없이 찾아다닌 이유는 역자를 포함하여 이 시대를 살아가고 있는 사람들의 이유와 별반 다르지 않을 것이다.

저자가 우리와 조금 다른 것은 그가 자신의 수행과 연구를 통해 '깨달음'을 얻었다는 것일 것이다. '셀프 힐링의 비밀은 우리 자신의 믿음을 혁명적으로 바꾸는 것'이라는 그의 깨달음이 가슴에 와 닿는 것은 저자가 그 비밀을 최첨단 과학이 만개하고 있는 우리 시대의 언어로 전해 주고 있기 때문이다. 저자는 육체적, 정신적 고통에서 벗어나는 비결, 사랑하는 사람들과 행복하게 사는 비결, 더 나아가 평화로운 세상을 만들어 가는 비결이 '믿음'이라는 우리 인간의 소프트웨어 프로그램에 숨겨져 있다는 비밀을 우리에게 전해 준다. 그가 전해 주는 '비밀'은 너무 평범해서 믿기지 않을 정도이다. 저자는 뉴멕시코 인디언들의 지혜를 빌어 우리의 경솔함을 경계시킨다. "비밀은 가장 평범하게 보이는 곳에 아무렇게나 놓여 있다." 너무 평범해서 우리가 생각하지 못하는 곳에 비밀이 숨겨져 있다는 말이다. 저자는 아픈 가슴을 치유하고, 육체의 고통, 질병도 치유하는 비밀이 우리 안에 비밀스럽지 않게 담겨 있다는 것을 다양한 사례들과 새로운 관점을 통해 우리에게 보여 준다. 바로 이 점이 아픈 가슴을 가진 역자를 번역의 길로 나서게 했다. 만약 그렇다면, 아픈 내 가슴은 물론 많은 사람들의 아픈 가슴과 육체의 고통을 치유할 수 있지 않겠는가 하는 바람에서 말이다.

한 가지 바람이 더 있다면, 인간 소프트웨어를 작성한 프로그래머와의 직접적인 소통이 가능한 길, 메인 서버에 접속하여 인간 소프트웨어를 업그레이드 하는 길도 제시해 주었으면 어땠을까 하는 것이다. "당신의 인간 OS 소프트웨어가 업그레이드 됐습니다. 지금 업그레이드 하시겠습니까? 원하신다면 아이디와 비밀번호를 입력하십시오." 이런 메시지가 도착했을 때, 우리가 기입해야 할 메인 서버에 접속할 수 있는 아이디와 비밀번호 말이다.

나 때문에 가슴이 아프게 됐던 사람들, 그래서 육체적, 정신적 고통을 겪었던 사람들에게 이 역서를 통해 저자가 전해 주는 치유의 비밀이 도움이 되었으면 하는 마음 가득하다. 특히 이 역서가 한국의 독자들에게 읽힐 수 있도록 애써 주신 김효근 교수님과 김혜련 대표님에게 감사를 드린다. 이와 함께 번역 작업을 물심양면으로 도와준 이병민 회장님과 이상락 박사에게도 깊은 감사의 말을 전하고 싶다.